1000
NEW YORK
BUILDINGS

1000 NEW YORK BUILDINGS

FOTOGRAFIEN VON JÖRG BROCKMANN

◆

TEXT VON BILL HARRIS

Vorwort von Judith Dupré

Der Fotograf dankt James Driscoll und Erik Freeland für
ihre zusätzlichen Fotos, die sie für dieses Werk zur Verfügung stellten.

Die Deutsche Bibliothek - CIP-Einheitsaufnahme

1000 New York buildings / Fotogr. von Jörg Brockmann. Text von Bill Harris.
Vorw. von Judith Dupré. [Aus dem Amerikan. von Marcus Würmli]. - Köln :
DuMont-Monte-Verl., 2002
Einheitssacht.: One thousand New York buildings <dt.>
ISBN 3-8320-8753-2

Printed in China

ISBN 3-8320-8753-2

INHALT

Zu diesem Buch

Und in der Mitte taucht es auf, das hochgekrönte,
von Schiffen gesäumte, moderne, amerikanische,
doch seltsam orientalische, V-gestaltige Manhattan,
mit seinen gedrängten Häusermassen, seinen
Spitzen, seinen wolkenumzogenen Bauten, die sich
im Zentrum ballen – die Gebäude mit den gut
gemischten weißen, braunen und grauen Farbtönen
unter einem Wunder von klarem Himmel und
leichtem Junidunst, der sich darunter ausbreitet.

WALT WHITMAN

Wer hat nach Walt Whitman dieser hinreißenden Stadt New York noch Gerechtigkeit widerfahren lassen? Das vorliegende Buch kommt diesem Ziel sehr nahe. Es zeigt tausend Portraits, einige vertraut, einige weniger. Es ist ein besonderer Katalog: aus den Tausenden von Individuen wählt es Einzelne aus und verleiht diesen Gesichtern Namen, die man angesichts der mächtigen unteilbaren Gestalt dieser Stadt bisweilen übersieht.

In den Straßen von New York treffen Zeit, Geschichte und Gedächtnis mit atemberaubender Geschwindigkeit aufeinander. New York ist ein lebendiger Raum, und die Straßen bilden den Rahmen für weit auseinander liegende Strukturen. Jede Ecke, ja jeder Zentimeter ist von Generationen, die sich nur in ihren Ambitionen glichen, individuell gestaltet worden. Die Stadt ist voller Schmutz und voller gescheiterter Träume; eine graue Stadt, die aber durch die Hoffnungen der vielen Menschen, die sie ihr Zuhause nennen, alabasterweiß aufleuchtet.

New York lässt keine Unentschiedenheit zu. Dafür ist das Leben hier zu unnachgiebig. Natürlich gibt es einzelne Tage der Ambivalenz, vielleicht auch Jahre, doch der Gedanke, anderswo zu leben, ist all jenen unbegreiflich, die einmal von der Faszination dieser Stadt gepackt wurden.

Der Geburtsort hat nichts damit zu tun, ob man ein New Yorker ist. Auch die hier verbrachten Jahre spielen keine Rolle – man kann New Yorker in einem einzigen Augenblick wer-

den. Selbst jene, die die Stadt verlassen haben, geben sie nie ganz auf. In einen schmiedeeisernen Zaun am World Financial Center über dem Hudson River sind die Worte von Frank O'Hara eingeschweißt: »Man muss nicht die Grenzen New Yorks hinter sich lassen, um all das Grün zu finden, das man möchte. Ich selbst kann mich an keinem Grashalm freuen, wenn ich nicht weiß, dass eine Untergrundbahn in der Nähe ist oder ein Schallplattenladen oder irgendein anderes Zeichen dafür, dass die Menschen das Leben nicht vollständig bereuen.«

In New York schlägt der Puls der Welt. Zumindest kommt man ihm hier so nahe wie nirgendwo sonst. Man kann versuchen, New York zu kategorisieren, doch das Wesen dieser Stadt entzieht sich jeder eindeutigen Definition, ähnlich wie der Elefant, den sechs blinde Männer beschreiben wollen. Die Liebhaber von Wolkenkratzern, Kirchen, Brücken, Restaurants oder Wohnhäusern in einem der fünf Distrikte können voluminöse Bände füllen, doch das ganze New York lässt sich mit seiner unendlichen Vielfalt und der kontinuierlichen Veränderung nicht ein für alle Mal festlegen. So gesellt sich immer wieder eine neue Sicht der Stadt zu den Tausenden anderer Ansichten, die schon geäußert wurden, und so wird es auch in Zukunft bleiben.

Kurt Vonnegut prägte die Bezeichnung »Skyscraper National Park«, um Manhattan zu beschreiben. Die Vorstellung von der City als einem

Nationalpark, der wegen seiner seltenen Zusammensetzung unseren Schutz verdient, kommt der Wahrheit sehr nahe. Einige bezeichnen die tiefen Räume zwischen den Hochhäusern in New York als »Canyons«, doch hört man dabei eher eine geologische als die urbane Bedeutung heraus, und dieses Wort erscheint uns ungeeignet, um die herausgemeißelte Vertikalität der Stadt richtig zu skizzieren. Wolkenkratzer gehören zu den spektakulärsten Hervorbringungen unserer technischen Zivilisation – und sie stammen von Menschenhand. In ihrem Schatten gleichen wir Zwergen, und doch sind sie unsere Schöpfungen.

Dass sich Manhattan so unvermittelt erheben kann, beruht auf seinem soliden Untergrund aus Schiefer. Der vertikale Eindruck wird von den beiden Flüssen noch verstärkt, die die insgesamt 57 Quadratkilometer große Fläche umschließen. Manhattan zieht wegen seiner Wolkenkratzer am meisten Aufmerksamkeit auf sich, obwohl dessen Oberfläche nur einen winzigen Teil der gesamten Fläche von New York City – 2147 Quadratkilometer – ausmacht.

In New York wiegt jeder 150 Pfund: So wird in allen Liften die maximale Ladefähigkeit berechnet. Wenn man einen Aufzugmechaniker über Wolkenkratzer ausfragt, wird er in seinen Berufsjargon verfallen und von »Flachbauaufzügen, Hochbauaufzügen, Frachtaufzügen, Führungsschienen und Geschwindigkeitsreglern« sprechen. In einem Hochhaus, das einen ganzen Block umfasst, befinden sich rund 20 solcher Aufzüge. Im Jahr 1854 rechnete sich Elijah Otis aus, dass die Menschen unwirsch werden, wenn sie mehr als sechs Stockwerke hochsteigen müssen. So baute er als Erster einen sicheren Aufzug.

Was ist ein Wolkenkratzer? Jenseits aller Debatten über Stahlskelette und andere Konstruktionsprinzipien gibt es nur eine echte Definition: Er verkörpert den Willen zur Größe. Nur in New York erscheint ein 55-stöckiges Gebäude bescheiden. Louis Sullivan baute hier ein einziges Haus – das Bayard Building an der Bleecker Street, und

mit Sicherheit hatte er New York als Ganzes im Sinn, als er den Wolkenkratzer so definierte: »Er muss die Kraft und Macht der Höhe beinhalten, den Ruhm und Stolz der Erhebung. Auf jedem Zentimeter muss er ein stolzes, am Himmel schwebendes Ding sein, von ganz unten bis zur größten Höhe eine Einheit, ohne eine einzige störende Linie.«

Das Empire State Building, das Chrysler Building, das Daily News Building, das American Radiator Building und das Rockefeller Center sind für uns der Inbegriff des goldenen Wolkenkratzerzeitalters zwischen den beiden Weltkriegen. Das bronzefarbene Seagram Building von Mies van der Rohe verkündete einst die Ankunft des Internationalen Stils; das glasverkleidete Lever House direkt gegenüber an der Park Avenue hatte ihn schon sechs Jahre zuvor angekündigt. Nur ein New Yorker Charakter wie Philip Johnson konnte die Vergangenheit mit postmodernen Gebäuden recyceln, die man mit Chippendalemöbeln (das Sony Building) oder mit einem Lippenstift (53rd Street Ecke Third Avenue) verglich. Die heutigen Kreuzungen zwischen Modernismus, Postmodernismus sowie einheimischen Stilen verblassen gegenüber einem echten Original, wie zum Beispiel Frank Lloyd Wrights Guggenheim Museum eines ist

Es war im Oktober 2001, als ich zu begreifen begann, wie groß der Verlust für New York überhaupt war. Als das World Trade Center emporwuchs, kümmerten sich die Architekten der Zwillingstürme nicht um die große Ordnung der Straßen. Sie wollten Geschöpfe des Himmels schaffen. Es gab keinen Bezug mehr zu einem menschlichen Maß, und die Größe dieser Türme lag sogar jenseits des in New York Üblichen. Jahrelang prägten sie die Silhouette der Stadt.

Noch fällt es uns unendlich schwer, die entstandene Leere am Ground Zero zu akzeptieren. Wie New York selbst sind nun auch die Twin Towers in das Reich der Mythen eingegangen und leben in unserem Gedächtnis vielleicht umso nachhaltiger, als sie dies aus Stahl und Beton je gekonnt hätten.

Ich kann mich nicht entscheiden, ob New York mehr eine Stadt der Gehsteige oder des Himmels ist. Sicher ist, dass die Gehsteige mit ihrem turbulenten Geschehen, der theatralischen Szenerie und der befreienden Anonymität süchtig machen können: Wer New York kennen lernen will, muss zu Fuß gehen. Viele Kleinodien, die uns dieses Buch nahe bringt, liegen in Siedlungen, die man am besten *per pedes* erkundet. Die Geschäfte bilden einen Weltbazar, besonders in Brooklyn und Queens. Queens ist eine Art Vereinte Nationen – nur ohne Sitze. Die Gehsteige bilden ein Forum für Verzweiflung und freudige Erregung zugleich. Die Energie, die hier überall zu spüren ist, steckt die meisten Menschen sofort an: Das ist Theater vom Feinsten, und es kostet überdies noch nicht einmal etwas.

Das Woolworth Building in Lower Manhattan wird gern auch die »Kathedrale des Handels« genannt. Das Asphalt Green *uptown*, ein parabelbogiges Heiligtum für die Reparatur von Schlaglöchern, verurteilte Robert Moses einmal als eine »Kathedrale des Asphalts«. Zwischen den beiden und auch jenseits davon stehen allerdings auch noch echte Kathedralen. New York City beherbergt die St. Patrick's Cathedral, das spirituelle Zentrum von Midtown, die Cathedral of St. John the Divine, die größte Kathedrale der Welt, sowie den Tempel Emanu-El, die größte Synagoge der Welt.

Angefangen von Abyssinian bis Zion liegen in den fünf Distrikten Hunderte von Kirchen, Tempeln, Moscheen und Synagogen. In Brooklyn, das auch Kirchendistrikt heißt, sind deren Türme in der Skyline noch deutlich zu sehen. Das erinnert uns an das Jahrhundert von 1790 bis 1890, als die Trinity Church zu Beginn der Wall Street das höchste Gebäude der Stadt war. Wie die Museen, Theater und Büchereien bereichert jedes dieser Gotteshäuser die Stadt.

Brücken verbinden New York City mit den einzelnen Vierteln wie mit dem Rest der Welt. Die gotischen Bögen der Brooklyn Bridge, die filigrane Anmut der Queensboro Bridge, die ungeheure Spannweite der Verrazano Narrows Bridge und das muskulöse Draufgängerturm der George Washington Bridge, die alle nur als George bezeichnen – das alles sind Monumente der Stadt.

Als ich mit zwanzig Jahren nach Manhattan umzog, verpasste ich zuerst die Ausfahrt zur Triborough Bridge, die in die City und damit weg von allem führt, was klein, sicher und vorausschaubar ist. Ich landete irgendwo in Brooklyn: Eine hilfreiche Seele zeigte mir dreimal den Weg, und dreimal blickte ich etwas schräg auf die exotische Gestalt. Ich verstand nämlich nicht, was sie sagte. Erst Jahre später erfuhr ich, dass dieser besondere New Yorker Akzent, der einst in den Medien gnadenlos parodiert wurde, nun fast ausgestorben ist.

Inzwischen weiß ich, dass auch er zu den vielen Schätzen gehört, die diesen seltsam unwirklich erscheinenden, aufregend beunruhigenden, fordernden und herausfordernden sowie großzügigen Ort ausmachen. Damals hätte ich auf Anfrage sogar meinen Pass abgegeben. New York ist eine ganz eigene Welt, und Walt Whitman genügten dafür zwei Worte: »My city.«

Judith Dupré
Januar 2002

Die Kulturhistorikerin Judith Dupré studierte Kunst, Architektur und Pädagogik und verfasste sechs Bücher, die bereits in zehn Sprachen übersetzt wurden. Sie machte einen Abschluss in englischer Literatur an der Brown University, studierte Architektur beim Open Atelier of Design and Architecture in New York City und fühlte sich ihr schon ganzes Leben lang als New Yorkerin, obwohl sie selbst außerhalb dieser Stadt zur Welt kam.

Notiz des Fotografen

Am Morgen des 11. September 2001 saß ich mit meiner Familie in der Küche, zwölf Blocks vom World Trade Center entfernt, als das erste Flugzeug gerade über unsere Köpfe hinweg flog. An diesem Tag wollte ich eigentlich Castle Clinton in Battery Park aufnehmen, doch ich war etwas verspätet. In der nächsten Stunde veränderten sich die Natur und die Bedeutung dieses Projekts so, wie sich die gesamte Welt veränderte. Das Vorhaben war nun schwieriger auszuführen, in emotionaler wie in logistischer Hinsicht, doch wurde es für mich persönlich nun noch viel bedeutungsvoller. Was bis dahin eine ganz besondere berufliche Herausforderung gewesen war, das entwickelte sich nun sogar zu einer Passion.

Ich verwende den Begriff »Portrait«, wenn ich von Bildern in diesem Buch spreche, weil ich versucht habe, das einzigartige Leben eines jeden Gebäudes einzufangen – die Seele, die im Inneren der Steine und Ziegel selbst der banalsten Gebäude lebt. Dabei denke ich an all die Erfahrungen und Geschichten, die sie in all den Jahren aufgenommen haben, während sie uns stumm dienten. Ich habe auch so weit wie möglich versucht, die Welt um diese Gebäude herum – das geschäftige, hektische Stadtleben – auszublenden, um mich ganz auf die Essenz jedes Gebäudes konzentrieren zu können.

Doch die Häuser in New York stehen nicht isoliert, sondern zusammengepfercht in manchmal grotesken Kombinationen – ähnlich den hier lebenden Menschen, die aus allen Teilen der Welt kommen und miteinander auskommen müssen. So entstehen endlose Kontraste, was Stilrichtungen, Größen, Werkstoffe und Funktionen anbe-

langt. Und aus diesem visuellen Chaos geht eine Art Harmonie hervor. Erst als diese Harmonie so plötzlich und radikal unterbrochen wurde, fiel uns auf, was sie eigentlich ausmacht …

Ich möchte das vorliegende Buch meinen Kindern Léo und Sasha, meiner Frau Céline und all den amerikanischen Freunden widmen, die unseren siebenjährigen Aufenthalt in New York so wundervoll machten.

Dankbar bin ich J. P. Leventhal, Laura Ross, True Sims und Magali Veillon vom Verlag Black Dog & Leventhal, dass sie mich für die Arbeit an diesem Buch ausgewählt und mich die ganze Zeit über unterstützt haben. Es war eines der befriedigendsten Projekte in meiner bisherigen Karriere.

Die Fotografen Erik Freeland und James Driscoll sowie mein Assistent Davin Hartmann halfen mit, das Buch rechtzeitig und innerhalb der vorgegebenen Rahmenbedingungen fertig zu stellen. Ich gratuliere dem Autor, Bill Harris, der Layouterin Sheila Hart und dem Reprospezialisten Thomas Palmer und freue mich über ihre Kreativität und Sorgfalt. Ich danke auch Jim und Cornelia von MV Lab für die sorgfältige Behandlung meiner Filme und dem Team von Fotocare für seine Hilfe. Schließlich geht mein Dank an all die Menschen, die mir in all den Monaten, in denen ich Kameras und andere Ausrüstung durch die Straßen von New York schleppte, Zugang zu den Häusern verschafften, mich aufmunterten und bisweilen sogar mit Kaffee unterstützten.

Jörg Brockmann
Januar 2002

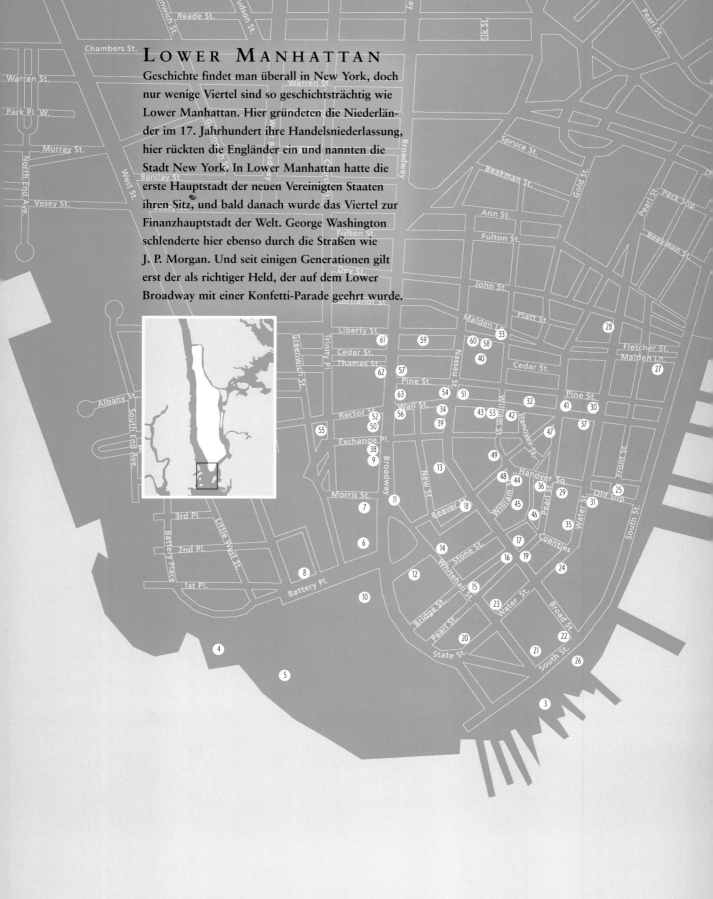

LOWER MANHATTAN

Geschichte findet man überall in New York, doch
nur wenige Viertel sind so geschichtsträchtig wie
Lower Manhattan. Hier gründeten die Niederländer im 17. Jahrhundert ihre Handelsniederlassung,
hier rückten die Engländer ein und nannten die
Stadt New York. In Lower Manhattan hatte die
erste Hauptstadt der neuen Vereinigten Staaten
ihren Sitz, und bald danach wurde das Viertel zur
Finanzhauptstadt der Welt. George Washington
schlenderte hier ebenso durch die Straßen wie
J. P. Morgan. Und seit einigen Generationen gilt
erst der als richtiger Held, der auf dem Lower
Broadway mit einer Konfetti-Parade geehrt wurde.

1

2

STATUE OF LIBERTY ℒ, FREIHEITSSTATUE

LIBERTY ISLAND

1886, FRÉDÉRIC AUGUSTE BARTHOLDI
UNTERBAU: RICHARD MORRIS HUNT
STAHLSKELETT: ALEXANDRE GUSTAVE EIFFEL

Als Frankreich die Freiheitsstatue als Geschenk anbot, war die amerikanische Regierung zuerst gar nicht glücklich darüber. Sie meinte, die Statue würde nur New York City zugute kommen. Die gesetzgebende Versammlung weigerte sich, Geld zur Verfügung zu stellen, um die Statue an der Stelle zu errichten, die damals Bedloe's Island hieß. Noch ehe der Unterbau vollendet war, ging das Geld aus. Die Zeitung *New York World*, die Joseph Pulitzer gehörte, sammelte bei mehr als 121 000 Geldgebern 100 000 Dollar ein. Anlässlich des 100-jährigen Jubiläums im Jahr 1986 gab die Statue of Liberty-Ellis Island Foundation über 425 Millionen Dollar für die Restaurierung der Statue aus. Das Geld stammte von Spendern aus den gesamten Vereinigten Staaten – sie wussten, dass die Freiheitsstatue ihnen allen gehörte.

ELLIS ISLAND NATIONAL MONUMENT ℒ

ELLIS ISLAND

RESTAURIERUNG: 1991, BEYER BLINDER BELLE UND
NOTTER FINEGOLD & ALEXANDER

Für 16 Millionen Einwanderer, die hier zwischen den Jahren 1892 und 1954 eintrafen, war dies die Eingangstür nach Amerika. Der letzte Ankömmling war ein norwegischer Seemann, der sein Schiff ohne Erlaubnis verlassen hatte, um in der Neuen Welt sein Glück zu versuchen. Die Namen von fast 400 000 Einwanderern stehen auf der Wall of Honor außerhalb des Hauptgebäudes, das heute das National Museum of Immigration beherbergt. Präsident Lyndon B. Johnson erklärte die Insel im Jahr 1965 zum National Monument, doch der Kongress weigerte sich, das Geld für eine Restaurierung zur Verfügung zu stellen. Dies tat schließlich der »private Sektor« – doch die Schlafsäle und die Krankenhäuser an der Südseite der Insel sind noch immer von Unkraut überwuchert.

ℒ = offiziell ausgewiesene Sehenswürdigkeit

3

4

5

STATEN ISLAND FERRY TERMINAL

SOUTH STREET BEI DER WHITEHALL STREET

1954, ROBERTS & SCHAEFER

Hier handelt sich um ein rein funktionales Gebäude, aber das ist auch schon alles, was man darüber sagen kann. Es wird in naher Zukunft ersetzt werden, so wie es selbst einst ein französisch inspiriertes Gebäude mit entsprechendem Dekor zuvor ersetzte. Doch in der Zwischenzeit stellt es durch die Gratisüberfahrt nach Staten Island und zurück eine der wichtigsten Touristenattraktionen der City dar.

PIER A ℒ

BATTERY PLACE BEI DER WEST STREET

1886, GEORGE SEARS GREENE, JR.

Die frühere Löschbootstation lebt als Besucherzentrum wieder auf. Sie ist einer der ältesten Piere am Hudson River. Als einziger trägt er einen Buchstaben und nicht eine Nummer. Der 21,3 Meter hohe Turm und die Glocke, die die Zeit durch Glasen anzeigt, soll an die 116 000 Soldaten erinnern, die im Ersten Weltkrieg fielen.

CASTLE CLINTON NATIONAL MONUMENT ℒ

NORDWESTECKE DES BATTERY PARK

1811, JOHN McCOMB, JR.

Die frühere West Battery wurde als Teil der Verteidigungsanlagen im Krieg von 1812 gebaut. Sie war Einwanderungsstation, später baute man sie in eine Konzerthalle mit 6000 Sitzplätzen um, dann war hier das New York Aquarium. In den 40er-Jahren sollte das Gebäude einer neuen Brücke nach Brooklyn weichen. Zwar entschied man sich doch anders, aber übrig blieben nur noch die 2,4 Meter dicken Wände des Forts, wo man Fahrkarten für das Fährschiff zur Freiheitsstatue kaufen kann.

6

Wie lautet die Adresse?

Im Jahr 1811 legten die Behörden für das Gebiet oberhalb der 14. Straße einen regelmäßigen rechtwinkligen Grundriss fest. Deswegen kann man sich in Manhattan nicht völlig verirren. Die 2000 langen und schmalen Blocks, die dadurch entstanden, wurden in ebenfalls regelmäßige Bauparzellen mit den Maßen 7,5 x 30 Meter unterteilt.

Wenn ein Bauunternehmer aber mehrere solche Parzellen zusammenfasste, konnte er unter verschiedenen Adressen auswählen. Um ein Durcheinander zu vermeiden, beauftragte man den Bezirksbürgermeister mit der Zuteilung der Gebäudenummern. Der Bauherr hat einen Plan vorzulegen, der zeigt, wie die Grundstücke miteinander kombiniert oder voneinander getrennt werden, dann bekommt er eine Nummer.

Dieser Vorgang ist nicht sehr kompliziert, doch gelegentlich schlägt ein Unternehmer die Bebauung eines ganzen Blocks vor. Damit hat er die Wahl unter vier Adressen. Bisweilen wird ein Antrag auf eine »persönliche Adresse« gestellt. Darüber entscheidet dann der Bürgermeister des Bezirks.

So kommt es, dass zum Beispiel die Superblocks zu Beginn der Water Street heute auch unter der Bezeichnung »New York Plaza« bekannt sind. Das mag manche verwirren, aber wer Bescheid wissen muss, etwa die Polizei, die Feuerwehr und die Post, findet auf jeden Fall den richtigen Weg.

7

ONE BROADWAY 𝒷

BEIM BOWLING GREEN

1884, EDWARD H. KENDALL
UMGESTALTUNG: 1922, WALTER B. CHAMBERS

Hier befand sich früher das Büro der United
States Lines. Der Fries ist mit Symbolen der
von den Schiffen angelaufenen Häfen geschmückt. Auf den Türen zur Bank, die die
Schalter der Dampfschifffahrtsgesellschaft
inzwischen ersetzt haben, sind die verschiedenen Passagierklassen vermerkt, wie sie auf
Ozeanriesen wie der *America*, der *Leviathan*
oder der *George Washington* üblich waren.

CUNARD BUILDING 𝒷

25 BROADWAY BEIM BOWLING GREEN

1921, BENJAMIN WISTAR MORRIS MIT CARRÈRE & HASTINGS
DECKENSKULPTUR: C. PAUL JENNEWEIN
DECKENGEMÄLDE: EZRA WINTER
VERÄNDERUNGEN: 1977, HANDREN ASSOCIATES

Das Gebäude wurde für die Reederei errichtet,
die so große Schiffe wie die *Queen Mary* und
die *Queen Elizabeth* besaß. Das denkmalgeschützte Innere gehört zu den größten Schätzen von New York. Es sollte den späteren
Werbeslogan der Schifffahrtslinie versinn-
bildlichen: »Die Reise ist schon das halbe
Vergnügen.« Nach dem Bau schrieb ein Kritiker, die Great Hall des Metropolitan Museum
könne »beim Vergleich nicht mithalten«. Die
früheren Fahrkartenschalter der Cunard Line
im Erdgeschoss sind unberührt, werden aber
von einem Postamt versperrt.

8

9

10

11

WHITEHALL BUILDING $\mathcal{L}$

17 BATTERY PLACE BEI DER WEST STREET

1900, HENRY J. HARDENBURGH
RÜCKWÄRTIGER ANBAU: 1910, CLINTON & RUSSELL

Bevor der große Erweiterungsbau an der Nordseite errichtet wurde, besaß Hardenburghs Gebäude drei Seiten mit je einer Fassade zur West Street, zur Washington Street und zum Battery Place. Der Architekt achtete darauf, dass sein Gebäude gut zur Ansicht vom Battery Park her passte, und auch der Anblick von der anderen Richtung ist gleichermaßen vorzüglich. Die McAlister Towing Company hatte darin ihre Büros: Das war nämlich der beste Platz, um ein Auge auf die eigenen Schlepper zu haben.

STANDARD & POORS BUILDING $\mathcal{L}$
(URSPRÜNGLICH RAILWAY EXPRESS COMPANY)

65 BROADWAY, ZWISCHEN DEM
EXCHANGE ALLEY UND DER RECTOR STREET

1919, RENWICK, ASPINWALL & TUCKER

Bevor es Luftfrachtunternehmen gab, die innerhalb von 24 Stunden überall hin ausliefern konnten, war der Railway Express noch der schnellste und oft auch der einzige Weg, um Pakete zu transportieren. Das war damals ein großes Geschäft. Die Zentrale der Firma befand sich in diesem ungewöhnlichen H-förmigen Gebäude.

BOWLING GREEN IRT CONTROL HOUSE $\mathcal{L}$

BATTERY PLACE BEI DER STATE STREET

1905, HEINS & LA FARGE

Zusammen mit seinem Zwilling, der an der 72. Straße und am Broadway steht, erinnert dieses Gebäude an die erste Untergrundbahn, die Interborough Rapid Transit Company. Die meisten U-Bahnstationen dieses Unternehmens waren Strukturen aus Stahl und Glas. Bedeutende Bahnhöfe wie dieser bestanden allerdings aus Stein und Ziegeln und sollten Gartenpavillons ähnlich sehen. Die Bezeichnung »Control House« bezieht sich darauf, dass man das Kommen und Gehen der Passagiere überwachen wollte.

STANDARD OIL BUILDING $\mathcal{L}$

26 BROADWAY BEIM BOWLING GREEN

1922, CARRÈRE & HASTINGS

Als sich John D. Rockefeller 1886 in New York niederließ, gab er bei Ebenezer L. Roberts ein neunstöckiges Hauptquartier für seine Standard Oil Company in Auftrag. Zehn Jahre darauf errichteten Kimball & Thompson einen 19-stöckigen Anbau und stockten das Hauptgebäude um sechs Geschosse auf. 1922 erhielten Carrère & Hastings den Auftrag, das Durcheinander mit einem neuen Anbau zu bereinigen. Ihr Gebäude schmiegt sich an die Biegung des Broadway an, passt mit seinem Turm aber in das Muster der Skyline. Der Kamin liegt in der Darstellung einer Öllampe verborgen – ein Hinweis auf Rockefellers Erfolg bei der Vermarktung von Petroleum.

12

ALEXANDER HAMILTON CUSTOM HOUSE 𝓛

ONE BOWLING GREEN
ZWISCHEN STATE UND WHITEHALL STREET

1907, CASS GILBERT
SKULPTUR »FOUR CONTINENTS«: DANIEL CHESTER FRENCH
WANDGEMÄLDE IN DER ROTUNDE: 1937,
REGINALD MARSH
VERÄNDERUNGEN: 1994 EHRENKRANTZ & EKSTUT

Als der Architekt Cass Gilbert den Auftrag für
dieses Gebäude erhalten hatte, schrieb er: »Es
verfolgt einen praktischen Zweck und sollte
doch mit seinem Dekor eine Vorstellung vom
Reichtum und Luxus des großen Hafens von
New York vermitteln.« Früher wurden hier die
meisten Importsteuern des ganzen Landes eingenommen. Im Jahr 1977 zogen die Zollbehör-
den ins World Trade Center um. Seither
beherbergt dieses Gebäude das Smithsonian's
Museum of the American Indian. Hier befand
sich das Fort Amsterdam, das die Niederländer
zum Schutz ihrer ersten Siedlung bauten. Und
hier sah sich Peter Stuyvesant, Generaldirektor
der Westindischen Compagnie, zur Übergabe
an die Briten gezwungen, die die Siedlung
schließlich New York nannten. Zu jener Zeit
lag hier das Ufer. Das gesamte Gelände westlich des Custom House wurde aufgeschüttet.

*Die Fassade des Custom House ist eines der beeindru-
ckendsten Denkmäler neoklassizistischer Architektur in
der Stadt. Die Bögen über den Fenstern zeigen Köpfe der
»acht Rassen der Menschheit«: der kaukasischen, der kelti-
schen, der eskimoischen, der slawischen, der afrikanischen,
der hinduistischen, der mongolischen und der lateinischen.
Die Statuen oberhalb des Frieses stellen zwölf große Han-
delsnationen der Geschichte dar, und die von Karl Bitter
gestaltete Kartusche über dem Haupteingang gilt der
dreizehnten, den Vereinigten Staaten. Merkur, der römische
Gott des Handels, ist in den Kapitellen aller 44 korinthischen Säulen dargestellt, die das Gebäude umgeben.*

*Im Zentrum dieser Ikonografie stehen die Skulpturen
von Daniel Chester French im Erdgeschoss. Sie stellen die
vier Hauptregionen der Welt dar. Asien gilt als die Mutter
der Religionen: eine Buddha-Statue im Schoß, eine
Lotosblüte in der Hand, ein Kreuz dahinter. Ein Tiger
betrachtet die Figur, leidende Menschen umgeben sie, und
zu ihren Füßen liegen Schädel. Die nächste Skulptur links
von der Treppe ist Amerika, umgeben von Symbolen des
Vertrauens und der Industrie. Europa wird mit einer Figur
in griechischem Gewand dargestellt. Ihr beigegeben ist ein
offenes Buch, ein Schiffsbug, ein dem Parthenon entlehnter
Fries sowie eine schattenhafte Figur, die die lange
Vergangenheit symbolisiert. Die letzte Darstellung auf der
rechten ist Afrika, eine schlafende Figur zwischen einer
Sphinx und einem Löwen. Eine weitere verhüllte Figur
scheint in eine ungewisse Zukunft zu blicken.*

*Daniel Chester French, der diese Gruppe schuf, ist für
seine Statue von Abraham Lincoln beim Lincoln Memorial
in Washington bekannt. Auf ihn gehen auch drei der
Statuen des Appellate Court beim Madison Square zurück
sowie vier Statuen an der Fassade des Chamber of
Commerce Building an der Liberty Street und die Statue
der Alma Mater an der Columbia University.*

40 BROAD STREET

ZWISCHEN EXCHANGE PLACE UND BEAVER STREET

1982, GRUZEN & PARTNERS

Das Gebäude fällt an der Seite der Broad Street kaum auf, zeigt aber eine wundervolle Hinterfassade, die zur New Street gerichtet ist. Zur Zeit der Niederländer lag am Treffpunkt zwischen Broad Street und Exchange Place das Zentrum der geschäftlichen Aktivität. Der Raum, den das Gebäude heute einnimmt, war damals fast stets bis über Kopfhöhe mit Biberpelzen gefüllt, die für die alte Welt bestimmt waren.

2 BROADWAY

ZWISCHEN STONE STREET UND BEAVER STREET

1959, EMERY ROTH & SONS
UMGESTALTUNG: 1999, SKIDMORE, OWINGS & MERRILL

Dieses Gebäude brach als Erstes im Finanzdistrikt mit der Tradition soliden handwerklichen Mauerwerks. Die vorgehängte Fassade wurde als langweilig empfunden. Selbst die Besitzer, die Uris Brothers, sahen das so und versuchten, sie etwas interessanter zu gestalten, indem sie abstrakte Mosaiken über den Eingängen anbrachten. Das half aber nichts. Das Magazin Architectural Forum meinte, der Bau passe wirklich nicht zum Broadway.

BROAD FINANCIAL CENTER

33 WHITEHALL STREET BEI DER PEARL STREET

1986, FOX & FOWLE

Als New York noch den Niederländern gehörte, war die Hauptdurchgangstraße ein Kanal namens de Heere Gracht. Als die Briten im Jahr 1664 die Stadt übernahmen, füllten sie den Kanal auf und nannten ihn Broad Street – ein passender Name, da es sich wegen der Größe des Kanals um die breiteste Straße in der ganzen Kolonie handelte. Der Name gilt seither als edel, und deswegen wird auch behauptet, die Adresse dieses Hochhauses an der Whitehall Street laute eigentlich Broad Street.

NEW YORK CLEARING HOUSE

100 BROAD STREET
ZWISCHEN PEARL STREET UND BRIDGE STREET

1962, ROGERS & BUTLER

Die New York Clearing House Association, 1853 gegründet, überweist jeden Tag zwischen den Mitgliedsbanken rund eine Milliarde Dollar. Die Banken brauchen diese wichtige Institution auch dafür, um einen Überblick über die gegenseitigen Schulden zu haben. Die meisten Aktivitäten finden unter diesem winzigen Gebäude statt. Die ursprüngliche Aufgabe, für die Liquidität der Banken zu sorgen, übernahm 1914 im wesentlichen die Federal Reserve.

GOLDMAN-SACHS BUILDING

85 BROAD STREET BEI DER PEARL STREET

1983, SKIDMORE, OWINGS & MERRILL

Ursprünglich sollte die Bebauungshöhe dieses Monstergebäudes dem denkmalgeschützten Block der Fraunces Tavern auf der anderen Seite der Pearl Street entsprechen. Im Inneren findet man einen winzigen Hinweis auf die Geschichte: In zwei Vitrinen kann man Artefakte betrachten, die bei der Aushebung der Fundamente entdeckt wurden.

AMERICAN BANK NOTE COMPANY

70 BROAD STREET
ZWISCHEN MARKETFIELD STREET UND BEAVER STREET

1908, KIRBY, PETIT & GREEN

Bei diesem Gebäude brach man mit der Tradition, die Fassade in die einzelnen Stockwerke zu unterteilen. Vorne befindet sich eine monumentale Ordnung korinthischer Säulen. Das Dachgeschoss oberhalb des Frieses enthält die Büros der Geschäftsführer und einen privaten Speisesaal.

13

14

15

16

17

18

19

20

Fraunces Tavern ℒ

54 Pearl Street bei der Broad Street

1907, William Mersereau

Die Taverne ist eine getreue Kopie des Hauses von Etienne DeLancey von 1719, das 1762 zur Queen's Head Tavern wurde. Besitzer war der Westindier Samuel Fraunces, der George Washington auch als Kämmerer gedient hatte. Washington sorgte dafür, dass Fraunces die Speisen und Getränke für das Galabankett liefern konnte, das Governor Clinton ausrichtete, um den Abzug der britischen Truppen aus New York 1783 zu feiern. Ehrengast war General Washington höchstselbst, der seine Offiziere im Long Room im zweiten Stock der Taverne verabschiedete. Im Jahr 1904 kauften die Sons of the Revolution das heruntergekommene Gebäude, restaurierten es sorgfältig und eröffneten es drei Jahre später als Restaurant. Wegen der Mietsteigerungen musste der Betreiber das Restaurant aufgeben. Im Jahr 2001 wurde es neu verpachtet.

Shrine of St. Elizabeth Ann Bayley Seton ℒ

7 State Street
zwischen Pearl Street und Whitehall Street

1806, John McComb, Jr.
Restaurierung: 1965, Shanley & Sturgis

Wenn man sich heute in der Nachbarschaft umsieht, möchte man kaum glauben, dass die State Street einst mit prächtigen Häusern des so genannten »Federal Style« gesäumt war – wie dieses übrig gebliebene Paar. Ursprünglich hieß das Gebäude James Watson House, doch heute trägt es den Namen der ersten in Amerika geborenen Heiligen, Mother Seton. Sie gründete die Sisters of Charity und das amerikanische Gemeindeschulsystem. Die hier angrenzende Church of Our Lady of the Rosary war einst das Haus von Mother Seton. Von hier hat aus man einen Blick über ihre engere Heimat in Staten Island.

21

22

23

24

ONE NEW YORK PLAZA

WHITEHALL STREET BEI DER SOUTH STREET

1969, WILLIAM LESCAZE & ASSOCIATES
ENTWURF VON KAHN & JACOBS

Der Architekturkritiker Paul Goldberger verglich die Fassade dieses Gebäudes mit »Fünfzig Geschichten von Knöpfen in Otis-Aufzügen (oder leeren TV-Bildschirmen)«. Seine Kollegin Ada Louis Huxtable sagte, die Fassade erinnere sie an »Decken in Frisiersalons«. Der AIA-Guide pflichtete ihr bei: »Tausende von Bilderrahmen von Innenarchitekten bilden eine unglückliche Fassade für dieses allzu hervortretende, dunkle, bedrohliche Bürohochhaus.«

2 NEW YORK PLAZA

125 BROAD STREET, BEI DER SOUTH STREET

1970, KAHN & JACOBS

Als man dieses Riesengebäude im Jahr 1971 beziehen konnte, war kein Speditionsauto zu sehen. Der Markt für Büroräume war am Erliegen, und es gab keine einzige Firma, die an den rund 100 000 Quadratmeter Bürofläche Interesse gezeigt hätte. Das bremste die Bauunternehmer aber nicht. Im Jahr 1972 wurde für das Gebäude mit der Adresse 55 Water Street, das dreimal so viel Büroraum wie dieses Hochhaus aufweisen konnte, nach Mietern gesucht, und man hatte keine Probleme, welche zu finden, wie es oft geschieht im New Yorker Immobilienmarkt.

3 NEW YORK PLAZA

39 WHITEHALL STREET
ZWISCHEN WATER STREET UND PEARL STREET

1886, S. D. HATCH
UMSTRUKTURIERUNG: 1986, WECHSLER, GRASSO &
MENZIUSO

Vor diesem früheren Gebäude der U.S. Army konzentrierten sich die Proteste gegen den Vietnamkrieg. Generationen von Wehrpflichtigen betraten es zu den ersten medizinischen Untersuchungen. Damals wusste jeder 18-Jährige, was ein Brief mit den Anfangsworten »Greetings ...« bedeutete, und jeder kannte die Bezeichnung »Whitehall Street«. Das Gebäude glich einer Festung mit Zinnen, verschwand dann aber hinter den Glaswänden, die nun einen Fitnessklub beherbergen. Die heutigen Büroräume liegen über dem früheren Gebäude, das sich jetzt unter der Oberfläche befindet.

4 NEW YORK PLAZA

WATER STREET
ZWISCHEN BROAD STREET UND COENTIES SLIP

1968, CARSON, LUNDIN & SHAW

In einem ungewöhnlichen Versuch, sich den Nachbarhäusern aus dem 19. Jahrhundert anzupassen, errichteten die Architekten eine Ziegelfassade. Doch sie verfehlten ihr Ziel, weil sie Ziegel wählten, die breiter waren als normal, und weil die schmalen Fenster dem Ganzen ein festungsähnliches Aussehen verleihen. Die Fenster wurden allerdings bewusst so klein gewählt, um Sonnenlicht und Wärme von den Computern im Inneren fern zu halten.

25

Schifffahrtswege

*Zur Kolonialzeit baute man längs dem East River Kanäle,
so genannte Slips, die wie Finger in das Land hineingriffen,
damit Schiffe möglichst weit im Binnenland ihre Ladung
löschen und neue aufnehmen konnten. So entstanden viele
Gemüsemärkte. Die Landwirte von Long Island lieferten
dorthin ihre Produkte, um sie den Einheimischen zu verkaufen. Heute sind alle Slips aufgefüllt, doch die Bezeichnung lebt noch in einigen Straßennamen weiter, etwa
Burling Slip, Old Slip, Catherine Slip, Beekman Slip, Pike
Slip und Coenties Slip.*

26

FIRST PRECINCT, NYPD ℒ

100 OLD SLIP
ZWISCHEN FRONT STREET UND SOUTH STREET

1911, HUNT & HUNT

A. E. Costello nannte in seiner Geschichte der Polizei von 1885 mit dem Titel »Our Police Protectors« diesen Bezirk den »wichtigsten der Welt«. Und er lieferte auch eine Erklärung dafür: »Würden die Polizisten auch nur für zwei Stunden einmal wegsehen, so könnten die Verbrecher millionenschwere Beute machen.« Als der Polizeibezirk im Jahr 1884 gegründet wurde, wachten die Beamten über den Besitz von 32 Banken, des Custom House, der Federal Subtreasury und der New York Stock Exchange. Alle diese Institutionen sowie weitere, die seither dazu kamen, verfügen heute über ihre eigenen Sicherheitsdienste, und im Jahr 1973 wurde der Bezirk nach TriBeCa verlegt. Das Gebäude beherbergte bis zum Jahr 2001 die Landmarks Commission und wurde danach ein Polizeimuseum.

BATTERY-MARITIME BUILDING ℒ

11 SOUTH STREET BEI DER WHITEHALL STREET

1909, WALKER & GILLETTE

Noch lange nachdem die Brooklyn Bridge im Jahr 1883 eröffnet wurde, verbanden 14 Fährbetriebe Lower Manhattan mit Brooklyn. Der letzte wurde im Jahr 1942 eingestellt. Zusammen mit anderen verwendete er diesen eleganten Terminal, dessen Metallfassade grün angestrichen wurde, damit sie zur Grünspanpatina der Freiheitsstatue passt. Hier landete auch die Fähre nach Governor's Island, als diese Insel noch eine Basis der Küstenwache war. Bis heute ist sie für die dort stationierten Verwalter die einzige Verbindung zu dieser Insel. Als das Gebäude unter der Bezeichnung Whitehall Ferry Terminal errichtet wurde, gehörte es zu einer ganzen Reihe aus Dutzenden von ähnlichen Gebäuden, die damals das Ufer säumten. Dieses hier hat als Einziges davon die Zeit überdauert.

CONTINENTAL CENTER

180 MAIDEN LANE
ZWISCHEN PINE, FRONT UND SOUTH STREET

1983, SWANKE HAYDEN CONNELL & PARTNERS

Der Fenway Park in Boston hat sein »grünes Monster«, und dieses ist das von New York. Es empfielt sich nicht, einen Baseball in seine Richtung zu schlagen, obwohl ziemlich wenige Architekturkritiker es mit schlechten Kritiken bedachten.

NATIONAL WESTMINSTER BANK

175 WATER STREET
ZWISCHEN FLETCHER STREET UND JOHN STREET

1983, FOX & FOWLE

Ein Paar verspiegelte Glaszylinder scheint dieses Gebäude zusammenzuhalten. Bei den Aushubarbeiten für das Fundament fand man ein Segelschiff aus dem 18. Jahrhundert. Die Bevölkerung durfte es an einem einzigen Sonntag besichtigen, als die Arbeiter frei hatten und die Arbeiten somit nicht unterbrochen werden mussten. Einen Teil des Schiffes rettete man und brachte ihn zum Mariner's Museum in Newport News, Virginia.

7 HANOVER SQUARE

ZWISCHEN WATER STREET UND PEARL STREET

1982, NORMAN JAFFE UND EMERY ROTH & SONS

Wenn den georgianischen Architekten des 18. Jahrhunderts der Stahlskelettbau bekannt gewesen wäre, hätten sie vielleicht so etwas gebaut wie diese 26-stöckige Interpretation ihrer Kunst. Aber ist es auf der anderen Seite nicht ganz erfreulich, dass sie es nicht taten?

WALL STREET PLAZA

88 PINE STREET BEI DER WATER STREET

1973, I. M. PEI & ASSOCIATES

Dieses Gebäude aus Aluminium und Glas bekam vom American Institute of Architects einen Spezialpreis für seine »klassische Reinheit«. Es liegt nicht direkt an der Wall Street, hat aber eine der besten Plazas mit einer zweiteiligen Skulptur aus rostfreiem Stahl von Yu Yu Yang. Sie besteht aus einer L-förmigen senkrechten Platte mit einer kreisrunden Öffnung und einer 3,6 Meter großen polierten Scheibe dahinter. Die Plastik erinnert an die *Queen Elizabeth I*, die vor Hongkong ausbrannte.

77 WATER STREET

BEIM OLD SLIP

1970, EMERY ROTH & SONS

Bebauungsvorschriften sahen für Gebäude wie dieses öffentliche Räume vor, doch nur wenige Bauunternehmer nahmen diese Herausforderung so ernst wie Melvyn Kaufman bei seinem 26-stöckigen Bürohochhaus. Zu den Annehmlichkeiten zählen ein altmodischer Süßwarenladen, »Wärmebäume« zum Fernhalten der Kälte sowie Wasserbecken mit Brücken darüber. Auf dem Dach brachte er ein Jagdflugzeug aus dem Ersten Weltkrieg an.

MORGAN BANK

60 WALL STREET, ZWISCHEN PEARL- UND WILLIAM STREET

1988, KEVIN ROCHE, JOHN DINKELOO & ASSOCIATES

Dieser massive 25-stöckige Büroturm passt gut zu seinen Nachbarn. Er enthält unglaubliche 160 000 Quadratmeter Bürofläche, ohne dass man das von außen deutlich sehen könnte. Die Bank gehört zu den zahlreichen Erbstücken von John Pierpont Morgan, der in Connecticut auf die Welt kam und im Jahr 1861 seine Karriere in New York als amerikanischer Agent der Londoner Firma seines Vaters, Dabney, Morgan and Company, übernahm.

27

28

29

30

31

32

33

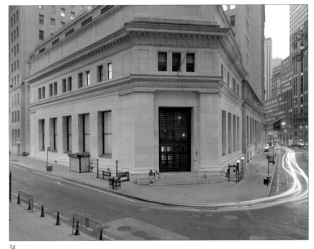

34

35

36

37

38

HOME INSURANCE PLAZA

59 MAIDEN LANE BEI DER WILLIAM STREET

1966, ALFRED EASTON POOR

Die kleine Plaza vor der Versicherungsgesellschaft ist wichtiger als die umgebenden Gebäude. Maiden Lane zählt zu den ältesten Straßen von Manhattan und war ursprünglich ein schmutziger Pfad, der durch das Gehölz zu einem Bach führte: Dorthin gingen die jungen Frauen (»maiden«) jeden Morgen zum Wäschewaschen.

MORGAN GUARANTY TRUST BUILDING

23 WALL STREET BEI DER BROAD STREET

1913, TROWBRIDGE & LIVINGSTON

Der einfache Neoklassizismus dieses geschäftlichen Nervenzentrums soll direkt auf J. P. Morgan zurückgehen, der in dem Vierteljahrhundert, als es gebaut wurde, die dominierende Figur der amerikanischen Finanzwelt war. Im Jahr 1920 brachten Gegner des Kapitalismus auf dem Gehsteig davor eine Wagenladung Dynamit zur Explosion. Dabei wurden 33 Zuschauer getötet und 400 verletzt. An der Fassade an der Wall Street zeugen bis heute sichtbare Narben von diesem Anschlag.

55 WATER STREET

ZWISCHEN COENTIES SLIP UND OLD SLIP

1972, EMERY ROTH & SONS

Mit seinen über 280 000 Quadratmetern Mietfläche war dies zur Zeit des Baus das größte Bürohochhaus der Welt. Nur das Pentagon hatte noch mehr Raum. Der Bau verschlang vier kleine Blocks. Im Gegenzug versprach die Baufirma, Uris Brothers, den Jeanette Park im Osten wieder anzulegen. Zu empfehlen ist dort allerdings nur die Besichtigung des fast in Vergessenheit geratenen 21 Meter hohen New York Vietnam Veterans Memorial von M. Paul Friedberg & Associates.

INDIA HOUSE

ONE HANOVER SQUARE
ZWISCHEN PEARL STREET UND STONE STREET

1853, RICHARD F. CARMAN

Seit dem Jahr 1914 ist dieses Gebäude ein privater Klub für Geschäftsleute, die im Außenhandel tätig sind. Zuvor hatte hier die Hanover Bank ihren Hauptsitz. Dann wurde es zur New York Cotton Exchange und später zum Sitz der Firma W. R. Grace & Company. Hanover Square war seit 1637 ein öffentlicher Raum. Captain William Kidd kannte ihn gut, denn er lebte um die Ecke an der Adresse 119 Pearl Street, bevor er 1699 als Pirat gehängt wurde.

BARCLAY BANK

75 WALL STREET ZWISCHEN WATER UND PEARL STREET

1987, WELTON BECKET ASSOCIATES

Zu den öffentlich zugänglichen Annehmlichkeiten, die im Tausch für zusätzliche Nutzfläche eingerichtet wurden, gehören ein Wasserfall und immerhin so viel Grünfläche in der Umgebung, dass die Bezeichnung »Park« angebracht ist. Sonst gibt es bei diesem fast unwirtlichen Gebäude nicht viele Anziehungspunkte. Die Fassade über dem Eingang ist kaum einen Blick nach oben wert.

ONE EXCHANGE PLAZA

BROADWAY, VOM EXCHANGE ALLEY ZUM TRINITY PLACE

1982–84, FOX & FOWLE

Zusammen mit seinem Zwilling am 45 Broadway Atrium wurde dieser Turm aus Ziegeln und Glas ursprünglich als einziges Gebäude konzipiert. Aber der Besitzer eines kleinen Restaurants inmitten dieses künftigen Bauplatzes merkte, dass er auf einer Goldmine saß und schraubte seinen Preis entsprechend hoch. Der potentielle Käufer weigerte sich, den Preis zu bezahlen, und baute an Stelle eines Hochhauses deren zwei. So konnte der Restaurantbesitzer sein Geschäft behalten, wo es war.

Es war Alexander Hamiltons Idee, dass New York zum Zentrum des Wertpapierhandels werden sollte. Als erster Finanzminister des Landes begann er Schuldscheine auszugeben, um Schulden des Revolutionskrieges abzutragen. Zwei Jahre darauf, im Jahr 1792, trafen sich 24 Kaufleute und Bankiers unter einem ausladenden Baum an der Wall Street und unterzeichneten eine Übereinkunft zur Regulierung des Ankaufs und Verkaufs von Aktien und Schuldscheinen.

Im Jahr 1817 erweiterten und formalisierten Börsenmakler diese grundlegenden Regeln und gründeten die New York Stock Exchange. In den ersten Jahren wurden zwei Sitzungen pro Tag abgehalten. Dabei rief der Börsenpräsident jedes Wertpapier auf, und die Mitglieder gaben darauf ihre Angebote ab. Jedes Mitglied besaß seinen eigenen Stuhl, sodass jedes Mitglied einen »Sitz« an der Börse hatte. Die Anzahl dieser Sitze ist heute auf 1366 festgelegt, und die mittleren Kosten für einen solchen Sitz betragen rund 50 000 Dollar.

Die Börse selbst kauft oder verkauft keine Wertpapiere. Wenn eine Firma möchte, dass ihre Anteile hier gehandelt werden, muss sie die strengen Bedingungen der Securities and Exchange Commission erfüllen. Über 2500 Firmen sind notiert, und an der Börse finden einige hundert Millionen Transaktionen pro Tag statt. Die Institution wird von einem 20-köpfigen Board geleitet, von dem zehn Mitglieder aus dem Wertpapierhandel stammen und die anderen zehn Mitglieder die Öffentlichkeit vertreten.

39

NEW YORK STOCK EXCHANGE ℒ

8 BROAD STREET
ZWISCHEN WALL STREET UND EXCHANGE PLACE

1903, GEORGE B. POST
GIEBEL VON J. Q. A. WARD UND PAUL BARTLETT

Obwohl die Wall Street das Synonym für den
Handel mit Geld ist, liegt das wahre Nerven-
zentrum der Finanzwelt im Inneren dieses
neoklassizistischen Gebäudes um die Ecke an
der Broad Street. Das geschäftige Börsenpar-
kett ist der Öffentlichkeit zugänglich, allerdings nur sehr diskret durch den Anbau mit der
Adresse 20 Broad Street. Die Skulptur über den
korinthischen Säulen mit dem Titel »Integrity
Protecting the Works of Man« ist eine mit Blei
überzogene Replik der ursprünglichen Mar-
morskulptur, die hier im Jahr 1936 angebracht
wurde. Das Relief stellt auf symbolische Weise
die Börse als Spiegel des Volksvermögens dar.

CHASE MANHATTAN BANK TOWER

ONE CHASE MANHATTAN PLAZA
ZWISCHEN PINE STREET UND LIBERTY STREET

1960, SKIDMORE, OWINGS & MERRILL

Als David Rockefeller ein neues Hauptquartier für die Chase Manhattan Bank bauen wollte, galt dies als Signal dafür, dass sich Lower Manhattan und die Finanzwelt von der Weltwirtschaftskrise nun endgültig erholt hätten. Es folgten bessere Gebäude, doch keines verkörperte die Hoffnungen für die Zukunft so wie dieses. Den 240 Meter hohen Wolkenkratzer verkleidete man mit Aluminiumplatten, die ihn aufleuchten lassen und unter den gemauerten Nachbarn hervorheben. Die Plaza gewinnt durch die 12,6 Meter hohe abstrakte Skulptur »Group of Four Trees« von Jean Dubuffet. Sie wurde im Jahr 1972 aufgestellt.

WILLIAMSBURGH SAVINGS BANK

74 WALL STREET BEI DER PEARL STREET

1927, BENJAMIN WISTAR MORRIS

Dieses reich verzierte Gebäude war einst das Hauptquartier der Seaman's Bank for Savings. Angesichts der langen Beziehungen seines Auftraggebers zum Hafen gab der Architekt bei Ernest Peixotta drei große Wandgemälde in Auftrag. Sie behandeln die Geschichte des Hafens und schmücken die Schalterhalle sowie die neoromanische Fassade mit Darstellungen von Schiffen und Nixen, von Delfinen und anderen Lebewesen. Wäre es keine Bank, könnte man sagen, dass das Design etwas verspielt wirkt.

REGENT WALL STREET HOTEL ℒ
(FRÜHER CITIBANK)

55 WALL STREET BEI DER WILLIAM STREET

1841, ISAIAH ROGERS
UMWANDLUNG IN EIN ZOLLAMT: 1863, WILLIAM A. POTTER
UMGESTALTUNG: 1910, MCKIM, MEAD & WHITE

Ursprünglich war das Gebäude die Merchant's Exchange. Dann diente es als United States Custom House, und fast 90 Jahre lang hatten die National City Bank sowie ihre Nachfolgerin, die Citibank, ihr Hauptquartier hier. Nach einer kurzen gastronomischen Zwischenphase wurde das Gebäude 1999 in ein Hotel mit 144 Zimmern umgewandelt. Die wundervolle Great Hall von McKim, Mead & White dient heute als einer der elegantesten Ballsäle der Welt.

TRUMP BUILDING ℒ

40 WALL STREET ZWISCHEN WILLIAM- AND BROAD STREET

1930, H. CRAIG SEVERANCE
MIT YASUO MATSUI UND SHREVE & LAMB
VERÄNDERUNGEN IN DER LOBBY: 1997, DERR SCUTT

Der Bau diente erst als Hauptquartier der Bank of the Manhattan Company, doch diese tat sich mit der Chase Bank zusammen und siedelte in deren Bürogebäude um. In seinem Buch »New York: The Wonder City« schreibt W. Parker Chase von diesem Wolkenkratzer: »Kein Gebäude, das jemals errichtet wurde, verkörpert die typisch amerikanische Geschäftigkeit besser als diese außergewöhnliche Struktur.«

40

41

42

43

44

45

46

47

48

49

BANCA COMMERCIALE ITALIANA ℒ

ONE WILLIAM STREET BEIM HANOVER SQUARE

1907, FRANCIS H. KIMBALL & JULIAN C. LEVI
VERÄNDERUNGEN: 1929, HARRY R. ALLEN

Ursprünglich handelt es sich hier um das Seligman Building. Das zwölfstöckige neubarocke Gebäude missfiel zur Jahrhundertwende den Architekturkritikern, doch angesichts der Winkel an dieser Kreuzung war es sogar eine Art Triumph. Der Anbau von Gino Valle, Jeremy P. Lang und Fred Liebman im Jahr 1986 war auch ein solcher Triumph – ein seltenes Beispiel dafür, wie sich ein modernes Gebäude harmonisch in seine Umgebung einfügt.

13–15 SOUTH WILLIAM STREET AND 57 STONE STREET

ZWISCHEN COENTIES ALLEY UND HANOVER SQUARE

1903–1908, C. P. H. GILBERT

Alle Gebäude des alten Nieuw Amsterdam sind schon längst verschwunden, doch diese Stufengiebel geben uns noch einen Hinweis darauf, wie die gesamte Kolonie wahrscheinlich einmal aussah. Das beeindruckendste Gebäude der Niederländer war das Stadt Huys, das im Jahr 1641 als Taverne am anderen Ende des Platzes errichtet wurde. Mit seinen fünf Stockwerken war es das größte Haus in der Stadt und als Rathaus natürlich das Wichtigste.

CHUBB & SONS

54 STONE STREET
ZWISCHEN COENTIES ALLEY UND HANOVER SQUARE

1919, ARTHUR C. JACKSON

Dies ist eine moderne Hinzufügung zur ältesten gepflasterten Straße der Stadt. Sie hieß einst Brouwers Straet, weil sie sich hinter der Brauerei von Stephanus Van Cortlandt dahinzog. Im Jahr 1657 verlegte man ein Kopfsteinpflaster, weil sich Mrs. Van Cortlandt über den Staub beklagte, den die Kunden ihres Mannes aufwirbelten.

NEW YORK COCOA EXCHANGE ℒ

82–92 BEAVER STREET BEI DER PEARL STREET

1904, CLINTON & RUSSELL

Ursprünglich war dies das Beaver Building. Dabei standen die Architekten vor dem Problem, dass sie ein spitzwinkliges Gebäude bauen sollten. Schließlich fanden sie eine Lösung, indem sie die Ecken einfach abrundeten. Die Cocoa Exchange ist eine Rohstoffbörse und gehört heute zur New York Coffee and Sugar Exchange. In den 90-er Jahren siedelte sie ins World Trade Center über.

DELMONICO'S ℒ

56 BEAVER STREET BEI DER SOUTH WILLIAM STREET

1891, JAMES BROWN LORD, UMWANDLUNG IN EIN
APARTMENTHAUS: 1996, MARK KEMENY

Das im Jahr 1825 gegründete Delmonico's ist das älteste Restaurant der Stadt. Als das ursprüngliche Gebäude durch einen Brand zerstört wurde, ersetzte man es durch dieses. Es diente als Hotel und als Restaurant – nur für Männer. Nun sind hier Eigentumswohnungen, das Restaurant ist für alle zugänglich. Die Marmorsäulen am Eingang stammen angeblich von Ausgrabungen in Pompeji und schmückten auch schon das erste Gebäude.

CANADIAN IMPERIAL BANK OF COMMERCE ℒ

22 WILLIAM STREET
ZWISCHEN BEAVER STREET UND EXCHANGE PLACE

1931, CROSS & CROSS

Als dieses Gebäude für die City Bank Farmer's Trust Company errichtet wurde, hatten die Banker schon begonnen, einen modernen Klassizismus als den ihnen gemäßen Stil zu fordern. Cross & Cross lieferten das Gewünschte und eroberten sich das Wohlwollen der Banker mit diesem 57-stöckigen Kalkturm umso mehr, als er in genau 364 Tagen nach Baubeginn bezugsfertig war.

Trinity Church $\mathcal{L}$
(Episkopalkirche)

78–79 Broadway bei der Wall Street

1846, Richard Upjohn

Dies ist die dritte Kirche an derselben Stelle. Den Anfang machte im Jahr 1697 ein Bau, der durch den großen Band von 1776 zerstört wurde. Der Nachfolgebau brach unter den Schneemassen zusammen, die ein Blizzard im Jahr 1839 auf dem Dach angehäuft hatte. Die Gemeinde selbst wurde einst als kolonialer Außenposten der Church of England gegründet. Im Jahr 1705 erhielt sie von der englischen Königin Anne das gesamte Land westlich des Broadway von der Fulton Street nordwärts bis zur Christopher Street geschenkt. Damit war auch das Recht auf die Ladung der Schiffe sowie auf alle Wale verbunden, die hier stranden sollten. Doch der wahre Reichtum kam in Form von Mietzahlungen für Gebäude, die auf diesem Gebiet (»Queen's Farms«) entstanden. Trinity ist nicht nur die reichste und älteste, sondern auch die bekannteste Kirche in New York, da sie in einem einen Hektar großen kolonialen Friedhof neben den Schluchten des Finanzdistrikts liegt.

51

FEDERAL HALL NATIONAL MEMORIAL *L*

28 WALL STREET BEI DER NASSAU STREET

1842, TOWN & DAVIS

Noch nicht einmal 25 Jahre, nachdem George
Washington seinen Amtseid auf einem Balkon
des früheren Rathauses von New York geleistet
hatte, wurde das Gebäude abgebrochen und
zum Schrottwert verkauft, was 425 Dollar einbrachte. Man ersetzte es durch dieses Gebäude
im Stil eines griechischen Tempels. Es diente
erst als Zollbehörde, dann als Schatzamt und
wurde im Jahr 1939 zu einem Nationaldenk-
mal. J. Q. A. Wards Washington-Statue (1883)
stand damals schon an der Eingangstreppe.

51

EMPIRE BUILDING *L*

71 BROADWAY BEI DER RECTOR STREET

1898, KIMBALL & THOMPSON

Von diesem wundervoll detaillierten neoklassizistischen Gebäude blickt man über den
Kirchhof der Trinity Church. Den Haupteingang bildet ein monumentaler Triumphbogen.
Ursprünglich hatte hier die United States Steel
Corporation ihren Hauptsitz, von ihrer Gründung im Jahr 1901 bis zum Jahr 1976. Die
Umwandlung in ein Apartmenthaus begann im
darauffolgenden Jahr. Damit wurde das Empire Building zu einem der frühesten Wohngebäude im Finanzdistrikt.

52

45 WALL STREET

BEI DER WILLIAM STREET

1997, MELTZER/MENDL ARCHITECTS

Der Traum, zu Fuß zur Arbeit gehen zu können, hält sich seit Generationen unter den New
Yorkern. Für die an der Wall Street Be-
schäftigten erfüllte sich dieser Traum erst in der
heutigen Generation in Gebäuden wie diesem.
Waschsalons und Lebensmittelgeschäfte mag
es früher nur sehr wenige gegeben haben. Doch
seit den 80er-Jahren werden immer mehr
davon eröffnet als Dienstleistung für die wachsende Zahl von Menschen, die zu Fuß von
ihrer Wohnung zum Weltfinanzzentrum gehen.

53

Bankers Trust Company Building 𝒫

16 Wall Street bei der Nassau Street

1912, Trowbridge & Livingston
Anbau: 1933, Shreve, Lamb & Harmon

Die Stufenpyramide, die diesen Turm oben abschließt, diente viele Jahre als Firmensymbol dieser Bank. Das neoklassizistische Gebäude, das der Bankers Trust im Jahr 1987 verkaufte, wurde nur zu einem Teil für dessen Büros errichtet. Ein anderer nicht unbeträchtlicher Teil sollte vermietet werden. Der Anbau aus dem Jahr 1933 hat veränderte Art-déco-Elemente, die perfekt zur ursprünglichen Hauptfassade mit ihren dorischen Säulen passen.

54

American Express Company

46 Trinity Place
zwischen Exchange Alley und Rector Street

um 1880, Architekt unbekannt

Bevor die Firma American Express im Jahr 1975 in das World Financial Center übersiedelte, hatte sie ihren Sitz noch an der Adresse 65 Broadway. Die Firma, die wir heute von den Kreditkarten und Traveller Cheques kennen, begann als Fracht- und Geldtransportunternehmen innerhalb des Staates New York. Sie operierte von Lagern wie diesem aus. 1918 gab sie das »Express«-Business auf, ohne ihren Namen den neuen Firmenzielen anzupassen.

55

Bank of New York
(früher Irving Trust Company)

One Wall Street beim Broadway

1932, Voorhees, Gmelin & Walker

Ralph Walker, der dieses Gebäude entwarf, schrieb sinngemäß, dass der Mensch mit der Haut eines Gebäudes sowohl Freude schaffen als auch Stärke zeigen kann. Die Adresse One Broadway ist der Beweis dafür, dass er selbst praktizierte, was er predigte. Der Turm aus Kalkstein scheint auf eine entzückende Weise kleine Wellen zu schlagen. Das Innere enthält glanzvolle Mosaiken, die wie feine Tapisserien aussehen.

56

EQUITABLE BUILDING ℒ

120 BROADWAY
ZWISCHEN PINE UND CEDAR STREET

1915, ERNEST R. GRAHAM & ASSOCIATES

Der Nutzraum dieses ungeschlachten Gebäudes beläuft sich auf über 110 000 Quadratmeter, obwohl das Grundstück, auf dem es steht, nur rund 0,4 Hektar groß ist. Man nannte es »einen Diebstahl von Tageslicht in großem Maßstab«, sodass es 1916 zu den Bebauungsvorschriften führte. Als erstes amerikanisches Gesetz dieser Art regelte es die Bebauungshöhe und schrieb vor, wie weit Wolkenkratzer zurückversetzt werden müssen.

LIBERTY TOWER ℒ

55 LIBERTY STREET BEI DER NASSAU STREET

1910, HENRY IVES COBB

Dieser neugotische freistehende Wolkenkratzer mit seiner stattlichen Terrakottafassade ist mit Darstellungen von Vögeln und anderen Tieren verschwenderisch geschmückt. Er wurde als eines der ersten Gebäude *downtown* in Apartments aufgeteilt. Die Renovierung fand im Jahr 1981 statt. Zuvor bildete der Liberty Tower den Hauptsitz der Sinclair Oil Company.

CHAMBER OF COMMERCE OF THE STATE OF NEW YORK ℒ

65 LIBERTY STREET
ZWISCHEN DER NASSAU STREET UND DEM BROADWAY

1901, JAMES B. BAKER

Das Äußere dieses Kleinods ist nahe verwandt mit der Pariser Oper von Charles Garnier. Es weist ein verschwenderisches Dekor und ovale Fenster auf, die die noch reicher ausgestattete zentrale Halle beleuchten. Sie misst 18 x 27 Meter und hat eine vergoldete, kompliziert getäfelte Decke mit einem zentralen Oberlicht 15 Meter über dem Boden. Die Handelskammer verließ das Gebäude im Jahr 1990, und ihr Schmuckkästchen wurde zu einer Bank.

FEDERAL RESERVE BANK OF NEW YORK ℒ

33 LIBERTY STREET BEI DER NASSAU STREET

1924, YORK & SAWYER

In den fünf Geschossen unter diesem Gebäude, das vom Palazzo Strozzi in Florenz inspiriert wurde, lagert mehr reines Gold als auf jedem anderen Fleck dieser Erde. Es gehört ganz unterschiedlichen Nationen, die die Barren immer wieder von einem Gewölbe zum anderen verschieben lassen, um damit ihre Außenhandelsschulden zu bezahlen.

HSBC BANK BUILDING

140 BROADWAY ZWISCHEN LIBERTY UND CEDAR STREET

1967, SKIDMORE, OWINGS & MERRILL

Dieses Gebäude mit seiner minimalistischen vorgehängten, 206,3 Meter hohen Fassade wurde von Gordon Bunshaft entworfen. Auf der Broadwayseite steht der riesenhafte rot durchlöcherte Kubus von Isamu Noguchi. Die Kritikerin Ada Louise Huxtable schrieb über dieses Gebäude, das für die Vorgängerin der HSBC, die Marine Midland Bank, gebaut wurde, es sei nicht nur eines der Gebäude, das sie in New York am meisten bewundere, sondern das ihr überhaupt am besten gefalle.

TRINITY AND U.S. REALTY BUILDINGS ℒ

111 UND 115 BROADWAY BEI DER THAMES STREET

1905, FRANCIS H. KIMBALL

Die beiden Grundstücke, auf denen diese Gebäude stehen, messen in der Breite nur 15 und in der Länge 79 Meter. Sie sind in neugotischem Stil gehalten, um zur Trinity Church auf der anderen Seite des Friedhofes zu passen. Das südliche Trinity Building liegt an der Stelle, wo das erste Bürogebäude in New York errichtet wurde.

57

58

59

60

61

62

63

BANK OF TOKYO 𝓛

100 BROADWAY BEI DER PINE STREET

1895, BRUCE PRICE

Im Jahr 1975 modernisierte die japanische De-
signerfirma Kajima International die altmodi-
sche Fassade von Bruce Price und versetzte
damit das frühere American Surety Building ins
20. Jahrhundert. Glücklicherweise veränderte
sie dabei die Reihe der acht allegorischen Stein-
göttinnen des Bildhauers J. Massey Rhind
nicht. Oben an diesem Gebäude ist die Fassade
auf allen vier Seiten dekoriert, was ungewöhnlich ist für die meisten Eckgebäude, die im
späten 19. Jahrhundert errichtet worden sind.
Eine weitere Innovation war der Bau zweier
zusätzlicher Geschosse über dem obersten
Kranzgesims.

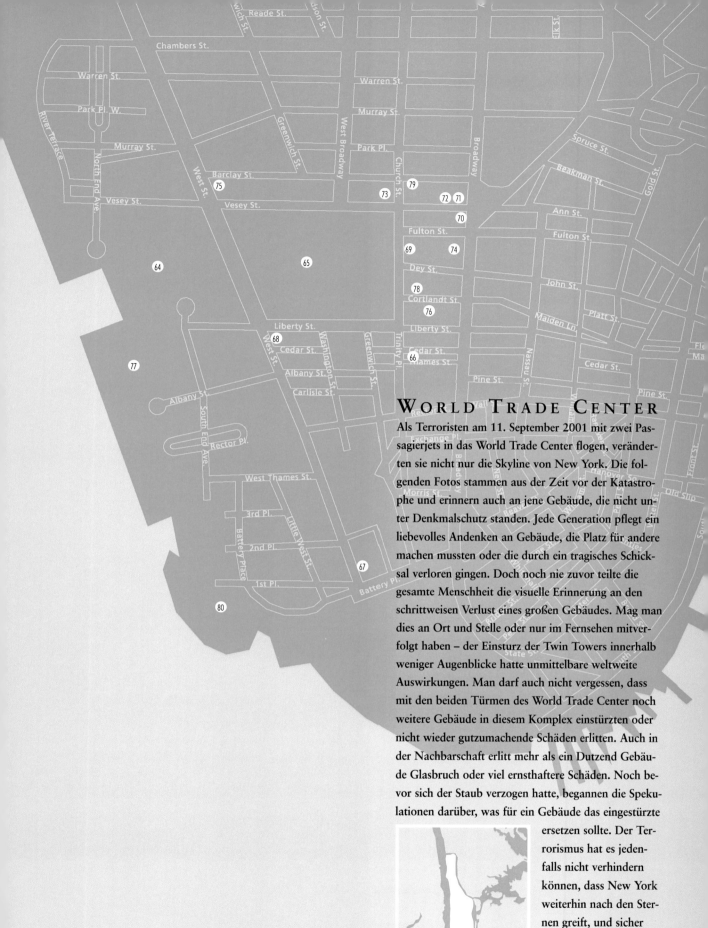

WORLD TRADE CENTER

Als Terroristen am 11. September 2001 mit zwei Passagierjets in das World Trade Center flogen, veränderten sie nicht nur die Skyline von New York. Die folgenden Fotos stammen aus der Zeit vor der Katastrophe und erinnern auch an jene Gebäude, die nicht unter Denkmalschutz standen. Jede Generation pflegt ein liebevolles Andenken an Gebäude, die Platz für andere machen mussten oder die durch ein tragisches Schicksal verloren gingen. Doch noch nie zuvor teilte die gesamte Menschheit die visuelle Erinnerung an den schrittweisen Verlust eines großen Gebäudes. Mag man dies an Ort und Stelle oder nur im Fernsehen mitverfolgt haben – der Einsturz der Twin Towers innerhalb weniger Augenblicke hatte unmittelbare weltweite Auswirkungen. Man darf auch nicht vergessen, dass mit den beiden Türmen des World Trade Center noch weitere Gebäude in diesem Komplex einstürzten oder nicht wieder gutzumachende Schäden erlitten. Auch in der Nachbarschaft erlitt mehr als ein Dutzend Gebäude Glasbruch oder viel ernsthaftere Schäden. Noch bevor sich der Staub verzogen hatte, begannen die Spekulationen darüber, was für ein Gebäude das eingestürzte ersetzen sollte. Der Terrorismus hat es jedenfalls nicht verhindern können, dass New York weiterhin nach den Sternen greift, und sicher wird aus der Asche des 11. September ein neuer architektonischer Phönix hervorgehen.

64

WORLD FINANCIAL CENTER

WEST STREET ZWISCHEN LIBERTY STREET
UND VESEY STREET AM HUDSON RIVER

1980S, CESAR PELLI MIT ADAMSON & ASSOCIATES

Diese Bürotürme aus Glas und Granit beherbergen solche Finanzriesen wie Dow Jones,
American Express, Merrill Lynch und Oppenheimer & Company. Obwohl sie beim Terror-
angriff vom 11. September 2001 sehr schwer
beschädigt wurden, blieben sie insgesamt intakt. Das gilt auch für den Winter Garden –
einen mächtigen Innenraum mit Glaswänden
und 27 Meter hohen Palmen. Von der offenen
Plaza dahinter blickt man über den Fluss und
eine Bucht für reiche Yachtbesitzer.

WORLD TRADE CENTER

CHURCH STREET BIS WEST STREET
LIBERTY STREET BIS VESEY STREET

1972–1977, MINORU YAMASAKI & ASSOCIATES
MIT EMERY ROTH & SONS

Die heute zerstörten, einst 110-stöckigen Twin
Towers aus rostfreiem Stahl waren mit ihren
411,5 Metern Höhe nach der Fertigstellung im
Jahr 1974 ein paar Wochen lang die größten
Gebäude der Welt. Bald wurden sie aber vom
Sears Tower in Chicago um 31,5 Meter über-
troffen. Das World Trade Center bestand
jedoch nicht nur aus diesen beiden Mono-
lithen, sondern aus sieben Gebäuden, die durch
eine unterirdische Halle und eine große Plaza
verbunden waren. Das 6,5 Hektar große Gelände, das wir nun als »Ground Zero« kennen,
war erst im Sommer 2002 vom Schutt befreit.

65

FORMER NYU GRADUATE SCHOOL OF BUSINESS ADMINISTRATION

100 TRINITY PLACE
ZWISCHEN THAMES STREET UND CEDAR STREET

1959, SKIDMORE, OWINGS & MERRILL

Als die New York University diesen modernen Bau im Jahr 1959 errichtete, war der nächste Nachbar ein neoklassizistisches Schulgebäude, das Richard Upjohn für die Trinity Church entworfen hatte. Sechzehn Jahre darauf wurde es von einem hässlichen modernen Gebäude ersetzt, das mit seinem Nachbarn durch eine Brücke über die Thames Street verbunden ist.

DOWNTOWN ATHLETIC CLUB ℒ

19 WEST STREET
ZWISCHEN MORRIS STREET UND BATTERY PLACE

1926, STARRETT & VAN VLECK

Die Außenhaut dieses 36-stöckigen Klubs ist schon sehr interessant, aber damit wird man noch nicht auf die Überraschung im Inneren vorbereitet – ein modernes neoklassizistisches Design, welches das großer Ozeandampfer bei weitem übertraf. Man findet hier auch eine Minigolfbahn sowie einen eleganten Dachgarten.

CHURCH OF ST. NICHOLAS

155 CEDAR STREET, ECKE WEST STREET

1914

Diese winzige Gemeindekirche lehnte Hunderte lukrativer Angebote für ihr kleines Grundstück hartnäckig ab. Sie betreut die große Gemeinschaft griechischer Einwanderer, die im Finanzdistrikt arbeiten, und weckt in ihnen süße Erinnerungen an die Heimat. Beim Einsturz des World Trade Center wurde die Kirche vollständig zerstört. Doch innerhalb weniger Tage machte man schon Pläne für den Wiederaufbau. Die Gemeinde lehnt weiterhin einen Verkauf des unvorstellbar wertvollen Grundstückes in Lower Manhattan ab.

MILLENIUM HILTON HOTEL

55 CHURCH STREET, ZWISCHEN FULTON- UND DEY STREET

Bevor überhaupt jemand bemerkt hatte, dass »Millenium« falsch geschrieben war, hatte man schon alle Briefköpfe und Werbebroschüren gedruckt, sodass die Besitzer dieses 58-stöckigen Hotels es bei dem Fehler beließen. Das 561-Zimmer-Hotel machte den Lapsus durch den gebotenen Luxus und den Service wieder wett, und aufgrund seiner Lage schräg gegenüber dem World Trade Center war es von Anfang an ausgebucht. Durch den Einsturz der Twin Towers ging viel Glas an der glänzenden Fassade zu Bruch. Es entstanden auch erhebliche Rauchschäden. Das Millenium steht aber weiterhin und plant eine Wiedereröffnung.

66

67

68

69

70

71

72

73

74

75

St. Paul's Chapel
(Episkopalkirche)

Broadway zwischen Fulton Street und Vesey Street

1768, Thomas McBean

Die Architektur dieser ältesten Kirche Manhattans wurde von der Londoner Kirche St. Martin's in the Fields beeinflusst. Tatsächlich betete auch George Washington hier. Ursprünglich wurde sie als Außenposten der Trinity Church am Rande der Stadt erbaut. Den Haupteingang baute man zum Friedhof an der Westseite hin, weil niemand wissen konnte, dass aus dem Broadway noch etwas werden würde. Der Turm kam 1796 dazu, ansonsten blieb die Kirche seit dem Tag ihrer Weihe unverändert.

New York County Lawyers Association

14 Vesey Street
zwischen Church Street und Broadway

1930, Cass Gilbert

Diese behutsame Neuauflage eines georgianischen Stadthauses, von dem man bis über den Kirchhof von St. Paul's blickt, stammt von dem Architekten des Woolworth Building um die Ecke.

Garrison Building

20 Vesey Street
zwischen Church Street und Broadway

1907, Robert D. Kohn
Statuen von
Gutzon Borglum und Estelle Rumbold Kohn

Das Gebäude wurde als Hauptsitz der *New York Post* errichtet. Die Statuen tragen den Titel »Four Periods of Publicity«. Die Kolophone früher Drucke wurden in die Spandrillen zwischen den Fensterbögen und deren oberer Jugendstilbegrenzung eingearbeitet.

Federal Office Building

90 Church Street
zwischen Vesey Street und Barclay Street

1935, Cross & Cross

Dieser Monolith beherbergte ursprünglich das Department of Commerce, die Federal Housing Administration und das Treasury Department. Das Gebäude war der sichtbare Beweis dafür, dass sich die Regierungsarchitektur vom Historismus abwandte und in der Zeit nach der Weltwirtschaftskrise zu demonstrativer Stärke überging.

American Telephone and Telegraph Building

195 Broadway zwischen Dey und Fulton Street

1923, Welles Bosworth

Als die Firma AT & T auszog, nahm sie Evelyn Beatrice Longman's Skulptur mit dem Titel »Der Genius des Telegrafen« mit, die 60 Jahre auf dem Dach verbracht hatte. Sie befindet sich nun im Hauptquartier der Firma in New Jersey. Der frühere Firmensitz ist heute ein Bürogebäude. Es hat mehr neoklassizistische Säulen an der Fassade als jedes andere Gebäude auf der Welt, und die Parade findet im Inneren ihre gloriose Fortsetzung.

Barclay-Vesey Building

140 West Street
zwischen Barclay Street und Vesey Street

1927, McKenzie, Voorhees & Gmelin

Dieses Kleinod im Art-déco-Stil wurde als Schaltzentrale der New York Telephone Company gebaut. Eine innovative Fußgängerarkade öffnet den Innenraum zur Straße hin. Das Dekor ist exotisch, verspielt und umfasst auch Riesenelefanten, die auf dem Dach herumliegen. Die Mauerziegel variieren in nicht weniger als 19 verschiedenen Farbtönen – von Dunkelrosa auf Straßenniveau bis Hellorange mit Rosaton hoch oben unter dem Dach.

ONE LIBERTY PLAZA

BROADWAY, LIBERTY, CHURCH UND CORTLANDT STREET

1974, SKIDMORE, OWINGS & MERRILL

Die Firma U.S. Steel baute diesen Turm, um die Möglichkeiten ihres neuentwickelten Stahls für den Außenbau zu demonstrieren. Die Architekten verstanden dieses Anliegen und bauten eine Struktur mit ungewöhnlich breiten Jochen. Die tiefen Träger dazu sind auf der Außenseite zu sehen. Die Wirkung ist überwältigend – nirgendwo mehr als beim Eingang, wo man sich unter den tiefen Balken unwillkürlich duckt, um sich den Kopf nicht anzustoßen. Das Gebäude ersetzte den Singer Tower von Ernest Flagg aus dem Jahr 1908. Es war das höchste Gebäude, das je im Namen des Fortschritts abgebrochen wurde. Während der Reportagen über die Katastrophe vom 11. September berichteten die Reporter, die mehrere Blocks weit weg standen, den ganzen Tag, One Liberty Plaza sei zerstört. Doch als sich der Staub lichtete, stand es noch da.

John Jacob Astor, der 1783 ohne einen Penny nach New York gekommen war, wurde der bedeutendste Pelzhändler der Welt. 1832 zog er sich im Alter von 70 Jahren zurück und begann ein völlig neues Leben. Er hatte während des größten Teils seines Lebens in Immobilien investiert. Als er das Pelzgeschäft aufgab, besaß er in Manhattan mehr Land als jeder andere. Nun hatte er Zeit, dessen Wert zu steigern.

Er begann damit, dass er alle Gebäude an der Westseite des Broadway zwischen der Barclay Street und der Vesey Street, darunter auch sein eigenes Haus, abbrechen ließ und sie durch ein luxuriöses Hotel mit 300 Zimmern ersetzte. Auf seinen sechs Stockwerken hatte es nicht weniger als 17 Badezimmer sowie das eleganteste Restaurant in der Stadt. Als drei Jahre später die City von einer Finanzpanik ergriffen wurde, sahen sich Haus- und Geschäftsbesitzer gezwungen, ihre Immobilien mit Hypotheken zu belasten. Astor half ihnen nur zu gern aus – mit einem damals als Wucher geltenden Zins von sieben Prozent. Er kündigte oft und frühzeitig. Bis zu jener Zeit hatte er überwiegend in unentwickeltes Land in Upper Manhattan investiert. Er kaufte es hektarweise und verkaufte es als kleine Baugrundstücke wieder. Durch seine Kündigungen merkte er aber, dass Vermieten viel mehr einbrachte als Verkaufen, und während der letzten fünf Jahre seines Lebens nahm er allein an Mieten 150 000 Dollar pro Jahr ein.

Wenn er sein Leben noch einmal beginnen könnte, so meinte er, würde er jeden Inch in Manhattan in seinen Besitz bringen. Einige New Yorker glaubten, dass das ohnehin schon zutraf.

80

MUSEUM OF JEWISH HERITAGE

ONE BATTERY PARK PLAZA
AM UNTEREN ENDE DES BATTERY PLACE

1996, KEVIN ROCHE, JOHN DINKELOO & ASSOCIATES

Diese Gedenkstätte für die Opfer des Holocaust liegt am unteren Ende der Battery Park City Esplanade. Das Museum zeigt auch Gegenstände zur Geschichte des jüdischen Volks. Obwohl Hunderte jüdischer Familien in New York den Holocaust überlebten, beginnt die Geschichte dieser Glaubensgemeinschaft in New York doch mit 23 sephardischen Flüchtlingen aus Portugiesisch Brasilien, die hier im Jahr 1654 Asyl erhielten. In den darauf folgenden zwei Jahrhunderten blieben die meisten Juden, die in die Vereinigten Staaten auswanderten, in New York hängen. Heute leben hier etwa 1,1 Millionen Juden – mehr als doppelt so viel, wie die gesamte jüdische Bevölkerung von Jerusalem beträgt.

John Jacob Astor, der 1783 ohne einen Penny nach New York gekommen war, wurde der bedeutendste Pelzhändler der Welt. 1832 zog er sich im Alter von 70 Jahren zurück und begann ein völlig neues Leben. Er hatte während des größten Teils seines Lebens in Immobilien investiert. Als er das Pelzgeschäft aufgab, besaß er in Manhattan mehr Land als jeder andere. Nun hatte er Zeit, dessen Wert zu steigern.

Er begann damit, dass er alle Gebäude an der Westseite des Broadway zwischen der Barclay Street und der Vesey Street, darunter auch sein eigenes Haus, abbrechen ließ und sie durch ein luxuriöses Hotel mit 300 Zimmern ersetzte. Auf seinen sechs Stockwerken hatte es nicht weniger als 17 Badezimmer sowie das eleganteste Restaurant in der Stadt. Als drei Jahre später die City von einer Finanzpanik ergriffen wurde, sahen sich Haus- und Geschäftsbesitzer gezwungen, ihre Immobilien mit Hypotheken zu belasten. Astor half ihnen nur zu gern aus – mit einem damals als Wucher geltenden Zins von sieben Prozent. Er kündigte oft und frühzeitig. Bis zu jener Zeit hatte er überwiegend in unentwickeltes Land in Upper Manhattan investiert. Er kaufte es hektarweise und verkaufte es als kleine Baugrundstücke wieder. Durch seine Kündigungen merkte er aber, dass Vermieten viel mehr einbrachte als Verkaufen, und während der letzten fünf Jahre seines Lebens nahm er allein an Mieten 150 000 Dollar pro Jahr ein.

Wenn er sein Leben noch einmal beginnen könnte, so meinte er, würde er jeden Inch in Manhattan in seinen Besitz bringen. Einige New Yorker glaubten, dass das ohnehin schon zutraf.

BATTERY PARK CITY

AM HUDSON RIVER SÜDLICH DER LIBERTY STREET

1980ER-JAHRE, GESAMTPLAN VON
COOPER, ECKSTUT & ASSOCIATES

Mit dem Aushub für den Bau des World Trade Center gegenüber an der West Street schüttete man am Ufergebiet von Manhattan 37 Hektar Land auf. Im Jahr 1979 wurde es als neues Wohngebiet ausgewiesen. Hier entstand eine Mischung aus mehreren Gemeinschaften, die durch eine angenehme Esplanade am Flussufer untereinander verbunden sind.

EAST RIVER SAVINGS BANK
(HEUTE CENTURY 21 DEPARTMENT STORE)

26 CORTLANDT STREET BEI DER CHURCH STREET

1934, WALKER & GILLETTE

Wer auf Schnäppchenjagd geht, war sicher schon einmal in diesem Gebäude. Ältere Leute erinnern sich noch an die frühere Art-déco-Bank mit Adlern aus rostfreiem Stahl über den Eingängen. Banken wurden in alle nur erdenklichen Gebäude umgewandelt, angefangen von Kirchen bis zu Diskos, doch nur wenige wurden wie dieses zu einem Kaufhaus.

ST. PETER'S CHURCH
(RÖMISCH-KATHOLISCH)

22 BARCLAY STREET BEI DER CHURCH STREET

1840, JOHN R. HAGGERTY UND THOMAS THOMAS

Dies ist die älteste katholische Kirche in der Stadt. Das Gebäude steht an der Stelle eines Vorgängerbaus. Das Land dazu wurde im Jahr 1785 der episkopalen Trinity Parish abgekauft. Zu Ende des Revolutionskrieges gab es in New York nur rund 200 Katholiken. Doch in weniger als einem Jahrhundert wurde die katholische Glaubensgemeinschaft zur größten in der Stadt und blieb es bis auf den heutigen Tag.

77

78

79

80

MUSEUM OF JEWISH HERITAGE

ONE BATTERY PARK PLAZA
AM UNTEREN ENDE DES BATTERY PLACE

1996, KEVIN ROCHE, JOHN DINKELOO & ASSOCIATES

Diese Gedenkstätte für die Opfer des Holo-
caust liegt am unteren Ende der Battery Park
City Esplanade. Das Museum zeigt auch Gegenstände zur Geschichte des jüdischen Volks.
Obwohl Hunderte jüdischer Familien in New
York den Holocaust überlebten, beginnt die
Geschichte dieser Glaubensgemeinschaft in
New York doch mit 23 sephardischen Flücht-
lingen aus Portugiesisch Brasilien, die hier im
Jahr 1654 Asyl erhielten. In den darauf folgen-
den zwei Jahrhunderten blieben die meisten
Juden, die in die Vereinigten Staaten auswan-
derten, in New York hängen. Heute leben hier
etwa 1,1 Millionen Juden – mehr als doppelt so
viel, wie die gesamte jüdische Bevölkerung von
Jerusalem beträgt.

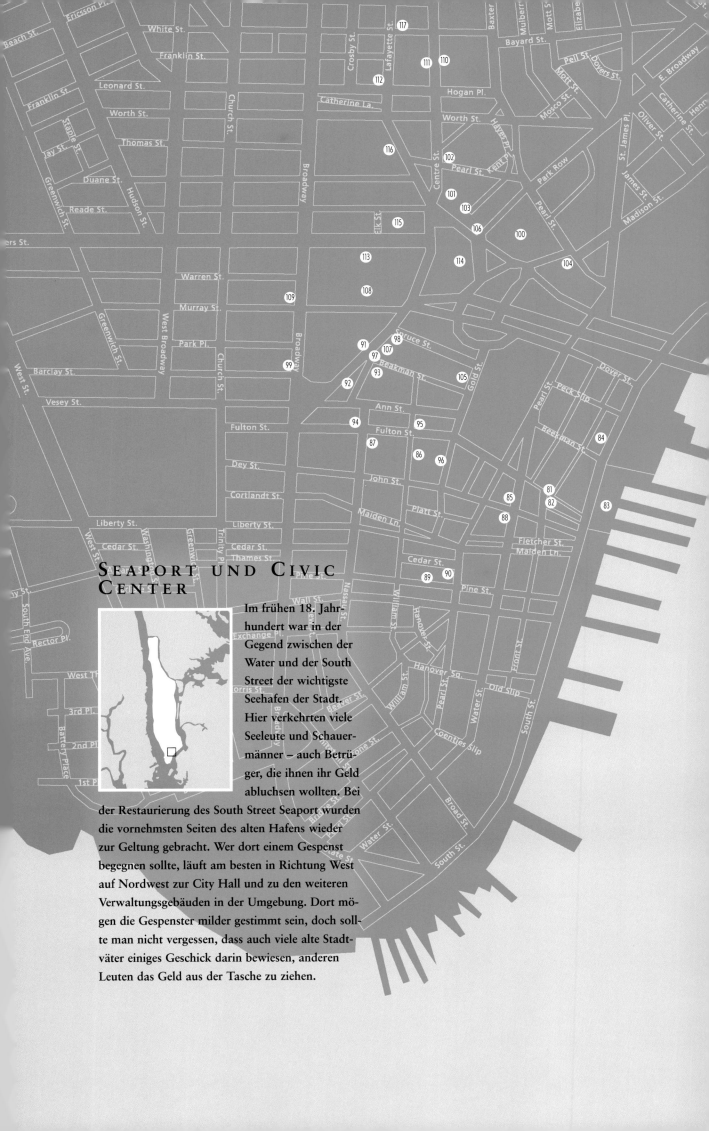

Seaport und Civic Center

Im frühen 18. Jahrhundert war in der Gegend zwischen der Water und der South Street der wichtigste Seehafen der Stadt. Hier verkehrten viele Seeleute und Schauermänner – auch Betrüger, die ihnen ihr Geld abluchsen wollten. Bei der Restaurierung des South Street Seaport wurden die vornehmsten Seiten des alten Hafens wieder zur Geltung gebracht. Wer dort einem Gespenst begegnen sollte, läuft am besten in Richtung West auf Nordwest zur City Hall und zu den weiteren Verwaltungsgebäuden in der Umgebung. Dort mögen die Gespenster milder gestimmt sein, doch sollte man nicht vergessen, dass auch viele alte Stadtväter einiges Geschick darin bewiesen, anderen Leuten das Geld aus der Tasche zu ziehen.

81

82

Schermerhorn Row 𝓛

2–18 Fulton Street
(auch 91, 92 South Street und 195 Front Street)

1812, gebaut von Peter Schermerhorn

Diese ist die letzte Reihe von Lagerhäusern im Federal Style, von denen es einst in New York Hunderte gab. Sie haben noch ihre ursprünglichen schrägen Dächer und Mansardenfenster, die allerdings eine spätere Hinzufügung sind, ferner den polnischen Verband beim Mauerwerk und die vorkragenden Fensterstürze. Peter Schermerhorn, der um die Ecke an der 243 Water Street eine erfolgreiche Ausrüsterfirma für Schiffe betrieb, kaufte im Jahr 1800 den Grund für diese Gebäude. Damals bot die Stadt das neu aufgeschüttete Gelände örtlichen Grundstücksbesitzern unter der Bedingung an, dass sie es nicht einfach unbebaut ließen. Die Familie Schermerhorn besaß die Gebäude bis zum Jahr 1939.

Bogardus Building

15–19 Fulton Street bei der Front Street

1983, Beyer Blinder Belle

Das Original des Bogardus Building am South Street Seaport wurde gestohlen! Es bestand nämlich aus gusseisernen Bauteilen, die James Bogardus, ein Pionier dieser damals modernen Bauweise, entworfen hatte. Das Haus wurde in seine Elemente zerlegt, und diese wurden in einem Lager aufbewahrt, um sie später beim restaurierten Seaport wieder aufbauen zu können. Doch unbekannte Personen stahlen die gusseisernen Elemente und schmolzen sie als Schrott ein, bevor überhaupt jemand merkte, dass sie fehlten. Glücklicherweise gab es noch Fotografien und Zeichnungen, und dies hier ist die Version von Architekten aus dem 20. Jahrhundert.

83

Unsere Maritime Tradition

Der East River verbindet den Long Island Sound mit der New York Bay und weist durch den Gezeitenhub eine erhebliche Fließgeschwindigkeit auf, sodass er in den Wintermonaten eisfrei bleibt. Zur Zeit der Holzschiffe bildete er den beliebtesten Ankerplatz für Manhattan. Nach dem Bürgerkrieg machten Schiffe mit Eisenrümpfen im tieferen Hudson River fest, das einst geschäftige Gebiet längs der South Street wurde schließlich fast vollständig aufgegeben.

In der Mitte der 60er-Jahre machte sich eine Bürgergruppe namens South Street Museum daran, den alten Hafen zu retten, indem sie verfallende Gebäude aufkaufte und Schiffe zu sammeln begann. Zehn Jahre darauf verschmolz die Organisation ihre Interessen mit denen der Rouse Company, die den Quincy Market in Boston wieder aufgebaut hatte. Man wollte Gebäude restaurieren und neue mit dem gleichen Charakter errichten. Noch diskutiert man darüber, ob das Ergebnis als Erhaltung oder als Geschäftemacherei anzusehen ist – immerhin brachte es Leben in ein Viertel, das man schon abgeschrieben hatte.

84

83

Pier 17

East River bei der Fulton Street

1984, Benjamin Thompson & Associates

Nicht jeder Bau am South Street Seaport stammt aus dem 19. Jahrhundert. Pier 17 gehört zu den neueren, obwohl der Pier selbst früher das geschäftige Herz des alten Hafens war. Nach einem vergnüglichen Besuch der Sammlung alter Schiffe im Seaport, darunter auch der Barke »Peking« sowie gelegentlicher auswärtiger Gäste, sollte man das Gebäude jenseits der Straße aufsuchen, an der sonst Geschäfte und Restaurants liegen. Von hier aus hat man den besten Blick auf die Brooklyn Bridge und den Verkehr auf dem East River.

84

Fulton Fish Market

Fulton Street
zwischen Pier 17 und der Brooklyn Bridge

Gegründet 1821

Bei Sonnenaufgang wird hier noch immer unter großem Geschrei der für das Abendessen bestimmte Fisch verkauft. Aber einst befand sich hier viel mehr als nur ein Fischmarkt. Das Gebäude wurde nach den Worten des ersten Besitzers errichtet, »um gewöhnliche Leute zu vernünftigen Preisen mit dem Lebensnotwendigen zu versorgen«. Damals konnte man hier ein Buch erstehen oder Eisenwaren, Eiscreme oder ein neues Hemd. Die Hauptattraktion für die Oberschicht waren die Austernbars, die auch stets reichlich frische Muscheln anboten.

One Seaport Plaza

199 Water Street
zwischen John Street und Fulton Street

1983, Swanke Hayden Connell & Partners

Als Verbeugung vor den Nachbarn des South Street Seaport sieht die Fassade an der Front Street, auf der Rückseite des Gebäudes, viel einfacher aus als die an der Water Street. Doch der Bau reicht immer noch 30 Stockwerke hoch über den Seaport.

ILX Systems
(Aetna Insurance Company Building)

151 William Street bei der Fulton Street

1940, Cross & Cross mit Eggers & Higgins

Dieses kompakte modernistische Gebäude gehört zu den letzten Firmensitzen, die vor dem Zweiten Weltkrieg erbaut wurden. Wie man es von der Vorkriegsarchitektur erwartete, sollte es den Kunden vor allem die Firmenidentität vermitteln. Später bildete es dann den Hintergrund für Nachkriegsgebäude, die ihre eigene architektonische Identität zum Ausdruck bringen durften.

Fulton Building

87 Nassau Street bei der Fulton Street

1893, De Lemos & Cordes

Dieses Bürogebäude wurde von einer Architektenfirma entworfen, die sieben Jahre später *uptown* mit dem Entwurf für R. H. Macy's Supermarkt am Brodway Ecke 34. Straße zu großem Ruhm kam. Auch das Nachbargebäude um die Ecke an der 127 Fulton Street geht auf dasselbe Büro zurück. Der Bau und die Straße sind nach Robert Fulton benannt, der im Jahr 1806 nach New York kam, wo er sein Dampfschiff Clermont baute, mit dem er im darauf folgenden Jahr nach Albany fuhr.

127 John Street

bei der Water Street

1969, Emery Roth & Sons

Wer den mit Ölgemälden verzierten Eingang passiert hat, begibt sich durch einen neonbeleuchteten Tunnel zur rückwärtigen Lobby, wo Orientteppiche und weiches Licht die Nerven beruhigen. Durch Glasscheiben erkennt man die *Service Rooms* im zehnten Stock, blinkendes Licht lässt das Gebäude nachts wie ein atmendes Lebewesen erscheinen. Eine Digitaluhr an einem Nachbargebäude zeigt an, ob man zu seinem Treffen zu spät gekommen ist, aber es dauert eine Weile, die Zeit lesen zu können.

Down Town Association

60 Pine Street zwischen Pearl und William Street

1887, Charles C. Haight
Anbau: 1911, Warren & Wetmore

Dies ist einer der ältesten Privatklubs im Finanzdistrikt. Seit seiner Gründung im Jahr 1860 waren mehrere bedeutende Männer Mitglieder: William M. Evarts, der den Präsidenten Andrew Johnson im Jahr 1868 bei seinem Amtsenthebungsverfahren vertrat und später Minister unter Rutherford B. Hayes wurde, Henry L. Stimson, der im Zweiten Weltkrieg Kriegsminister war, sowie Präsident Franklin D. Roosevelt.

American International Building
(früher Cities Service Building)

70 Pine Street bei der Pearl Street

1932, Clinton & Russell mit Holton & George

Da das Grundstück sehr klein war, wurden die Aufzüge als Doppeldecker ausgelegt und bedienten gleichzeitig jeweils zwei Stockwerke. Auch die Lobby musste doppelstöckig sein. Dank des natürlichen Gefälles hat man von der Straße aus direkten Zugang zu beiden Stockwerken, aber auf entgegengesetzten Gebäudeseiten. Das kreuzförmige Gebäude mit seinen zusätzlich eingebauten rechtwinklig vorspringenden Ecken hat insgesamt 28 verschiedene Seiten, also viele Büros mit Fensterzugang.

85

86

87

88

89

90

91

POTTER BUILDING ℒ

38 PARK ROW BEI DER BEEKMAN STREET

1886, NORRIS G. STARKWEATHER

Der Bauunternehmer Orlando B. Potter verlor durch einen Brand im Jahr 1882 an dieser Stelle sein New York World Building. Das wollte er nicht noch einmal erleben: Ergebnis war das erste brandsichere Gebäude der Stadt. Zum Schutz wurden die Stahlträger mit Terrakotta ausgekleidet, und die Ziegel aus dem gleichen Material machten auch die Fassade zu einem Meisterwerk der Ornamentik. Heute beherbergt das Haus 41 geräumige Lofts. Von den schönsten unter ihnen hat man einen Blick über die Park Row hinweg auf die City Hall und den benachbarten Park. Der kürzlich restaurierte Brunnen dieses Parks ist noch von originalen Gaslampen umgeben.

PARK ROW BUILDING ℒ

15 PARK ROW
ZWISCHEN ANN STREET UND BEEKMAN STREET

1899, R. H. ROBERTSON

Als die Idee, Wolkenkratzer zu bauen, New York erreichte, waren die meisten Geschäftsleute skeptisch. Hohe Gebäude hielten sie nur für sinnvoll, wenn sie frei standen und nicht zu nahe an ihre Nachbarn grenzten, weil das Fehlen von Fenstern an den Seiten dazu führen würde, dass sich die entsprechenden Räume nicht vermieten ließen. Wie um das Gegenteil zu beweisen, entstand dieses Gebäude, das acht Jahre lang das höchste der Welt war, inmitten eines Blocks mit gemeinsamen Mauern auf beiden Seiten. Oberhalb des Kranzgesimses fügte der Architekt Kuppeln hinzu, die die Illusion eines freistehenden Hauses erzeugen sollten. Das Haus ist all jenen vertraut, die beim J&R's Superstore einkauften. Vor kurzem wurde es in Apartments aufgeteilt.

92

Obwohl der Wolkenkratzer in Chicago erfunden wurde, begann die Idee im Jahr 1899 auch in New York Blüten zu treiben. Den Anfang machte das Haus an der 15 Park Row mit 118,9 Meter. Acht Jahre darauf brach der Singer Tower mit 186,5 Meter den Rekord. Ein Jahr später folgte schon der Metropolitan Life Tower mit 213,3 Meter, 1913 das Woolworth Building mit seinen 241,4 Meter.

Der nächste Rekordhalter war das Haus mit der Adresse 40 Wall Street mit 282,5 Meter, im Jahr 1930 gefolgt vom Chrysler Building, das als erstes höher war als tausend Fuß (304,8 Meter).

Das Empire State Building hielt den Rekord von 1931 an, bis das World Trade Center 46 Jahre danach gebaut wurde. Nach der schrecklichen Katastrophe vom 11. September 2001 wurde das Empire State Building wieder das höchste Gebäude der Stadt.

Morse Building

12 Beekman Street bei der Nassau Street

1879, Silliman & Farnsworth

Hier stand einst ein Fabrikgebäude. Im Jahr 1980 teilte die Firma Hurley & Farinella den Bau in geräumige Apartments auf. Der Architekt Benjamin Silliman, Jr. entwarf auch den Temple Court in der Nähe, sein Partner James M. Farnsworth war auch für den Anbau des ebenfalls benachbarten Bennett Building verantwortlich. Die gusseisernen Straßenlaternen in diesem Gebiet, die »Bischofsstäbe«, gab es einst häufig in der Stadt. In historischen Vierteln erleben sie gerade ein Comeback.

Bennett Building ℒ

93–99 Nassau Street bei der Fulton Street

1873, Arthur D. Gilman
Anbauten: 1892 und 1894, James M. Farnsworth

Dieses ursprünglich siebenstöckige Bürogebäude hatte bis zum Jahr 1892 ein Mansarddach. Dann wurde es um vier Stockwerke erweitert, was seinem Besitzer, James Gordon Bennett, dem auch die Zeitung gehörte, mehr Einkommen verschaffte. Im Jahr 1984 kam ein Anbau an der Seite der Ann Street hinzu. Die drei Gebäudeteile gehen nahtlos ineinander über und machen das Gebäude zur höchsten gusseisernen Struktur der Stadt.

Royal Globe Insurance Company

150 William Street
zwischen Fulton Street und Ann Street

1927, Starrett & Van Vleck

Hübsch gestaltete, zurückversetzte Gebäudeteile auf jeder Seite führen zu einem neoklassizistischen Tempel auf dem Dach dieses Gebäudes, das als Sitz eines Haftpflichtversicherers erbaut wurde. Der Bau füllt den ganzen Block aus und dominiert den Fußweg vom Civic Center zum South Street Seaport. Allerdings beeinträchtigt es nicht die einigermaßen luftige Hafenatmosphäre.

Excelsior Power Company

33–48 Gold Street
zwischen Fulton Street und John Street

1888, William Milne Grinnell

In diesem Gebäude war einst ein Kohlekraftwerk untergebracht. Vielleicht hätte es dazu beitragen können, den derzeitigen Mangel an Kraftwerken in New York zu überbrücken. Aber dafür ist es definitiv zu spät: Die Generatoren sind ausgebaut, und das neuromanische Gebäude wurde inzwischen in ein Apartmenthaus umgewandelt.

Temple Court ℒ

119–129 Nassau Street und 5 Beekman Street

1883, Silliman & Farnsworth

Dieses Gebäude mit den Zwillingstürmen, die einen Tempel suggerieren sollen, wurde nach dem Vorbild eines Londoner Hauses erbaut, das seinen Namen vom früheren Hauptquartier des mittelalterlichen Templerordens hat. Im Inneren befindet sich ein Atrium, das mit seinen gusseisernen Balustraden neun Stockwerke hoch bis zum Dach reicht. Das Gebäude erstreckt sich bis zur Ecke an der Theater Alley, wo in der ersten Hälfte des 18. Jahrhunderts das erste größere Theater der Stadt stand.

American Tract Society Building

150 Nassau Street bei der Spruce Street

1896, R. H. Robertson

Dieses neuromanische Gebäude, dessen ursprüngliche Besitzer religiöse Traktate verlegten, steht am Printing House Square. Dort befindet sich seit dem Jahr 1872 eine Statue von Benjamin Franklin zusammen mit einer Kopie seiner Zeitung, der *Pennsylvania Gazette*. Diese Arbeit stammt von dem Bildhauer Ernst Plassman. Die Umgebung beherbergte früher so bekannte Zeitungen wie die *New York Times*, die *New York World*, den *Herald* sowie die *Daily Graphic*.

93

94

95

96

97

98

◆ SEAPORT UND CIVIC CENTER ◆

WOOLWORTH BUILDING

233 BROADWAY
ZWISCHEN PARK PLACE UND BARCLAY STREET

1913, CASS GILBERT

Eine Vorstellung davon, wie der Architekt dieses legendären Wolkenkratzers aussah – oder davon, wie er gerne gesehen werden wollte –, bekommt man, wenn man eine der wasserspeierartigen Figuren in der Lobby betrachtet, die das Modell des Gebäudes in ihren Händen hält und sich unweit von der Darstellung des Auftraggebers F. W. Woolworth befindet, der gerade sein Geld zählt. Der auch als lyrisch bezeichnete neugotische Stil des Woolworth Building setzte neue Maßstäbe bei der Hochhausarchitektur und ersetzte den vorangegangenen French Modern Style, der bis dahin der einzige Hochhausstil gewesen war. Sehr zum Missfallen der New Yorker sind aber aus der Umgebung der City schon alle Woolworth-Geschäfte verschwunden. Als F. W. Woolworth sechs Jahre nach der Fertigstellung des Gebäudes starb, umfasste sein Imperium von Billigkaufhäusern über 1000 Geschäfte auf der ganzen Welt. Sein Vermögen war auf die im Jahr 1919 beeindruckend hohe Summe von 65 Millionen Dollar angewachsen – besonders stolz war er darauf, dass er seine »Handelskathedrale« bar bezahlt hatte. Sein Aufstieg zum Händlerfürsten begann im Jahr 1878 mit einem »Fünf-Cent-Geschäft« in Utica, New York. Als dieses pleite ging, wechselte er nach Lancaster, Pennsylvania, und erweiterte sein Angebot auf Dinge, die auch zehn Cent kosten durften. Damit hatte er es geschafft. Sein erstes Geschäft in New York eröffnete er im Jahr 1896 an der Sixth Avenue Ecke 17. Straße.

NYC Police Headquarters

One Police Plaza
zwischen Park Row, Pearl Street,
und Avenue of the Finest

1973, Gruzen & Partners

Der zehnstöckige Quader ragt über einen Gebäudekomplex hinaus, zu dem eine Parkgarage, ein Gefängnis und auch eine Schießanlage gehören. Aber die eigentliche Sehenswürdigkeit hier heißt Police Plaza. Sie bietet Fußgängern Zugang vom Municipal Building über die Park Row. Die Plaza überbrückt Reihen von Robinien, Brunnen, Bänke und eine monumentale Skulptur mit dem Titel »Five in One« von Bernhard Rosenthal.

United States Courthouse ℒ

40 Centre Street beim Foley Square

1936, Cass Gilbert

Dieser Bau, der von dem Sohn des eigentlichen Architekten nach dessen Tod fertig gestellt wurde, ist mehr als nur ein Gerichtsgebäude. Es beherbergte ursprünglich die Büroräume des U.S. District Attorney, den U.S. District Court, den Circuit Court of Appeals und selbst ein Trainingzentrum für die Beamten des Treasury Department – alles in einem zwanzigstöckigen Bürogebäude, das sich auf einem fünfstöckigen Unterbau erhebt. Das Dach setzt diese Stufenpyramide fort. Am Eingang stehen korinthische Säulen.

New York County Courthouse ℒ
(New York State Supreme Court)

60 Centre Street beim Foley Square

1927, Guy Lowell

Im Staat New York finden die ersten Anhörungen einer Gerichtsverhandlung meistens im Supreme Court statt. Die Stufen, die zum Portikus und durch die korinthischen Säulen hindurchführen, waren vermutlich in mehr Filmen und TV-Shows zu sehen als jeder andere Ort dieser Stadt. Es ist verboten, im Inneren zu filmen, doch die Treppen reichen völlig aus, wenn in einem Film dargestellt werden soll, wie jemand vor Gericht gezerrt wird.

St. Andrew's Church
(römisch-katholisch)

östlich des Foley Square
am Cardinal Hayes Place bei der Duane Street

1939, Maginnis & Walsh und Robert J. Reilly

Die Vorgängerin dieser entzückenden Kirche wurde in der Mitte des 19. Jahrhunderts für neu eingetroffene Einwanderer gebaut. Hier wurden aber auch Drucker und andere in der Gegend arbeitende Zeitungsleute betreut, die hier schon frühmorgens um 2.30 Uhr einen Gottesdienst besuchen konnten.

100

101

102

103

104

105

106

107

108

109

Murray Bergtraum High School

411 Pearl Street bei der Madison Street

1976, Gruzen & Partners

Dieser braune Ziegelbau mit den schmalen Fenstern zeigt alle Merkmale eines Gefängnisses, darunter auch Türme an den Ecken, in denen sich die Treppenhäuser und technische Ausrüstung verbergen. Finanziert wurde der Bau durch den Verkauf von Bebauungsrechten an die gleichermaßen brutal aussehende Schaltzentrale der New York Telephone Company im Osten.

Beekman Downtown Hospital

170 William Street
zwischen Beekman Street und Spruce Street

1971, Skidmore, Owings & Merrill

Hier wurde ein erstes Krankenhaus dieses Namens mit 150 Betten eingeweiht. Heute gehört das Krankenhaus zum New York University Hospital. Das Beekman Downtown liegt dem World Trade Center am nächsten; deswegen wurden hier anfänglich die meisten Katastrophenopfer behandelt.

Metropolitan Correctional Center

150 Park Row
zwischen Park Row, Duane Street und Pearl Street

1975, Gruzen & Partners

Hier handelt es sich um einen Anbau des Federal Courthouse am Foley Square. Eigentlich sind es zwei Gebäude: Das eine beherbergt die Büros des Staatsanwalts, das andere ist ein Gefängnis mit Zugang zum Polizeihauptquartier. Der Kritiker Paul Goldberger sah sich einmal die Gefängniszellen an und behauptete, dass sie eher Schlafzimmern in einem neuen College ähnlich sähen.

Pace University ℒ

Nassau, Frankfort, Gold und Spruce Street

1970, Eggers & Higgins

Die Pace University, die auch das denkmalgeschützte New York Times Building von George B. Post an der 41 Park Row besetzt, wurde 1947 als Fachschule gegründet. 1973 wurde daraus eine Universität für Fächer wie Publizistik, Computerwissenschaften, Psychologie und Jurisprudenz. Sie hat auch je einen Campus in Midtown Manhattan und in Westchester County. Über dem Haupteingang befindet sich eine Metallskulptur.

City Hall ℒ

City Hall Park zwischen Broadway und Park Row

1812, Joseph François Mangin und John McComb, Jr.

Das denkmalgeschützte Innere dieses Gebäudes, in dem der Bürgermeister und der Stadtrat arbeiten, wird von einer Rotunde über einem eleganten Paar vorkragender Treppen akzentuiert. Jahrelang fürchteten sich Besucher, die Treppen hochzusteigen. Aber als Präsident Lincolns Leiche auf ihrem Weg von Washington nach Illinois darunter aufgebahrt wurde, musste man auf diese Treppen steigen, um einen guten Blick zu erhaschen. Nach der bestandenen Bewährungsprobe war die Furcht besiegt.

Home Life Insurance Company Building ℒ

253 Broadway
zwischen Murray Street und Warren Street

1894, Napoleon Le Brun & Son

Das obere Ende dieses Gebäudes ist durch ein hohes Mansarddach und eine Loggia hinter ionischen Säulen gekennzeichnet. Der Sockel zeigt eine lebhafte Ornamentik und Säulen, doch das Mittelstück wirkt verhältnismäßig einfach. Die Firma Home Life Insurance, die dieses Gebäude als Hauptsitz baute, bot als erste Gesellschaft eine Versicherung an, die es Familien ermöglichen sollte, die Ausbildung ihrer Kinder an einem College zu bezahlen.

CRIMINAL COURTS BUILDING und MEN'S HOUSE OF DETENTION

100 CENTRE STREET
ZWISCHEN LEONARD STREET UND WHITE STREET

1939, HARVEY WILEY CORBETT
UND CHARLES B. MEYERS

Der Vorgängerbau wurde volkstümlich nur »The Tombs« genannt, weil er wie ein ägyptisches Grab aussah. Die Fassade des heutigen Gebäudes erinnert deutlich an das Rockefeller Center, dessen Entwurf ebenfalls auf Harvey Corbett zurückgeht. Hier warten die Gefangenen auf ihren Prozess.

NEW YORK CITY CIVIL COURTHOUSE

111 CENTRE STREET BEI DER WHITE STREET

1960, WILLIAM LESCAZE UND MATTHEW DEL GAUDIO

Etwas abgestumpfte New Yorker, die für ihre Abendunterhaltung etwas Neues suchen, kommen oft hierher, um Zivilprozessen, bei denen es nicht um sehr viel Geld geht, beizuwohnen. Der Bau gehört zum Civil Court, der in den 60er-Jahren durch Verschmelzung des City Court und des Municipal Court entstanden war. Hier werden Prozesse mit einem Streitwert von bis zu 25 000 Dollar verhandelt.

NEW YORK CITY FAMILY COURT

60 LAFAYETTE STREET
ZWISCHEN LEONARD STREET UND FRANKLIN STREET

1975, HAINES, LUNDBERG & WAEHLER

Diese Institution war früher unter der Bezeichnung Domestic Relations Court bekannt. Heute heißt sie Family Court und gehört verwaltungstechnisch gesehen zum Gerichtssystem des Staates New York. Hier werden Fälle verhandelt, die das Jugend- und Familienrecht betreffen, etwa wenn es um Scheidung oder das Sorgerecht für die Kinder geht. In der emotional aufgeladenen Verhandlungsatmosphäre haben die Sicherheitsbeamten am meisten zu tun.

110

111

112

113

114

115

116

New York County Courthouse𝓛

52 Chambers Street
zwischen Broadway und Centre Street

1872, John Kellum und Thomas Little

Ein Monument der Korruption – aber was für eines! Der Bau dieses so genannten »Tweed Courthouse« kostete so viel wie jener der Londoner Houses of Parliament. Das meiste Geld floss dabei aber in die Taschen des Firmenchefs William M. Tweed und seiner Kumpel. Jahrelang hat man das Gebäude schlecht gemacht, eine Zeitlang war es auch in seinem Fortbestand bedroht – aber nun wird es zukünftig das Museum of the City of New York beherbergen.

Municipal Building𝓛

One Centre Street

1914, William Kendall von McKim, Mead & White

Wenn man öffentliche Behörden in einem Wolkenkratzer hinter der winzigen City Hall unterbringen will, ergibt sich das Problem, dass das Rathaus optisch nicht einfach erdrückt werden darf. Das Municipal Building löst dieses Problem sehr gut. Von einigen Punkten aus gesehen scheint es sogar das echte Machtzentrum zu umgreifen. Der Turm oben an der Spitze huldigt der Kuppel der City Hall, doch an Stelle der Justitia steht oben die vergoldete »Civic Fame« von Adolph A. Weinman, die größte Statue in Manhattan. Hierher kommen übrigens die New Yorker, wenn sie sagen: »We get married at City Hall.«

Surrogate's Court/Hall of Records𝓛

31 Chambers Street bei der Centre Street

1907, John Rochester Thomas und
Horgan & Slattery

Eine der hübschen Eigenschaften von New York ist es, dass man hier anscheinend die ganze Welt bereisen kann, ohne jemals die Stadt zu verlassen. Wer etwa die Pariser Oper sehen will, braucht dazu nur diese Eingangshalle zu betreten: Bei ihrem Bau wurde die Hall of Records als das »pariserischste Ding in ganz New York« gepriesen. Ironischerweise war der Architekt John Thomas selbst noch nie in Paris gewesen.

Jacob K. Javits Federal Office Building

26 Federal Plaza, Foley Square,
zwischen Duane Street und Worth Street

1969, Alfred Easton Poor, Kahn & Jacobs
und Eggers & Higgins

Bei so vielen Architekten, die an diesem Bau mitarbeiteten, wundert es einen, dass sie nichts Gefälligeres zustande brachten. Vielleicht lag es am Kunden. Die Regierung errichtete im Jahr 1977 einen Anbau an der Ecke am Broadway, aber das Ergebnis war nicht besser. Nach seiner Präsidentschaft unterhielt der gestürzte Richard Nixon hier jahrelang ein Büro.

117

ENGINE COMPANY No. 31

87 LAFAYETTE STREET BEI DER WHITE STREET

1895, NAPOLEON LE BRUN & SONS

Diese alte Feuerwache beherbergt heute das
Downtown Community Television Center. Bei
ihrem Bau wurde gerade die Lafayette Street
verbreitert, um sie zu einer Hauptverbindung
zwischen den gewundenen Straßen im Süden
und dem neuen rechtwinkligen Straßennetz zu
machen, das im Jahr 1811 in Manhattan Standard geworden war. Sie ist nur ein Beispiel für
das Flair und den architektonischen Schwung
der ersten Feuerwachen dieser Stadt, erinnert
etwas an ein französisches Schloss aus der
Frührenaissance und stammt von Napoleon
LeBrun, dessen Firma auch den Metropolitan
Life Tower entwarf, der sich im Jahr 1909 über
dem Madison Square erhob.

CHINATOWN UND DIE LOWER EAST SIDE

Als nach dem Jahr 1850 immer mehr Chinesen aus San Francisco eintrafen, entstand Chinatown als Verlängerung der Lower East Side, in der sich seit jeher Neueinwanderer aus vielen Kulturen trafen. Andere ethnische Gruppen sind in der Zwischenzeit umgezogen, aber die Chinesen blieben hier. Chinatown, dessen Blocks ursprünglich eine irische Gemeinde beherbergten, dehnte sich weiter aus, bis es schließlich zur größten chinesischen Siedlung auf amerikanischem Boden wurde. Die Lower East Side spiegelt die unterschiedlichen kulturellen Einflüsse – auch auf dem Gebiet der Küche – Dutzender ethnischer Gruppen, darunter etwa der Italiener und der osteuropäischen Juden, wider. Und sie stellt noch heute für viele den ersten Schritt auf dem Weg zur Realisierung des amerikanischen Traums dar.

Edward Mooney House 𝒧

18 Bowery bei der Pell Street

um 1785–89

Dieses im georgianischen Stil gehaltene Haus eines bekannten Kaufmanns ist das letzte erhaltene eines einst eleganten Viertels. Dieses erfuhr einen Niedergang, und ungefähr 50 Jahre nach dem Bau verwandelte man das Haus in ein Bordell. In moderner Zeit beherbergte es mehrere Jahre lang das geschäftigste aller Büros der Off-Track Betting Corporation, die seither in ein größeres Gebäude umgezogen ist.

Church of the Transfiguration 𝒧
(römisch-katholisch)

25 Mott Street

1801

Dieses georgianische Gebäude war ursprünglich die Zion English Lutheran Church. Es ist aus Manhattan–Schiefer gebaut, also jenem Gestein, das unter der ganzen Insel liegt und auf dem die Wolkenkratzer stehen. Die Kirche wurde mit Sandstein verkleidet und trägt eine kupferne Turmspitze, die in der Zeit um das Jahr 1860 dazu kam. Damals brachte man auch die beeindruckenden neugotischen Fenstereinfassungen an. Bereits im Jahr 1853 wurde die Kirche römisch-katholisch – nicht lange nachdem die ersten chinesischen Einwanderer ins Viertel eingezogen waren.

Hong Kong Bank Building

241 Canal Street bei der Centre Street

1983

Nur sehr wenige ethnische Enklaven in New York erinnern an das Land, das die Einwanderer hinter sich gelassen haben. Wir sehen keine griechischen Tempel in Astoria oder englische Gutshäuser in Chelsea. Doch irgendwie erscheint es uns richtig, dass in Chinatown ein bisschen chinesische Tradition zu finden ist. Dies ist einer der besseren Versuche dieser Art. Das Dekor und die Fliesen, die die Fassade dieses roten pagodenähnlichen Bürogebäudes verschönern, stammen aus Taiwan.

254–260 Canal Street 𝒧

bei der Lafayette Street

1857, James Bogardus zugeschrieben

Bei diesem Gebäude, das an einen italienischen Renaissancepalast erinnert, handelt es sich um eines der frühesten Beispiele der Architektur mit gusseisernen Elementen und gleichzeitig auch um eines der größten. Die Bogenfenster scheinen immer so weiter zu gehen und könnten dies wegen der Struktur des Gebäudes ja auch wirklich. Die neue Technik befreite die Architekten vom Zwang, massive Wände zu mauern, und erlaubte es ihnen, Strukturen mit offenen, besser beleuchteten Innenräumen zu schaffen als je zuvor.

118

119

120

121

122

CHATHAM GREEN

185 PARK ROW
ZWISCHEN PEARL STREET UND ST. JAMES PLACE

1961, KELLY & GRUZEN

Nachdem die Hochbahn der Third Avenue im
Jahr 1955 abgerissen worden war, wurde der
Ostrand von Chinatown für Bauunternehmer
attraktiv. Chatham Green war das erste reali-
sierte Projekt. Das 21-stöckige genossenschaftliche Gebäude enthält 450 Wohnungen für
Familien mit mittlerem Einkommen. Durch die
serpentinenartige Struktur gibt es keine inneren
Korridore; sie wurden durch offene Galerien
ersetzt. Vier Jahre nach der Fertigstellung entwarfen dieselben Architekten die benachbarten
Chatham Towers, zwei 15-stöckige Gebäude
über einer landschaftsarchitektonisch gestalteten Plaza. Jeder Tower hat 120 Apartments,
die Hälfte davon mit Terrassen.

CONFUCIUS PLAZA

ZWISCHEN BOWERY, DIVISION STREET,
CHATHAM SQUARE UND DER MANHATTAN BRIDGE

1976, HOROWITZ & CHUN

Das 2,6 Hektar große Grundstück ist vollge-
packt mit 762 Apartments, einer Schule mit
1200 Schülern, Geschäften, Gemeinschafts-
räumen mit insgesamt 5100 Quadratmetern,
einem Kindergarten mit 700 Quadratmetern
und einer Garage für 230 Autos. Über all dem
wacht eine überlebensgroße Darstellung des
chinesischen Philosophen Konfuzius vom Bildhauer Liu Shih. Am höchsten Punkt ist die ge-
krümmte Struktur 44 Stockwerke hoch, vom
19. Stockwerk an beginnt sie sich zu verjüngen.
Die untersten drei Stockwerke ragen vor, um
einen besseren Übergang zur 2200 Quadratmeter großen nach Süden gerichteten Plaza zu
gewährleisten. Durch die ungewöhnliche Form
des Gebäudes sind viele Apartments nach Norden gerichtet, doch der Blick *uptown* gleicht
den Mangel an Sonnenschein mehr als nur aus.

124

125

126

127

128

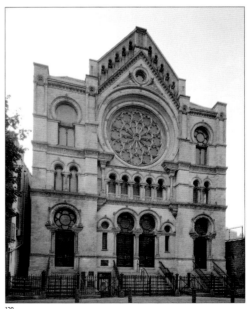

129

51 Market Street

ZWISCHEN MONROE STREET UND MADISON STREET

1824

Dies ist eines der schönsten Beispiele in New York für ein Reihenhaus im Federal Style. Ursprünglich lebte hier der Lebensmittelhändler William Clark. Damals hatte das Haus mit seinem wunderschönen Eingang zwei Stockwerke; einige Jahre später wurde es auf vier Geschosse aufgestockt. Der Stil erscheint recht bescheiden für ein Haus in New York zu sein. Aber in den ersten 35 Jahren des 19. Jahrhunderts war er sehr beliebt. Dann kam ein neuer Stil auf, der hier Greek Revival genannt wird.

Sung Tak Buddhist Temple

15 PIKE STREET
ZWISCHEN EAST BROADWAY UND HENRY STREET

1903

Dies ist ein Symbol für Veränderungen in der Nachbarschaft: eine frühere Synagoge wurde in einen buddhistischen Tempel umgewandelt. In diesem Fall ging es aber um mehr als nur um einen Übergang von einer Religion zur anderen. Heute liegen über dem Tempel Apartments, und in dem Erdgeschoss befinden sich Geschäfte.

Mariners Temple
(BAPTISTISCH)

12 OLIVER STREET BEI DER HENRY STREET

1845, ISAAC LUCAS ZUGESCHRIEBEN

Diese Kirche im Greek-Revival-Stil ersetzte die ursprüngliche Oliver Street Baptist Church. Der Sandstein, mit dem das Gotteshaus ausgekleidet ist, stammt aus New Jersey und Connecticut. In der Zeit zwischen den Jahren 1840 und 1860 war er so beliebt, dass jedes bessere Haus einfach »brownstone« – »Sandstein« genannt wurde, selbst wenn es aus Backsteinen bestand. Er war deshalb so beliebt, weil er billig und leicht zu bearbeiten war.

HSBC Bank
(URSPRÜNGLICH CITIZEN'S SAVINGS BANK)

51 BOWERY BEI DER CANAL STREET

1924, CLARENCE W. BRAZER

Die prächtige Bronzekuppel wurde als klassizistischer Kontrapunkt zum heute verkommenen Zugang zur Manhattan Bridge auf der gegenüberliegenden Straßenseite gebaut. Jenes Schmuckstück von Carrère & Hastings aus dem Jahr 1915 hat einen großen Bogen und beeindruckende Kolonnaden, die man im Lauf der Jahre verfallen ließ. Das Department of Transportation versprach eine Restaurierung, doch andere Projekte haben noch Vorrang.

Chinese Merchant's Association

85 MOTT STREET BEI DER CANAL STREET

1958

Das Viertel, das heute Chinatown genannt wird, bestand bereits, als sich die ersten chinesischen Einwanderer um das Jahr 1850 hier niederließen. Nur wenige Gebäude erinnern heute noch an ihre frühere Heimat. Dieser Versuch, dem Mangel abzuhelfen, wirkt bunt, ist aber von einer authentischen chinesischen Architektur so weit entfernt wie die vom Pagodenbau inspirierten Telefonzellen an jeder Ecke in diesem Viertel.

Congregation K'Hal Adath Jeshurun
(SYNAGOGE)

12–16 ELDRIDGE STREET
ZWISCHEN FORSYTH STREET UND CANAL STREET

1887, HERTER BROTHERS
RESTAURIERUNG: 1998, GEORGIO CAVAGLIERI

Das war die erste orthodoxe Synagoge in New York und gleichzeitig die am üppigsten gestaltete. Die Fassade vereinigt romanische, maurische und gotische Stileinflüsse. Im Gegensatz zu anderen Gotteshäusern in Lower East Side dient sie immer noch ihrem ursprünglichen Zweck und ist zudem nun auch ein Schulzentrum, in dem die Geschichte der jüdischen Einwanderung im 19. Jahrhundert studiert wird.

ISAAC LUDLUM HOUSE

281 EAST BROADWAY GEGENÜBER MONTGOMERY STREET

1829

Dieses noch fast intakte, aber leicht verwahrloste Haus im Federal Style stellt heute einen Anbau des Henry Street Settlement um die Ecke dar. Zusammen mit anderen restaurierten Stadthäusern, die zum Komplex dieses Settlement zählen, gibt es uns eine Vorstellung davon, wie das Viertel im frühen 19. Jahrhundert aussah: Damals war es ein Außenposten am Rande der Stadt.

BIALYSTOKER SYNAGOGUE ℒ

7–13 BIALYSTOKER PLACE
ZWISCHEN GRAND STREET UND BROOME STREET

1826

Für die Fassade verwendete man einheimischen Schiefer aus Manhattan. Das Gebäude aus dem 19. Jahrhundert wurde als Willett Street Methodist Episcopal Church errichtet. Im Jahr 1905 baute man es in eine Synagoge für eine Gemeinde um, die 27 Jahre zuvor in Bialystok gegründet worden war. Der heute polnische Ort gehörte damals zum Russischen Reich, und die Gemeinde blieb nach ihrer Auswanderung in New York zusammen.

RITUAL BATHHOUSE

313 EAST BROADWAY BEI DER GRAND STREET

1904

In diesem Gebäude hatte erst die Young Men's Benevolent Society ihren Sitz. Heute dient es orthodoxen jüdischen Frauen als Mikwe, als rituelles Bad. Sie nehmen darin jeweils nach der Periode und vor der Heirat ein reinigendes Bad. Zur Durchführung dieses Bades gibt es strikte Regeln, und das Ritual darf nur an bestimmten Orten wie diesem durchgeführt werden.

CONGREGATION BETH HAMEDRASH HAGODOL ℒ (SYNAGOGE)

60–64 NORFOLK STREET
ZWISCHEN GRAND STREET UND BROOME STREET

1850, WILLIAM F. PEDERSEN & ASSOCIATES

Diese Gemeinde russischer orthodoxer Juden wurde 1852 gegründet. Im Jahr 1885 übernahm sie die frühere Norfolk Street Baptist Church als Synagoge. Das Gebäude im Gothic-Revival-Stil mit dem typischen Eisenzaun verfügt heute noch über die ursprünglichen Holzarbeiten. Die baptistische Gemeinde, die von der benachbarten Stanton Street hierher gezogen war, ging weiter zur 46. Straße, dann zur Park Avenue, wo sie schließlich im Jahr 1930 die Riverside Church übernahm.

130

131

132

133

134

134

HENRY STREET SETTLEMENT

263, 265 UND 267 HENRY STREET
ZWISCHEN MONTGOMERY STREET UND
GOUVERNEUR STREET

1827 UND 1834.
NEUE FASSADE DER NR. 267: 1910, BUCHMAN AND FOX.
RESTAURIERUNG: 1996, J. LAWRENCE JONES ASSOCIATES

Im Jahr 1893 gründete Lillian Wald das
»Nurse's Settlement« im Haus 263 Henry
Street, um osteuropäische jüdische Einwanderer der Lower East Side leichter zu amerikani-
sieren. Als späteres Henry Street Settlement
wurde es von Philanthropen wie Jacob Schiff
und Morris Loeb unterstützt. Sie kauften die
zwei benachbarten Gebäude auf und schenkten
sie der Institution. Dabei handelt es sich um
Wohnhäuser im späten Federal Style. Sie zeigen
den Charakter der Siedlung im frühen 19. Jahrhundert, als sie noch ein halb ländlicher Außenposten am Rande der Stadt war.

135

135

Jacob Riis Houses

East 6th bis East 10th Street
östlich der Avenue D

1949, James MacKenzie, Sidney Strauss
und Walker & Gillette

Diese insgesamt 19 Gebäude sind sechs bis 14 Stockwerke hoch und wurden schräg zum rechtwinkligen Straßennetz angeordnet, damit hier ein mit Bäumen gesäumter Park entstehen konnte. Er verfiel allerdings in den 60er-Jahren. Das Parks Department machte daraus wieder einen Park mit innovativen Spielplätzen, Brunnen und einem Freilichttheater. Nach dessen Einweihung durch Lady Bird Johnson frohlockte die Zeitung *Village Voice*: »Für einmal bekommen die Armen der Stadt das Beste von ihr.« Das war im Jahr 1966. Heute ist ein großer Teil der Plaza der Riis Houses zerstört, weil die Stadtbehörden Sicherheitsprobleme befürchteten.

136

137

138

139

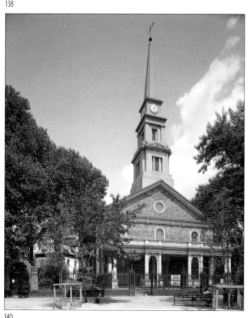

140

141

Old Merchant's House ℒ

29 East 4th Street
zwischen Bowery und Lafayette Street

1832

Dieses ist wohl das einzige Haus des Greek-Revival-Stils in der City mit intaktem Inneren und Äußeren. Es gehörte dem Kaufmann Seabury Tredwell und blieb in Familienbesitz, bis der letzte Überlebende im Jahr 1933 starb. George Chapman kaufte dann das Haus mit der ganzen Inneneinrichtung und wandelte es in ein öffentliches Museum um. Schon im Jahr 1874 wurde es unter der Aufsicht des Architekten Joseph Roberto getreu restauriert.

St. George's Ukrainian Catholic Church

16–20 East 7th Street
zwischen Cooper Square und Second Avenue

1977, Apollinaire Osadaca

Diese Kirche ist für über 1600 Ukrainer, die in diesem Teil des East Village wohnen, ein funkelndes Erinnerungsstück an ihre Heimat. Die Gemeinde wurde von Katholiken, die nach byzantinischem Ritus den Gottesdienst feiern, in einer früheren baptistischen Kirche an der East 20 Street gegründet. Als der erste Bischof, Soter Ortynsky, im Jahr 1907 eintraf, feierte er hier seinen ersten Gottesdienst in Amerika. Die Gemeindekirche zog 1911 in dieses Viertel um.

Ottendorfer Branch ℒ
New York Public Library

135 Second Avenue
zwischen St. Mark's Place und East 9th Street

1884, William Schickel

Das reich verzierte Gebäude aus Backstein und Terrakotta ließ Anna Ottendorfer als Bibliothek für die große deutsche Gemeinde in diesem Viertel errichten. Ihr erster Ehemann, Jacob Uhl, besaß die erfolgreiche deutschsprachige *New Yorker Staats Zeitung*. Nach Uhls Tod heiratete sie den Herausgeber Oswald Ottendorfer. Sie stifteten gemeinsam diese Bücherei, und Ottendorfer traf selbst die Buchauswahl.

Stuyvesant Polyclinic Hospital ℒ

137 Second Avenue
zwischen St. Mark's Place und East 9th Street

1884, William Schickel

Zuerst hieß diese Klinik, die den Armen kostenlose ambulante Behandlung gewährte, Deutsches Dispensary. Nach dem Verkauf im Jahr 1906 wurde sie in German Polyklinik umbenannt. Doch während des Ersten Weltkrieges führten antideutsche Gefühle zu einer erneuten Änderung, danach bekam sie ihren ursprünglichen Namen wieder, und erst während des Zweiten Weltkrieges wurde sie ein für allemal in Stuyvesant Polyclinic umbenannt.

St. Mark's-in-the-Bowery Church
(Episkopalkirche)

East 10th Street bei der Second Avenue

1828, Ithiel Town

Nach der St. Paul's Chapel am Lower Broadway ist dies die zweitälteste Kirche in ganz Manhattan. Sie steht an der Stelle von Peter Stuyvesants Privatkapelle; er selbst liegt auf dem Friedhof begraben. Einst war die Kirche mit ihrer Gemeinde das Zentrum eines vornehmen Viertels, dann verfielen beide mit den Jahren. Durch ein Projekt zur Aufwertung der Wohngegend in den Jahren 1975 bis 1983 änderten sich die Dinge allerdings zum Guten.

Renwick Triangle

114–128 East 10th Street
und 23–35 Stuyvesant Street
zwischen Second Avenue und Third Avenue

1861, James Renwick, Jr.

Obwohl alle Fassaden dieser anglo-italianisierenden Häuser einander ähneln, sind sie unterschiedlich groß, um in die dreieckige Form des gesamten Grundstücks zu passen. Die Breite schwankt von 4,8 bis 9,6 Meter, die Tiefe von 4,8 bis 14,4 Meter. Die Stuyvesant Street, die die südliche Seite des Dreiecks bildet, ist die einzige Straße in Manhattan, die wie die Kompassrose genau von West nach Ost verläuft.

Das Gebiet zwischen der 14. Straße und der Houston Street, von der Avenue D zur Bowery galt seit jeher als Teil der Lower East Side und gehörte damit zu einem Viertel, das man mit Einwanderern in Verbindung brachte. In den frühen 50er-Jahren des 20. Jahrhunderts wurde Greenwich Village, das bereits im Ruf stand, Bohemiens und Freidenker freundlich aufzunehmen, zum Mekka einer bunten künstlerischen und literarischen Kommune, der so genannten Beatniks. Doch das Leben dort war nicht billig. Einige Neuankömmlinge wurden von den hohen Mieten im Village abgeschreckt und ließen sich in der Lower East Side nieder, die sie schließlich »East Village« nannten. Das Viertel zeigte bald alle Merkmale des ursprünglichen Village auf der anderen Seite des Broadway.

Während der gesamten darauf folgenden 60er-Jahre war das East Village ein Zentrum des Protests und der Provokation. Eine radikale Haltung wurde alltäglich, wie dies schon 40 Jahre zuvor auch in Greenwich Village der Fall gewesen war. In den 80er-Jahren ließen sich dort viele Künstler und solche Menschen nieder, die weniger an revolutionären Umstürzen als an konstruktiven Veränderungen interessiert waren und die schließlich die Leitung des Viertels übernahmen.

142

STUYVESANT-FISH HOUSE

21 STUYVESANT STREET
ZWISCHEN SECOND AVENUE UND THIRD AVENUE

1804

Dieses überdurchschnittlich große Stadthaus
im Federal Style erbaute Petrus Stuyvesant, der
Urenkel des Generaldirektors von Nieuw Amsterdam, als Mitgift für seine Tochter Elizabeth,
als sie Nicholas Fish heiratete. Das Grundstück
gehörte zum Landgut des holländischen Gou-
verneurs, wo dieser Pfirsichbäume pflanzte, die
bis ins 19. Jahrhundert überdauerten. Die
Gutskapelle, St. Mark's in the Bowery, wurde
nach einem Brand im Jahr 1799 wieder aufgebaut und ist eine der ältesten Kirchen in New
York. Auf ihrem Friedhof liegt der um das Jahr
1610 in Scherpezeel (Friesland, Niederlande)
geborene und im Jahr 1762 in New York ge-
storbene Peter Stuyvesant begraben.

143

JOSEPH PAPP PUBLIC THEATER
(URSPRÜNGLICH ASTOR LIBRARY)

425 LAFAYETTE STREET
ZWISCHEN EAST 4TH STREET UND ASTOR PLACE

1853, ALEXANDER SAELTZER
ANBAUTEN: 1869, GRIFFITH THOMAS
UND 1881, THOMAS STENT
UMWANDLUNG IN EIN THEATER: 1976,
GEORGIO CAVAGLIERI

Dies war die erste größere öffentliche Bibliothek in New York. Sie verschmolz später mit der Tilden Foundation und der Lenox Library zur heutigen New York Public Library. Nachdem die Hebrew Immigrant Aid and Sheltering Society, die hier seit 1921 ihren Sitz hatte, 1965 in ein größeres Gebäude umgezogen war, überredete Joseph Papp, der Begründer des New York Shakespeare Festival, die Stadt dazu, das im Stil der italienischen Renaissance gehaltene Gebäude zu kaufen und seiner Organisation als Theater zu vermieten. Bei der Umwandlung durch Georgio Cavaglieri wurde an der Inneneinrichtung kaum etwas verändert.

COOPER UNION FOUNDATION BUILDING

COOPER SQUARE
EAST 7TH STREET BIS ASTOR PLACE
FOURTH AVENUE BIS BOWERY

1859, FREDERICK A. PETERSON

Dies ist das älteste Gebäude der Vereinigten Staaten mit einem Eisenskelett. Peter Cooper, der diese Institution gründete, stellte unter anderem auch die ersten Eisenbahnschienen her und kam auf die Idee, einige für dieses Gebäude walzen zu lassen. Dann wurden sie als Stützen für das massive Sandsteingebäude über Ziegelbögen gespannt. Dessen Dimensionen waren damit von der Standardlänge seiner Schienen vorgegeben. Er gründete die Cooper Union als freie erzieherische Institution, um den Studenten das Äquivalent eines Collegeabschlusses zu ermöglichen und gleichzeitig die praktische Betätigung und den Handel zu betonen. Das einzige Aufnahmekriterium ist heute wie damals ein guter moralischer Charakter.

144

Wenige Männer in der amerikanischen Geschichte waren
in so unterschiedlichen Bereichen so erfolgreich wie Peter
Cooper. Er begann seine Karriere im Alter von 21 Jahren,
indem er während des Krieges von 1812 Werkzeuge zum
Schneiden von Uniformstoffen produzierte. Sein erstes
Vermögen machte er mit einer Klebstofffabrik an den
Ufern des Sunfish Pond im kleinen Dorf Kip's Bay zwi-
schen der heutigen 31. und der 34. Straße.

Klebstoff war nur eines von mehreren Produkten, die
er dort herstellte. Er produzierte Tinte, erfand ein Sicher-
heitsglas für Kutschenfenster, das er ebenfalls aus Fischen
gewann, und erwarb ein Patent auf eine essbare Gelatine,
die später unter der Bezeichnung Jell-O verkauft wurde.

Cooper versuchte sich auch in der Immobilienbranche
und verlor den größten Teil seines Vermögens an Betrüger,
als er vor dem Bau der Baltimore and Ohio Railroad große
Gebiete um Baltimore aufkaufte. Um seine Verluste wett-
zumachen, eröffnete er dort Eisenbergwerke, doch die
Dampflokomotiven der neuen Eisenbahn konnten sein Erz
nicht transportieren. Cooper ließ sich nicht erschüttern,
baute selbst eine Lokomotive für den Eisentransport und
wurde zum Millionär, indem er Lokomotiven und die
Schienen dazu baute.

145

146

147

148

149

150

LaGrange Terrace ℒ

428–434 Lafayette Street
zwischen East 4th Street und Astor Place

1833, Seth Geer,
nach Plänen von Alexander Jackson Davis

Diese oft auch als Colonnade Row bezeichneten Gebäude blieben als einzige von einer wunderschönen Häuserreihe im Greek-Revival-Stil übrig. Fünf Originale wurden abgebrochen, die letzten vier verwahrlosten. Kritiker lachten, als Geer so weit entfernt von der Stadt herrschaftliche Häuser baute. Aber er verkaufte sie für sagenhafte 25 000 Dollar an Cornelius Vanderbild und John J. Astor – und lachte zuletzt.

William Wollman Hall
Cooper Union School of Engineering

51 Astor Place zwischen Third und Fourth Avenue

1961, Voorhees, Walker, Smith, Smith & Haines

Die Ingenieursschule bildet den größten Teil der Cooper Union und liegt auf der anderen Seite des Astor Place dem Hauptgebäude gegenüber. Der gelbbraune Ziegelbau ist an der Fourth Avenue fünf Stockwerke hoch, an der Ostseite nur vier. Sein Eingang befindet sich in einem einstöckigen Vorbau an der Stelle, wo sich die beiden Flügel schneiden. Überdachte Fußwege über dem Straßenniveau, die von der Ecke der Third Avenue zurückversetzt sind, bilden eine Art erhöhten Hof.

First Houses ℒ

29–41 Avenue A bei der East 3rd Street

1935, Frederick L. Ackerman

Dies war das erste Projekt des öffentlichen Wohnungsbaus in den Vereinigten Staaten. Jedes dritte Haus auf dem Grundstück wurde abgebrochen, damit die übrigen mehr Luft und Licht erhielten. Diese wurden dann mit den Backsteinen der abgebrochenen Häuser umgestaltet. Es entstanden 122 Wohneinheiten, jede mit einem Kühlschrank, einem Herd und einem Badezimmer mit fließend heißem Wasser. Die Zimmermiete betrug sechs Dollar.

Bouwerie Lane Theater ℒ

330 Bowery bei der Bond Street

1874, Henry Englebert

Das Gebäude wurde als Bank errichtet und blieb ein halbes Jahrhundert lang, bis zum Jahr 1963, unbewohnt. Dann wurde es zu einem Theater umgebaut und belebte damit eine alte Tradition der Bowery als Theaterdistrikt wieder. Im 19. Jahrhundert standen an der Bowery nämlich viele kleine Konzerttheater. Und um das Jahr 1820 herum hatte hier das größte Theater der Vereinigten Staaten von Amerika seinen Sitz, das Great Bowery Theater.

McSorley's Old Ale House

15 East 7th Street
zwischen Cooper Square und Second Avenue

1854

Obwohl nicht alle damit einverstanden sind, behauptet McSorley's doch, er sei der älteste Saloon in New York, der dauernd in Betrieb war. Die Hauptattraktion hier ist ein eigenes Ale, das in Krügen ausgeschenkt wird. Man kann immer nur zwei davon bestellen. 1970 mussten laut Gesetz auch Frauen zur Bar zugelassen werden, die bislang eine strikt männliche Domäne war. Aber die Besitzer weigern sich seither, einen Ladies' Room einzurichten.

30–38 East 3rd Street

gegenüber Second Avenue

1830

Diese fünf Reihenhäuser sehen immer noch so charmant aus wie früher. Die größeren Mietskasernen, die man in der Regel mit der Lower East Side in Verbindung bringt, wurden ein oder zwei Jahre nach diesen Häusern gebaut. In der Zeit nach dem Jahr 1840 war dieses Viertel als Kleindeutschland bekannt, weil dort sehr viele Einwanderer aus Deutschland lebten.

151

ENGINE COMPANY NO. 33 ℒ

44 GREAT JONES STREET
ZWISCHEN BOWERY UND LAFAYETTE STREET

1899, FLAGG & CHAMBERS

Dieses perfekte Beispiel für den französischen
Beaux-Arts-Stil erbaute Ernest Flagg als
Hauptquartier für das New York City Fire
Department. Auf ihn gehen noch weitere Feu-
erwachen der Stadt zurück. Die Straße wird
auch »Great Jones« genannt, um eine Ver-
wechslung mit der einen Block langen Jones
Street in Greenwich Village zwischen Bleecker
Street und West Fourth Street oder mit dem
benachbarten Jones Alley zu vermeiden, der
mit ihr über die Shinbone Alley südlich der
Bond Street verbunden ist.

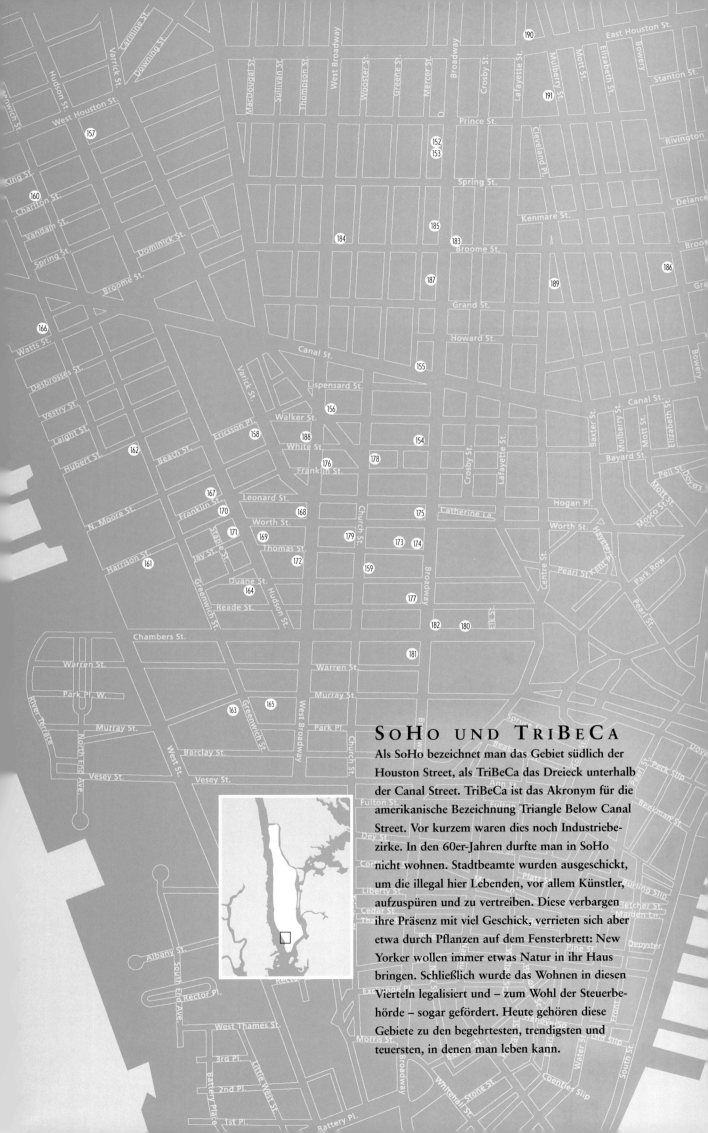

SoHo und TriBeCa

Als SoHo bezeichnet man das Gebiet südlich der
Houston Street, als TriBeCa das Dreieck unterhalb
der Canal Street. TriBeCa ist das Akronym für die
amerikanische Bezeichnung Triangle Below Canal
Street. Vor kurzem waren dies noch Industriebe-
zirke. In den 60er-Jahren durfte man in SoHo
nicht wohnen. Stadtbeamte wurden ausgeschickt,
um die illegal hier Lebenden, vor allem Künstler,
aufzuspüren und zu vertreiben. Diese verbargen
ihre Präsenz mit viel Geschick, verrieten sich aber
etwa durch Pflanzen auf dem Fensterbrett: New
Yorker wollen immer etwas Natur in ihr Haus
bringen. Schließlich wurde das Wohnen in diesen
Vierteln legalisiert und – zum Wohl der Steuerbe-
hörde – sogar gefördert. Heute gehören diese
Gebiete zu den begehrtesten, trendigsten und
teuersten, in denen man leben kann.

◆ SoHo und TriBeCa ◆

153

561 BROADWAY

ZWISCHEN SPRING STREET UND PRINCE STREET

1904, ERNEST FLAGG

Das Gebäude wird oft »Little Singer Building« genannt, weil es der Vorgängerbau des Singer Tower am Broadway bei der Liberty Street war. Diesen baute derselbe Architekt für denselben Kunden, die Singer Sewing Machine Company. Der 47-stöckige Turm wurde allerdings im Jahr 1970 abgebrochen. Erhalten blieb nur diese köstliche zwölfstöckige Version mit ihrem innovativen Feuerschutz für eine Eisenstruktur mit Ziegeln und Terrakotta. Zusammengenietete Eisenplatten bilden die senkrechten Elemente. Ungewöhnlich viel Glas und zarte schmiedeeiserne Arbeiten verleihen der Fassade ihr luftiges Aussehen. Die fein gestalteten Eisenarbeiten ziehen sich bis zum Fries hinauf und sind von einer damals einzigartigen Pracht. Heute würde man von einer vorgehängten Fassade sprechen, doch dieser Begriff und das dahinter stehende Konzept wurden erst 50 Jahre nach dem Bau des Little Singer Building durch Ernest Flagg geschaffen.

SCHOLASTIC BUILDING

557 BROADWAY ZWISCHEN PRINCE UND SPRING STREET

2001, ALDO ROSSI UND GENSLER ASSOCIATES

Der Verlag Scholastic Publishers zog von einem Fabrikgebäude aus dem 19. Jahrhundert weiter oben am Broadway hierher um und schuf damit ein beeindruckendes New Yorker Haus für Harry Potter, Clifford the Big Red Dog und den Babysitter's Club. Der weltgrößte Verlag und Vertrieb für Kinderbücher veröffentlicht auch 35 schulbezogene Zeitschriften, und zu seinen Produkten gehört ebenso Software, die den Kindern das Lesen beibringt. Zur Angebotspalette des Verlages zählen zudem Fernsehprogramme und der Unterricht via Internet. Er ist in fast jeder Schule der gesamten Vereinigten Staaten vertreten.

154

155

156

157

CIVIC CENTER SYNAGOGUE

47–49 WHITE STREET
ZWISCHEN BROADWAY UND CHURCH STREET

1967, WILLIAM N. BREGER ASSOCIATES

Eine bandförmige Mauer aus marmorfarbenen Fliesen verbirgt hinter diesem modernen Bau einen wundervollen Garten in einer Straße, die sonst aus Gebäuden des 19. Jahrhunderts mit gusseisernem Skelett besteht. Viele frühe Gebäude in diesem ehemaligen Einkaufsbezirk haben entweder eine Marmorfassade oder verwenden diesen Stein, um das Eisen und andere Materialien stärker hervortreten zu lassen. Der dabei verwendete Tuckahoe-Marmor stammt aus der benachbarten Westchester County.

ARNOLD CONSTABLE STORE

307–311 CANAL STREET BEI DER MERCER STREET

1856

Als dieses Gebäude noch ein Textilwarengeschäft beherbergte, ging es auch zur Mercer Street und zur Howard Street hinaus. Obwohl die Fassaden an allen drei Seiten ähnlich aussehen, ist nur die an der Canal Street mit Marmor verkleidet; die anderen sind aus Backstein. An der Canal Street verschlechterte sich im Lauf der Jahre das Klima für den Einzelhandel, und das erkennt man auch an diesem Gebäude, von dessen ursprünglich schönem, in früheren Zeiten einmal gusseisernem Vordereingang heute keine Spur mehr zu sehen ist.

AT&T HEADQUARTERS

32 SIXTH AVENUE
ZWISCHEN WALKER STREET UND LISPENARD STREET

1932, VOORHEES, GMELIN & WALKER

Dieses mächtige Art-déco-Gebäude stellt die Erweiterung eines früheren Bürogebäudes dar und beherbergte einst das größte Fernsprechunternehmen der Welt. In der denkmalgeschützten Lobby sieht man Wände aus Keramikfliesen mit Marmor- und Bronzeornamenten. Auf einer Wand erkennt man eine ebenfalls gefliese Weltkarte, und die Decke ist mit Glasmosaiken bedeckt, die Fernsprechverbindungen für weit entfernte Kontinente symbolisieren sollen.

SAATCHI & SAATCHI
D.F.S. COMPTON WORLD HEADQUARTERS

375 HUDSON STREET
ZWISCHEN KING STREET UND WEST HOUSTON STREET

1987, SKIDMORE, OWINGS & MERRILL,
LEE HARRIS POMEROY & ASSOCIATES,
EMERY ROTH & ASSOCIATES

Hier sind wir weit weg von der Madison Avenue, und doch sind in diesem Gebäude eine der größten Werbeagenturen der Welt sowie der Verlag Penguin Putnam zu Hause. Dabei handelt es sich um eine späte Hinzufügung zu massiven Gebäuden in der Nachbarschaft. Die meisten wurden auf von der Trinity Church gepachteten Grundstücken gebaut. Hier lag das Zentrum der Druckindustrie der Stadt.

FIRST PRECINCT, NYPD

16 ERICSSON PLACE BEI DER VARICK STREET

1912, HOPPIN & KOEN

Dieser prächtige Neurenaissancepalast für die Schönen und Reichen in New York hat sogar an der Seite der Varick Street einen großen Stall für deren Pferde. Obwohl die Bildhauerarbeit über der Eingangstür vom Vierten spricht, ist dies heute der Sitz des Ersten Polizeibezirks. Die ursprüngliche Bezeichnung wurde geändert, als der Erste Bezirk von seiner alten Adresse an der 100 Old Slip, wo inzwischen das Polizeimuseum untergebracht ist, an diese Adresse umzog.

STATE INSURANCE FUND

199 CHURCH STREET
ZWISCHEN THOMAS STREET UND DUANE STREET

1955, LORIMER RICH ASSOCIATES

Dieses Bürogebäude ist attraktiver als dies sein Vordach aus rostfreiem Stahl vermuten ließe. Der Unterbau ist aus hübschem rotem Granit, und die Fassaden der oberen Stockwerke sind mit glasierten weißen Backsteinen verkleidet. Der Insurance Fund wurde 1910 gegründet, um Arbeitern nach Unfällen beizustehen, was weder die Arbeitgeber noch Versicherungsgesellschaften damals taten. New York führte als erster Bundesstaat so eine Versicherung ein.

CHARLTON-KING-VANDAM HISTORIC DISTRICT

KING STREET ZWISCHEN SIXTH AVENUE UND VARICK STREET

1820–1849

Früher befand sich an dieser Stelle ein georgianisches Landhaus aus dem Jahr 1776, Richmond Hill, von dem aus man über den Hudson River blickte. Es diente George Washington als Hauptquartier und war nach 1789 die Residenz des Vizepräsidenten John Adams. Aaron Burr kaufte vier Jahre darauf das Gelände und gab es an John Jacob Astor weiter. Dieser ließ den Hügel abtragen und unterteilte das Grundstück in 7,5 Meter breite Parzellen für den Bau vieler hier noch vorhandener Häuser.

158

159

160

161

162

163

164

165

166

Harrison Street Row ℒ

25–41 Harrison Street bei der Greenwich Street

1796–1828, Restauriert von Oppenheimer & Brady

Diese neun Häuser im Federal Style sind eine charmante Erinnerung an die Zeit, als TriBeCa zum ersten Mal als vorzügliches Wohngebiet galt. Die Häuser wurden restauriert und gehörten in den 60er-Jahren zum Wohnkomplex Independence Plaza. Drei davon, darunter die von John McComb, Jr. entworfenen Nummern 25 und 27, wurden von der Washington Street hierher verpflanzt.

Shearson-Lehman Plaza

390 Greenwich Street, Hubert Street bis West Street

Faulkner Information Services,
1986, Skidmore, Owings & Merrill
Smith Barney (Travellers Group),
1989, Kohn Pederson Fox

Bei diesen beiden Gebäuden hat man das Gefühl, dass sie nicht recht miteinander harmonieren – und zusammen scheinen sie mit der ganzen Umgebung im Clinch zu liegen. Das neuere, höhere zog Proteste der Anwohner auf sich, bei denen es vordergründig um ein hell leuchtendes Firmenlogo ging – tatsächlich aber um den Park, der dem Bau zum Opfer fiel.

College of Insurance

101 Murray Street
zwischen Greenwich Street und West Street

1983, Haines Lundberg Waehler

Zu den weniger bekannten Superlativen von New York City gehört, dass die Stadt über mehr Colleges und Universitäten verfügt als jede andere im Land. Eines davon ist das im Jahr 1962 gegründete College of Insurance, das seinen Sitz in diesem rosaroten stufenartigen Gebäude hat. Die nackte Wand an der Südfassade deutet auf eine geplante zukünftige Expansion hin, doch wo werden die Studenten dann ihre Autos parken?

172 Duane Street

zwischen Hudson Street und Greenwich Street

1872, Jacob Weber
Umgebaut: 1994, V. Polinelli

Gusseiserne Bogen aus dem ursprünglichen Gebäude bilden den Rahmen für ein elegantes modernes neues aus Glasbausteinen. Ursprünglich gehörte es der Weber Cheese Company, einer von Hunderten solcher Firmen in diesem Viertel, deren Angestellte als »big butter and egg men« bezeichnet wurden. Heute beherbergt das Gebäude die Anwaltsfirma Lovinger Mahoney Adelson.

75 Murray Street ℒ

zwischen West Broadway und Greenwich Street

1858, James Bogardus

Dieses ist eines der frühesten Werke von James Bogardus, des Pioniers beim Bau mit gusseisernen Elementen. Wie alle anderen Gebäude bestehen die Stockwerksböden und Dächer aus Holzbalken, die auf tragende Backsteinwände aufgelegt wurden. Die Fassade selbst setzt sich aber aus vorfabrizierten gusseisernen Elementen zusammen, die man an Ort und Stelle wie bei einem Baukasten ineinander fügte.

Fleming Smith Warehouse ℒ

451–453 Washington Street bei der Watts Street

1892, Stephen Decatur Hatch

Dies ist das erste Gebäude in TriBeCa, das in ein Wohnhaus umgebaut wurde, und eine faszinierende Kombination von Neurenaissance-Elementen mit fantasievollen Giebeln und Mansardenfenstern. Das Jahr des Baus und die Initialen der ursprünglichen Besitzer wurden am zentralen Giebel in Schmiedeeisen ausgeführt. Viele Gebäude im Westteil von TriBeCa sind ähnliche Meisterstücke. Die meisten wurden von Firmen errichtet, die mit frischen Nahrungsmitteln handelten.

108 Hudson Street

BEI DER FRANKLIN STREET, 1895

Die ungewöhnlichen Säulen am Eingang dieses neubarocken Kolosses sollten zur »rustikalen« Fassade des früheren Fabrikgebäudes passen, das wie so viele andere Gebäude in der Nachbarschaft in Apartments aufgeteilt wurde. Der Begriff »rustikal« bezieht sich darauf, dass man an der Fassade von Steingebäuden tiefe Zwischenfugen anbrachte. Bei vielen – allerdings nicht bei diesem – wurden auch die Steine aufgeraut, um den gewünschten rustikalen Effekt zu erzielen.

175 West Broadway ℒ

ZWISCHEN LEONARD STREET UND WORTH STREET
1877, SCOTT & UMBACH

Der Stadtteil TriBeCa erhält seinen Charakter vor allem von früheren Fabrikgebäuden wie diesem. Viele Gebäude in diesem Bezirk, der von der Church Street, der Cortlandt Street und der Canal Street umgrenzt wird, wurden zum Inbegriff des Lebens in Lofts. Der Gesamtplan der Downtown-Lower Manhattan Association von 1958, der auch die Grenzen festlegte, wollte dieses Dreieck noch als letzten Industriebezirk *downtown* reserviert wissen.

Western Union Building ℒ

60 HUDSON STREET BEI DER WORTH STREET
1930, VOORHEES GMELIN & WALKER

Dies ist eines von mehreren architektonischen Meisterwerken von Ralph Walker. Damals war die Telegrafie fest in der Hand der Western Union, und Walkers Entwurf für den Firmensitz verkörpert deren Macht. Die Farbtöne der Ziegel werden mit zunehmender Höhe heller, die Lobby ist denkmalgeschützt, die orangefarbenen Backsteinwände reichen bis zu einem gefliesten Tonnengewölbe. Heute haben mehrere Firmen in diesem Gebäude Büros.

Regent Wall Street Hotel

6 HARRISON STREET BEI DER HUDSON STREET
1884, THOMAS R. JACKSON

Früher hatte hier ein Zweig der New York Mercantile Exchange ihren Sitz; ihr Hauptquartier lag an der Adresse 55 Wall Street. Der mächtige Ziegelbau mit seinem beeindruckenden Turm sollte gegenüber den hiesigen Kaufleuten, die die Börse für ihre finanziellen Bedürfnisse brauchten, Solidität ausdrücken. Im Jahr 1987 erfolgte dann die Umwandlung in ein Bürogebäude.

House of Relief

67 HUDSON STREET BEI DER JAY STREET
1893, CADY, BERG & SEE

Ursprünglich diente dieses Gebäude als Außenposten des damals an der 15. Straße liegenden New York Hospital. Dabei handelte es sich um eine frühe Version heutiger Notfallräume für *lower* Manhattan. Inzwischen beherbergt dieses Gebäude Wohnungen und – durchaus passend – auch mehrere Arztpraxen.

155 West Broadway
(Heute New York City Supreme Court)

BEI DER THOMAS STREET
1865, JARDINE, HILL & MURDOCK

Hier müssen oft Bewohner von Manhattan antreten, die in ein Geschworenengericht berufen wurden. Am Westbroadway zeigt es sich in seiner hübschen anglo-italienisierenden Form, während die Fassade um die Ecke an der Thomas Street nur aus flachen Ziegeln besteht. Die Geschworenen können die Sitzung für einen Gourmetlunch im trendigen Odeon quer über die Straße unterbrechen, in einer früheren Cafeteria, die sich im Aufwind befindet.

167

168

169

170

171

172

173

174

175

176

177

178

8 Thomas Street

zwischen Broadway und Church Street

1876, J. Morgan Slade

Ursprünglich war dies ein Kaufhaus für David S. Brown, der Wasch- und Toilettenseifen herstellte. Das heute in Lofts unterteilte Gebäude vereinigt mehrere Architekturstile. Die gebänderten Steinbogen stammen aus der Venezianischen Gotik, das Erdgeschoss mit seinen gusseisernen Elementen entlehnte einiges von französischen Baustilen. Insgesamt spricht man von Victorian Gothic, und in ganz New York gibt es kein schöneres Beispiel dafür.

319 Broadway

bei der Thomas Street

1870, D. & J. Jardine

Früher standen hier zwei italianisierende Gebäude aus gusseisernen Elementen. Sie hüteten den Westeingang zur Thomas Street und waren als »Thomas Twins« bekannt. Das einzige erhalten gebliebene Haus diente der Metropolitan Life Insurance Company und auch der New York Life Insurance Company als Sitz, bevor diese im Jahr 1899 in ein eigenes Gebäude weiter unten am Broadway umzog.

N.Y. Life Insurance Company Building
(Heute New York City offices)

346 Broadway bei der Leonard Street

1899, S. D. Hatch und McKim, Mead & White

Als Hatchs östlicher Anbau an ein früheres Gebäude am Broadway fertig gestellt und die Versicherungsgesellschaft eingezogen war, ersetzte Stanford White das Gebäude, das die Firma gerade verlassen hatte. Der charakteristische Glockenturm wurde schließlich zu einer Galerie für avantgardistische Kunst. Die Versicherungsgesellschaft zog im Jahr 1928 vom Stadtzentrum weiter weg in das Gebäude, wo früher der ursprüngliche Madison Square Garden von White gestanden hatte.

Department of Water Supply, Gas, and Electricity

226 West Broadway
zwischen Franklin Street und White Street

1912, Augustus D. Shepard, Jr.

Dieses schlanke Gebäude wurde einst als Sitz eines Teilbereichs (High Pressure Service) der Feuerwehr errichtet. Zur Ikonografie der Fassade aus glasierten Terrakottafliesen gehören Hydranten, Schläuche, Ventile, Verbindungsstücke sowie andere Gegenstände der Feuerwehr. Auf dem zentralen Ziergiebel sieht man eine gute Darstellung des offiziellen Wappens von New York.

287 Broadway

bei der Reade Street

1872, John B. Snook

Der ursprüngliche Besitzer verschönerte sein Haus im Stil des Second Empire, das er als ein Spekulationsobjekt betrachtete, mit einem mächtigen Mansarddach und filigranem Eisenschmuck. Für künftige Bewohner stattete er es auch mit einem der ersten Personenaufzüge der Stadt aus. Aber leider ist diese Gegend zur Zeit nicht in Mode, sodass 287 Broadway wie viele seiner Nachbarn nur noch weit über dem Straßenniveau betrachtet attraktiv wirkt.

36–57 White Street

zwischen Church Street und Broadway

1861–65, verschiedene Architekten,
darunter John Kellum & Son

Zu dieser Häuserzeile gehören die Woods Mercantile Buildings (46–50), die aus Tuckahoe-Marmor mit gusseisernen Ladenfronten errichtet wurden. Zwischen den Jahren 1850 und 1870 waren Blocks wie diese die elegantesten Einkaufsbezirke von ganz New York. Die feine Sattelwarenfirma von James und Samuel Condict hatte die Hausnummer 55. Der Architekt John Kellum entwarf auch das benachbarte »Tweed« Courthouse.

179

AT&T LONG LINES BUILDING

CHURCH STREET
ZWISCHEN THOMAS STREET UND WORTH STREET

1974, JOHN CARL WARNECKE & ASSOCIATES

Dieser mächtige Brocken aus rosafarbenem Granit hat kein einziges Fenster, weil die elektronischen Geräte im Innern keine Wärme aushalten. Auf der anderen Seite reicht die Wärme aus, die sie abgeben, um die 29 Stockwerke zu heizen, von denen jedes 5,40 Meter hoch ist. Außerdem ist das Gebäude vor radioaktivem Niederschlag geschützt und verfügt neben den entsprechenden Nahrungsreserven auch über genügend andere Energiequellen, um zwei Wochen lang völlig von der Umwelt abgeschnitten sein zu können, was immer auch draußen geschehen mag.

180

EMIGRANT INDUSTRIAL SAVINGS BANK
(HEUTE CITY OFFICES)

51 CHAMBERS STREET
ZWISCHEN BROADWAY UND ELK STREET

1912, RAYMOND ALMIRALL

Mit Unterstützung des römisch-katholischen Bischofs John Highes gründete die Irish Emigrant Society 1850 die Emigrant Savings Bank. Sie sollte den Sparwillen der neu eingewanderten Iren stärken. Das Gebäude ist das dritte an dieser Stelle. Als man es errichtete, war die Auftraggeberin die erfolgreichste Sparkasse der Stadt. Sie zeigte das auch durch ihren Beaux-Arts-Schmuck. Das Gebäude ist das Erste in New York mit einem H-förmigen Grundriss. Auf diese Weise erhielten fast alle Büros Tageslicht. Das Innere steht unter Denkmalschutz und ist einen Besuch wert, auch wenn hier heute die Kfz-Behörde ihren Sitz hat.

Broadway-Chambers Building ℒ

277 BROADWAY BEI DER CHAMBERS STREET

1900, CASS GILBERT

Das ist eines der ersten Gebäude in New York mit Stahlskelett. Es war Cass Gilberts erster Auftrag in der Stadt. Der Unterbau besteht aus rosafarbenem Granit, der Schaft aus rotem und beigefarbenem Backstein, das Kapitell aus bunter Terrakotta und der Fries aus Kupfer mit schöner Alterspatina. Alles zusammen harmoniert prächtig miteinander. Weiter oben am Broadway steht ein anderes Bauwerk von Gilbert, das Woolworth Building.

181

280 Broadway ℒ

BEI DER CHAMBERS STREET

1846, JOHN B. SNOOK

Dieser italianisierende Marmorpalast war das erste Kaufhaus in New York. Der Besitzer, A. T. Stewart, zog hier bis zum Jahr 1862 Massen von Kauflustigen an. Dann lockte er sie in ein Geschäft weiter *uptown* und verwandelte das alte Kaufhaus in ein Lager. Zusätzliche Geschosse wurden eingezogen, sodass das Gebäude in den Jahren 1919 bis 1952 der *New York Sun* als Sitz dienen konnte. Über dem Eingang ließen die Verleger eine Uhr mit dem Slogan der Zeitung anbringen: »Die Sonne: Sie scheint für alle.«

182

SoHo und TriBeCa

184

E. V. Haughwout Building

488–492 Broadway bei der Broome Street

1857, John Gaynor
Restauriert: 1999, Joseph Pell Lombardi

Dies ist eines der beeindruckendsten mit gusseisernen Elementen errichteten Gebäude der Stadt. Die Fassade im Stil der venezianischen Renaissance stammt aus dem Katalog von Daniel Badgers Iron Works. Diese Firma stellte gusseiserne Paneele her, die die Architekten frei miteinander kombinieren konnten, um den gewünschten Effekt zu erzielen. Eder V. Haughwout verkaufte in seinem gusseisernen Palast geschnittenes Glas, Silber, Uhren und Kerzenleuchter und machte sein Geschäft für die Kunden noch interessanter, indem er den ersten Aufzug in einem Geschäft einbaute.

Kenn's Broome Street Bar

363 West Broadway bei der Broome Street

1825

Nein, diese Bar schenkte in den vergangenen 175 Jahren keinen Drink aus. Sie sieht nur so aus. So ein Gebäude erwartet man, wenn man durch denkmalgeschützte Viertel schlendert. Das dreistöckige Backsteingebäude im Federal Style war ursprünglich ein Privathaus. Es wurde zu einer Zeit gebaut, als diese heute zu SoHo gehörende Gegend noch eine elitäre Wohn-Enklave war. Das Erdgeschoss wurde stark verändert, und auch die oberen Stockwerke haben schon bessere Tage gesehen. Auch das Mansardenfenster, das aus der Dachschräge hervortritt, könnte eine liebevolle Restaurierung gebrauchen …

New Era Building

491 Broadway zwischen Broome und Spring Street

1897, Buchman & Deisler

Dieses prächtige Beispiel für den amerikanischen Jugendstil mit seinem Kupferdach wurde als Einzelhandelsgeschäft für Jeremiah C. Lyons erbaut. Er dehnte seine Geschäftstätigkeit hierher aus, als die anderen mit ihren reichen Kunden weiter *uptown* zogen. Hier dagegen siedelten sich trotz so wunderschöner Gebäude wie diesem nur weniger bedeutende Fabriken und Altpapierhändler an.

Bowery Savings Bank℗

130 Bowery zwischen Grand und Broome Street

1895, McKim, Mead & White

Dieses Gebäude ist der Grund dafür, warum so viele Bankgebäude im ganzen Land im neoklassizistischen Stil gehalten sind. Stanford White war ein Meister dieses Stils, und nachdem er dieses beeindruckende Gebäude geschaffen hatte, wollten die amerikanischen Bankiers kaum noch etwas anderes. Das majestätische Innere dieser L-förmigen Bank ist eine Symphonie aus Marmormosaikböden, Marmorkassenhäuschen und massiven Säulen, die bis hinauf zur Kassettendecke mit ihren großen gusseisernen Oberlichtern reichen.

Roosevelt Building

478–482 Broadway
zwischen Grand Strret und Broome Street

1874, Richard Morris Hunt

Das Grundstück gehörte James H. Roosevelt, dem Onkel Theodores, der hier in den 50er-Jahren des 19. Jahrhunderts lebte und eine Anwaltskanzlei betrieb. Beim Bau des nach Roosevelt benannten Hospitals ließ der Architekt das Eisen für sich selbst stehen, etwa beim geschweiften Schmuck über den Fenstern im vierten Stock und bei den schmalen Säulen, die die Tragfähigkeit dieses Materials demonstrieren. Anfangs waren diese Eisenelemente in mindestens einem halben Dutzend verschiedener Farben gestrichen, während andere Architekten damals ein einheitliches düsteres Grau verwendeten, um damit Stein zu imitieren.

2 White Street℗

beim West Broadway

1809, Gideon Tucker

Dieses praktische Haus im Federal Style mit dem Mansardgiebeldach war ursprünglich wohl ein Geschäft, wobei der Besitzer vermutlich in den oberen Stockwerken wohnte. Bemerkenswert ist, dass ein derart bescheidenes Gebäude überhaupt stehen blieb – noch dazu in so guter Verfassung. Als es gebaut wurde, war TriBeCa ein reines Wohnviertel. Dann wurde es zu einem Industriebezirk, bevor es sich wieder zu einer prächtigen Wohngegend entwickelte.

185

186

187

188

189

POLICE BUILDING APARTMENTS

240 CENTRE STREET

1909, HOPPIN & KOEN
UMBAU IN APARTMENTS: 1988,
EHRENKRANZ GROUP & ECKSTUT

Durch seine Größe und seine neubarocken Details hebt sich das Gebäude von seiner Nachbarschaft aus Mietskasernen und Fabriken ab.
Aber dieser Effekt war natürlich gewollt. Es
handelt sich ursprünglich um den Sitz des New
York City Police Department. Hierher gelangten Gangster in Filmen aus den Dreißiger-
jahren, wenn gesagt wurde, dass man sie nach
downtown bringen würde. Die Behörde zog im
Jahr 1973 noch weiter *downtown*, – das prächtige Gebäude stand 15 Jahre lang leer, bevor
man Luxusapartments für Models und Schauspieler einbaute.

PUCK BUILDING

295–309 LAFAYETTE STREET BEI DER EAST HOUSTON STREET

1886 UND 1893 ALBERT WAGNER

Dieses massive neuromanische Gebäude mit
den wiederholten Rundbogenarkaden und den
komplizierten Backsteinmustern besteht heute
aus zwei getrennten Strukturen. Als man die
Lafayette Street in den frühen 1890er-Jahren
durch den Block verlängerte, entfernte man
zwei Joche des ursprünglichen Gebäudes und
brach auch die gesamte Westfront ab. Her-
mann Wagner, ein naher Verwandter des ersten
Architekten, entwarf den neuen Aufriss an der
Lafayette Street. Er passte nahtlos zu den bereits bestehenden Gebäudeteilen. Den Haupteingang verlegte er ins neue Gebäude. Die
Statue von Shakespeares Puck, dem Troll aus
»Ein Sommernachtstraum«, die über dem ursprünglichen Haupteingang stand, wurde nicht
verlegt, sondern kopiert. Im Jahr 1984 restaurierte man das Gebäude ausgiebig: Es entstanden Büros, Galerien und Partyräume.

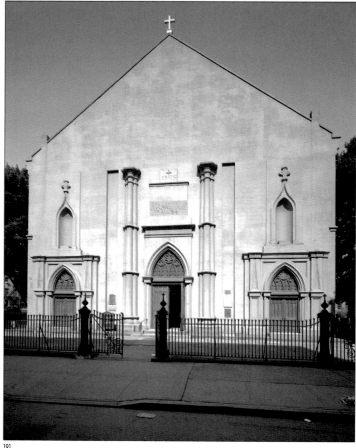

191

St. Patrick's Old Cathedral
(Römisch-Katholisch)

260–264 Mulberry Street bei der Prince Street

1815, Joseph François Mangin

Als die Kirche geweiht wurde und ihren ersten Bischof bekam, Rev. John Connolly, lebten 16 000 Katholiken in New York. Es gab nur eine katholische Kirche, St. Peter's an der Barclay Street. Die Mutterkirche der Erzdiözese ist heute St. Patrick's an der Fifth Avenue bei der 50. Straße. Hier handelt es sich trotz der Bezeichnung »Old Cathedral« nur noch um eine Gemeindekirche. Der Komplex umfasst ein sehr schönes Pfarrhaus um einen Kirchhof sowie ein Kloster und eine Mädchenschule, die ursprünglich ein Waisenhaus war.

GREENWICH VILLAGE

Am Silvesterabend 1916 kletterte eine Gruppe
selbst ernannter Bohemiens auf den Bogen am
Washington Square, feuerte Spielzeugpistolen ab,
ließ Ballons frei und erklärte das Village zur »frei-
en Republik, unabhängig von Uptown«. Mit »Uptown« meinten sie den ganzen Rest der USA, weil
in ihrer Proklamation auch ein Appell an Präsident
Wilson enthalten war, er solle das kleine Land be-
schützen. Aber Greenwich Village war schon seit
der Kolonialzeit ein besonderer Ort, an dem sich
freie Geister aller Arten trafen, und er ist es bis
heute. Selbst die Straßen folgen nicht dem rigoro-
sen rechtwinkligen Schema im restlichen Manhattan. Es gibt hier wunderschöne Architektur, viele
denkmalgeschützte Gebäude, Restaurants, Shops,
Cafés und auch ein Nachtleben.

192

GRACE CHURCH
(EPISKOPALKIRCHE)

800 BROADWAY BEI DER 10TH STREET

1846, JAMES RENWICK, JR.

Die riesige Urne vor dem Pfarrhaus nördlich der Grace Church stammt aus dem alten Rom und ist das Geschenk eines Gemeindemitglieds an einen früheren Pfarrer. Die Kirche, das Pfarrhaus und andere Gebäude in diesem Komplex, darunter auch die Schule an der Fourth Avenue – entwarf ein anderes Gemeindemitglied, James Renwick, Jr. Er war auch der Architekt der St. Patrick's Cathedral in New York und der Smithsonian Institution in Washington. Diese baute er, als er gerade mal 23 Jahre alt war. Die Kirche ist eines der elegantesten neugotischen Gebäude des ganzen Landes und auch als geistliche Heimat für einige der einflussreichsten Familien der City bekannt. Einst spielte sie eine Vorreiterrolle, indem sie in die unterversorgten Außengebiete vordrang, die Grace Chapel an der East 14th Street gründete (heute Immaculate Conception Church) und dort Englischunterricht und andere Dienstleistungen für Neueinwanderer anbot. Einige Jahre darauf baute die Gemeinde ein Missionshaus an der Lower East Side; heute betreibt sie ein Obdachlosenheim im ursprünglichen Baukomplex. Die Frau des Architekten war eine Nachfahrin von Henry Brevoort. Er weigerte sich, seinen Garten auf diesem Grundstück zu verkaufen, damit die 11. Straße hindurchziehen konnte. Danach leistete er den Landvermessern des Broadway Widerstand und erzwang die Biegung dieser Hauptverbindungsstraße, was zur Folge hat, dass man den Marmorturm der Grace Church weit nach Süden bis zur Houston Street sehen kann.

New York Mercantile Exchange

628–639 Broadway

1882, Herman J. Schwarzmann
und Buchman & Deisler

Die bewegte gusseiserne Fassade dieses früheren Finanzinstituts, in dem man heute ein Einzelhandelsgeschäft findet, ist mit Rosen- und Lilienreliefs geschmückt. Die zarten Säulen wirken wie Bambus. Einer der großen Vorteile von Gusseisen ist es, dass man damit beliebige Werkstoffe nachahmen kann. Wenige Gebäude in der Stadt sind so fantasievoll geschmückt wie dieses. Es stammt vom Chefarchitekten der Centennial Exposition 1876 in Philadelphia.

One Fifth Avenue

bei der East 8th Street

1929, Helmle, Corbett & Harrison
und Sugarman & Berger

Während der wilden 20er-Jahre erfasste die Begeisterung der New Yorker für Wolkenkratzer auch Apartmentgebäude, und dieses insgesamt 27 Stockwerke hohe Haus gehörte zu den ersten Trendsettern. Es ist nur mit einem Nachbargebäude direkt verbunden. So erhob es sich als praktisch frei stehender Turm über dem Washington Square Park. Die Lobby verrät mit ihrer Symphonie dorischer Elemente unverkennbar die herrschaftliche Residenz.

First Presbyterian Church ℒ

48 Fifth Avenue
zwischen West 11th Street und West 12th Street

1846, Joseph C. Wells

Der britische Architekt, der diese Kirche im Gothic-Revival-Stil schuf, nahm das Magdalen College der Oxford University als Vorbild. Das Church House daneben wurde im Jahr 1960 nach Entwürfen von Edgar Tafel gebaut, die deutlich Bezug nehmen auf die Kirche. Die Kapelle aus dem Jahr 1894 entwarfen McKim, Mead & White.

Forbes Magazine Building

60–62 Fifth Avenue bei der West 12th Street

1925, Carrère & Hastings und Shreve & Lamb

Ursprünglich war dies der Hauptsitz der Macmillan Publishing Company. Heute hat hier das *Forbes Magazine* mit den Schwesterpublikationen seinen Sitz. Die eklektische Forbes Gallery, die ebenfalls hier zu finden ist, spiegelt die Interessen des verstorbenen Malcolm Forbes wider. Er sammelte die unterschiedlichsten Kunstgegenstände, angefangen von Spielzeugbooten und -soldaten bis hin zu Fabergé-Eiern.

Lockwood De Forest House

7 East 10th Street
zwischen University Place und Fifth Avenue

1887, Van Campen Taylor

Die Fassade dieses bezaubernden Hauses besteht aus aufwändig beschnitztem Teakholz, das an einen indischen Tempel erinnern soll. Der erste Besitzer war ein Künstler, der in Indien gearbeitet und dort eine Schule zur Wiederbelebung der alten Kunst des Holzschnitzens gegründet hatte. Heute beherbergt das Haus das Center for Jewish Student Life der New Yorker Universität.

Hemmerdinger Hall

100 Washington Square
zwischen Waverly Place und Washington Place

1895, Alfred Zucker

Dies ist das Hauptgebäude der New York University. Es steht an der Stelle eines massiven neugotischen Gebäudes, das zur Zeit des Baus im Jahr 1837 die gesamte Universität aufnehmen konnte. Das war sechs Jahre nach ihrer Gründung. Heute ist die Hochschule die größte private Universität im Land.

193

194

195

196

197

198

199

200

201

202

Salmagundi Club

47 FIFTH AVENUE
ZWISCHEN EAST 11TH STREET UND EAST 12TH STREET

1853

Diese prächtige Villa im italienischen Stil gehörte einst zu einer Reihe ähnlicher Häuser, die
hier standen. Sie wurde für Irad Hawley gebaut, den Präsidenten der Pennsylvania Coal
Company. Der Salmagundi Club, der in seinem
prächtigen Inneren Kunstausstellungen organi-
siert, zog 1917 hierher. Er ist eine der ältesten
Künstlervereinigungen des Landes. Mitglieder
waren etwa Louis Comfort Tiffany, John La
Farge und Stanford White. Der Name soll von
einem merkwürdigen französischen Salat mit
ungewöhnlichen Zutaten stammen. Ihn wählte
auch Washington Irving als Titel für ein Satire-
magazin über das Leben in New York.

Butterfield House

37 WEST 12TH STREET
ZWISCHEN FIFTH AVENUE UND SIXTH AVENUE

1962, MAYER, WHITTLESLEY & GLASS

Das Butterfield House ist das seltene Beispiel
eines Apartmenthauses, das die Nachbarschaft
respektiert. Es setzt sich eigentlich aus zwei
Gebäuden zusammen, aus einer siebenstöcki-
gen Struktur an der 12. Straße, die gut zu den
benachbarten Wohngebäuden passt, und aus
einem zwölfstöckigen Turm, der sich über den
Lofts an der 13. Straße erhebt. Der Raum dazwischen besteht aus einem verglasten Durchgang, der durch einen landschaftsgärtnerisch
gestalteten Hof führt.

The New School for Social Research

66 WEST 12TH STREET
ZWISCHEN FIFTH AVENUE UND SIXTH AVENUE

1930, JOSEPH URBAN

Die New School wurde im Jahr 1919 als in-
tellektuelles Zentrum für Erwachsene gegründet und entwickelte sich in den darauf
folgenden 30er-Jahren zu einer Universität. In
ihr fanden Intellektuelle, die aus Nazi-
deutschland geflohen waren, einen Zuflucht-
sort. Noch heute beschäftigt sie sich vor allem
mit der Erwachsenenbildung und bietet ein
vielfältiges innovatives Programm an. Das
Gebäude selbst ist eines der frühesten Beispiele
für den Internationalen Stil. Es stammt von Joseph Urban, den man ansonsten eher als Bühnenbildner kennt.

Church of the Ascension
(EPISKOPALKIRCHE)

FIFTH AVENUE BEI DER WEST 10TH STREET

1841, RICHARD UPJOHN
VERÄNDERUNG: 1889, MCKIM, MEAD & WHITE

Zur Zeit des Baus war die Episkopalkirche in
die Befürworter einer »High Church« und die
einer »Low Church« gespalten. Der Pfarrer
dieser Gemeinde war ein Anhänger der Low
Church. Um sicherzustellen, dass in seiner Kirche keine besonders feierlichen Gottesdienste
abgehalten werden konnten, bestand er darauf,
dass das Pfarrhaus dahinter auf dem Grundstück gebaut würde. So begrenzte er die Größe
des Altarraums. Stanford White veränderte das
einfache Innere durch ein Altargemälde und
Glasfenster von John La Farge sowie durch ein
Altarrelief von Augustus Saint-Gaudens.

203

204

205

Washington Mews

HINTER 1–13 WASHINGTON SQUARE NORTH,
ZWISCHEN FIFTH AVENUE UND UNIVERSITY PLACE

Diese früheren Stallungen hießen früher, als sie noch Kutschen für die herrschaftlichen Häuser am Washington Square beherbergten, »Stable Alley«. Im Jahr1916 wandelte man sie in Privathäuser um. Die Residenzen an der Südseite baute man 1939 neu auf, als man einige der Originalhäuser am Platz in Apartments verwandelte. Das Haus an der Südostecke, am University Place, ist das Maison Française der New York University. Im Jahr 1957 wurde es im Stil eines ländlichen Bistros umgestaltet.

MacDougal Alley

GEGENÜBER MacDougal Street zwischen West 8th Street und Washington Square North

UM 1850

Diese Sackgasse ist immer noch ein entzückendes Refugium, obwohl es vom mächtigen Apartmenthaus mit der Adresse 2 Fifth Avenue überschattet wird. Auch diese Häuser waren ursprünglich Stallungen für Residenzen an der 8. Straße und am Washington Square. Sie wurden in einer Vielzahl von Stilen umgestaltet.

127–131 MacDougal Street

ZWISCHEN West 3rd Street und West 4th Street

1829

Diese Reihe winziger Häuser im Federal Style wurde für Aaron Burr gebaut, der sich auch auf dem Immobiliensektor betätigte. Die eisernen Ananasfrüchte am Eingang zu Nummer 129 symbolisieren Gastfreundschaft: Einst brachten die Kapitäne von Walfängerschiffen von ihren Reisen in die Südsee Andenken mit; auch Ananasfrüchte, die sie auf den Treppenpfosten außerhalb der Eingangstüren befestigten als Zeichen dafür, dass sie zu Hause waren und gerne Besucher empfingen.

CABLE BUILDING

611 BROADWAY BEI DER HOUSTON STREET

1894, McKIM, MEAD & WHITE

Dieses Gebäude beherbergte ursprünglich den Hauptsitz der Broadway Cable Traction Company. Ihre Wagen wurden, wie heute noch in San Francisco, von Seilen vorwärtsbewegt, die in Schlitzen in der Straße liefen. Eines der Kraftwerke dieser Firma lag zwölf Meter unter diesem achtstöckigen Gebäude, dessen Hauptaufgabe es war, Lärm und Vibrationen auf ein Minimum zu reduzieren. Die New Yorker Cable Cars, die einst als einzige den Broadway und die Third Avenue bedienten, wurden zu Beginn des 20. Jahrhunderts durch normale Straßenbahnen ersetzt.

UNIVERSITY VILLAGE

BLEECKER STREET BIS WEST HOUSTON STREET
WEST BROADWAY BIS MERCER STREET

1966, I. M. PEI & PARTNERS

Wie ihr Nachbar, das Washington Square Village auf der anderen Seite der Bleecker Street, kehren die mächtigen, mit Steinplatten verkleideten Gebäude dieses Komplexes der Straße den Rücken zu. Zu einem Drittel sind sie von Angestellten der New York University besetzt. Auf der inneren Plaza erhebt sich die elf Meter hohe Betonversion einer ursprünglich 60 Zentimeter hohen Metallplastik von Pablo Picasso mit dem Titel »Porträt von Sylvette«. Das Monument schuf der norwegische Bildhauer Carl Nesjar in enger Zusammenarbeit mit Picasso.

THE ATRIUM

160 BLEECKER STREET
ZWISCHEN SULLIVAN STREET UND THOMPSON STREET

1896, ERNEST FLAGG

Dies war ursprünglich das Mills House No. 1, ein Wohnheim für bedürftige Junggesellen, die sich keine eigene Wohnung leisten konnten. Es wurde in Form zweier zwölfstöckiger Häuser gebaut, von denen jedes 750 Schlafzimmer sowie gemeinsame Toiletten besaß. Alle Schlafzimmer hatten ein Fenster, das auf die Straße oder auf einen großen Innenhof ging. Das Gebäude umfasste auch Räume für Raucher, Lesesäle, Foyers und Restaurants. Der Gesamtpreis für alles, Aufzug inbegriffen, betrug zwölf Cent pro Nacht. Im Jahr 1976 wandelte man das Gebäude dann in Apartments mit erheblich höherer Rendite um.

ELMER HOLMES BOBST LIBRARY AND STUDY CENTER

70 WASHINGTON SQUARE SOUTH BEIM WEST BROADWAY

1972, PHILIP JOHNSON UND RICHARD FOSTER

Der 45 Meter hohe rote Sandsteinturm erhebt sich direkt vom Gehsteig und ragt zwölf Meter weit in den West Broadway vor, der dafür verschmälert wurde. Hier hat die Bibliothek der New Yorker Universität ihren Sitz. Im Inneren liegt ein großes quadratisches Atrium mit einer Seitenlänge von 30 Meter, das von verglasten Geschossen umsäumt wird.

206

207

208

209

210

1–13 WASHINGTON SQUARE NORTH

ZWISCHEN FIFTH AVENUE UND UNIVERSITY PLACE

1833

Diese Reihe von Häusern im Greek-Revival-Stil wurde auf Grundstücken errichtet, die der Sailor's Snug Harbor gehörten – einer Institution, die Seeleuten im Ruhestand hilft. Mit dem Bauunternehmer feilschte sie bitter um die Kosten. Im Vertrag stand, dass die Häuser von der Straße mindestens um 3,60 Meter zurückversetzt werden, mindestens drei Stockwerke hoch sein und aus Stein oder Ziegel bestehen sollten. Im so genannten niederländischen Verbund wechseln sich hier in jeder Schicht kurze und lange Ziegel ab. Er fand nur bei den teuersten Häusern Anwendung. Die Zugangswege waren mit Marmorsäulen und kleinen beschnitzten Holzsäulen geschmückt. Die Innenräume der Nummern 7–13 wurden im Jahr 1939 entkernt und in Apartments umgewandelt. Damit wollte die Institution ihre Einkünfte aufbessern. Heute gehört die ganze Häuserreihe der New York University.

211

New York Studio School of Drawing, Painting and Sculpture

8 West 8th Street zwischen Fifth Avenue
und MacDougal Street

1838

Dieses Art-déco-Gebäude mit der abblättern-
den Farbe gehörte einst Gertrude Vanderbilt
Whitney, die nicht nur Mitglied einer der
reichsten New Yorker Familien war, sondern
gleich deren zwei. Die begabte Bildhauerin
wandelte im Jahr 1907 eine Stallung in der
MacDougal Alley hinter diesem Gebäude in
ein Studio und eine Galerie um. Daraus ging
später das Whitney Museum of Art hervor. Die
Sammlung zog dann im Jahr 1949 von hier aus
in die Nähe des Museum of Modern Art und in
den darauf folgenden 60er-Jahren weiter zur
Madison Avenue bei der 75. Straße.

212

213

214

215

216

217

Judson Memorial Church ℒ
(Baptistisch)

55 Washington Square South

1893, McKim, Mead & White

Diese Kirche im Stil der italienischen Renaissance geht auf einen Entwurf von Stanford White zurück. Sie besteht aus römischen Ziegelsteinen und römischer Terrakotta. Mit der Ausstattung beauftragte White auch hier, wie so oft, die besten Künstler. Das Innere wird von Glasfenstern erleuchtet, die John La Farge schuf. Der Turm beherbergte einst ein Waisenhaus. Heute hat darin unter anderem die historische Fakultät der New Yorker Universität ihren Sitz.

St. Joseph's Church
(Römisch-katholisch)

365 Sixth Avenue beim Washington Place

1834, John Doran

Die Bogenfenster fügte man im Jahr 1885 hinzu, als man nach einem Brand die fast vollständig zerstörte Kirche wieder aufbauen musste. Ihre Front ist mit einem glatten bemalten Verputz verkleidet. An der Seite zum Washington Place verrät die Steinfassade noch, dass es sich hierbei ursprünglich um eine ländliche Kirche gehandelt hat.

Greenwich House

29 Barrow Street zwischen
West 4th Street und Seventh Avenue

1917, Delano & Aldrich

In diesem Gebäude im Neo-Federal Style hat heute die erste Gesellschaft für Nachbarschaftshilfe der Stadt ihren Sitz. Sie wurde im Jahr 1902 von Mary Kingsbury Simkhovitch für Kinder gegründet, die in diesem Viertel mit einer Bevölkerungsdichte von 975 Menschen pro Hektar aufwuchsen. Das Betätigungsfeld der Institution reicht vom Kindergarten über Drogenberatung bis zu Veranstaltungen für ältere Menschen.

18 West 11th Street

zwischen Fifth Avenue und Sixth Avenue

1845
Umgestaltung: 1978, Hardy Holzman
Pfeiffer Associates

Dieses Gebäude gehörte einst zu einer Reihe von Häusern im Greek-Revival-Stil, die alle einander ähnlich sahen. Im Jahr 1970 wurde bei einem missglückten Versuch radikaler Bombenbauer das ganze Gebäude eingeebnet, und es dauerte acht Jahre, um es in diesem modernen Stil wieder aufzubauen.

56 West 10th Street

zwischen Fifth Avenue und Sixth Avenue

1832

Dieses kleine Stadthaus im Federal Style mit den Mansardenfenstern ist eines der ältesten im Viertel und eines der hübschesten in einem Block, in dem in dieser Beziehung große Konkurrenz herrscht. Der Eingang mit seinen kannelierten ionischen Säulchen, den bleigefassten Fenstern, dem schmiedeeisernen Geländer und den Treppenpfosten ist typisch für den Federal Style, der erst um das Jahr 1800 nach New York gelangte, während man ihn in Boston und Philadelphia zuvor schon kannte.

Village Community Church

143 West 13th Street
zwischen Sixth Avenue und Seventh Avenue

1847, Samuel Thompson

Ursprünglich handelte es sich hier um die 13th Street Presbyterian Church. Doch das Gebäude im Greek-Revival-Stil ist heute ein Apartmenthaus mit der Bezeichnung Portico Place. Die dorischen Säulen des Portikus und der Giebel darüber bestehen aus Holz und nicht aus Stein, wie es den Anschein hat.

218

Renwick Terrace

20–38 West 10th Street
zwischen Fifth Avenue und Sixth Avenue

1858, James Renwick, Jr. zugeschrieben

Diese Reihe von Apartments wurde von den Reihenhäusern in London inspiriert, den so genannten »Terraces«. Bei den Häusern im anglo-italienischen Stil wurde erstmals mit der Tradition von Sandsteinhäusern mit erhöhtem Erdgeschoss gebrochen. Diese Anordnung ging auf die Niederländer zurück, die ihre Wohnungen als Schutz vor Überschwemmungen über dem Straßenniveau anlegten. Attraktiv auf die ersten Mieter wirkte auch die Tatsache, dass man hier nur mit Mühe sagen konnte, wo eine Wohneinheit begann und die andere endete. Besucher erlagen so leicht dem Irrtum, es handele sich um ein einziges, sehr großes und herrschaftliches Haus.

Jefferson Market Library

425 Sixth Avenue bei der West 10th Street

1877, Vaux & Withers
Restaurierung: 1967, Georgio Cavaglieri

Dieses Haus im Flamboyantstil des Victorian Gothic entwarf Calvert Vaux, der Architekt der Gebäude und Brücken im Central Park. Es stand 22 Jahre lang leer und wurde 1967 in eine Zweigstelle der New York Public Library umgewandelt. Dies war überhaupt nur möglich, weil Bewohner von Greenwich Village, angeführt von der Architekturaktivistin Margot Gayle, den Uhrturm retten wollten. Früher hieß das Haus Jefferson Market Courthouse und stand an der Stelle eines der größten Lebensmittelmärkte im frühen 19. Jahrhundert. Zum Gerichtsgebäude (»Courthouse«) gehörte auch ein großes Gefängnis, das man 1931 durch das massive Women's House of Detention im Art-déco-Stil ersetzte. Im Jahr 1974 wurde die Haftanstalt abgebrochen und durch einen Garten ersetzt.

GAY STREET

ZWISCHEN CHRISTOPHER STREET UND WAVERLY PLACE

1833–44

Diese Häuserreihe im Federal Style an der Westseite dieser kurzen Straße wurde 1833 gebaut. Ihre Nachbarn im Greek-Revival-Stil an der Ostseite kamen 1844 dazu. In den 50er-Jahren des 19. Jahrhunderts wohnten darin überwiegend Arbeiter. Die berühmteste Bewohnerin war Ruth McKenney in den Dreißigern an der 14 Gay Street. Ihre Erfahrungen als Bohemienne schilderte sie in ihrem Buch »My Sister Eileen«. Daraus entstand das Broadway Musical »Wonderful Town«.

PATCHIN PLACE

WEST 10TH STREET ZWISCHEN SIXTH AVENUE UND GREENWICH AVENUE

1848

Wie Milligan Place um die Ecke an der Sixth Avenue wurde diese entzückende Oase einst als Unterkunft für diejenigen Männer gebaut, die im Brevoort House Hotel an der Fifth Avenue arbeiteten. Zu den späteren Bewohnern zählten Dichter wie John Masefield und E. E. Cummings, die Romanautoren Theodore Dreiser und Djuna Barnes sowie der Journalist, Autor und marxistische Aktivist John Reed.

37 BANK STREET

ZWISCHEN WAVERLY PLACE UND WEST 4TH STREET

1837

Dies ist eines der schönsten Greek-Revival-Häuser im Greenwich Village. Es wurde für einen Lederhändler gebaut und ist dreieinhalb Stockwerke hoch. Das Erdgeschoss ist etwas erhöht und weist eine klassisch schöne Eingangstür auf. Unter dem Dach wurden mit Girlanden geschmückte Rundfenster eingebaut, die das Haus zu einem städtischen Kleinod machen. Ohnehin gehört der gesamte Block zu den schönsten im Village.

4–10 GROVE STREET

ZWISCHEN BEDFORD STREET UND HUDSON STREET

1834, JAMES N. WELLS

Hier handelt es sich um die letzten erhaltenen Häuser im frühen Federal Style, der im ersten Viertel des 19. Jahrhunderts in der Stadt dominierte. Die schmiedeeisernen Arbeiten, darunter auch die Fußabstreifer, blieben wie die mit Paneelen versehenen Türen im Originalzustand erhalten. In den späteren Ausprägungen dieses Stils verschwanden die Mansardenfenster vom obersten Stockwerk, das damals für die Dienstboten und Kinder reserviert war.

WHOLESALE MEAT MARKET ℒ

555 WEST STREET BEI DER GANSEVOORT STREET

1908, BERNSTEIN & BERNSTEIN

Das Gebäude sollte ursprünglich einen Bauernmarkt beherbergen. Nach der Umwandlung in eine Pumpstation der Feuerwehr wurde es erneut umgebaut, diesmal als Zentrum für den Fleischgroßhandelsbezirk, der von der 14. Straße, der Ninth Avenue, der Gansevoort Street und dem Hudson River begrenzt wurde.

MacDougal-Sullivan Gardens ℒ

ZWISCHEN MACDOUGAL STREET UND SULLIVAN STREET, WEST HOUSTON STREET UND BLEECKER STREET

1844–1850

Hier handelt es sich um ein Projekt der Coffin's Hearth and Home Corporation von William Sloane. Es entstand in den frühen 20er-Jahren des letzten Jahrhunderts aus Reihen von Mietskasernen und sollte Angehörige der Mittelklasse in dieses Viertel locken. Die Gesellschaft kaufte alle Gebäude dieses Blocks, renovierte sie und verband deren rückwärtige Höfe zu einem privaten Park.

220

221

222

223

224

225

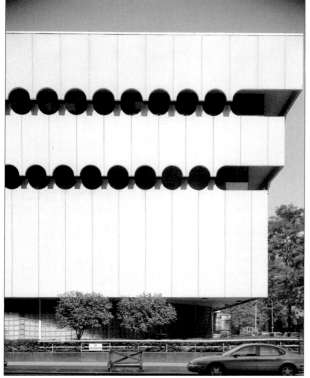

226

ST. VINCENT'S HOSPITAL

36 SEVENTH AVENUE BEI DER GREENWICH AVENUE.

1987, FERENZ, TAYLOR, CLARK & ASSOCIATES

Die Sisters of Charity gründeten 1849 dieses Krankenhaus und zogen sieben Jahre später von der Lower East Side hierher. Seit dem Jahr 1975 wird es gemeinsam vom Orden und der römisch-katholischen Erzdiözese von New York verwaltet. Es gilt als Zentrum für Traumatologie sowie für AIDS und ist als lehrende Institution dem New York Medical College angeschlossen. Ferner beherbergt es eine große Schwesternschule. Dieses ziemlich exzentrische Gebäude enthält auch die Praxen der dem Spital angeschlossenen Ärzte.

227

WESTBETH
(FRÜHER BELL LABS)

155 WEST STREET
ZWISCHEN WASHINGTON, WEST UND BETHUNE STREET

1898, CYRUS W. EIDLITZ
UMWANDLUNG: 1969, RICHARD MEIER & ASSOCIATES

Dieser Komplex aus 13 eng beieinander stehenden Gebäuden beherbergte einst die Forschungsabteilung der Bell Telephone Company und hat viel Technikgeschichte miterlebt. Hier entwickelten die Forscher Neuerungen wie das Koaxialkabel und den Transistor, die uns heute selbstverständlich erscheinen und die Miniaturisierung von Computern erst ermöglichten. Dazu kommen die automatische Wahl von Ferngesprächen und die erste Übertragung von Fernsehbildern. Später zog die Firma nach New Jersey, und der Komplex wurde in Studios und Wohnungen für Künstler umgewandelt.

70 PERRY STREET

ZWISCHEN WEST 4TH STREET UND BLEECKER STREET

1867, WALTER JONES

Dieses herrschaftliche Haus im Stil des Second Empire ließ Walter Jones bauen, der es zugleich auch besaß. Abgesehen von dem ähnlichen Mansarddach seines Nachbarn an der Nummer 72 ist es in diesem Block einzigartig. Obwohl es sechs Meter breit ist wie alle seine Nachbarn, erscheint es durch seine Gesamtproportionen doch größer. Trotz seines herrschaftlichen Flairs erbaute Jones es als Miethaus, verlor es aber im Jahr 1871 durch eine Rückforderung der Hypothek. Der nächste Besitzer kaufte es bei einer Auktion, vermietete es weiter und verkaufte es 1896 an Albert Messinger. Obwohl er ein Immobilienagent war, wohnte Messinger selbst darin bis zum Jahr 1912.

228

167 PERRY STREET

BEI DER WEST STREET

1986, WILLIAM MANAGHAN

Nachdem der West Side Highway in den späten 70er-Jahren des 20. Jahrhunderts abgebrochen wurde, konnte sich Greenwich Village, das rund 40 Jahre lang vom Hudson River abgeschnitten gewesen war, nach Westen ausdehnen. Dieser niedrige Apartmentkomplex ist einer der ersten, bei denen man diese Gelegenheit nutzte. Der Highway wurde Schritt für Schritt entfernt, nachdem im Dezember 1973 ein beladenes Müllauto durch ein Schlagloch auf die Straße darunter gefallen war.

229

230

231

232

233

234

235

18 UND 20 CHRISTOPHER STREET

ZWISCHEN GAY STREET UND WAVERLY PLACE

1827, DANIEL SIMONSON

Beide Häuser im Federal Style haben Mansard-giebeldächer mit großen Fenstern, die aber erst später hinzugefügt wurden. Die Ladenfronten sind möglicherweise die schönsten von ganz New York, kamen aber ebenfalls erst später hinzu, da es sich ursprünglich um Wohngebäude handelte. Die Schaufenster und Eingänge liegen unter ungewöhnlichen Vordächern.

»TWIN PEAKS«

102 BEDFORD STREET ZWISCHEN
GROVE STREET UND CHRISTOPHER STREET

1830

Clifford Reed Daily veränderte diesen Holz-skelettbau im Jahr 1925 und sagte dabei, er wolle »die Wüste der Mittelmäßigkeit« des Village so weit verändern, dass es Kreativität anziehe. Dank der Beiträge des Finanziers Otto Kahn wurde daraus so etwas wie ein Nürnberger Fachwerkhaus. Am Tag der Einweihung hievte man den Filmstar Mabel Normand zum First, damit sie dort eine Champagnerflasche zerschmettern konnte.

CHURCH OF ST. LUKE-IN-THE-FIELDS
(EPISKOPALKIRCHE)

485 HUDSON STREET
ZWISCHEN BARROW STREET UND CHRISTOPHER STREET

1822, CLEMENT CLARKE MOORE ZUGESCHRIEBEN

Früher war dies die St. Luke's Chapel der Trinity Parish. Im Jahr 1981 wurde diese ländliche Kirche bei einem Brand schwer beschädigt und vier Jahre darauf von Hardy Holzman Pfeiffer Associates restauriert. Zum Kirchenbesitz gehörten ursprünglich 14 Stadthäuser an der Hudson Street. Sechs davon stehen noch, zusammen mit dem Pfarrhaus an der Ecke des entzückenden Grundstücks hinter dem Kirchengebäude.

GROVE COURT

10–12 GROVE STREET
ZWISCHEN BEDFORD STREET UND HUDSON STREET

1854

Diese reizende Enklave von kleinen Ziegelhäusern, die unter breiten Bäumen stehen, wurde ursprünglich für Leute gebaut, die auf den Piers des benachbarten Hudson River arbeiteten. Zu unterschiedlichen Zeiten seiner Geschichte hieß der Grove Court auch »Mixed Ale Alley« und »Pig's Alley«. Dieser Block an der Grove Street ist einer der ruhigsten in ganz New York; noch ruhiger ist es auf der anderen Seite des Eisentors.

39 UND 41 COMMERCE STREET

BEI DER BARROW STREET

1831 UND 1832, D. T. ATWOOD

Stadtführer wiederholen immer wieder dieselbe lokale Legende: Ein Kapitän soll dieses Paar eleganter Häuser, die durch einen Hof voneinander getrennt sind, für seine beiden Töchter erbaut haben, die nicht miteinander sprachen. Aus Archivunterlagen geht allerdings hervor, dass es ein Milchhändler war, der den Auftrag gab. Nur weiß niemand, warum diese beiden Häuser ein Paar werden sollten.

ISAACS-HENDRICKS HOUSE

77 BEDFORD STREET BEI DER COMMERCE STREET

1799

In der Regel hält man Greenwich Village für den Ort, wo man der Vergangenheit von New York am besten begegnen kann. Dabei ist dies hier das älteste Haus, und es wurde erst gebaut, als die Stadt schon über 175 Jahre alt war. Im Lauf seines Lebens hat man es öfter umgestaltet. Zuerst diente es als Bauernhaus, und das Gebiet dahinter längs der Commerce Street war ein Hof mit Schweinen und Enten, Gänsen und Hühnern. Der Wirtschaftshof wurde schließlich von einer Brauerei ersetzt.

6 St. Luke's Place

um 1880

Als diese eleganten Stadthäuser um das Jahr 1880 im italienischen Stil aus Ziegeln und Sandstein erbaut wurden, lautete die Adresse Leroy Street. James J. Walker, Bürgermeister von 1926 bis 1932, lebte an der Nummer 6, seine Freundin Betty Compton am anderen Ende des Blocks. Das sorgte für Getuschel; also veranlasste er über dunkle Kanäle, das westliche Ende in St. Luke's Place umzubenennen. Es war das einzige Mal, dass er sich nicht ganz korrekt benahm. Damals durften übrigens nur die Bürgermeisterhäuser Laternenpfähle bei den Treppen zum Eingang haben. So waren sie sofort zu erkennen.

61 Morton Street

Morton Street ist eine der faszinierendsten Straßen in Greewich Village. Zu diesem Block gehören Gebäude in unterschiedlichen Stilen und Höhen. Die einen haben fünf bis sechs Geschosse und stammen aus dem 19. Jahrhundert, die anderen aus dem 20. Jahrhundert sind sechs- bis achtstöckig. An der Südseite befinden sich vier schöne Häuser im italienischen Stil, während andere an der Straße im Greek Revival gehalten sind. Alle zeigen, dass sie liebevoll gepflegt werden.

U.S. Federal Archive Building ℒ

Dieser mächtige Bau in einem Stil, den der Architekturhistoriker Henry Hope Reed als »Roman Utilitarian« bezeichnete, wurde als Lagerhaus für Zollfracht errichtet. Als die Schiffe nicht mehr an den benachbarten Pieren an der Morton Street anlegten, wurde der Bau in ein Archiv für die Bundesbehörden umgewandelt. Früher bewahrte man darin alle Einkommenssteuererklärungen des Eastern District auf. 1988 wurde es mit der Hilfe des New York Landmarks Conservancy in ein Apartment- und Bürohaus umgewandelt. Diese Organisation unterstützt die Erhaltung denkmalgeschützter Gebäude.

»Narrowest House«

Das Haus wird oft auch »Edna St. Vincent Millay House« genannt, weil es eines von mehreren Häusern der Dichterin im Village war. Die Breite beträgt nur 2,85 Meter. Vor dem Bau war hier ein Durchgang, der zu einem rückwärtigen Brauereihof führte. Dieser ist heute ein gewöhnlicher Hof, aus der früheren Brauerei wurde das Cherry Lane Theater.

236

237

238

239

240

19–26 WASHINGTON SQUARE NORTH

ZWISCHEN FIFTH AVENUE AND MACDOUGAL STREET

1829–1839

Im frühen 19. Jahrhundert war der Washington Square noch auf drei Seiten von eleganten Häusern wie diesen umgeben. Sie wurden alle abgebrochen – mit Ausnahme der Häuser an der Nordseite. Dieser Block verlor mehrere seiner ehemaligen Häuser im Jahr 1952, als das 19-stöckige Apartmentgebäude um die Ecke an der Adresse 2 Fifth Avenue entstand. Als sieben Jahre zuvor die Pläne für dessen Bau angekündigt wurden, protestierten die Bewohner des Greenwich Village dagegen und überzeugten sogar den Stadtplaner Robert Moses, dass ein Abbruch der Häuser eine schlechte Idee sei. Deshalb legte er fest, dass die Gebäude am Washington Square North nicht höher sein durften als das Doppelte der Straßenbreite. Ein anderer Bauunternehmer schlug vor, die Masse des Apartmenthauses längs dem Square durch einen fünfstöckigen Anbau in einer modernen Version des Greek-Revival-Stils zu begrenzen.

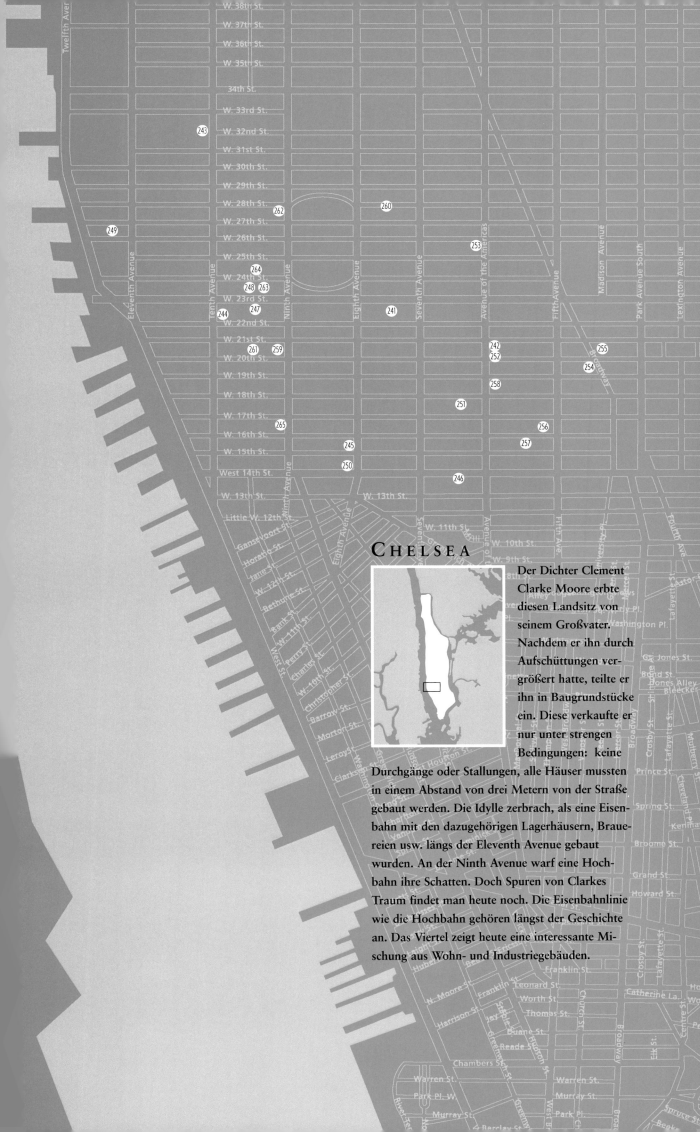

CHELSEA

Der Dichter Clement Clarke Moore erbte diesen Landsitz von seinem Großvater. Nachdem er ihn durch Aufschüttungen vergrößert hatte, teilte er ihn in Baugrundstücke ein. Diese verkaufte er nur unter strengen Bedingungen: keine Durchgänge oder Stallungen, alle Häuser mussten in einem Abstand von drei Metern von der Straße gebaut werden. Die Idylle zerbrach, als eine Eisenbahn mit den dazugehörigen Lagerhäusern, Brauereien usw. längs der Eleventh Avenue gebaut wurden. An der Ninth Avenue warf eine Hochbahn ihre Schatten. Doch Spuren von Clarkes Traum findet man heute noch. Die Eisenbahnlinie wie die Hochbahn gehören längst der Geschichte an. Das Viertel zeigt heute eine interessante Mischung aus Wohn- und Industriegebäuden.

◆ CHELSEA ◆

242

Chelsea Hotel ℒ

222 West 23rd Street
zwischen Seventh Avenue und Eighth Avenue

1885, Hubert, Pirsson & Co.

Dieses Gebäude war mal ein genossenschaftliches Wohnhaus mit vierzig Einheiten und gehörte als solches zu den ersten der Stadt. Im Jahr 1905 wandelte man es in ein 250-Zimmer-Hotel um. Obwohl Durchreisende willkommen sind, wird es überwiegend von Dauergästen bewohnt. Anfangs wohnten hier die Schauspielerinnen Sarah Bernhardt und Lillian Russell sowie die Schriftsteller O' Henry (William Porter) und Mark Twain. Später lebten hier Autoren wie Arthur Miller, Dylan Thomas und Brendan Behan sowie (fast 50 Jahre) der Komponist Virgil Thompson. Lobby und Treppenhäuser sind voller Originalarbeiten von Künstlern wie Larry Rivers und Patrick Hughes, die hier gewöhnlich abstiegen.

Hugh O'Neill Dry Goods Store

655–671 Sixth Avenue
zwischen West 20th Street und West 21st Street

1876, Mortimer C. Merritt

Hugh O'Neill, der dieses mächtige Geschäft hier baute, war der P. T. Barnum des Einzelhandels. Man nannte ihn »The Fighting Irishman of Sixth Avenue« – »den irischen Kämpfer der Sixth Avenue«. Während andere Kaufleute die Mittelklasse bedienten, konzentrierte sich O'Neill auf die Arbeiterschicht. Er verkaufte zu Preisen, von denen seine Konkurrenten nicht einmal träumen konnten. Als Erster bot er Waren unter dem Einkaufspreis an, um Kunden in sein Geschäft zu locken. Dafür sorgte er auch durch aggressive Werbekampagnen.

243

244

245

246

247

248

Westyard Distribution Center

TENTH AVENUE
ZWISCHEN WEST 31ST STREET UND WEST 33RD STREET

1970, DAVIS, BRODY & ASSOCIATES

Zuerst sollte das Gebäude als Lager und als Fabrik dienen. Doch dann zeigte sich, dass es als Bürogebäude attraktiver war. Heute beherbergt es unter anderem die *New York Daily News*. Man baute es über Eisenbahnwerkstätten und einer Rampe des Lincoln Tunnel. Die Fassade weicht in den ersten acht Stockwerken zurück und steigt dann weitere fünf Geschosse gerade nach oben: »Eine Pyramide, die ihre Meinung geändert hat« (*Architectural Digest*).

Empire Diner

210 TENTH AVENUE BEI DER 22ND STREET

1943
VERÄNDERUNG: 1976, CARL LAANES

Das Empire Diner ist nicht immer so leer wie auf diesem Bild. In den frühen Morgenstunden beispielsweise drängeln sich hier Partygänger, um nach der langen Nacht in der Stadt neuen Atem zu holen. Außen wurde es mit rostfreiem Stahl, innen schwarz und chromglänzend restauriert und erinnert uns daran, was Fastfood vor fünfzig Jahren einmal bedeutete.

Port of New York Authority Building

111 EIGHTH AVENUE
ZWISCHEN WEST 15TH STREET UND WEST 16TH STREET

1932, ABBOTT, MERKT & CO.

Was heute Port Authority of New York and New Jersey heißt, trug früher die einfachere Bezeichnung Port of New York Authority. Das war, als die Zollbehörde dieses Gebäude mit der Bezeichnung Union Inland Terminal No. 1 errichtete. Es ersetzte 78 Einzelgebäude und enthält 15 Stockwerke Lagerraum, Ladedocks, Ausstellungsräume sowie Büros. Die Behörde zog in den 70er-Jahren des letzten Jahrhunderts in das World Trade Center um.

Salvation Army Centennial Memorial Temple

120 WEST 14TH STREET
ZWISCHEN SIXTH AVENUE UND SEVENTH AVENUE

1930, VOORHEES, GMELIN & WALKER

Diese Art-déco-Zitadelle ist das nationale Hauptquartier der Heilsarmee. Gebaut wurde sie zu Anlass des hundertsten Geburtstags ihres Gründers William Booth. Die Heilsarmee entstand im Jahr 1878 in den Londoner Slums und gelangte zwei Jahre darauf nach New York. Damals bestand die amerikanische Gruppe aus einem Missionar mit sieben weiblichen »Soldaten«.

428–450 West 23rd Street

ZWISCHEN NINTH AVEMNUE UND TENTH AVENUE

1860ER-JAHRE

In den Jahren kurz vor dem Bürgerkrieg waren zahlreiche Straßen in Manhattan von Reihenhäusern aus Sandstein wie diesem im anglo-italienischen Stil gesäumt. Damals bauten die New Yorker gerne Häuser, die auch ihren Reichtum und den sozialen Status widerspiegeln sollten. Diese erhaltene Reihe steht oft im Schatten der London Terrace auf der anderen Seite der 23. Straße, die eine fast identische Hausreihe wie diese ersetzte.

Starret-Lehigh Building 𝓛

WEST 26TH STREET BIS WEST 27TH STREET
ELEVENTH AVENUE BIS TWELFTH AVENUES

1931, CORY & CORY, MIT YASURO MATSUI

Dieses 19-stöckige Lagerhaus wurde für die Lehigh Valley Railroad gebaut. Deren Züge fuhren ins Erdgeschoss ein, Aufzüge brachten die Güterwagen nach oben. Jedes Stockwerk hat eine Fläche von über 11 500 Quadratmetern und eine sechs Meter hohe Decke. Das Gebäude nahm im Jahr 1932 an der International Exposition of Modern Architecture teil, die das Museum of Modern Art organisierte und dem Internationalen Stil seinen Namen gab.

JOYCE THEATER

175 EIGHTH AVENUE
ZWISCHEN WEST 18TH STREET UND WEST 19TH STREET

1942, SIMON ZELNIK
UMWANDLUNG: 1982,
HARDY HOLZMAN PFEIFFER ASSOCIATES

Früher stand hier das Kino Elgin. Das Gebäude
war das, was Kids im kleinstädtischen Amerika
als »the itch« bezeichnen. Das bedeutet ungefähr so viel wie »Jucken« oder »große Sehnsucht«. In seiner neuen, fast klinisch reinen
Konfiguration ist es einer der beliebtesten
Treffpunkte für Tanzverrückte geworden.

THE NEW YORK SAVINGS BANK *L*

81 EIGHTH AVENUE BEI DER 14TH STREET

1897, R. H. ROBERTSON

Dieses neoklassizistische Gebäude, das heute
als Ausstellungsraum für Teppiche dient, bildet
zusammen mit seinem Nachbarn auf der anderen Seite der 14. Straße, der früheren New
York County Savings Bank, eine Brücke zwischen Chelsea und Greenwich Village. Die
Bank auf der anderen Straßenseite ist ebenfalls
denkmalgeschützt und wurde in ein Theater
umgewandelt.

128 WEST 18TH STREET

ZWISCHEN SIXTH AVENUE UND SEVENTH AVENUE

1865

Fünf Gebäude in diesem Block sind denkmalgeschützt. Jedes davon war ursprünglich eine
Stallung für die Pferde der begüterten Familien
in der Nachbarschaft. Zur Zeit des Baus, kurz
nach dem Bürgerkrieg, bestand der gesamte
Block nur aus Gebäuden für Pferde sowie aus
Kutschenremisen.

249

250

251

252

253

254

255

256

257

◆ CHELSEA ◆

Church of the Holy Communion *L*
(Episkopalkirche)

49 West 20th Street bei der Sixth Avenue

1846, Richard Upjohn

Im 19. Jahrhundert war dies der Prototyp für alle amerikanischen Kirchengebäude im Gothic-Revival-Stil. Gleichzeitig war dies auch ein frühes Beispiel für eine »freie« Kirche, die auf Kirchenbankmieten verzichtete. Nachdem das Viertel nicht mehr so vornehm geworden war, tat sich diese Gemeinde mit der Calvary and St. George's Church zusammen. Daraufhin wurde sie für säkulare Zwecke umgebaut, darunter auch in eine beliebte Disko.

Coogan Building

776 Sixth Avenue bei der 26th Street

1876, Alfred H. Thorp

James J. Coogan besaß neben diesem Gebäude auch das Landstück in Upper Manhattan, das als »Coogan's Bluff« bekannt ist. Dort lagen früher die Polo Grounds. Der Architekt Alfred H. Thorp schlug einst eine »Ringstraße« um Manhattan vor, einen Viadukt mit einer Eisenbahnlinie und einem Boulevard oben sowie verschiedenen Wohnhäusern und Geschäften unten. Diese nicht verwirklichte Idee war der Ausgangspunkt für die Hochbahnen.

Gorham Silver Company Building *L*

889–891 Broadway bei der West 19th Street

1884, Edward H. Kendall

Dieser Bau im Queen-Anne-Stil ist eines der frühesten New Yorker Gebäude mit Mischnutzung. Die ersten beiden Stockwerke dienten als Geschäft für die Gorham Company, der Rest enthielt Junggesellenwohnungen. Im Jahr 1912 wurde es nur noch rein geschäftlich genutzt. Bei der Umgestaltung durch John H. Duncan wurden der Eckturm entfernt und Mansardenfenster in das Dach eingebaut. Heute handelt es sich um ein genossenschaftliches Wohngebäude mit Geschäften im Erdgeschoss.

Lord & Taylor Building *L*

901 Broadway bei der East 20th Street

1870, James H. Giles

Die Firma Lord & Taylor wurde im Jahr 1826 an der Catherine Street als kleiner Laden gegründet. Sie zog noch zweimal um, bevor sie sich 1871 hier niederließ. Nachdem sie im Jahr 1914 auch nordwärts zur Fifth Avenue und 39. Straße expandiert hatte, wurde die Broadwayfassade im Stil des französischen Second Empire neu gebaut. Als das Viertel in den darauf folgenden 90er-Jahren erneute Anzeichen einer Wiederbelebung zeigte, veränderte man einmal mehr das Erdgeschoss.

17 West 16th Street *L*

zwischen Fifth Avenue und Sixth Avenue

um 1840

Die meisten Reihenhäuser in den von der Fifth Avenue nördlich der 14. Straße abgewandten Blocks wurden im späten 19. Jahrhundert abgebrochen. Nur dieser Block blieb stehen, und diese sieben Häuser im Greek-Revival-Stil erinnern uns heute an das, was uns damals verloren ging. Im Jahr 1930 zog Margaret Sanger mit ihrer bahnbrechenden Klinik für Geburtenkontrolle in das Haus Nummer 17 ein.

Church of St. Francis Xavier
(Römisch-Katholisch)

40 West 16th Street
zwischen Fifth Avenue und Sixth Avenue

1887, Patrick Charles Keely

Die Jesuiten, die diese Kirche und die benachbarte Schule gründeten, stammten aus Frankreich, England und Irland. Sie waren von Kentucky nach New York gekommen, um hier das St. John's College, heute Fordham, in der Bronx zu gründen. Das überladene neubarocke Äußere der Kirche lässt ahnen, welche Extravaganz den Besucher im Inneren erwartet.

SIEGEL-COOPER DRY GOODS STORE

632 SIXTH AVENUE
ZWISCHEN WEST 18TH STREET UND WEST 19TH STREET

1896, DeLEMOS & CORDES

Der ursprüngliche Besitzer, der Kaufmann Henry Siegel, machte für sein Geschäft mit folgendem Slogan Werbung: »Ein großes Kaufhaus. Eine Stadt für sich.« Und selbst diese Aussage dürfte eher noch eine Untertreibung gewesen sein. Die größte Attraktion war eine Marmorterrasse im Hauptgeschoss mit einer Kopie von Daniel Chester Frenchs Statue »Die Republik« aus Marmor und Messing, die bei der Weltausstellung in Chicago im Blickpunkt gestanden hatte. Mit wechselndem farbigem Licht angestrahlte Wasserfontänen spielten um den Sockel. Die Vereinbarung »Wir treffen uns beim Brunnen« bedeutete um das Jahr 1890 bei den New Yorkern nur diesen Ort. Siegels Kaufhaus gehörte zu den ersten, die auch Lebensmittel anboten, und er verteilte ebenso als Erster kostenlose Muster, um den Verkauf anzukurbeln. Zudem engagierte er Vorführer, um den Verkauf aller möglichen Dinge zu fördern, angefangen von Notenblättern bis zu Dosenöffnern. Das Geschäft war eines der ersten mit einer Klimaanlage, und Siegel stellte als erster Frauen als Verkäuferinnen ein. Aber dann änderten sich die Kaufgewohnheiten, Siegel-Cooper verließ das Viertel, und im Ersten Weltkrieg wurde das Gebäude in ein Militärkrankenhaus umgewandelt. Der Einzelhandel kehrte dann in die Ecke zwischen Sixth Avenue und West 18th Street zurück, doch ist es heute dort nicht mehr so wie früher. Die Statue, die den Brunnen schmückte, steht inzwischen im Forest Lawn Cemetery in Glendale, Kalifornien.

General Theological Seminary
(Episkopalkirche)

NINTH AVENUE ZWISCHEN
WEST 20TH STREET & WEST 21ST STREET

1883–1900, CHARLES C. HAIGHT

Die Gebäude um den viereckigen Innenhof kann man am besten von der 20. Straße aus sehen, und es empfiehlt sich, es genau anzusehen. Der Zugang erfolgt durch das Furcht einflößende Gebäude an der Ninth Avenue, das die Seminarbibliothek beherbergt. Das berühmteste Mitglied der Fakultät war Clement Clarke Moore, der biblische Sprachen lehrte. Bekannt wurde er vor allem als Autor einer Weihnachtsgeschichte: »A Visit from St. Nicholas.«

Fashion Institute of Technology

WEST 26TH STREET BIS WEST 28TH STREET
ZWISCHEN SEVENTH AVENUE UND EIGHTH AVENUE

1958–88, VERSCHIEDENE ARCHITEKTEN

Die heute zur State University of New York gehörende Institution, die in diesen acht Gebäuden ihren Sitz hat, entwickelte sich im Jahr 1944 aus der Central Needle Trades High School. Am Ende eines vierjährigen Studiums kann man hier verschiedene Abschlüsse machen, von Musterdesign über Modefotografie bis zum Marketing. Die Absolventenliste liest sich wie ein »Who's who« des Modegeschäfts: Calvin Klein, Norma Kamali …

Cushman Row

406–418 WEST 20TH STREET
ZWISCHEN NINTH AVENUE UND TENTH AVENUE

1840

Diese wundervollen Häuser im Greek-Revival-Stil wurden im Auftrag eines Textilkaufmanns errichtet, der später mit Immobilien spekulierte, Don Alonzo Cushman. Er baute viel in Chelsea, wurde Millionär und gründete schließlich die Greenwich Savings Bank. »Don« war übrigens sein erster Vorname, nicht etwa ein Titel.

Church of the Holy Apostles
(Episkopalkirche)

300 NINTH AVENUE BEI DER 28TH STREET

1854, MINARD LAFEVRE
QUERSCHIFF: 1858, RICHARD UPJOHN & SON

Ein Brand im Jahr 1990 beschädigte dieses Gebäude schwer und zerstörte einige der unschätzbaren Glasfenster von William Jay Bolton, dem berühmtesten Glasmaler der USA. Einige Fenster blieben aber glücklicherweise erhalten. Die Kirche engagiert sich seit jeher im sozialen Bereich und eröffnete 1982 eine Suppenküche. Auch am Tag nach dem Brand öffnete die Küche wie immer in der Kirche und gab über 900 Mahlzeiten an Bedürftige ab.

London Terrace

WEST 23RD STREET BIS WEST 24TH STREET
NINTH AVENUE BIS TENTH AVENUE

1930, FARRAR & WATMAUGH

Zu diesem 16-stöckigen Komplex, der um einen Innenhof herum angeordnet ist, gehören 14 Gebäude und 1670 Apartments. Sein Swimmingpool war einst der größte in Manhattan, und das Dach besaß alle Attribute des Luxusdecks eines Ozeanriesen. Den ersten Mietern, die auf dem Höhepunkt der Weltwirtschaftskrise einzogen, wurde hier sogar der Haushalt gemacht. Zu ihrer Verfügung standen drei Restaurants sowie Geschäfte im Erdgeschoss.

437–459 West 24th Street

ZWISCHEN NINTH AVENUE UND TENTH AVENUE

1850, PHILO BEEBE

Diese Reihe aus zwölf Häusern, deren Vorgärten landschaftsarchitektonisch gestaltet sind, wurde für Kaufleute und Händler gebaut. Sie stehen an der Nordgrenze des Landgutes von Thomas Clarke, das sich zwischen der Eighth Avenue und dem Hudson River bis zur heutigen 19. Straße erstreckte. Clarke war früher Offizier in der britischen Armee gewesen und nannte seinen Besitz »Chelsea«, nach dem Londoner Wohnort für pensionierte Militärs.

259

260

261

262

263

264

265

NATIONAL MARITIME UNION, JOSEPH CURRAN ANNEX

100 NINTH AVENUE
ZWISCHEN WEST 16TH STREET UND WEST 17TH STREET

1966, ALBERT C. LEDNER & ASSOCIATES

Das Gebäude der Maritime Union sieht ange-
messen seemännisch aus, denn seine Fassade
zeigt runde bullaugenartige Fenster und ist wie
ein Schiffsrumpf geneigt. Erinnerungen an das
Seefahrerleben spielten dabei aber wohl kaum
eine Rolle. Stattdessen scheinen Bebauungsvorschriften besonders zur natürlichen Beleuch-
tung hoher Gebäude eine Rolle gespielt zu
haben. Der Curran Annex beherbergt den medizinischen Service und die Freizeiteinrichtun-
gen dieser Gewerkschaft und spiegelt auch den
Stil des Hauptquartiers an der Seventh Avenue
Ecke 13. Straße wider. Beide Gebäude stammen vom selben Architekten aus New Orleans.

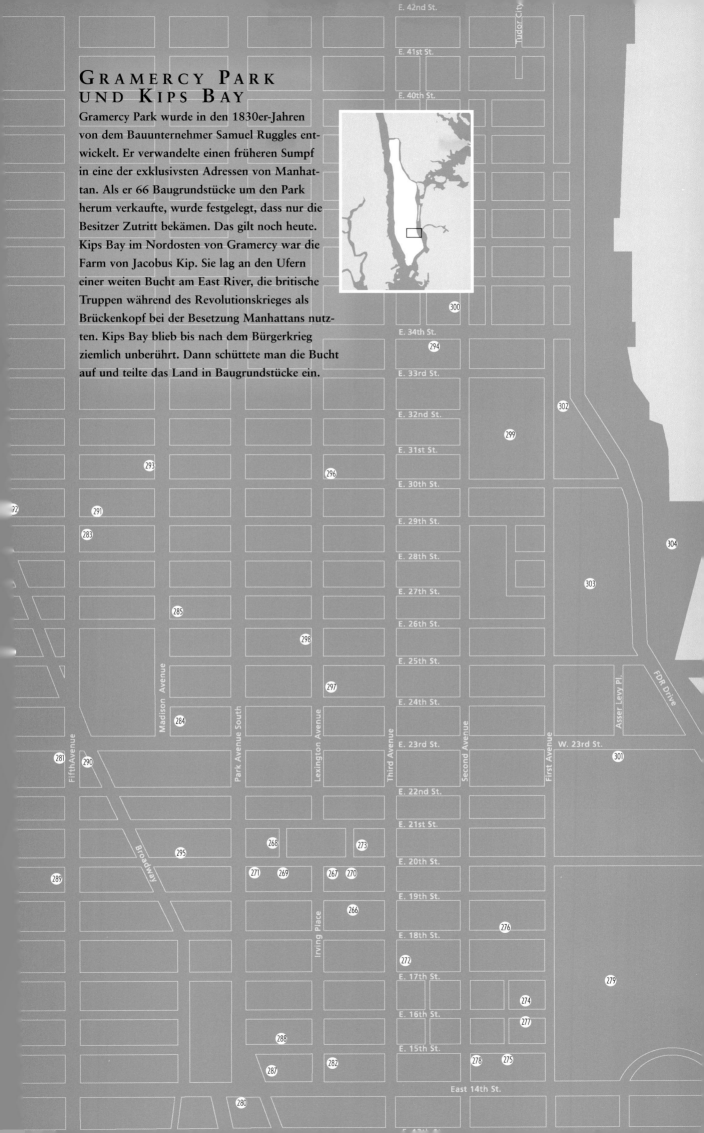

GRAMERCY PARK UND KIPS BAY

Gramercy Park wurde in den 1830er-Jahren von dem Bauunternehmer Samuel Ruggles entwickelt. Er verwandelte einen früheren Sumpf in eine der exklusivsten Adressen von Manhattan. Als er 66 Baugrundstücke um den Park herum verkaufte, wurde festgelegt, dass nur die Besitzer Zutritt bekämen. Das gilt noch heute. Kips Bay im Nordosten von Gramercy war die Farm von Jacobus Kip. Sie lag an den Ufern einer weiten Bucht am East River, die britische Truppen während des Revolutionskrieges als Brückenkopf bei der Besetzung Manhattans nutzten. Kips Bay blieb bis nach dem Bürgerkrieg ziemlich unberührt. Dann schüttete man die Bucht auf und teilte das Land in Baugrundstücke ein.

266

267

»THE BLOCK BEAUTIFUL«

EAST 19TH STREET
ZWISCHEN THIRD AVENUE UND IRVING PLACE

RENOVIERUNG: 1909, FREDERICK J. STERNER

Frederic Sterner war im frühen 20. Jahrhundert ein Architekt der guten Gesellschaft und bekannt für seine Gestaltung von Häusern. In diesem Fall renovierte er die Fassaden aller Häuser und früherer Stallungen, die den Block umgaben, und nannte diesen »beautiful« – »hübsch«. Die Bezeichnung ist geblieben, obwohl man »charming« – »entzückend« öfter hört, besonders von Bewunderern der winzigen Kutschenremisen, die in einstöckige Stadthäuser umgebaut wurden. Sie sehen eher Puppenhäusern als funktionalen Häusern ähnlich.

STUYVESANT FISH HOUSE

19 GRAMERCY PARK BEIM IRVING PLACE

1845

Dieses Haus, dessen Mansarddach im Jahr 1860 hinzugefügt wurde, besaß einst Stuyvesant Fish, der Präsident der Illinois Central Railroad. Seine Frau Mary, »Mamie« genannt, übernahm von Mrs. William Astor den Titel einer Königin der New Yorker Society, und dieses Haus wurde ihr Hauptquartier. Nach jahrelanger Vernachlässigung zog hier 1931 der erfolgreichste Public-Relations-Manager der Stadt ein, Benjamin Sonnenburg. Er stattete es mit Kunstgegenständen und Antiquitäten aus, und abends trafen sich hier 20 bis 200 Gäste aus den obersten Kreisen der Politik, des Business, der Gesellschaft, der Kunst.

268

269

270

271

272

273

3 AND 4 GRAMERCY PARK WEST

ZWISCHEN EAST 20TH STREET UND EAST 21ST STREET

1846

Die prächtigen gusseisernen Veranden dieses Häuserpaars schreibt man Alexander Jackson Davis zu, einem der bekanntesten Architekten des frühen 19. Jahrhunderts. Obwohl sie an New Orleans oder Charleston erinnern, wurden sie hier in New York zu Symbolen des Gramercy Park. Jenseits der Straße im Park befindet sich ein Nisthaus für Vögel, besonders für Purpurschwalben. Solche Häuser gab es früher in jedem Park der Stadt.

NATIONAL ARTS CLUB

15 GRAMERCY PARK SOUTH
ZWISCHEN PARK AVENUE SOUTH UND IRVING PLACE

1884, VAUX & RADFORD

Darstellungen von Pflanzen, Vögeln und anderen hier heimischen Tieren sowie Büsten berühmter Schriftsteller schmücken die Fassade dieses Häuserpaars, das der frühere New Yorker Gouverneur Samuel J. Tilden, ein großer Wohltäter der New York Public Library, zu einem einzigen Haus verband. Bei den Präsidentenwahlen 1876 wurde er zwar vom Volk gewählt, aber die Wahlmänner stimmten für Rutherford B. Hayes; das gab den Ausschlag.

BROTHERHOOD SYNAGOGUE

28 GRAMERCY PARK SOUTH
ZWISCHEN IRVING PLACE UND THIRD AVENUE

1869, KING & KELUM
UMGESTALTUNG: 1975, JAMES STEWART
POLSHEK & PARTNERS

Das frühere Friends' Meeting House wurde aufgegeben, als zwei miteinander verstrittene Zweige der Quäker ihre Differenzen beilegten und sich am Stuyvesant Square niederließen. Obwohl es unter Denkmalschutz stand, wollte ein Unternehmer es 1975 abreißen. In letzter Minute kaufte die Brotherhood Synagogue das Haus und wandelte es in ein Gotteshaus um.

THE PLAYERS

16 GRAMERCY PARK SOUTH
ZWISCHEN PARK AVENUE SOUTH UND IRVING PLACE

1845
UMGESTALTUNG: 1889, STANFORD WHITE

Dies war ein einfaches Haus im Gothic-Revival-Stil, bis es der Schauspieler Edwin Booth kaufte und in einen Club für Schauspieler umwandelte. Stanford White fügte die zweistöckige Vorhalle, die großen schmiedeeisernen Laternen und das elegante Eisengeländer hinzu. Booths Statue in der Rolle als Hamlet, geschaffen von Edmond T. Quinn, steht jenseits der Straße im Gramercy Park.

SCHEFFEL HALL

190 THIRD AVENUE
ZWISCHEN EAST 17TH STREET UND EAST 18TH STREET

1894, WEBER & DROSSER

Scheffel Hall wurde als Biergarten für die überwiegend deutschstämmige Kundschaft in diesem Viertel gebaut. In den 20er-Jahren des letzten Jahrhunderts trafen sich hier vor allem Studenten. Sie kamen wegen der Dixieland-Musik – und wegen der großzügig gefüllten Bierkrüge.

34 GRAMERCY PARK EAST

BEI DER 21ST STREET

1883, GEORGE W. DACUNHA

Anfänglich war dies ein Hotel, dann eines der ersten genossenschaftlichen Apartmenthäuser. Jedenfalls hat sich das Gebäude im Queen-Anne-Stil seit seinem Bau kaum verändert. Das gilt für die prächtig gefliese Lobby ebenso wie für den antiken hydraulisch betriebenen Aufzug, der die Besucher heute noch ins oberste Stockwerk transportiert.

Friends Meeting House and Seminary
(Quäker)

226 East 16th Street beim Stuyvesant Square

1860, Charles T. Bunting

Dieses nüchterne rote Ziegelgebäude wurde von einem Zweig der Quäker mit der Bezeichnung Hicksites erbaut. Sie hielten an den alten Glaubenslehren fest, während die so genannten orthodoxen Quäker von evangelischen Christen einige neue Glaubenssätze übernommen hatten. Die beiden Gruppen trennten sich im Jahr 1828, vereinigten sich aber wieder im Jahr 1958 und behielten dieses Haus als ihren Haupttreffpunkt in der Stadt.

Old Stuyvesant High School

345 East 15th Street
zwischen First Avenue und Second Avenue

1907, C. B. J. Snyder

Im Jahr 1904 gegründet, um Einwandererkinder auf eine naturwissenschaftliche Karriere vorzubereiten, entwickelte sich diese High School zu einer der angesehensten des Landes. Regelmäßig gewinnt sie den Westinghouse Science Award – meist gegen die Bronx High School of Science, die auch zu den Besten des Landes zählt. Im Jahr 1992 zog die Schule von hier in ein neues Gebäude an der West Street und an der Chambers Street um.

326, 328, and 330 East 18th Street

zwischen First Avenue und Second Avenue

1853

Dieses Trio winziger Häuser liegt zurückversetzt hinter landschaftsarchitektonisch gestalteten Vorgärten, eine Seltenheit in Manhattan. So kann man aber die Details ihrer gusseisernen Veranden besser bewundern. Erstaunlich ist, wie diese Häuser alle die Jahre unbeschädigt überdauern konnten. Dieser Block war bis weit ins 20. Jahrhundert hinein der letzte Außenposten gehobener Kultur am Ostende des verrufenen Gashouse District.

274

275

276

277

SAINT GEORGE'S CHURCH ℒ
(EPISKOPALKIRCHE)

EAST 16TH STREET BEIM STUYVESANT SQUARE

1856, BLESCH & EIDLITZ

Dies ist eine der ersten Kirchen Amerikas im Romanesque-Revival-Stil. Man kennt sie auch unter der Bezeichnung J. P. Morgan's Church. Als Wächter achtete der Genannte darüber, dass hier nichts gegen seinen Willen geschah. Die Orgel entwarf Dr. Albert Schweitzer. Sie war das Lieblingsinstrument von E. Power Biggs, der mit fast jeder größeren Orgel auf der Welt Schallplattenaufnahmen machte. Die Gemeinde von St. George's hat sich übrigens mit jener der Calvary Church an der Park Avenue South bei der 21. Straße zu einer einzigen Gemeinde zusammengetan.

278

ST. MARY'S CATHOLIC CHURCH OF THE BYZANTINE RITE

246 EAST 15TH STREET BEI DER SECOND AVENUE

1964, BROTHER CAJETAN J.B. BAUMANN

Durch ihre schönen Mosaiken und Glasfenster fällt diese moderne Betonkirche dem Betrachter schon tagsüber ins Auge. Nachts aber glüht sie regelrecht auf, wenn das Innenlicht durch die Fenster scheint. Von hier blickt man über den Stuyvesant Square, der einst zu Peter Stuyvesants Farm gehörte. Im Jahr 1837 gelangte das ehemalige Landgut in den Besitz der Stadt und wurde zu einem Park. Als einziger der Stadt wird dieser Park von einer Avenue exakt zweigeteilt. Im westlichen, ungefähr einen Hektar großen Teil steht eine Bronzeskulptur, die im Jahr 1936 von Gertrude Vanderbilt Whitney geschaffen wurde, der Gründerin des Whitney Museum.

STUYVESANT TOWN

EAST 14TH STREET BIS EAST 20TH STREET
FIRST AVENUE BIS AVENUE C

1947, IRWIN CLAVAN UND GILMORE CLARKE

Die Metropolitan Life Insurance Company ersetzte 18 verslumte Blocks durch diese insgesamt 35 Apartmenthochhäuser, die für mittlere Einkommensschichten gedacht sind. Damit schuf sie eine Vorstadt für zurückkehrende Veteranen des Zweiten Weltkriegs. Die durchschnittliche Miete für die 8755 Wohnungen betrug 76,50 Dollar. Durch die Inflation stieg sie seither auf ungefähr 1000 Dollar. Im Jahr 2001 wurde angekündigt, dass die Mieten bei einem Neubezug von Wohnungen auf 2100 bis 4200 Dollar monatlich steigen würden.

279

ONE UNION SQUARE SOUTH

14TH STREET ZWISCHEN FOURTH AVENUE UND BROADWAY

1999, DAVIS BRODY BOND UND
SCHUMAN LICHTENSTEIN CLAMAN & EFRON
ARTWALL, KRISTIN JONES SOWIE
ANDRE UND ANDREW GINZEL

Wer in einem der 14 Kinos in diesem Gebäude eine Filmmusik hört, die ihm gefällt, der könnte den Soundtrack dazu vielleicht gleich in dem ebenfalls hier untergebrachten Virgin Megastore kaufen. Im Gebäude befinden sich auch 240 Apartments. Ein Urteil über die Schönheit der Fassade längs der Park Avenue South überlässt man wohl am besten jedem einzelnen Betrachter.

280

281

WESTERN UNION TELEGRAPH BUILDING

186 FIFTH AVENUE BEI DER 23RD STREET

1884, HENRY J. HARDENBERGH

Das Gebäude wurde im selben Jahr wie Hardenberghs Dakota Apartment House und 23 Jahre vor seinem Plaza Hotel fertig gestellt. Es war aber nie so berühmt wie jene beiden, obwohl es das durchaus verdiente. Zur Zeit des Baus stand gegenüber an der 23. Straße das Fifth Avenue Hotel, das seither vom Toy Center ersetzt wurde. In der Mitte des 19. Jahrhunderts galt es als das luxuriöseste Hotel in der Stadt und als Hauptquartier der Republikaner. Deren Chef, der Senator Thomas Platt, schmiedete hier den Plan, wie er den Gouverneur Theodore Roosevelt loswerden konnte, indem er für ihn die Nominierung zum Vizepräsidenten arrangierte. Aber in weniger als einem Jahr war Theodore Roosevelt Präsident, was den Senator Platt entsprechend ärgerte.

282

CON EDISON BUILDING

4 IRVING PLACE BEI DER 14TH STREET

1915, HENRY J. HARDENBERGH
TURM: 1926, WARREN & WETMORE

Dieses Gebäude wurde als Sitz für die Consolidated Gas Company errichtet, die mit der Edison Electric Company zur Consolidated Edison verschmolz. Als die Firma wuchs, folgten schrittweise Erweiterungen. Den Turm baute man als Denkmal für die Angestellten, die im Ersten Weltkrieg ums Leben gekommen waren. Früher standen hier zwei historische Gebäude: das »Wigwam«, das Haus von Tammany Hall, und die Academy of Music, ein üppiges Opernhaus, das 30 Jahre lang ein Mekka für die High Society gewesen war, die fremde Opernsänger auf Tourneen hören wollte. Hier hatte auch das New York Philharmonic Orchestra seinen Sitz: Es gab seine Konzerte in einem Anbau am Irving Place bei der 15. Straße.

Marble Collegiate Church℠
(Niederländisch Reformiert)

Fifth Avenue bei der 29th Street

1854, Samuel A. Warner

Diese älteste religiöse Gemeinde der Stadt wurde im Jahr 1628 in Nieuw Amsterdam gegründet. »Collegiate« verweist auf gleichberechtigte Pastoren. Am berühmtesten war Dr. Norman Vincent Peale, der hier im Jahr 1932 anfing und eine neue Theologie des Optimismus mitbrachte. Sein Buch »The Power of Positive Thinking« – »Die Kraft des positiven Denkens« war in den darauf folgenden 50er-Jahren ein Bestseller. Es lockte Tausende in die Kirche, wo er bis zu seinem Tod 1993 predigte.

Metropolitan Life Insurance Company℠

One Madison Avenue bei der 23rd Street

1909, Napoleon Le Brun & Sons

Der sich über den Bürokomplex der Met erhebende Turm war einst viel reicher geschmückt. Während einer Restaurierung 1964 entfernte man brutal das Dekor. Der Anbau längs der 23. Straße zur Park Avenue South hin wurde 1913 auf dem Grundstück der Madison Avenue Presbyterian Church errichtet. Die Kirche von McKim, Mead & White war nur sieben Jahre alt, als sie abgebrochen wurde. Damals löste der 210 Meter hohe Turm den alten Singer Tower als höchstes Gebäude der Welt ab.

New York Life Insurance Company℠

51 Madison Avenue
East 26th bis East 27th Street

1928, Cass Gilbert

Dieses Gebäude mit der vergoldeten Pyramide 26 Stockwerke über der Straße umfasst einen vollen Block und befindet sich an der Stelle des ursprünglichen Madison Square Garden. Die Firma bekam das Grundstück durch eine frühzeitige Hypothekenkündigung und zog vom Lower Broadway hierher, nachdem ihre Konkurrentin, die Metropolitan Life Insurance Company, den Madison als Zentrum der Versicherungsindustrie etabliert hatte.

Serbian Orthodox Cathedral of St. Sava℠

15 West 25th Street
zwischen Fifth Avenue und Sixth Avenue

1855, Richard Upjohn

Der ursprünglich Trinity Chapel genannte Komplex besteht aus einer Sandsteinkirche, einer früheren Schule, die als Gemeindehaus dient, sowie einem Pfarrhaus. Die serbische Gemeinschaft kaufte ihn im Jahr 1942. Hier fehlt nur ein Friedhof. Ein Denkmal an der Ecke zwischen der Fifth Avenue und der 25. Straße markiert die letzte Ruhestätte von Major General William Worth, nach dem das Fort Worth in Texas benannt ist.

Zeckendorf Towers

One Irving Place, zwischen East 14th Street
und East 15th Street, bis zum Union Square

1987, Davis, Brody & Associates

Hinter diesem massiven Gebäude mit Wohnungen, Büros und Läden verschwand der Tower über dem Con Ed Building. Der Komplex ersetzte das für die Nachbarschaft viel angenehmere S. Klein's am Square. Das war das erste von mehreren Discount-Kleidungsgeschäften in diesem Viertel. Die Käufer wühlten sich durch große Behälter mit Kleidungsstücken, hielten nach Schnäppchen Ausschau und hofften, das Stück würde dann auch passen.

Century Association℠

109–111 East 15th Street
zwischen Union Square East und Irving Place

1869, Gambrill & Richardson

Heute ist hier das Century Center for the Performing Arts, doch handelt es sich eigentlich um das älteste Clubhaus in New York. Für den Club war es nur eine von mehreren Adressen bis zu seiner heutigen (7 West 43rd Street). Im Jahr 1846 gründeten William Cullen Bryant und andere diese Gesellschaft zur Förderung des Interesses an Kunst und Literatur, deren Mitgliederzahl auf 100 Künstler oder Autoren sowie ihre Schirmherren begrenzt war.

283

284

285

286

287

288

289

METHODIST BOOK CONCERN ℒ

150 FIFTH AVENUE BEI DER WEST 20TH STREET

1888–90, EDWARD H. KENDALL

Im späten 19. Jahrhundert beherbergte dieses Gebäude einen der größten Verleger religiöser Bücher des Landes. Gleichzeitig diente es als Hauptquartier der Methodistenkirche in New York. In der Umgebung befanden sich so viele Verlage religiöser Traktate und Bücher (ein Beispiel dafür ist das Presbyterian Building auf der anderen Seite der 20. Straße), dass man um das Jahr 1890 von der »Pater Noster Row« sprach. Als ein Jahrhundert später wieder mehr Leben in dieses Viertel zurückkehrte, wurde es erneut ein Verlagszentrum. Nichtreligiöse Verlage zogen nach *downtown* um, um das großzügige Platzangebot von Gebäuden wie diesem zu nutzen. Und im Vergleich mit *uptown* sind auch die Mieten ein Schnäppchen.

FLATIRON BUILDING ℒ

175 FIFTH AVENUE BEI DER 23RD STREET

1903, DANIEL H. BURNHAM & CO.

Das ist das wohl am meisten fotografierte Gebäude in New York – auch weil seit den 60er-Jahren besonders viele Fotografen in seiner Nachbarschaft leben. Obwohl es nur 23 Stockwerke hat, war es das erste wirklich hohe Gebäude nördlich der City Hall und symbolisierte seit seinem Bau den Wolkenkratzerstil. Früher hieß es Fuller Building, doch seine ungewöhnliche Form führte zu diesem wesentlich populäreren Namen, der übersetzt »Bügeleisengebäude« bedeutet. Die äußere Form ergab sich durch die schräge Lage des Broadway im sonst rechtwinkligen Stadtgrundriss. Das Flatiron Building ist einer der ersten Stahlskelettbauten in New York. Die schweren Kalksteinwände, die scheinbar das Gebäude tragen, verleihen ihm trotz seines schmalen Profils ein stabiles Aussehen.

290

291

292

293

294

LITTLE CHURCH AROUND THE CORNER
(EPISKOPALKIRCHE)

ONE EAST 29TH STREET
ZWISCHEN FIFTH AVENUE UND MADISON AVENUE

1850

Als der berühmte Schauspieler Joseph Jefferson starb, baten seine Freunde den Pfarrer der Church of the Incarnation an der Madison Avenue, die Bestattung zu übernehmen. »Wir bestatten keine Schauspieler«, informierte er sie, »aber da gibt es eine kleine Kirche um die Ecke, die das übernimmt.« Von diesem Tag an blieb deren eigentlicher Name, Church of the Transfiguration, vergessen.

GILSEY HOUSE

1200 BROADWAY BEI DER 29TH STREET

1871, STEPHEN D. HATCH

In der Zeit, als dieses entzückende Hotel im Stil des Second Empire gebaut wurde, gab es in einer Entfernung von weniger als zwei Blocks sechs größere Theater, darunter auch Weber & Field's Music Hall, ursprünglich ein Vaudevilletheater, gleich gegenüber auf der anderen Straßenseite. Nachdem der Theaterbezirk weiter *uptown* gezogen war, wandelte man das Hotel in eine Fabrik um. Im Jahr 1980 erfolgten die Restaurierung und der Umbau in Apartments.

AMERICAN ACADEMY OF DRAMATIC ARTS

120 MADISON AVENUE
ZWISCHEN EAST 30TH STREET UND EAST 31ST STREET

1908, MCKIM, MEAD & WHITE

Der Entwurf stammt von Stanford White, die Inneneinrichtung von Elsie de Wolfe. Einst gehörte das Gebäude dem Colony Club, dem ersten Refugium für vornehme Frauen in New York. Im Jahr 1963 zog dann die American Academy of Dramatic Arts ein, die älteste professionelle Schauspielschule in der englischsprachigen Welt.

ESTONIAN HOUSE

243 EAST 34TH STREET
ZWISCHEN SECOND AVENUE UND THIRD AVENUE

1899, THOMAS A. GRAY

Dieses Clubhaus im Beaux-Arts-Stil erbaute Frederick Goddard für den Civic Club. Der Philanthrop wollte die Lebensbedingungen der Menschen verbessern, die an der East Side zwischen der 23. und 42. Straße lebten. Die Familie Goddard verkaufte das Gebäude im Jahr 1946 an die Estonian Educational Society.

Theodore Roosevelt Birthplace ℒ

28 East 20th Street
zwischen Broadway und Park Avenue South

Replik: 1923, Theodate Pope Riddle

Hier verbrachte der junge Teddy Roosevelt seine Kindheit. Das ursprüngliche Haus wurde noch zu Roosevelts Lebzeiten abgebrochen. Als auch das Haus des Onkels gleich nebenan zerstört war, beauftragte die Women's Roosevelt Memorial Association eine der ersten Architektinnen in Amerika, Theodate Pope Riddle, das Geburtshaus des verstorbenen Präsidenten wieder so aufzubauen, wie es 1865 ausgesehen hatte, als Roosevelt sieben Jahre alt war.

Touro College ℒ

160 Lexington Avenue bei der East 30th Street

1909, Harvey Wiley Corbett

In diesem Gebäude hatte ursprünglich die New York School of Applied Design for Women ihren Sitz. Diese Schule wurde 1892 gegründet, um sozial schwache Frauen in Ornamentdesign zu unterrichten. Harvey Wiley Corbett, der in diesem College lehrte, schuf diesen klassischen Tempel mit Hilfe seiner Studentinnen. Als Schmuck dienen Abgüsse des Parthenonfrieses. Das Touro College ist nicht konfessionell gebunden, verlangt aber von seinen Kunststudenten Abschlüsse in Judaistik und Hebräisch.

Baruch College

Lexington Avenue
zwischen East 24th Street und 25th Street

2001, Kohn Pederson Fox Associates

Dieses 17 Stockwerke hohe Gebäude setzt sich aus einer Reihe übereinander liegender Atrien zusammen, die die traditionellen viereckigen Innenhöfe in den Colleges ersetzen sollten. Es hat 102 Klassenzimmer, 14 Forschungslaboratorien, 36 Computerräume, rund 500 Büros, zwei Auditorien, eine Mensa, eine Buchhandlung, ein Schwimmbecken, ein Basketballfeld und beherbergt etwa den halben Campus des Baruch College (City University of New York).

69th Regiment Armory ℒ

68 Lexington Avenue
zwischen East 25th Street und East 26th Street

1906, Hunt & Hunt

Dieses Gebäude mit seinen Rippen und Streben verbirgt die Dimensionen der Exerzierhalle im Inneren keineswegs. Es ist aber nicht als Arsenal oder Exerzierhalle, sondern als Wahrzeichen in der Welt der bildenden Kunst bekannt geworden. Hier fand 1919 die International Exhibition of Modern Art (»Armory Show«) statt, die mehr als 1600 Werke damals moderner Künstler wie Picasso und van Gogh, Cézanne, Gauguin und Matisse zeigte.

Kips Bay Plaza

East 30th bis East 33rd Street
First Avenue bis Second Avenue

1963, I. M. Pei & Associates

Diese beiden parallel zueinander gesetzten Betonklötze reichen 21 Stockwerke hoch und verbergen 1136 Wohnungen. Obwohl sie den Charakter der Umgebung völlig ignorieren, umschließen sie einen angenehmen Innenpark für die Menschen, die inmitten dieser Isolation leben. Dadurch allerdings kommen die Bewohner um einen der besten Gründe für das Leben in der Stadt – nämlich den Spaß, andere Menschen zu beobachten.

St. Vartan Cathedral
(Armenisch-Apostolisch)

620 Second Avenue
zwischen East 34th Street und East 35th Street

1967, Steinmann & Cain

Ein Stück altes Armenien in Großformat an der Second Avenue: Die Kathedrale ist eine Weiterentwicklung der kleinen romanischen Kirchen in Vorderasien, die vergoldete Kuppel herrscht über die Straßenlandschaft mehrere Blocks weit nach Norden. Die drei Meter hohe Bronzeskulptur auf der Plaza vor der Kathedrale stammt von Reuben Nakian und ist die abstrakte Umsetzung eines Rubensgemäldes, der »Kreuzaufrichtung«.

295

296

297

298

299

300

301

302

303

PUBLIC BATHS ℒ

EAST 23RD STREET BEIM ASSER LEVY PLACE
ZWISCHEN FIRST AVENUE UND FDR DRIVE

1906, ARNOLD W. BRUNNER
UND WILLIAM MARTIN AIKEN

Als hier noch dicht gedrängt Slums standen, in denen es kaum fließendes Wasser gab, baute die Stadt dieses öffentliche Bad, um die sanitären Probleme etwas zu mildern. Das Vorbild waren antike römische Bäder. Im Jahr 1990 gestaltete man dann das Gebäude in ein Freizeitzentrum mit einem Swimmingpool um.

MT. SINAI-NYU MEDICAL CENTER

FIRST AVENUE ZWISCHEN 30TH STREET UND 34TH STREET

1950, SKIDMORE, OWINGS & MERRILL

Dieser sich dauernd weiter ausdehnende Komplex beherbergt die medizinische Fakultät der New York University. Er vervollständigt die lange Reihe medizinischer Institute an der First Avenue vom Veteran's Affairs Medical Center an der 24. Straße bis fast einen Kilometer weiter nördlich an der 34. Straße. Im Westen befinden sich auch das Cabrini Medical Center und das Beth Israel Hospital.

BELLEVUE HOSPITAL CENTER

462 FIRST AVENUE BEI DER 27TH STREET

1908–39, MCKIM, MEAD & WHITE

Mit seinem Gründungsjahr 1736 ist dies das älteste Gemeindekrankenhaus in den USA und eines der größten. Bis in die 50er-Jahre des 20. Jahrhunderts, als andere große medizinische Institutionen fusionierten, hatte es mehr als 2700 Betten und war das mit Abstand größte Krankenhaus in New York. Zu den Rekorden in der Geschichte des Bellevue zählen der erste Kaiserschnitt in den Vereinigten Staaten, die erste Verwendung von Injektionsspritzen und die erste krankenhauseigene Ambulanz.

304

304

WATERSIDE

FDR DRIVE
ZWISCHEN EAST 25TH STREET UND EAST 30TH STREET

1974, DAVIS, BRODY & ASSOCIATES

Diese Erschließung umfasst 1600 Wohneinheiten in vier Hochhäusern auf einer Plattform über dem East River. Fast 400 Wohnungen sind für Familien mit geringem Einkommen reserviert, und für viele andere wurden die Mieten auf dem Niveau von Sozialwohnungen eingefroren. Im restlichen Komplex werden die Mieten mit einer ausgeklügelten Formel nach dem jeweiligen Einkommen berechnet. Für die Realisierung dieses Projekts brauchte man viel Zeit. Die ersten Pläne stammen aus dem Jahr 1963, doch die ersten Familien zogen erst elf Jahre später, 1974, hier ein.

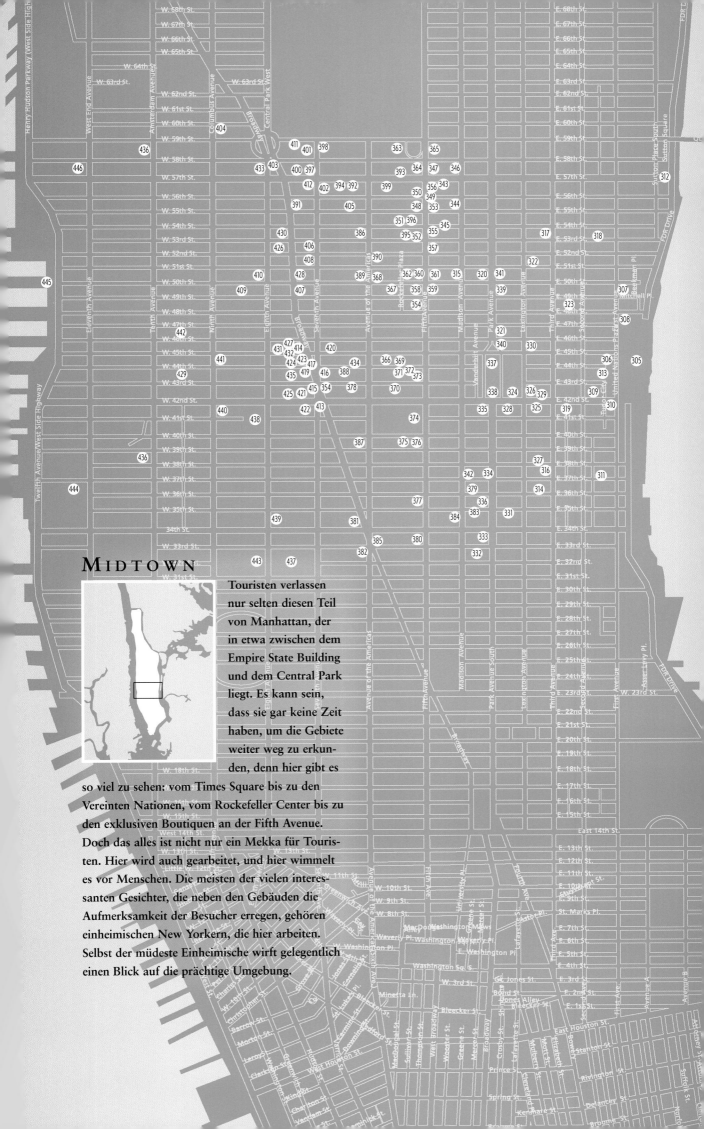

MIDTOWN

Touristen verlassen
nur selten diesen Teil
von Manhattan, der
in etwa zwischen dem
Empire State Building
und dem Central Park
liegt. Es kann sein,
dass sie gar keine Zeit
haben, um die Gebiete
weiter weg zu erkun-
den, denn hier gibt es
so viel zu sehen: vom Times Square bis zu den
Vereinten Nationen, vom Rockefeller Center bis zu
den exklusiven Boutiquen an der Fifth Avenue.
Doch das alles ist nicht nur ein Mekka für Touristen. Hier wird auch gearbeitet, und hier wimmelt
es vor Menschen. Die meisten der vielen interes-
santen Gesichter, die neben den Gebäuden die
Aufmerksamkeit der Besucher erregen, gehören
einheimischen New Yorkern, die hier arbeiten.
Selbst der müdeste Einheimische wirft gelegentlich
einen Blick auf die prächtige Umgebung.

305

306

United Nations Headquarters

United Nations Plaza (First Avenue)
zwischen East 42nd Street und East 48th Street

1953, International Architects,
Wallace K. Harrison, Chairman

Dieses internationale Zentrum im Herzen der Stadt steht auf einem von John D. Rockefeller, Jr. gestifteten Grund. Dominiert wird es von dem 165,8 m hohen Gebäude, in dem das Sekretariat seinen Sitz hat. Nördlich davon liegt das General Assembly Building, das Conference Building liegt im Osten und die Bibliothek am Ende der 42. Straße. Der Komplex erstreckt sich auch auf eine Plattform über dem FDR Drive. Ein Tunnel leitet den Verkehr der First Avenue von ihm ab. Die Gärten und die Lobby des General Assembly Building stehen dem Publikum offen. Die anderen Gebäude kann man auf geführten Touren besichtigen.

I United Nations Plaza

First Avenue bei der East 44th Street

1976 und 1983, Kevin Roche
John Dinkeloo & Associates

Dieses Gebäude ist die erste Kombination zwischen einem Hotel und einem Bürohaus, die in New York versucht wurde. Aber den Kritikern gefiel das 39-stöckige Hochhaus mit seiner Außenhülle aus blaugrünem Glas nicht. Paul Goldberger von der *Times* bedauerte, dass die Fassade »verbirgt, was im Inneren vor sich geht«. Und der *AIA Guide* rümpfte die Nase darüber, weil es seiner Meinung nach wie ein »gefaltetes Millimeterpapier« aussieht. Doch trotz der verheerenden Kritiken liebte das Publikum dieses Haus, sodass man sieben Jahre danach sogar noch ein weiteres, identisch aussehendes Gebäude hinstellte, die 2 UN Plaza.

307

308

309

310

311

312

307
Beekman Tower ℒ

First Avenue bei der East 49th Street

1928, John Mead Howells

Gebaut wurde der Turm als Panhellenic Tower. Er diente als Apartmenthotel für Collegeabsolventinnen, die Studentenvereinigungen für griechische Literatur angehörten. Von Anfang an war das Gebäude auch ein architektonisches Wahrzeichen; es wurde als perfektes Beispiel für die Kraft der Vertikalen gepriesen. Heute enthält es Apartments.

308
Trump World Tower

845 United Nations Plaza bei der East 47th Street

2001, Costas Kondylis

Als der Komplex der Vereinten Nationen gebaut war, reservierte man einen blockgroßen freien Platz um die Ecke an der Südseite der 47. Straße, die Dag Hammarskjöld Plaza, als einzige Stelle, an der Protestdemonstrationen zugelassen waren. Wenige Demonstrationen aber verhielten sich so leidenschaftlich wie die Anwohner dieses vornehmen Viertels, als sie gegen Donald Trumps Pläne demonstrierten, dieses Gebäude zu errichten. Er behauptet heute, es sei das höchste Wohnhaus der Welt.

309
Ford Foundation Building ℒ

321 East 42nd Street
zwischen First Avenue und Second Avenue

1967, Kevin Roche John Dinkeloo & Associates

Dieses L-förmige Gebäude wurde um ein 40 m hohes »Treibhaus« gebaut, dessen Pflanzenleben sich mit den Jahreszeiten verändert: ein terrassierter Garten mit 17 voll ausgewachsenen Bäumen und Tausenden anderer Pflanzen. Darunter sind auch Wasserpflanzen, die in einem Becken gedeihen. Die Architekten sprachen von einer angemessenen Umgebung für die Angestellten dieses Gebäudes. Andere dürfen die Gärten wochentags kostenlos besuchen.

310
Tudor City ℒ

East 40th bis East 43rd Street
zwischen First Avenue und Second Avenue

1928, Fred F. French

Als häufigste Vorzüge in Wohnungsanzeigen werden heute »stammt aus der Vorkriegszeit« und »zu Fuß zur Arbeit« genannt. Letzteres tauchte erstmals gedruckt bei den Anzeigen für die 3000 Wohnungen dieses Komplexes aus zwölf Gebäuden auf. Die Werbung sagte allerdings nicht, dass die Nachbarschaft hauptsächlich aus Mietskasernen und Schlachthöfen bestand. Deshalb sind die Gebäude zum Innenhof gerichtet, ohne Blick auf den Fluss.

311
The Corinthian

345 East 37th Street
zwischen First Avenue und Second Avenue

Dieser Wohnturm ersetzte den East Side Airlines Terminal, der den Terminal an der Ninth Avenue und der 42. Straße ergänzen und die Fahrstrecke der Flughafenbusse, die damals »Limos« hießen, bis zum Queens Midtown Tunnel und den Flughäfen auf der anderen Seite verkürzen sollte. Das Problem für die Passagiere bestand aber darin, dass sie sich erst durch den Stadtverkehr kämpfen mussten, um zum Bus zu gelangen.

312
Sutton Place

zwischen York Avenue und FDR Drive
East 53rd Street bis East 59th Street

um 1920

Dieses entzückende Gebiet wurde ursprünglich im Jahr 1875 von Effingham B. Sutton erschlossen. Bis nach dem Ersten Weltkrieg ließ man es allerdings verfallen. Dann zog Mrs. William K. Vanderbilt hierher, und sofort entstand eine Enklave aus teuren Stadthäusern und exklusiven Apartments.

BEAUX ARTS APARTMENTS ℒ

307 UND 310 EAST 44TH STREET
ZWISCHEN FIRST AVENUE UND SECOND AVENUE

1930, RAYMOND HOOD UND KENNETH MURCHISON

Die beiden Gebäude stehen einander gegenüber, dazwischen liegt die Straße, die man rein optisch als eine Art Hof betrachten kann. Zuerst sollten sie doppelstöckige Ateliers für Künstler enthalten. Dann bekamen sie nur auf den obersten beiden Stockwerken Einzimmerapartments mit herkömmlichen Ateliers. Zu jedem Apartment sollten ein kleines Badezimmer, eine Kochnische und Klappbetten (»Murphy beds«) gehören.

SNIFFEN COURT HISTORIC DISTRICT ℒ

EAST 36TH STREET
ZWISCHEN LEXINGTON AVENUE UND THIRD AVENUE

1864

Dies ist der kleinste historische Distrikt der Stadt. Er besteht aus zehn zweistöckigen Stallungen mit Rundbogen. In den 20er-Jahren des letzten Jahrhunderts wurden sie in Wohnungen für Weltkriegsveteranen umgewandelt, die mit frisch angetrauten Frauen zurückkamen und dachten, diese würden sich in solchen Wohnungen wohler fühlen.

VILLARD HOUSES ℒ

451–455 MADISON AVENUE
ZWISCHEN EAST 50TH STREET UND EAST 51ST STREET

1884, FASSADE: JOSEPH WELLS; INNENAUSBAU:
STANFORD WHITE

Diese U-förmige Gruppe aus sechs Häusern wurde für den Einwanderer Henry Villard gebaut, der die Northern Pacific Railroad kontrollierte. Sein eigenes Haus nahm den ganzen Südflügel ein – dort wohnte er nur drei Jahre. 1980 baute man hier das Paramount Hotel; der Südflügel wurde zum Teil des Eingangs, Buchhandlung und Ausstellungsräume für die Municipal Arts Society liegen im Nordflügel.

313

314

315

316

317

318

319

320

321

152 East 38th Street *L*

ZWISCHEN LEXINGTON AVENUE UND THIRD AVENUE

1858

Das kleine zauberhafte Haus, das zwischen seinen größeren Nachbarn hervorschaut, wurde ursprünglich mit einem tiefen Vorgarten gebaut – wie auch andere schon längst verschwundene Häuser in der Umgebung. Als man es im Jahr 1934 umgestaltete, baute man an der Grenze zum Grundstück eine niedrige Mauer und verputzte die Fassade. Sonst veränderte sich hier nicht viel – mit Ausnahme der Nachbarschaft natürlich.

885 Third Avenue

ZWISCHEN EAST 53RD STREET UND EAST 54TH STREET

1986, JOHN BURGEE UND PHILIP JOHNSON

Bürogebäude werden in der Regel nach dem Hauptmieter oder dem Besitzer benannt. Doch dieses heißt »Lipstick Building« – »Lippenstifthaus« wegen seiner braunen und rosafarbenen, teleskopartigen Fassade. Der Name setzte sich schnell durch, bevor die ersten Mieter eingezogen waren. Doch keiner davon ist in der Kosmetikbranche tätig.

312 and 314 East 53rd Street *L*

ZWISCHEN FIRST AVENUE UND SECOND AVENUE

1886

Die beiden Holzskeletthäuser, von denen nur eines unter Denkmalschutz steht, erinnern uns daran, dass es in Midtown nicht nur Bürotürme gibt. Sie stehen als selten gewordene Zeugen einer Zeit da, in der es noch überall in der Stadt solche Wohnhäuser mit Mansarddächern gab. Wenn man die Umgebung betrachtet, kann man kaum glauben, dass es früher einmal von hier aus ein ziemlich weiter Weg bis zur Arbeit war.

Daily News Building *L*

220 EAST 42ND STREET
ZWISCHEN SECOND AVENUE UND THIRD AVENUE

1930, HOWELLS & HOOD

Zu den Talenten von Raymond Hood gehörte es, dass er jedem Gebäude einen eigenen Charakter zu geben verstand. Hier erreichte seine Kunst ihren Höhepunkt. Die erste Mieterin war die heute zur weit entfernten West Side umgezogene Zeitung *New York Daily News*. Ihre spektakuläre Eingangshalle mit dem größten Globus der Welt in einem Innenraum blieb allerdings unverändert. Seine Beschriftung wird ständig aktualisiert.

J. P. Morgan Chase Building

410 PARK AVENUE
ZWISCHEN EAST 47TH STREET UND EAST 48TH STREET

1960, SKIDMORE, OWINGS & MERRILL

Dieser sich direkt von der Park Avenue erhebende 53-stöckige Turm beginnt mit dem zweiten Stock, denn er liegt wie viele Gebäude in der Umgebung über den Schienen und Gleisen, die zum benachbarten Grand Central Terminal führen. Der erste Mieter war die Firma Union Carbide, die später in eine Vorstadt in Connecticut umzog. Die Chase Manhattan Bank fusionierte im Jahr 2001 mit der J. P. Morgan & Co. und änderte ihren Namen entsprechend.

Postum Building *L*

250 PARK AVENUE
ZWISCHEN EAST 46TH STREET UND EAST 47TH STREE

1925, CROSS & CROSS

Dies ist das letzte erhaltene einer langen Reihe ähnlicher Gebäude, die einst eine geordnete Straßenlinie vom Grand Central Terminal bis zum Racquet & Tennis Club an der 53. Straße bildeten. Ursprünglich war damit eine gemäßigte Verbindung zwischen dem zunehmend kommerzialisierten Getriebe an der Lower Park Avenue und dem vergleichsweisen beschaulichen Lauf der Dinge um die großen Apartmenthäuser weiter im Norden intendiert.

General Electric Building ℒ

570 Lexington Avenue bei der 51st Street

1931, Cross & Cross

Dieses Gebäude war ursprünglich die Heimat der Radio Corporation of America. Als diese zum Rockefeller Center in das so genannte GE Building umzog, bekam des Gebäude den heutigen Namen. Die Art-déco-Bekrönung an der Spitze, die fast dem Gothic Style zugehört, soll an Radiowellen erinnern. Sie stellt eine wundervolle Bereicherung der Skyline dar. Das Gebäude ist aber besonders bemerkenswert für seine Beziehung zur St. Barthelemew's Church dahinter. Die Architekturfirma verwendete für diesen Büroturm Werkstoffe und Farben, die sich mit denen der Kirche vertrugen. Sie entwarfen die rückwärtige Fassade so, dass sie in den Hintergrund tritt und eine Kulisse für den niedrigen Nachbarn darstellt.

Turtle Bay Gardens ℒ

226–247 East 49th Street
und 227–247 East 48th Street

Umgestaltung: 1920, Edward C. Dean
und Lawrence Bottomley

Charlotte Martin kaufte diese 20 Häuser, ließ sie renovieren und Einfamilienhäuser sowie Apartments daraus machen. Alle Fassaden wurden erneuert, aus den einzelnen Höfen gestaltete sie einen gemeinsamen Garten im Stil der italienischen Renaissance. Hier wohnten unter anderem Katharine Hepburn, Mary Martin, Tyrone Power und Stephen Sondheim. Der Schriftsteller E. B. White machte einen Baum im Garten unsterblich, der für ihn New York symbolisierte: »Leben unter Schwierigkeiten, Wachstum gegen alle Widrigkeiten, aufsteigender Saft inmitten von Beton und andauernde Sehnsucht nach der Sonne.«

Chanin Building ℒ

122 East 42nd Street bei der Lexington Avenue

1929, Sloan & Robertson

Auf dieser Fassade gibt es so viele faszinierende Details, dass man sich tagelang damit beschäftigen könnte. Über den Schaufenstern erzählt ein schwarzer Marmor- und Bronzefries die Evolutionsgeschichte, angefangen von einzelligen Lebewesen bis zu den Fischen und Vögeln. Die Pfeiler darüber tragen als Schmuck Seeschlangen, und die Terrakottapaneele zeigen ein lebhaftes Blütenmuster. Im Inneren lautet das Thema: »Stadt der Möglichkeiten«. Flachreliefs und Gitter erzählen davon, wie ein kleiner Mann durch eigene Willenskraft und Anstrengung reich und mächtig werden kann. Dieser Mann war Irwin Chanin, der diese architektonische Schatzkammer baute.

Mobil Building

150 East 42nd Street
zwischen Lexington Avenue und Third Avenue

1955, Harrison & Abramovitz

Zur Zeit des Baus war dies das größte Bürogebäude, das seit dem Rockefeller Center errichtet wurde. Ursprünglich hieß es nach dem Hauptmieter Socony Vacuum Building. Im Jahr des Einzugs nannte sich die Firma aber in Socony-Mobil um. Die gestanzten Stahlplatten an der Fassade veranlassten den Architekturkritiker Lewis Mumford zu der Aussage, das Gebäude sehe so aus, »als habe es Masern bekommen«.

322

323

324

325

◆ MIDTOWN ◆

CHRYSLER BUILDING

405 LEXINGTON AVENUE BEI DER 42ND STREET

1930, WILLIAM VAN ALEN

Der Lieblingswolkenkratzer jedes New Yorkers wurde gar nicht für die Büros von Chrysler Motors gebaut, sondern als Denkmal für den Besitzer dieser Firma. Das bedeutete, dass es das höchste der Welt sein musste.

Die Rekordjagd begann, als J. E. R. Carpenter, der Architekt des Lincoln Building an der 42. Straße gegenüber der Vanderbilt Avenue, ankündigte, er würde 55 Stockwerke hoch bauen. William Van Alen, Chryslers Architekt, konterte mit 56 Stockwerken. Als Carpenter daraufhin Pläne für ein 63 Stockwerke hohes Gebäude machte, erhöhte Van Alen auf 65. Doch Carpenter hatte nur geblufft und gar nicht wirklich vorgehabt, über 55 Stockwerke hinauszugehen. Erst in seinem früheren Partner H. Craig Severance fand Van Alen einen zu allem entschlossenen Gegner. Dieser behauptete nämlich, sein Gebäude für die Bank of the Manhattan Company, das heutige Trump Building im Finanzdistrikt, würde das höchste der Welt werden. Van Alen reagierte, indem er mit dem Segen seines Auftraggebers, der Publicity sehr schätzte, weiter aufstocken ließ.

Als die Bekrönung des Chrysler Building so hoch gebaut worden war, wie es nur ging, holte Severance zum Gegenschlag aus, indem er oben auf seinem Bankgebäude eine Laterne anbrachte und darauf noch einen Flaggenmast. Van Alen bot dieser Beleidigung erneut die Stirn, indem er ganz geheim im Inneren des Brandschachtes eine 55,5 Meter lange Spitze aus rostfreiem Stahl baute. Als Severance sein Gebäude *downtown* wie angekündigt mit seinem Aufbau bekrönte, brachte Van Alen seinen »Vertex« in Stellung. So kam es, dass das Chrysler Building mit 77 Stockwerken das höchste der Welt wurde. In weniger als einem Jahr übernahm jedoch das Empire State Building den ersten Platz.

327

328

329

330

331

332

George S. Bowdoin Stable ℒ

149 East 38th Street
zwischen Lexington Avenue und Third Avenue

1902, Ralph S. Townsend

Diese frühere Kutschenremise wird von Bulldoggen bewacht. Sie teilen sich mit Pferden, die Kränze um den Hals tragen, den Stufengiebel. Als noch eine Eisenbahn mitten durch die Park Avenue führte, bebaute man die Blocks östlich davon, »auf der falschen Seite der Gleise«, mit Stallungen, die sich in diskreter Entfernung von den Häusern ihrer Besitzer befanden. Anders als vergleichbare Stallgebäude wirkten viele auf der East Side allerdings ziemlich elegant.

Bowery Savings Bank ℒ

110 East 42nd Street
zwischen Park Avenue und Lexington Avenue

1923, York & Sawyer

Dies ist eine römische Basilika mit reicher Ornamentik: Der Hahn symbolisiert die Pünktlichkeit, das Eichhörnchen die Sparsamkeit. Der monumentale Bogen am Eingang führt zu einer Schalterhalle, die zu den schönsten Innenräumen der Stadt zählt. Als die Bank ihre Aktivitäten einstellte, wurde die Lobby zu einem wunderschönen Restaurant unter der Leitung von Giuseppe Cipriani, der auch den Rainbow Room im Rockefeller Center betrieb.

Grand Hyatt Hotel

125 East 42nd Street bei der Lexington Avenue

1920, Warren & Wetmore
Neubau: 1980, Gruzen & Partners mit Der Scutt

Zu den Plänen der New York Central Railroad für eine »Terminal City« über ihren Gleisen gehörte der Bau mehrerer Hotels. Dieses erhielt zu Ehren von Cornelius Vanderbilt den Namen Commodore. Den Titel hatte sich der Gründer der Eisenbahngesellschaft als Besitzer der weltgrößten Dampfschiffflotte verdient. Das Hotel bot direkten Zugang zu den Gleisen. Seine Umwandlung war eines der ersten größeren Projekte von Donald Trump in Manhattan.

Park Avenue Atrium

466 Lexington Avenue
zwischen East 45th Street und East 46th Street

1984, Edward Durrell Stone

Das war mal eine Ausstellungshalle, die als Teil des Grand-Central-Terminal-Komplexes gebaut wurde. Am beliebtesten war die jährliche Blumenschau. Veteranen des Zweiten Weltkriegs erinnern sich noch daran, dass sie hier zu einer medizinischen Untersuchung antreten mussten, ehe sie eingezogen wurden. Bei der Umwandlung in ein Bürogebäude blieb die Eingangshalle als Atrium erhalten. Gläserne Aufzüge an den Seiten fuhren darin auf und ab.

James F. D. Lanier House ℒ

123 East 35th Street
zwischen Park Avenue und Lexington Avenue

1903, Hoppin & Koen

Dieses außergewöhnliche Stadthaus im Beaux-Arts-Stil ersetzte zwei kleinere Häuser des Bankiers James Lanier. Das von ihm beauftragte Architektenbüro baute auch das Police Headquarters Building an der Centre Street sowie mehrere herrschaftliche Häuser am Riverside Drive.

Andy Warhol's »Factory«

19 East 32nd Street und 22 East 33rd Street
zwischen Park Avenue und Madison Avenue

umgestaltet: 1983

Dieses Gebäude, das auch einen Eingang an der Madison Avenue hat, gehörte ursprünglich zur Edison Electric Company. Der Pop-Art-Künstler Andy Warhol nutzte es in den 60er- und 70er-Jahren des 20. Jahrhunderts als Atelier, Büro und Treffpunkt für Künstler, Schauspieler, Models und Musiker. *Velvet Underground* mit Lou Reed und John Cale galt als »Hausband«, und aus den Partys entwickelten sich oft Happenings.

333

333

Vanderbilt Hotel

4 Park Avenue
zwischen East 33rd Street und East 34th Street

1913, Warren & Wetmore

Von diesem ehemaligen Hotel ist im Grunde nur die denkmalgeschützte Della Robbia Bar erhalten geblieben. Sie war einst unter dem Namen »The Crypt« bekannt und erinnerte mit ihrem Gewölbe aus Guastavino-Fliesen an die Oyster Bar im Grand Central Terminal – schließlich stammt sie vom selben Architekten. Den Raum hier schmückte er allerdings zusätzlich mit bunten Keramikornamenten. Das frühere Hotel ist heute ein Bürogebäude.

334

Scandinavia House

56 Park Avenue
zwischen East 37th Street und East 38th Street

2000, Polshek Partnership

Das auch als Nordic Center in America bekannte Scandinavia House beherbergt den Sitz der American-Scandinavian Foundation. Sie macht durch spezielle Ausstellungen, Filmvorführungen und andere Veranstaltungen die Traditionen und Kulturen von Dänemark, Finnland, Island, Norwegen und Schweden bekannt. Ihr Geschenkeladen ist einer der besten und ungewöhnlichsten unter allen Museumsshops der Stadt. Aber schon allein das Gebäude selbst ist für alle einen Besuch wert, die nordeuropäisches Design schätzen.

334

Philip Morris Headquarters

120 Park Avenue bei der 42nd Street

1982, Ulrich Franzen & Associates

Zum Sitz des Tabak- und Nahrungsmittelkonzerns gehört auch eine südliche Zweigstelle des Whitney Museum. Es befindet sich an der Seite zum Pershing Square – einem Park, der nie verwirklicht wurde. Im Jahr 1914 reservierte die Stadt ein Grundstück für eine Plaza, die nach dem General John J. Pershing, dem Kommandanten der amerikanischen Streitkräfte im Ersten Weltkrieg, benannt werden sollte. Die Fläche blieb frei bis 1920, dann verkauften die Stadtväter das Grundstück an einen Bauunternehmer. Dieser errichtete hier ein 42-stöckiges Gebäude und nannte es Pershing Square Building. Der Name lebt weiter auf einer Plakette an einem Viadukt über der 42. Straße.

335

23 Park Avenue ℒ

bei der 35th Street

1898, McKim, Mead & White

Dieser Sandsteinpalazzo hieß ursprünglich J. Hampden and Cornelia Van Rensselaer Residence. Lange Jahre hatte der Advertising Club darin seinen Sitz. Dann entstand daraus ein Apartmenthaus. Der italienisierende Stil, für den dieses Haus ein beeindruckendes Beispiel ist, setzte sich in New York durch, als in New Jersey und Connecticut erstmals Sandstein gebrochen wurde. Er war nämlich sehr leicht zu bearbeiten und erlaubte es den Architekten, klassische Formen einzusetzen, ohne auf ausgebildete italienische Steinmetzen zurückgreifen zu müssen.

336

337

Met Life Building

200 PARK AVENUE

1963, EMERY ROTH & SONS
MIT PIETRO BELLUSCHI UND WALTER GROPIUS

Dieses Riesengebäude war ursprünglich als ultimative Einkommensquelle für die besitzende Eisenbahngesellschaft gedacht. Aber noch im Planungsstadium kam es zu einer erbitterten Kontroverse über das künftige Grand Central Building. Trotzdem mieteten die Pan American World Airways den größten Teil der Nutzfläche, ehe mit dem Bau wirklich begonnen wurde. Auf dem Dach kam ein Hubschrauberlandeplatz hinzu. Ehe das nun Pan Am Building genannte Gebäude fertig war, hatte man bisher unerreichte 93 Prozent der Nutzfläche vermietet. Als die Mieter einzogen, schrieb die *New York Times* in einem Editorial: »Wir haben nun das größte Bürogebäude der Welt. Wir haben aber auch einen der beeindruckendsten Ausblicke der Welt verloren.« Die Welt verlor 1992 auch die Pan Am Airline, der Riese ging an die Metropolitan Life Insurance Company.

Grand Central Terminal

1913, REED & STEM UND WARREN & WETMORE

INNENRENOVIERUNG: 1998, BEYER BLINDER BELLE

Dieses Meisterstück des Beaux Arts Style ist nicht nur sehr schön anzusehen, sondern auch ein Triumph der Ingenieurskunst. Charles Reed von der Firma Reed & Stem entwarf die erhöhte äußere Plaza, an der die Park Avenue entlangführte. Er übernahm auch eine Idee von Stanford Whites ursprünglichem Madison Square Garden – nämlich die, mithilfe von Rampen im Inneren den Passagierfluss zu beschleunigen. Die Züge fuhren in einen fächerförmigen zweistöckigen Bahnhof südlich der 49. Straße ein. Der Architekt entwarf eine Brücke darüber, die stark genug war, um einen Wolkenkratzer zu tragen, und er entwarf auch einen Terminal. Doch kaum hatte man mit den Bauarbeiten begonnen, erhielt Whitney Warren den Auftrag, ein anderes Gebäude dieser Art zu gestalten, und das ist denn auch das heutige.

338

Waldorf-Astoria Hotel

301 Park Avenue
zwischen East 49th Street und East 50th Street

1931, Schultze & Weaver

Dieses große Hotel ersetzte das Waldorf Hotel und das Astoria Hotel, die für das Empire State Building abgebrochen werden mussten. Erinnerungen an die Vorgängerbauten sind im Empire Room und in der Peacock Alley erhalten geblieben. Der dreistöckige Ballsaal fasst leicht 6000 Menschen. In der Eröffnungsnacht wurde er bis an die Grenze belastet, weil 20 000 Gäste erschienen. Wer mit den Auto eintraf, fuhr auf einer überdachten Zufahrt mitten durch das Hotel. Diese Tatsache sowie noch weitere Annehmlichkeiten führten dazu, dass das Hotel von Anfang an ein beliebtes Ziel für sicherheitsbewusste Politiker wurde.

Helmsley Building

230 Park Avenue
zwischen East 45th Street und East 46th Street

1929, Warren & Wetmore

Als die New York Central Railroad den Grand Central Terminal erbaute, ließ sie für ihre Büros gleichzeitig dieses palastartige 35-stöckige Gebäude über der Park Avenue errichten. Der Nordflügel huldigt erst der Gesimslinie der Gebäude an der Park Avenue, steigt dann aber zu einem beeindruckenden Turm mit einer meilenweit zu sehenden Kuppel hoch. Zwei Arkaden ermöglichen es den Fußgängern, unter dem Gebäude auf Gehsteighöhe hindurchzugehen. Durch zwei größere Eingänge haben Fahrzeuge Zugang zum Terminal. Die Fußgängerwege führten einst bis zur Park Avenue, doch entfernte man sie, um Platz zu schaffen für Autos.

St. Bartholomew's Church
(Episkopalkirche)

Park Avenue
zwischen East 50th Street und East 51st Street

1919, Bertram G. Goodhue

Die St. Bartholomew's Church steht weit oben auf der Liste der reichsten und angesehensten Kirchen. Sie befindet sich auf dem Boden einer früheren Brauerei, die hier fast 60 Jahre lang Bier produzierte, und ersetzt eine frühere Kirche der Gemeinde an der Madison Avenue Ecke 44. Straße. Deren Eingangsportal von Stanford White mit Skulpturen von Daniel Chester French und Philip Martiny wurde hier an der Park Avenue neu aufgebaut. In den 1980er-Jahren wollte man das benachbarte Pfarrhaus durch einen Büroturm ersetzen. Aber eine Entscheidung des United States Supreme Court rettete das schöne Gebäude.

Consulate General of Poland

233 Madison Avenue bei der East 37th Street

1906, C. P. H. Gilbert

Dieses extravagante herrschaftliche Haus, das heute als polnisches Generalkonsulat dient, ließ sich Captain Raphael De Lamar errichten, der schon im Alter von 23 Jahren ein eigenes Schiff besessen hatte. Großes Geld machte er schließlich mit den Goldfeldern von Colorado. Sein neues New Yorker Haus besaß zwei Aufzüge, einen für die Dienstboten, den anderen für ihn und seine zehnjährige Tochter. Seine Frau hatte sich von ihm scheiden lassen. Das Haus verfügte auch über einen großen Ballsaal, der allerdings nie genutzt wurde, denn der Captain war ein Einzelgänger und an dieser Art von Unterhaltung nicht interessiert.

339

340

341

342

343

344

345

346

343

LVMH

19 EAST 57TH STREET
ZWISCHEN MADISON AVENUE UND FIFTH AVENUE

1999, CHRISTIAN DE PORTZAMPARC

Das Gebäude beherbergt Büros der Firmen Louis Vuitton und Moet Hennessy. Es gehört zu den faszinierendsten, die in den letzten Jahrzehnten in New York gebaut wurden. Die geknickte Glasfassade mit den schrägen Fenstern stellt einen wunderbaren Kontrapunkt zu den ernster gestalteten Nachbargebäuden dar. Die Baupläne wurden wie auch die Produkte der Besitzer aus Frankreich importiert, und bei der praktischen Umsetzung an der 57. Straße ging nichts davon verloren.

344

SONY BUILDING

550 MADISON AVENUE
ZWISCHEN EAST 55TH STREET UND EAST 56TH STREET

1984, PHILIP JOHNSON UND JOHN BURGEE
SONY ENTERTAINMENT CENTER, 1994,
GWATHMEY SIEGEL & ASSOCIATES

Als dieses Gebäude als Hauptsitz der amerikanischen Telefongesellschaft AT & T errichtet wurde, blickten alle nach oben auf das Dach, das einen »Chippendale«-Giebel trug – anders konnte man ihn gar nicht nennen. Doch das Gebäude hat mehr als nur das zu bieten. Die Verkleidung aus Stein war die erste in New York seit mehr als 30 Jahren und eine willkommene Abwechslung zu all den Glasfassaden.

345

BANCO DI NAPOLI *L*

4 EAST 54TH STREET
ZWISCHEN FIFTH AVENUE UND MADISON AVENUE

1900, MCKIM, MEAD & WHITE

Dieses Haus wurde für den Millionär und Playboy W. E. D. Stokes gebaut, der sich in das Schaufensterfoto einer der schönsten Frauen seiner Zeit verliebt hatte. Offenbar hielt auch das reale Gegenstück des Fotos, was sein Abbild versprach, aber das gemeinsame Glück war nur von kurzer Dauer: Einige Jahre nach einer der prunkvollsten Hochzeiten, die New York je gesehen hat, wurden die beiden geschieden – noch bevor ihr Traumhaus fertig gestellt war. Später wohnte darin William H. Moore, ein Anwalt aus Chicago und Gründer der National Biscuit Company, der U.S. Steel sowie weiterer Riesenfirmen.

346

IBM BUILDING

590 MADISON AVENUE BEI DER EAST 57TH STREET

1983, EDWARD LARRABEE BARNES ASSOCIATES

Die Firma International Business Machines, die elektronische Bürogeräte herstellt und seit dem Jahr 1924 ihren Hauptsitz in New York hat, zog im Jahr 1938 in ein Gebäude auf diesem Grundstück um. Der Hauptsitz wurde später nach Armonk im Westchester County verlegt. Das New Yorker Büro aber wuchs weiterhin, sodass man ein größeres Gebäude errichten musste. Es umfasst auch einen Innenpark an der Seite zur 57. Straße, über den es mit der Nike Town und dem Trump Tower im Westen verbunden ist.

CROWN BUILDING

730 FIFTH AVENUE BEI DER WEST 57TH STREET

1921, WARREN & WETMORE

Erst hieß das Gebäude Hecksher und dann Genesco Building. Jedenfalls war es das erste große Bürogebäude im Einzelhandelsdistrikt der Fifth Avenue. Nach den Bebauungsvorschriften von 1916, die bisher unbekannte Restriktionen im Hinblick auf die Massierung solcher Gebäude festlegten, war es der erste Wolkenkratzer, der errichtet wurde. Seine Silhouette sollte als freundlicher Hintergrund für das Vanderbilt Mansion an der entgegengesetzten Ecke der West 57th Street dienen.

FIFTH AVENUE PRESBYTERIAN CHURCH

705 FIFTH AVENUE BEI DER WEST 55TH STREET

1875, CARL PFEIFFER

Dies ist die dritte Kirche der Gemeinde seit ihrer Gründung im späten 18. Jahrhundert. Sie sollte sozusagen Schritt halten mit der Wanderung der Bevölkerung nach Norden. Die einfache Sandsteinfassade lässt vermuten, dass das Innere des Gotteshauses in einem wundervollen Victorian Gothic Style gehalten ist. Es verfügt über zwei Stockwerke und keine rechten Winkel.

TRUMP TOWER

725 FIFTH AVENUE BEI DER EAST 56TH STREET

1983, DER SCUTT, MIT SWANKE, HADEN CONNELL

Der Trump Tower besteht aus einer Shoppingmall auf vielen Ebenen sowie aus Luxusapartments über den Geschäften. Auf der Liste der Sehenswürdigkeiten, die Touristen sehen wollen, steht er ganz weit oben. Man mag erstaunt sein über die livrierten Diener, über das große Klavier direkt am Eingang und den spektakulären Wasserfall im Inneren des Gebäudes – aber auch über die Preise in den Geschäften.

HENRI BENDEL ℒ

712 FIFTH AVENUE

1908, ADOLF S. GOTTLIEB
UND 714 FIFTH AVENUE, 1909, WOODRUFF LEEMING
KOMBINIERT UND NEU GESTALTET: , 1991, BEYER
BLINDER BELLE

Als die Firma Bendel expandierte und hierher umzog, entdeckte man zur allgemeinen Überraschung, dass die übermalten Fenster im zweiten Stock des nördlichen Gebäudes aus der Hand von René Lalique stammten.

ROCKEFELLER APARTMENTS ℒ

17 WEST 54TH STREET
ZWISCHEN FIFTH AVENUE UND SIXTH AVENUE

1937, HARRISON & FOUILHOUX

Diese beiden einfachen, aber eleganten, von Nelson Rockefeller in Auftrag gegebenen Gebäude entstanden auf einem Grundstück, das der Familie nach dem Bau des Rockefeller Center noch gehörte. Den Rest der Parzelle schenkte sie dem Museum of Modern Art und der New York Public Library, die ihren Anteil für die Donnell Library an der West 53rd Street zu nutzen wusste.

ST. THOMAS CHURCH ℒ
(EPISKOPALKIRCHE)

FIFTH AVENUE BEI DER WEST 53RD STREET

1913, CRAM, GOODHUE & FERGUSON

Dieses neugotische Gebäude aus Kalkstein nutzt die enge Eckparzelle sehr gut aus. Die prächtigen Aufsätze hinter dem Altar gehören zu den schönsten der Stadt und dienen als Hintergrund für Aufführungen des Knabenchors von St. Thomas – unbestritten der beste in den USA. Ein kleiner Eingang an der Südseite, nahe beim Haupteingang, heißt auch »Brauttür«. Man erkennt sie an der verschnörkelten Ornamentik, die rechts von der Figur Christi die Form eines Dollarzeichens annimmt.

347

348

349

350

351

352

St. Regis-Sheraton Hotel

2 East 55th Street bei der Fifth Avenue

1904, Trowbridge & Livingston

Das Messinghäuschen für den Türsteher und das Zeichen zum Herbeirufen eines Taxis nahe dem Eingang sind erst der Anfang. Das wahre Vergnügen findet man im Inneren dieses Luxushotels, zum Beispiel das Wandgemälde von »Old King Cole«, über der Bar. Es stammt von Maxfield Parrish und wurde vom alten Knickerbocker Hotel am Times Square hierher gebracht. Als dieses Hotel gebaut wurde, war der Bereich westlich der Eingangshalle, in dem heute Geschäfte liegen, ein großer Speisesaal, der in den wärmeren Monaten zum Gehsteig der Fifth Avenue hin geöffnet werden konnte.

Scribner's Bookstore ℒ

597 Fifth Avenue
zwischen East 48th Street und East 49th Street

1913, Ernest Flagg

Das Innere dieses Geschäftes ist denkmalgeschützt. Deshalb hat die Firma Benetton, die es zur Zeit nutzt, kaum etwas geändert – mit Ausnahme der Waren natürlich. Der Verlag Charles Scribner's Sons, der Werke von Autoren wie Ernest Hemingway und F. Scott Fitzgerald veröffentlichte, wurde im Jahr 1984 von der Macmillan Company übernommen. Sie schloss daraufhin die wundervolle Buchhandlung, die Scribner's hier betrieben hatte.

University Club ℒ

One West 54th Street bei der Fifth Avenue

1899, Charles McKim von McKim, Mead & White

Dieser Palast im Stil der italienischen Hochrenaissance ist neun Stockwerke hoch, wird aber durch hohe Bogenfenster so unterteilt, dass man meint, ein dreistöckiges Gebäude vor sich zu haben, was auch eher mit dem italienischen Vorbild übereinstimmen würde. Die Decken der Lounge sind vom Gehsteig aus zu erkennen. Die beiden anderen Hauptteile sind die Bibliothek und der Esssaal. Das Zentrum dieses Gebäude ist die Bibliothek – mit ihren 13 000 Bänden die größte Sammlung eines privaten Klubs in den USA.

Tiffany's

727 Fifth Avenue bei der East 57th Street

1940, Cross & Cross

Dieser berühmte Juwelier blieb anders als der die Fifth Avenue hoch wandernde Einzelhandel bis zum Jahr 1940 an seinem angestammten Ort. Dann aber zog er von seinem früheren Sitz im herrschaftlichen Gebäude an der 48. Straße, das McKim, Mead & White gebaut hatten, in dieses neue Gebäude aus Granit und Kalkstein um. Die 2,70 m hohe Uhr über dem Eingang, die ein Atlas trägt, wurde im Jahr 1853 zum Markenzeichen der Firma und stand schon an sechs verschiedenen Orten. Sie stammt von Frederick Metzler, der hauptsächlich Galionsfiguren für Schiffe schnitzte. Im Lauf der Jahre gewann die Uhr den Ruf, der genaueste Zeitmesser der Stadt zu sein.

353

354

355

356

357

Cartier's 𝓛

651 Fifth Avenue bei der East 52nd Street

1905, Robert W. Gibson

Die Vanderbilts beherrschten einst diese Blocks an der Fifth Avenue mit drei herrschaftlichen Häusern an der Westseite. Um sicherzugehen, dass er vom Handel verschont bliebe, verkaufte William K. Vanderbilt das Land an der Ecke zur 52. Straße an seinen Millionärskollegen Morton F. Plant. Die Auflage lautete allerdings, dass es 25 Jahre lang nur zu Wohnzwecken verwendet werden dürfe. Nachdem die Vanderbilts selbst wegzogen, bat Plant um Aufhebung der Vertragsbedingungen. Stattdessen kaufte Vanderbilt das Haus für eine Million Dollar, was sehr viel mehr war als sein eigentlicher Wert, und vermietete es für 50 000 Dollar an Cartier. Das war damals die bei weitem höchste Mietzahlung an der Fifth Avenue.

British Empire Building und La Maison Française 𝓛

610 und 620 Fifth Avenue
zwischen West 49th Street und West 50th Street

1933, Associated Architects

Als John D. Rockefeller Jr. das nach ihm benannte Center baute, wollte er auch den Außenhandel ankurbeln. Deshalb errichtete er diese beiden Gebäude für die britische und französische Regierung. Die urbane Landschaft zwischen den beiden von der Fifth Avenue bis zur tiefer gelegenen Plaza vor dem RCA Building wurde damals Channel Gardens genannt. Gärten spielten bei den ursprünglichen Plänen zu diesem Komplex eine große Rolle; selbst die Dächer dieser beiden Gebäude tragen – neben vielen anderen – landschaftsarchitektonisch gestaltete Gärten.

358

359

SAKS FIFTH AVENUE ℒ

611 FIFTH AVENUE
ZWISCHEN EAST 49TH STREET UND EAST 50TH STREET

1924, STARRET & VAN VLECK

Schon bald nach der Fertigstellung dieses riesigen Kaufhauses begann der Besitzer Adam Gimbel mit einer Umgestaltung. Zuerst vergrößerte er die Schaufenster an der Fifth Avenue, und dann beauftragte er den Architekten Frederick Kielser, die Auslage zu gestalten. Das war das erste Mal, dass ein Einzelhändler mehr tat, als seine Schaufenster mit jenen Waren voll zu stopfen, die gerade im Angebot waren. Natürlich folgten andere Kaufhäuser dem Vorbild – zum Vergnügen der Schaufensterbummler der ganzen Stadt.

360

INTERNATIONAL BUILDING ℒ

630 FIFTH AVENUE
ZWISCHEN WEST 50TH STREET UND WEST 51ST STREET

1934, ASSOCIATED ARCHITECTS

Lee Lawries vier Meter hohe Bronzestatue eines »Atlas« passt sehr gut zur Form und Funktion dieses International Building. Die Kugel auf den Schultern der Figur hat einen Durchmesser von 6,3 Meter und ist durchsichtig, weil der Künstler nicht wollte, dass sie die Aussicht vom Gebäude versperre und unerwünschte Schatten werfe. Lee Lawrie lieferte weitere Beiträge zum Rockefeller Center – zum Beispiel die Verkleidungen aus Glas und Kalkstein über dem Eingang zur 30 Rockefeller Plaza.

ST. PATRICK'S CATHEDRAL 🔎
(RÖMISCH-KATHOLISCH)

FIFTH AVENUE
ZWISCHEN EAST 50TH STREET UND EAST 51ST STREET

1878, JAMES RENWICK, JR.

Im Jahr 1828 kaufte die katholische Kirche dieses Grundstück für einen Friedhof. Aber dann stießen die Totengräber direkt unter der Oberfläche auf festes Gestein. Im Jahr 1850 kündigte Erzbischof John Hughes an, hier eine Kathedrale zu errichten. Die Bauarbeiten begannen acht Jahre danach. Als sie 21 Jahre später übergeben wurde, kostete sie mehr als doppelt so viel wie vorgesehen. Doch zur Weihe im Jahr 1910 war das Gebäude schuldenfrei. Die Residenz an der Seite der Madison Avenue war 1880 fertig, 1888 kamen die Türme hinzu. Die 1906 gebaute Lady Chapel hinter dem Hochaltar schuf Charles T. Matthews.

361

ASSOCIATED PRESS BUILDING 🔎

50 ROCKEFELLER PLAZA
ZWISCHEN WEST 50TH STRET UND WEST 51ST STREET

1938, ASSOCIATED ARCHITECTS

Dies ist der Sitz der Firma Associated Press. Sie wurde im Jahr 1848 gegründet, um die Nachrichtenbeschaffung mehrerer New Yorker Zeitungen zu unterstützen. Heute bedient sie über 1700 amerikanische und rund 8500 Zeitungen im Ausland. Die Stahlplakette über dem Eingang schuf der Bildhauer Isamu Noguchi. Ihr Thema ist der »Fortgang der Zivilisation«. Dargestellt sind fünf Männer mit Notizbuch, Telefon, Kamera, einem Apparat zur drahtlosen Übertragung von Bildern und ein Fernschreiber.

362

THE PLAZA HOTEL ℒ

GRAND ARMY PLAZA
FIFTH AVENUE BEI DER 59TH STREET

1907, HENRY J. HARDENBERGH

Am Eröffnungstag dieses Hotels im Stil der französischen Renaissance versammelte sich im Jahr 1907 eine Schlange von Automobilen vor dem Eingang an der Fifth Avenue. Das waren die ersten New Yorker Taxis. Sie hießen so, weil ein Gerät, das Taxameter, die Fahrtzeit maß und danach den Preis berechnete. Seither wurde in diesem Hotel auf die unterschiedlichste Weise Geschichte geschrieben. Das inspirierte eine Werbekampagne, in der behauptet wurde: »Im Plaza geschieht nie etwas Uninteressantes.«

BERGDORF GOODMAN

FIFTH AVENUE
ZWISCHEN WEST 57TH STREET UND WEST 58TH STREET

1928, BUCHMAN & KAHN

Dieser Komplex setzt sich aus sieben durch eine Arkade und eine gemeinsame Fassade verbundenen Gebäuden zusammen. Hauptmieter ist der auf Damenmode spezialisierte Bergdorf Goodman. Anfangs wurden hier noch keine Waren ausgestellt. Die Kundin äußerte ihre Wünsche, und daraufhin führten Models die entsprechenden Kleidungsstücke vor. Ursprünglich stand hier die im Jahr 1926 abgebrochene Residenz von William K. Vanderbilt, eine der prächtigsten der Stadt. Ihre schmiedeeisernen Tore schmücken heute den Eingang der Conservatory Gardens im Central Park an der Fifth Avenue Ecke 105. Straße.

GENERAL MOTORS BUILDING

767 FIFTH AVENUE
ZWISCHEN EAST 58TH STREET UND EAST 59TH STREET

1968, EDWARD DURRELL STONE

Hier stand einst das elegante Savoy Plaza Hotel. Es wurde abgebrochen, um einem massiven Bürohaus Platz zu machen. Zu dessen Attraktionen zählen der Spielzeugladen von F. A. O. Schwarz sowie die Glasstudios, von denen die CBS ihre frühmorgendliche Fernsehschau ausstrahlt. Das Gebäude wurde kürzlich von dem allgegenwärtigen Donald Trump umgestaltet, der im Inneren Eigentumsbüros schuf und die nutzlose Plaza unterhalb des Gehsteigs an der Fifth Avenue überdachen ließ.

ALGONQUIN HOTEL ℒ

59–61 WEST 44TH STREET
ZWISCHEN FIFTH AVENUE UND SIXTH AVENUE

1902, GOLDWIN STARRETT

Dieses Hotel mit seinen bequemen englischen und amerikanischen Einrichtungsgegenständen aus dem 18. Jahrhundert war seit jeher ein Zentrum der Literatur- und Theaterszene. In den 20er-Jahren des 20. Jahrhunderts trafen sich hier täglich Intellektuelle zum Lunch und unterhielten sich bis in den Nachmittag mit schlagfertigen Dialogen (»Algonquin Roundtable«). Neben Kolumnisten wie Franklin P. Adams, Schriftstellern wie Dorothy Parkers und Robert Benchley wurden auch Schauspieler und andere Künstler dazu eingeladen, etwa Douglas Fairbanks und Harpo Marx, um sich mit den Mitgliedern dieser Runde zu messen.

363

364

365

366

367

368

368

RCA Building℘

367

30 ROCKEFELLER PLAZA
ZWISCHEN WEST 49TH STREET UND WEST 50TH STREET

1933, ASSOCIATED ARCHITECTS

Nachdem John D. Rockefeller, Jr. im Jahr 1929 Grundstücke zwischen der 48. und der 51. Straße sowie zwischen der Fifth und Sixth Avenue für den neuen Sitz der Metropolitan Opera aufgekauft hatte, erfuhr er, dass es der Oper wegen der Weltwirtschaftskrise unmöglich sein würde umzuziehen. Plötzlich hatte er eine Menge Land am Hals, dessen Wert gefallen war. Er reagierte darauf, indem er diesen Komplex aus Bürogebauden, Geschäften und Theatern baute. Im Zentrum steht dieser monumentale Wolkenkratzer, der an die Radio Corporation of America vermietet ist. Sie besitzt unter anderem die National Broadcasting Company, deren Studios und Büros sich in diesem Gebäude befinden. Im Jahr 1986 kaufte General Electric die RCA, der Name des Gebäudes wurde in GE Building geändert.

Radio City Music Hall℘

SIXTH AVENUE BEI DER 50TH STREET

1932, SAMUEL (»ROXY«) ROTHAFEL

Dieser 6200 Sitze umfassende Tempel der darstellenden Künste war ursprünglich als Variété gedacht, doch der Kartenverkauf verlief nur schleppend. So baute man ihn bald in ein Kinotheater mit Bühnenaufführungen um. Es hatte einen soliden Ruf als Ort der Unterhaltung für die ganze Familie. Der Qualitätsrückgang bei den Filmen, die hier gezeigt werden konnten, führte 1978 schließlich zur Ankündigung, die Rockettes hätten hier zum letzten Mal getanzt, das Theater würde abgebrochen. Aber die staatliche Urban Development Corporation rettete es gerade noch rechtzeitig. Seither wurde es generalüberholt, und obwohl Kinofilme mit Bühnenshows schon längst der Vergangenheit angehören, finden hier immer noch traditionelle Oster- und Weihnachtsshows sowie Livekonzerte von Rockgrößen und ähnliche Veranstaltungen statt.

369

370

371

372

ASSOCIATION OF THE BAR OF THE CITY OF NEW YORK

369

42 WEST 44TH STREET
ZWISCHEN FIFTH AVENUE UND SIXTH AVENUE

1896, CYRUS L. W. EIDLITZ

Die Anwälte, die über die Exzesse von Tammanny Hall und dessen Boss William Marcy Tweed schockiert waren, gründeten im Jahr 1870 diese Vereinigung von Standesgenossen. Ihre Mitglider wurden genau überprüft und mussten hohe Beiträge bezahlen. Damit wollte man sichergehen, dass nur die besten Anwälte der Stadt vertreten waren. Als die Vereinigung 1896 hierher umzog, bildete sie noch einen exklusiven Klub mit rund 1400 Mitgliedern. Heute gehören ihm rund ein Drittel aller Rechtsanwälte in der Stadt an. Sie dürfen die beeindruckende Handbibliothek benutzen, die fast eine halbe Million Bände umfasst.

CENTURY ASSOCIATION CLUBHOUSE

370

7 WEST 43RD STREET
ZWISCHEN FIFTH AVENUE UND SIXTH AVENUE

1891, McKIM, MEAD & WHITE

Dieser Palast ging aus der Zusammenarbeit zwischen Stanford White und seinem Partner Charles F. McKim hervor. Ihr Klub fördert die Künste. Zuerst sträubten sich die Mitglieder gegen den Preis von 150 000 Dollar für das Grundstück und waren ebenso entsetzt über das Architektenhonorar von 160 000 Dollar. Doch die jährlichen Beiträge stiegen dadurch nur um 15 Dollar auf 50 Dollar. Die Zahl der Mitglieder wuchs sprunghaft. Nur Frauen hatten keinen Zugang – sogar die Societyarchitektin Elsie de Wolfe, die ihre Beziehungen hätte einsetzen können, wurde nicht weiter zugelassen als bis zur Galerie in der Eingangshalle.

HARVARD CLUB

371

27 WEST 44TH STREET
ZWISCHEN FIFTH AVENUE UND SIXTH AVENUE

1915, McKIM, MEAD & WHITE

Dieser Bau im Colonial-Revival-Stil will an die frühen Gebäude auf dem Campus der Harvard University in Cambridge, Massachusetts, erinnern. Charles F. McKim, der Hauptarchitekt, hatte selbst in Harvard studiert und später mehrere Gebäude für diese Universität entworfen. Für diesen New Yorker Außenposten der Universitätsabgänger setzte er dunkelroten »Harvard Ziegelstein« ein. Auch der Blick durch die hohen Fenster im zweiten Stock auf die 45. Straße ist den Weg um die Ecke wert.

NEW YORK YACHT CLUB

372

37 WEST 44TH STREET
ZWISCHEN FIFTH AVENUE UND SIXTH AVENUE

1900, WARREN & WETMORE

Zurzeit des Baus besaßen die Mitglieder dieses Klubs für gut betuchte Gentlemanschiffer und Yachtbesitzer eine Flotte von über 150 hochseetüchtigen Segelbooten und ebenso viele mit Dampf getriebene Yachten. Darunter waren die 95 Meter lange Valiant von William K. Vanderbilt und die 92,6 Meter lange Corsair II von J. P. Morgan. Der Club gewann von 1851 an jedes Jahr den America's Cup, verlor die Trophäe aber 1983 an eine australische Yacht. Die Erkerfenster zur Bucht hin sollen an den Bug jener Schiffe erinnern, die niederländische Seeleute ursprünglich »Yachten« nannten.

373

MANUFACTURERS TRUST COMPANY

510 FIFTH AVENUE BEI DER WEST 43RD STREET

1954, GORDON BUNSCHAFT
OF SKIDMORE, OWINGS & MERRILL

Dieses Glasgebäude bedeutete einen Durchbruch beim Design von Banken. Am Eröffnungstag betraten 15 000 Menschen das Gebäude, um sich das besser anzusehen, was sie schon vom Gehsteig aus erkennen konnten. Den Managern der Bank ging es um ein neues Image. Während in der vorangegangenen Ära Sicherheit die wichtigste Botschaft war, was zu bunkerartigen Erscheinungen geführt hatte, sollte die Bank nun offener und freundlicher wirken. Deshalb ließen sie auch ein gut einsehbares Gewölbe mit Safes am Vorderfenster installieren. Wie als Beweis, dass die neue Gestaltung profitabel war, wurden hier im ersten Jahr mehr neue Konten eröffnet als in jeder anderen Filiale der Bank in einem beliebigen Jahr ihrer Geschichte. Heute hat hier eine Filiale der Chase Manhattan Bank ihren Sitz.

374

New York Public Library ℒ

Fifth Avenue
Zwischen West 40th Street und West 42nd Street

1911, Carrère & Hastings

Eine der bedeutendsten Bibliotheken der Welt hat ihren Sitz in einem der beeindruckendsten Gebäude der Stadt, einem Meisterstück des Beaux Arts Style, außen wie innen. Die Bibliothek umfasst rund 49,5 Millionen Archivalien, darunter mehr als 18 Millionen Bücher. Keines davon darf das Gebäude verlassen. Für die Bestellung und Nutzung im Lesesaal steht eine Datenbank zur Verfügung. Die Bücher lagern in unterirdischen Magazinen und werden dem Benutzer verblüffend schnell zur Verfügung gestellt. Wer einen Ausweis besitzt – es wird jeder zugelassen, der im Staat New York lebt, hier arbeitet oder studiert –, kann auch noch von 80 weiteren Zweigstellen Bücher ausleihen. Die Löwen auf den Treppenstufen schuf Edward C. Potter, der auch die Löwinnen außen an der Morgan Library gestaltet hat.

AMERICAN STANDARD BUILDING *L*

40 WEST 40TH STREET
ZWISCHEN FIFTH AVENUE UND SIXTH AVENUE

1924, HOOD & FOUILHOUX

Das einstige American Radiator Building ist heute das Bryant Park Hotel. Sein schwarz-goldenes Design von Raymond Hood ist schlicht, aber beeindruckend. Ganz zu Beginn seiner Karriere hatte er für die Firma, die damals noch American Radiator and Standard Sanitary Company hieß, Heizkörperverkleidungen entworfen. Offenbar mochte er seinen früheren Arbeitgeber. Als dieser das Gebäude für Ausstellungsräume und Büros mit der Auflage in Auftrag gab, es müsse in 13 Monaten entworfen und gebaut sein, zuckte Hood nicht mal mit der Wimper. Nach Beendigung seiner Arbeit meinte er: »Ich hatte genau die Art Kunde, die sich ein Architekt wünscht.«

HSBC BANK TOWER

452 FIFTH AVENUE BEI DER 40TH STREET (*L*)

1983, ATTIA & PERKINS
ES UMFASST DAS KNOX HAT BUILDING,
1902, JOHN H. DUNCAN

Wenn New Yorker überhaupt einen Hut tragen, dann in der Regel eine Baseballmütze. Das war nicht immer so: Vor einem Jahrhundert kauften noch so viele Männer eine Kopfbedeckung, dass sich Edward M. Knox ein beeindruckendes Gebäude leisten konnte für seine Ausstellungsräume. Mit seinen Betrieben in Brooklyn und Lower Manhattan war er im 19. Jahrhundert der führende Hutfabrikant. Seine Produkte gingen in die ganze Welt. Sein früheres Geschäft und der Büroturm, der es heute umfasst, wurde von der Republic National Bank neu gestaltet und beherbergt heute deren Nachfolgerin, die HSBC.

390 FIFTH AVENUE *L*

BEI DER 36TH STREET

1906, MCKIM, MEAD & WHITE

Dieses Gebäude ist eines von mehreren neoklassizistischen Kaufhäusern an diesem Abschnitt der Fifth Avenue. Es beherbergte die Firma Gorham Silversmiths, die als erste Sterlingsilber in Amerika verkaufte. Wie die meisten Geschäfte an der Fifth Avenue war auch diese Firma zu Beginn des 20. Jahrhunderts vom Broadway hierher umgezogen. Damals war das Viertel als »Ladies' Mile« bekannt. Auf die Silberschmiede folgte der Kürschner Russeks, der das Gebäude unverändert ließ. Von den heutigen Bewohnern kann man das leider nicht behaupten.

GERARD APARTMENTS *L*

123 WEST 44TH STREET
ZWISCHEN SIXTH AVENUE UND SEVENTH AVENUE

1894, GEORGE KEISTER

Im Jahr 1893 baute Charles Frohman das Empire Theater am Broadway Ecke 41. Straße. Das Gebiet oberhalb davon hieß damals noch Longacre Square und wurde zum neuen Theaterbezirk. Dieses Apartmenthotel, das einst Hotel Gerard hieß, zählte zu den ersten und gewiss auch größten, deren Besitzer den neuen Trend zu nutzen verstanden. Bevor der Name in Gerard Apartments umgeändert wurde, war es als 1-2-3 Hotel bekannt, weil es im Erdgeschoss ein Restaurant hatte, das Café Un-Deux-Trois hieß. Die Giebel, Mansarden- und Bogenfenster machen es zu etwas Besonderem im Theaterbezirk.

375

376

377

378

379

PIERPONT MORGAN LIBRARY

33 East 36th Street
zwischen Park Avenue und Madison Avenue

1906, McKim, Mead & White

J. P. Morgan war einer der aktivsten Kunstsammler seiner Zeit. Sein Haus an der 36. Straße und der Madison Avenue sowie sein Londoner Haus waren vollgestopft mit Kunst. Um seine Sammlung seltener Bücher und unschätzbarer Manuskripte sicher aufzubewahren, ließ er dieses wunderbare Gebäude in dem Garten hinter seinem Haus errichten. Die Außenhaut besteht aus Steinblöcken, die ohne Mörtel verlegt wurden und so eng aneinander grenzen, dass keine Messerklinge dazwischen Platz findet. Das Innere enthält drei große Räume: eine sehr schöne Eingangsrotunde, eine Bibliothek östlich davon mit drei Regalreihen und Morgans eigenes Studio an der Westseite. Der Stifter wünschte, dass seine Sammlung in diesem Gebäude dem amerikanischen Volk zur Verfügung stünde, und es ist genau so geblieben, wie er es verlassen hat.

EMPIRE STATE BUILDING

350 Fifth Avenue
zwischen West 33rd Street und West 34th Street

1931, Shreve, Lamb & Harmon

Obwohl dieser Wolkenkratzer mit einer Höhe von 381 m längst nicht mehr das höchste Gebäude der Welt ist, hat man von hier doch immer noch den schönsten Blick auf die anderen Türme der Skyline. Er wurde auf dem Höhepunkt der Weltwirtschaftskrise eingeweiht, und die 186 000 Quadratmeter Nutzfläche wurden über zehn Jahre lang nur zur Hälfte genutzt. Doch schließlich führte die Prosperität während des Zweiten Weltkriegs dazu, dass auch der Rest vermietet werden konnte. Offiziell ist das Empire State Building 102 Stockwerke hoch, doch nur 85 davon enthalten Nutzflächen, die man auch vermieten kann. Den Rest bilden eine Beobachtungsplattform und eine Kuppel, die man zum Festmachen von Luftschiffen verwenden wollte. Dorthin zog sich auch der große Menschenaffe King Kong im gleichnamigen Film zurück.

380

381

MACY'S

Das ursprüngliche Kaufhaus, dessen Eingang am Broadway traditionell die abschließende Kulisse von Macys Parade zum Thanksgiving Day bildet, hatte bereits eine Nutzfläche von 74 400 Quadratmeter. Als andere Kaufhäuser expandierten, errichtete die Firma noch einen 37 200 Quadratmeter großen Anbau, um ihren Status als »größtes Geschäft der Welt« zu verteidigen. Er hätte sogar ein bisschen größer werden können, doch der Hauptkonkurrent Henry Siegel kaufte insgeheim ein 9 x 15 Meter großes Grundstück an der Ecke zur 34. Straße und baute darauf ein gut gehendes kleines Geschäft. Nach all den Jahren gehört dieses Grundstück immer noch nicht Macy's, doch das kleine Geschäft vermietet Raum auf dem Dach für eine gigantische Reklametafel, die Kunden dazu verleiten soll, den Eingang um die Ecke zu benutzen.

382

382

MANHATTAN MALL

1275 BROADWAY
ZWISCHEN WEST 32ND STREET UND WEST 33RD STREET

1912, D. H. BURNHAM & CO.
NEUGESTALTUNG: 1989, RTKL ASSOCIATES

Als das Kaufhaus Gimbel hier im Jahr 1986
seine Türen schloss, wurde das Originalgebäude entkernt und mit einer Glashaut versehen.
Dann hängte man bunte Neonreklamen auf
und schuf auf vielen Stockwerken eine Shopping Mall mit einem »Food Court« ganz oben.
An das alte Kaufhaus erinnert noch eine faszinierende doppelstöckige Brücke über der
32. Straße. Sie diente einst dem Transport von
Waren, die zu einem getrennten Gebäude ange-
liefert wurden. Die drei obersten Stockwerke
blieben noch verhältnismäßig intakt.

COLLECTOR'S CLUB

22 EAST 35TH STREET
ZWISCHEN MADISON AVENUE UND PARK AVENUE

1902, MCKIM, MEAD & WHITE

Dieses elegante georgianische Stadthaus mit seinen mittelalterlichen Bogenfenstern wurde für den Kunsthändler und Sammler Thomas B. Clarke gebaut. Im Jahr 1937 kaufte es der Collector's Club, dessen Mitglieder aber im Allgemeinen mehr Interesse an Briefmarken haben als an Kunst.

CHURCH OF THE INCARNATION
(EPISKOPALKIRCHE)

205 MADISON AVENUE BEI DER 35TH STREET

1864, EMLEN T. LITTEL

Diese Kirche enthält mit die bedeutendsten religiösen Kunstwerke des ganzen Landes. Dazu gehören Glasfenster von William Morris und Louis Comfort Tiffany, Skulpturen von Augustus Saint-Gaudens und Daniel Chester French sowie Wandgemälde von John La Farge.

HOTEL MARTINIQUE

53 WEST 32ND STREET BEIM BROADWAY

1900, HENRY J. HARDENBERGH

Ein Holiday Inn vom Architekten des originalen Waldorf-Astoria-Hotels und des Plaza-Hotels. Dieses opulente Gebäude wurde erst in ein Obdachlosenheim umgebaut und dann in ein städtisches Hotel zurückverwandelt. Es gehörte ursprünglich zu einem von mehreren Hotels in der Umgebung, denen es zur Zeit der Zugreisen gut ging: Damals stiegen die Reisenden in der benachbarten Pennsylvania Station aus und wollten nicht lange herumwandern, um einen Platz zum Schlafen zu finden.

W.R. GRACE BUILDING

1114 SIXTH AVENUE BEI DER WEST 43RD STREET

1974, SKIDMORE, OWINGS & MERRILL

Das Gebäude des Meisterarchitekten Gordon Bunshaft kann dem Bau derselben Firma an der Adresse 9 West 57th Street nicht das Wasser reichen. Beide umgehen die Bebauungsvorschriften mit einer schrägen statt mit einer stufenweise zurückversetzten Fassade. Das Grace Building, das das Kaufhaus der Stern Brothers ersetzte, nutzte die Bebauungsbestimmungen, um eine Adresse an der Sixth Avenue zu bekommen, indem es eine ziemlich düstere Plaza an der Rückseite mit einschloss.

BRYANT PARK STUDIOS

80 WEST 40TH STREET BEI DER SIXTH AVENUE

1902, CHARLES A. RICH

Heute meint man mit einem Studio ein Einzimmerapartment. Vor einem Jahrhundert verstand man darunter in New York Apartments mit doppelter Geschosshöhe und mächtigen Fenstern wie hier. So wollte man das Licht vom nördlich gelegenen Bryant Park an der anderen Straßenseite einfangen. Das Gebäude wurde für Künstler wie A. A. Anderson errichtet, dessen Apartment voller exotischer architektonischer Details war, die er als Hintergrund für die mit Vorliebe gemalten Porträts verwendete.

THE LAMB'S CLUB

130 WEST 44TH STREET
ZWISCHEN SIXTH AVENUE UND SEVENTH AVENUE

1905, MCKIM, MEAD & WHITE

Dieses Klubhaus wurde für eine im Jahr 1874 gegründete Schauspielervereinigung gebaut, die heute noch aktiv ist. Ihre »lambastes« genannten Treffen hält sie im Women's National Republican Club an der 51. Straße gegenüber dem Rockefeller Center ab. Hier in diesem Gebäude befinden sich inzwischen die Manhattan Church of the Nazarene und das Lambs Theater.

383

384

385

386

387

388

389

DER NAME DER ROSE

*Nachdem man im Jahr 1939 die Hochbahn an der Sixth
Avenue abgebrochen hatte, spielten die Stadtplaner mit
dem Gedanken, die nun auf einmal von der Sonne
beschienene Avenue in ein Zentrum des internationalen
Handels zu verwandeln. Bürgermeister Fiorello La
Guardia befürwortete das ebenfalls: Er taufte die Sixth
Avenue in Avenue of the Americas um und hoffte, damit
lateinamerikanische Geschäftsleute anzulocken. Aber
dabei blieb es dann auch: Bis auf den heutigen Tag haben
selbst gebürtige New Yorker den neuen Namen nicht
akzeptiert und sprechen weiterhin von der Sixth Avenue.
Wie Bürgermeister La Guardia selbst sagte: »Wenn ich
schon mal einen Fehler mache, dann richtig!«*

390

EXXON BUILDING

1251 SIXTH AVENUE
ZWISCHEN WEST 49TH STREET UND WEST 50TH STREET

1971, HARRISON, ABRAMOVITZ & HARRIS

Nachdem sich in den 1960er-Jahren das Rockefeller Center ostwärts auszubreiten begann, veränderte sich der Streifen an der Sixth Avenue zwischen der 47. und 51. Straße dramatisch. Es entstanden mächtige Türme, von denen sich einige über nutzlose Plazas erheben, die unter dem Niveau der Gehsteige liegen. Dieses hier war das zweite im Rockefeller Center East nach dem Time-Life Building auf der anderen Seite der 50. Straße. Das 54-stöckige Hochhaus mit 410 000 Quadratmeter Nutzfläche ersetzte mehrere kleine Gebäude, darunter ein Hotel sowie 14 Restaurants.

CBS BUILDING ℒ

51 WEST 52ND STREET BEI DER SIXTH AVENUE

1965, EERO SAARINEN & ASSOCIATES

Das Gebäude steht in der Mitte des Grundstücks oberhalb einer Plaza und steigt ohne jede Zurückversetzung 38 Stockwerke hoch. Der 149,3 m hohe Turm war einer der ersten Wolkenkratzer in New York, der aus Stahlbeton ohne Stahlskelett gebaut wurde. Das erlaubte dem Architekten, zwischen den tragenden Pfeilern tief liegende grau gefärbte Glasscheiben anzubringen. Sie verleihen dem Gebäude eine solide Aura, die ihm den Spitznamen »Black Rock« einbrachte. Das Innere ist ebenso sorgfältig geplant wie die Außenfront. Als das Columbia Broadcasting System von der 485 Madison Avenue hierher umzog, verbot der Firmenchef William S. Paley den Angestellten, ihre Schreibtische mit persönlichen Fotografien oder Zeichnungen ihrer Kinder zu schmücken. Die Kunst an den Wänden und in den Korridoren wurde vom Innenarchitekten ausgesucht; alle Schreibtische, jeder nur mit einem von der Firma genehmigten Aschenbecher, mussten abends leer geräumt werden.

391

392

393

394

395

396

MUTUAL OF NEW YORK INSURANCE COMPANY BUILDING

1740 BROADWAY
ZWISCHEN WEST 55TH STREET UND WEST 56TH STREET

1950, SHREVE, LAMB & HARMON

Die Hauptattraktion dieses Gebäudes ist für diejenigen, die das wissen, der hohe Mast auf dem Dach. Er kündigt auf einen Blick die Zeit, die Temperatur und die Wetteraussichten an. Ist der Stern an der Spitze grün, wird der Tag schön. Ist er weiß, ist Schnee zu erwarten. Ein bewegliches Lichtband auf dem Mast sagt steigende oder fallende Temperaturen voraus. Das Gebäude wurde schon vor dem Zweiten Weltkrieg entworfen, aber erst danach realisiert.

130 WEST 57TH STREET ℒ

ZWISCHEN SIXTH AVENUE UND SEVENTH AVENUE

1908, POLLARD & STEINEM

Dieses Apartmenthaus sollte ursprünglich Künstlerstudios mit Erkerfenstern enthalten. Es passt zum unmittelbaren Nachbargebäude, das ebenfalls von Pollard & Steinem entworfen wurde und gleichermaßen unter Denkmalschutz steht.

9 WEST 57TH STREET

ZWISCHEN FIFTH AVENUE UND SIXTH AVENUE

1974, SKIDMORE, OWINGS & MERRILL

Diesen nach oben verjüngten Turm entwarf Gordon Bunshaft, um zum einen die Bauvorschriften einzuhalten und zum anderen die konventionellen Zurückversetzungen zu vermeiden. Architekturkritiker fanden kein gutes Wort dafür. Ihre Bezeichnungen reichten von der »gläsernen Sprungschanze« bis zum »Schlaghosengebäude«. Doch der Besitzer, Sheldon Solow, machte sich nichts daraus – noch vor dem Bau hatte er bereits 46 500 m² Nutzfläche an Avon Products vermietet.

COLUMBIA ARTISTS MANAGEMENT ℒ

165 WEST 57TH STREET
ZWISCHEN SIXTH AVENUE UND SEVENTH AVENUE

1917, GEORGE UND HENRY BOEHM

Ursprünglich beherbergte dieses Konzert- und Vortragsgebäude die Tanzschule von Louis H. Chalif. Heute kennt man es unter der Bezeichnung CAMI Hall. Das ist die Bühne für die Kunden der Talentsucherfirma Columbia Artists Management.

MUSEUM OF MODERN ART

11 WEST 53RD STREET
ZWISCHEN FIFTH AVWENUE UND SIXTH AVENUE

1939, PHILIP GOODWIN UND EDWARD DURELL STONE

Dies ist eines der besten New Yorker Gebäude im internationalen Stil, der bei einer der hauseigenen Ausstellungen im Jahr 1912 begründet wurde. Das Museum beherbergt eine der größten Sammlungen moderner Kunst, etwa Gemälde von Picasso, van Gogh, Matisse und Monet sowie Skulpturen von Constantine Brancusi, Henry Moore und Alexander Calder.

U.S. TRUST COMPANY ℒ

9–11 WEST 54TH STREET
ZWISCHEN FIFTH AVENUE UND SIXTH AVENUE

1898, MCKIM, MEAD & WHITE

Das Doppelhaus wurde als Residenz für James Junius Goodwin gebaut, dessen Geschäftspartner J. P. Morgan war. Es handelt sich um eines der besten Beispiele des Colonial-Revival-Stils der Architektenfirma McKim, Mead & White, die als anerkannte Meister dieses Stils galt. Die Firma Haines, Lundberg, Waehler wandelte das Gebäude im Jahr 1981 mit viel Gefühl in eine Bank um.

397

RODIN STUDIOS ℒ

200 WEST 57TH STREET
ZWISCHEN SEVENTH AVENUE UND BROADWAY

1917, CASS GILBERT

Dieses Gebäude enthielt früher Studioapart-
ments für Künstler und beherbergt heute Büros. Die Fassade im French-Gothic-Stil grüßt
die Art Students League quer über die Straße
und ist auch eine kleinere Schwester des Woolworth Building, weil beide von demselben
Architekten stammen.

398

NEW YORK ATHLETIC CLUB

CENTRAL PARK SOUTH BEI DER SEVENTH AVENUE

1930, YORK & SAWYER

Neben 300 Schlafzimmern, Versammlungsräu-
men und Esszimmern hat dieses 21-stöckige
Klubhaus im Renaissancestil Turnhallen,
Squash- und Handballfelder, eine Aschenbahn
und einen Swimmingpool im vierten Stock direkt gegenüber der Eingangshalle. Der 500 Sitze fassende Speisesaal im zehnten Stock
umfasst eine nach Westen gerichtete Loggia,
wo man auch draußen essen kann. Im Turm
findet man zudem ein Solarium mit Ausblicken
durch die Quarzglasfenster in alle Richtungen.

399

RUSSIAN TEA ROOM

150 WEST 57TH STREET
ZWISCHEN SIXTH AVENUE UND SEVENTH AVENUE

FASSADE: 1873, JOHN G. PRAGUE,
VERÄNDERUNGEN: 1927 UND 2000, HARMAN
JABLIN ARCHITECTS

Dieses Restaurant, von dem der frühere Besitzer Faith Gordon sagte, es liege »leicht links
von der Carnegie Hall«, war ein Treffpunkt für
russische Emigranten. Das Dekor erinnerte an
russische Weihnachten vor der Revolution. Als
der geschäftige Restaurantbesitzer Warner Le-
Roy das Haus erwarb, machte er daraus eine
Attraktion wie seine Tavern on the Green.

Art Students League ℒ

215 West 57th Street
zwischen Broadway und Seventh Avenue

1892, Henry J. Hardenburgh

Dies war der erste Hauptsitz der American Fine Arts Society. Sie finanziert ihn durch eine Übereinkunft mit der Arts Students League und der Architectural League, den Ausstellungsraum gemeinsam zu nutzen. Nach der Eröffnung wurde das Gebäude zum Schauplatz jeder größeren Kunst- und Architekturausstellung in der Stadt.

400

Alwyn Court ℒ

180 West 58th Street bei der Seventh Avenue

1909, Harde & Short
Restaurierung: 1981, Beyer Blinder Belle

Die mit fein dekorierten Terrakottapaneelen geschmückte Fassade sollte auch solche Mieter anlocken, die sich noch unschlüssig waren, ob sie ihre Apartmenthotels verlassen sollten. Es bot alle Annehmlichkeiten des Lebens im Hotel bis auf den Service. Die mit teurer Holztäfelung verzierten 14-Zimmer-Wohnungen hatten fünf Bäder, ein zentrales Staubsaugersystem und als größten Anreiz Klosetts: Über die verfügten nicht einmal Hotelapartments.

401

Carnegie Hall ℒ

156 West 57th Street bei der Seventh Avenue

1891, William B. Tuthill

Der Stahlmagnat Andrew Carnegie errichtete das Gebäude für die Oratorio Society. Peter Iljitsch Tschaikowsky dirigierte das Eröffnungskonzert mit den New Yorker Philharmonikern. Die Carnegie Hall ist einer der akustisch besten Konzertsäle auf der ganzen Welt. Nachdem die Philharmoniker in das Lincoln Center umgezogen waren, wurde sie beinahe abgebrochen. Aber der Geiger Isaac Stern und andere Musiker retteten sie, indem sie die Stadt zu einem Kauf überredeten.

402

403

404

405

406

GALLERY OF MODERN ART

2 COLUMBUS CIRCLE
ZWISCHEN BROADWAY UND EIGHTH AVENUE

1965, EDWARD DURRELL STONE

Dieses Marmorgebäude, das viele wegen seines exzentrischen Dekors schmähten, wurde für eine Kunstgalerie gebaut, die Huntington Hartford unterstützte. Schließlich kaufte die Gulf+Western Company, die von ihren Büros quer über den Columbus Circle darauf schauen konnte, dieses Gebäude und schenkte es der Stadt als Büro für das Department of Cultural Affairs. Nun sind G+W und die Kulturabteilung ausgezogen, so dass die Zukunft dieses glänzenden Baus ungewiss ist.

CHURCH OF ST. PAUL THE APOSTLE
(RÖMISCH-KATHOLISCH)

COLUMBUS AVENUE BEI DER 60TH STREET

1885, JEREMIAH O'ROURKE

Damit eine Kirche auch als Kathedrale gilt, muss sie über eine »cathedra«, einen Bischofssitz, verfügen. Diese Kirche, die für die Missionsgesellschaft der Paulisten errichtet wurde, hat keinen solchen Sitz, obwohl sie größer ist als viele Kathedralen. Im Inneren kann man Kunstwerke von Stanford White, John La Farge und Bertram Goodhue bewundern.

CITY CENTER 55TH STREET THEATER

135 WEST 55TH STREET
ZWISCHEN SIXTH AVENUE UND SEVENTH AVENUE

1924, H. P. KNOWLES

Dieses Gebäude gehörte einst einer Freimaurerorganisation namens Mecca Temple of the Masonic Ancient and Accepted Order of Nobles of the Mystic Shrine. Dies erklärt auch den maurischen Architekturstil. Die Stadt verwandelte das Gebäude in den frühen 40er-Jahren in ein Zentrum für darstellende Künste; das New York City Ballet und die New York City Opera hatten darin ihren Sitz. Nach deren Umzug ins Lincoln Center wurde das Haus zu einem führenden Veranstaltungsort verschiedener Tanzgruppen. Der 69 Stockwerke hohe Turm daneben, der City Spire, wurde mit Hilfe von Luftrechten über diesem Gebäude gebaut, was jahrelang dessen Kasse sanierte.

SHERATON CENTER

SEVENTH AVENUE
ZWISCHEN WEST 52ND STREET UND WEST 53RD STREET

1962, MORRIS LAPIDUS & ASSOCIATES

Das ehemalige Americana Hotel war bei seinem Bau die größte Stahlbetonstruktur in New York. Es ersetzte das massive italianisierende Manhattan Storage and Warehouse Building, das hier mehr als 65 Jahre gestanden hatte. Die Firma Sheraton betreibt auch das frühere City Squire Motel auf der anderen Seite der Seventh Avenue. So kann man hier also durchaus von einem Hotelbezirk am Rand des Times Square sprechen.

407

408

409

410

411

412

BRILL BUILDING

1619 BROADWAY, ZWISCHEN WEST 49TH- UND 50TH STREET

1931

Dieses Gebäude, in dem Jack Dempsey sein Restaurant hatte, war der letzte Sitz von Tin Pan Alley, einer Gemeinschaft von Musikverlegern und Songschreibern, die in den 1890er-Jahren in der West 28th Street zwischen Broadway und Sixth Avenue ihre Blütezeit erlebten. Der Name kommt von dem blechernen Sound volkstümlicher Pianos. Musiker spielten darauf, um Kunden zum Kauf von Notenblättern zu animieren. Noch heute ist New York der Sitz vieler Musikverlage.

EQUITABLE CENTER

787 SEVENTH AVENUE
ZWISCHEN WEST 51ST STREET UND WEST 52ND STREET

1986, EDWARD LARRABEE BARNES ASSOCIATES

Ein mächtiges öffentlich zugängliches Atrium, das von einem Wandgemälde von Roy Lichtenstein sowie von einer Skulpturengalerie dominiert wird, lässt dieses Bürogebäude als passenden Nachbarn des nahe gelegenen Rockefeller Center erscheinen. Es wurde von dem selben Architektenteam entworfen wie das auffallend ähnliche, zur selben Zeit gebaute frühere Union Carbide Building (heute J. P. Morgan Chase) an der Park Avenue.

WORLDWIDE PLAZA

EIGHTH AVENUE BIS NINTH AVENUE
WEST 49TH STREET BIS WEST 50TH STREET

1989, SKIDMORE, OWINGS & MERRILL

Dieser Komplex von Büro- und Apartmentgebäuden steht an der Stelle des zweiten Madison Square Garden und diente als Modell für eine Fernsehdokumentation über Probleme beim Bau. Davon gab es bei diesem Komplex, der einen ganzen Block umfasst, auch genug. Das Grundstück diente vor dem Beginn dieses Projekts über zwanzig Jahre lang als Parkgelände.

830 EIGHTH AVENUE

BEI DER WEST 50TH STREET

Lange bevor jenseits der Straße das World Wide Plaza gebaut wurde, galt dieses Grundstück wegen seiner Lage in der Nähe des Madison Square Garden als wertvolle Immobilie. Das Gebäude entstand in der langen Zeit, als das Grundstück des Garden als Parkfläche diente. Wahrscheinlich sank in dieser Zeit auch der Grundstückspreis. Das ist aber keine Entschuldigung für ein derart banales Gebäude wie dieses, das so aussieht, als hätte man es aus Spielzeugwürfeln zusammengesetzt.

GAINSBOROUGH STUDIOS 🔏

222 CENTRAL PARK SOUTH
ZWISCHEN BROADWAY UND SEVENTH AVENUE

1908, CHARLES W. BUCKHAM

Als im frühen 20. Jahrhundert Apartmenthäuser wie Pilze aus dem Boden schossen, durften Künstler in der Regel nicht darin arbeiten, sondern mussten sich getrennte Ateliers mieten – Gebäude mit hohen doppelgeschossigen Studios und nach Norden gerichteten Fenstern. Dieses war das eleganteste unter ihnen. Die Büste von Sir Thomas Gainsborough über der Eingangstür steht für den kreativen Segen des Vermieters.

THE OSBORNE 🔏

205 WEST 57TH STREET BEI DER SEVENTH AVENUE

1899, JAMES E. WARE

Hier kommt es nicht auf die plumpe Steinfassade an, sondern auf die Innenausstattung. Einen Vorgeschmack auf die luxuriösen Details erhält man schon bei einem Blick in die Lobby durch die Eingangstür. Dieses Gebäude ist eines von mehreren frühen Apartmenthäusern, die auf normal großen Grundstücken gebaut wurden. Alle litten darunter, dass in den geringen Raum zu viel hineingepresst werden sollte. Trotz ihrer eleganten Note tat man sie oft als Mietskasernen für die Reichen ab.

413

ONE TIMES SQUARE

WEST 42ND STREET
ZWISCHEN BROADWAY UND SEVENTH AVENUE

1905, CYRUS L. W. EIDLITZ

Wer möchte nicht wenigstens einmal in seinem Leben den Silvesterabend am New Yorker Times Square verbringen? Seit die *New York Times* im Jahr 1904 in dieses Gebäude einzog, ist der Jahreswechsel hier ein besonders großes Ereignis. Sie verlegte dann im Jahr 1913 ihre Büros um die Ecke an die West 43rd Street, verkaufte aber das Gebäude erst 43 Jahre später an die Allied Chemical. Die neue Besitzerin entfernte die Kalksteinfassade und ersetzte sie durch Marmor. Doch davon ist wegen der riesigen Anzeigetafeln, die mehr Geld einbringen als die Vermietung der Büroräume, fast nichts mehr zu sehen. Unter der U-Bahnstation befinden sich noch zwei Kellergeschosse, in denen einst die Druckmaschinen der Zeitung ratterten. Doch davon weiß heute fast niemand mehr etwas.

Die erste elektrische Werbung gab es 1891 in New York. Damals kündigte Blinklicht auf einem Gebäude am Madison Square ein Wohnbauprojekt am Manhattan Beach in Brooklyn an. Im Jahr 1918 galten diese Lichtanzeigen als Schandfleck, und die Stadt erließ ein Gesetz, das Außenwerbung auf Nicht-Wohnviertel beschränkte. Aber bereits damals war der Times Square voller Leuchtreklamen, die die Werbeleute »spectaculars« nannten, und wurde von ihnen so hell erleuchtet, dass man ihn The Great White Way nannte.

Obwohl Bürgergruppen gegen diese Reklameanhäufung protestierten, drückten die Stadtväter bis zum Jahr 1992 ein Auge zu. Mit dem jahrelangen Verfall des Times Square wurde die Vermietung von Reklameflächen zu einer wirtschaftlichen Notwendigkeit, und die ökonomische Vernunft siegte über städtebauliche Bedenken. Die Behörden in New York und Albany hatten über 15 Jahre lang darum gekämpft, diesem Verfall Einhalt zu gebieten. Als sie einen annehmbaren Plan dafür in der Schublade hatten, trübte sich der Markt für Büroimmobilien ein, und die Bauunternehmer versuchten ihr Engagement am Times Square zu verringern.

Ziel der Gesetzgeber war es nun, vermehrt Einzelhandelsgeschäfte und Unterhaltungsbetriebe in dieses Gebiet zu locken. Die Bauunternehmer wurden gesetzlich dazu verpflichtet, mindestens eine beleuchtete Anzeige auf nicht weniger als 1000 Quadratfuß pro 15 laufende Meter Fassade am Broadway und der Seventh Avenue zwischen der 42. und 50. Straße zu vermieten. Zuerst waren die Bauherren darüber wütend, weil sie vor allem Finanzinstitute in das bisher gemiedene Viertel locken wollten und fürchteten, die Banker würden sich gegen das Gesetz sträuben. Schließlich erkannten sie aber, dass die Mieten für die Leuchtreklamen mehr einbrachten als die für Büroraum. Heute prangt die größte aller Anzeigetafeln außen an der Nasdaq, in der Mitte des Times Square.

Mariott Marquis Hotel

1531–1549 Broadway
zwischen West 45th Street und West 46th Street

1985, John Portman

Oft wird gesagt, Zugereiste seien die besten New Yorker. Aber der Bauherr dieses Gebäudes scheint eine Ausnahme von dieser Regel zu sein. John Portman, der schon in Atlanta und Chicago Erfolge feiern konnte, ließ dieses Hotel bauen, ohne daran zu denken, dass die New Yorker gerne zu Fuß gehen. Der Eingang ist weit von der Straße zurückversetzt und nur durch das Überqueren belebter Straßen zugänglich. Die Lobby befindet sich im achten Stock – immerhin macht die Fahrt dorthin in den gläsernen Aufzügen diesen Nachteil wieder wett.

Reuters Building

3 Times Square
zwischen West 42nd Street und West 43rd Street

2001, Fox & Fowle

An der Ecke zwischen der Seventh Avenue und der 42. Straße lag einst das Victoria Theater, wo der als »Vater des Times Square« bekannte Impresario Oscar Hammerstein Attraktionen wie die Cherry Sisters promotete, deren Vaudeville-Show er als »the world's worst sister act« ankündigte. Was durchaus Sinn machte, denn damals hieß es: »People loved to hate the Cherry Sisters.« Als der Architekt Stanford White in einem Eifersuchtsdrama um das Showgirl Evelyn Nesbitt erschossen wurde, zahlte Hammerstein ihr 3500 Dollar pro Woche, damit sie auf seiner Bühne als »das Girl in der roten Samtschaukel« auftreten würde. Heute sitzt hier eine der größten Nachrichtenagenturen der Welt.

ABC Studios

1500 Broadway, zwischen 43rd und 44th Street

Veränderungen: 1999

In diesem Bau, dessen untere Stockwerke über kilometerlange elektrische und elektronische Anzeigetafeln verfügen, war einst das Claridge Hotel beheimatet. Es diente als Drehort für den Film »Midnight Cowboy«. Die Fassade am Broadway zierte früher eine riesige Camel-Reklame. Sie zeigte einen Mann, der dauernd Rauchringe in die Straße darunter blies. In diesen Tagen sind die Gehsteige jeden Morgen voll mit Leuten, die hoffen, dass eine Kamera sie aufnimmt, während sie die Sendung »Good Morning America« von ABC anschauen.

Astor Plaza

1515 Broadway
zwischen West 44th Street und West 45th Street

1970, Kahn & Jacobs, mit Der Scutt

Die vielen schreienden Teenager auf dem Gehsteig außerhalb dieses Gebäudes hoffen darauf, durch die Fenster der MTV-Studios im oberen Stock einen Blick auf ihre Idole werfen zu können. Dieser 50 Stockwerke hohe Turm ersetzte das Astor Hotel, das abgebrochen wurde, bevor es ein Denkmalschutzgesetz gab, das es retten konnte.

414

415

416

417

418

CONDÉ NAST BUILDING

4 TIMES SQUARE BEIM BROADWAY

1999, FOX & FOWLE

Der Sitz des Verlages von Magazinen wie *The New Yorker*, *Vogue* sowie *House and Garden* zeigt zum Times Square hin eine Glitzerfassade; nach Osten und zur Sixth Avenue hin ist sie konservativer gestaltet. Zu den Mietern zählt die NASDAQ Exchange (National Association of Securities Dealers Automated Quotations System), eine seit 1971 betriebene reine Computerbörse für innovative, wachstumsorientierte Unternehmen und der wichtigste Markt für Technologiewerte. (Der NASDAQ-Composite-Index, kurz NASDAQ, erfasst die Marktentwicklung von 4700 Werten.) Früher gab es an dieser Ecke mal eine Filiale von Nathan's Famous Hot Dogs, dem Stolz von Coney Island.

419

PARAMOUNT BUILDING ℒ

1501 BROADWAY
ZWISCHEN WEST 43RD STREET UND WEST 44TH STREET

1927, RAPP & RAPP

Der Architekturhistoriker Andrew Dolkart vermutete, dass der Berg, der auf dem Firmenlogo der Paramount Pictures Corporation zu finden ist, auf dieses massive Gebäude inspirierend gewirkt habe. Oben trägt es auf allen vier Seiten eine Uhr, deren Ziffern Sterne wie im Firmenzeichen darstellen. Ein mächtiger Glasglobus darüber repräsentiert die weltweite Bedeutung des Unternehmens. Zu dem Gebäude gehörte auch das legendäre Paramount Theater, das aber im Jahr 1967 in Büroräume umgewandelt wurde.

LYCEUM THEATER

149–157 WEST 45TH STREET
ZWISCHEN SIXTH AVENUE UND BROADWAY

1903, HERTS & TALLANT

Dies ist das älteste New Yorker Theater, das
noch in Betrieb ist, und das erste denkmalgeschützte. Es wurde im Auftrag des Produzenten
Daniel Frohman errichtet, der sich darin ein
prächtiges Apartment einrichten ließ. Eine
Innovation war zu dieser Zeit die Green Room
genannte Ruhezone für die Schauspieler, wo sie
sich erholen konnten. Während der Weltwirtschaftskrise durchlebte Frohman harte Zeiten,
seine Gläubiger drohten mit dem Abbruch des
Lyceum. Aber im Jahr 1939 wurde es dann
doch noch vor der Abbruchbirne gerettet.

420

CANDLER BUILDING

220 WEST 42ND STREET
ZWISCHEN SEVENTH AVENUE UND EIGHTH AVENUE

1914, WILLAUER, SHAPE & BREADY

Dieses Gebäude wurde ursprünglich von Asa
Candler, dem damaligen Besitzer der Coca
Cola Company, für seine eigenen Büros errichtet. Heute hat hier die Firma SFX Entertainment ihren Sitz. Sie produziert und promotet
Konzert- und Theatertourneen im ganzen
Land. Im Erdgeschoss befand sich einst ein
Zweig des Exchange Buffet, das die Kunden
liebevoll auch »eat-'em and beat-'em« nannten, weil nur sie dem Kassierer sagten, was sie
konsumiert hatten, und auch entsprechend
bezahlten. Das System beruhte somit auf
Ehrlichkeit.

421

422

NEW AMSTERDAM THEATER *L*

214 WEST 42ND STREET
ZWISCHEN SEVENTH AVENUE UND EIGHTH AVENUE

1903, HERTS & TALLANT
RESTAURIERUNG: 1997, HARDY HOLTZMAN PFEIFFER
UND WALT DISNEY IMAGINEERING

Das wundervolle Jugendstiltheater beherbergte
einst die Ziegfeld-Follies-Revue und wurde in
den 1930er-Jahren in einen Kinopalast umgewandelt. Dann verkam es. In den darauf folgenden 90er-Jahren investierte die Walt Disney
Company acht Millionen US-Dollar für die
Wiederauferstehung. Damit begann der unauf-
haltsame Marsch von Disney durch einen der
vergammeltsten Stadtteile. Die Magie, die vom
Wort Disney ausgeht, funktionierte: Dutzende
weiterer Firmen zogen hierher um und schufen
den »neuen« Times Square. Spötter sprachen
aber auch vom »Themenpark Times Square«.

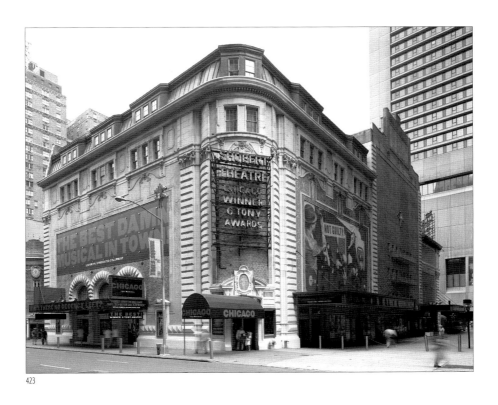

423

SHUBERT ALLEY

ZWISCHEN WEST 44TH STREET UND WEST 45TH STREET
WESTLICH DER SEVENTH AVENUE

Dieser kleine Durchgang vom Booth Theater
an der 45. Straße zum Sam S. Shubert Theater
an der 44. Straße führt auch zu den Büros der
Shubert Organization, die diese und Dutzende
weiterer Theater in diesem Distrikt besitzt. Das
im Jahr 1913 von Henry B. Herts entworfene
Booth, wurde nach dem Schauspieler Edwin
Booth benannt. Das ebenfalls von Herts stam-
mende Shubert steht da als ein Denkmal für
den Mann, der ein Theaterimperium begründete. Seit seinem Tod leiten es seine Brüder Lee
und J. J. Beide Theater sind innen wie außen
denkmalgeschützt.

St. James Theater 𝓛

424

246–256 West 44th Street
zwischen Broadway und Eighth Avenue

1927, Warren & Wetmore

Abraham Erlanger entwarf dieses Theater als Musicalbühne. »Oklahoma!« von Rodgers & Hammerstein hatte hier 1943 seine Premiere und wurde über sechs Jahre lang gespielt. Im Jahr 1951 folgte »The King and I«, 1964 »Hello, Dolly«. Die erfolgreichste Show des Jahres 2001 war »The Producers«.

Times Square Theater

425

217 West 42nd Street
zwischen Seventh Avenue und Eighth Avenue

1920, DeRosa and Pereira

Als die 42. Straße noch das Zentrum des Theaterdistrikts war, spielte das Times Square Theater gelegentlich die Hauptrolle. Erbaut von den Unternehmern Arch und Edgar Selwyn, hatte es in den Zwanzigern Hits wie »Gentlemen Prefer Blondes«, »The Front page« und »Private Lives«. Wie viele seiner Nachbarn wandelte man es 1933 in ein Kino um. Zurzeit holt es die »42nd Street Now!«-Bewegung wieder aus dem Dornröschenschlaf.

Virginia Theater 𝓛

426

245 West 52nd Street
zwischen Broadway und Eighth Avenue

1925, C. Howard Crane

Die Theater Guild eröffnete diese innovative Bühne unter der Bezeichnung Guild Theater mit Stücken bedeutender Autoren wie Eugene O'Neill und George Bernard Shaw. Im Jahr 1943 wurde es in ein Rundfunktheater umgewandelt und später an die mit Bundesmitteln finanzierte American National Theater Academy verkauft. Sie vermietet die Bühne oft an private Produzenten.

Lunt-Fontanne Theater 𝓛

427

205 West 46th Street
zwischen Broadway und Eighth Avenue

1910, Carrère & Hastings

Dieses Theater wurde für den bedeutenden Broadway-Produzenten Charles Dillingham erbaut. Er engagierte die besten Architekten seiner Zeit für die Gestaltung seines Globe Theater. In den 1930er-Jahren ging es ihm weniger gut, und er verlor das Theater, das zu einem Kino wurde. Im Jahr 1958 restauriert, nannte man es zu Ehren des Schauspielerpaares Alfred Lunt und Lynne Fontanne um, das es mit dem Stück »The Visit« wiedereröffnete.

Winter Garden Theater 𝓛

428

1634–1646 Broadway
zwischen West 50th Street und West 51st Street

1911, William A. Swasey

Das Musical »Cats« holte sich in diesem eigentlich für Pferde errichten Gebäude einen Broadwayrekord. Als der heutige Times Square noch Longacre Square hieß, wurde hier in großem Umfang mit Pferdefleisch gehandelt. In den ersten zwölf Jahren seiner Theater fand darin eine jährliche Revue mit der Bezeichnung »The Passing Show« statt. Barbra Streisand trat hier in »Funny Girl« auf. Zwei Jahre darauf folgte »Mame« mit Angela Lansbury.

Actor's Studio 𝓛

429

432 West 44th Street
zwischen Ninth Avenue und Tenth Avenue

1859; Restaurierung: 1995, Davis Brody & Associates

Das Studio wurde im Jahr 1947 von Elia Kazan, Robert Lewis und Cheryl Crawford gegründet. Hier führte Lee Strasberg seine auf intensiven Rollenstudien im realen Umfeld basierende »Method« ein, die später durch Marlon Brando berühmt wurde. Nach Strasbergs Tod 1983 leiteten Ellen Burstyn und Al Pacino das Studio. Sechs Jahre darauf wurde Frank Corsaro künstlerischer Leiter. Früher war hier die Seventh Associate Presbyterian Church.

424

425

426

427

428

429

430

431

432

ED SULLIVAN THEATER *L*

430

1697–1699 BROADWAY
ZWISCHEN WEST 53RD STREET UND WEST 54TH STREET

1927, HERBERT J. KRAPP

Das Theater ist heute vielen als Aufnahmeort für David Lettermans Show bekannt. Benannt wurde es nach Ed Sullivan, dessen »Toast of the Town« in den ersten Tagen des Fernsehens von hier ausgestrahlt wurde. Das Theater baute Arthur Hammerstein und nannte es zuerst nach seinem Vater Oscar Hammerstein. Vier Jahre später verlor er es, dann eröffnete es aber wieder mit einer sensationellen Show, bei der Jerome Kern und George Gershwin auftraten.

236–256 WEST 45TH STREET

431

ZWISCHEN BROADWAY UND EIGHTH AVENUE

1918–27, ALLE VON HERBERT J. KRAPP

Diese vier Theater wurden zwischen den Jahren 1918 und 1927 erbaut. Zunächst spezialisierten sich sich die Betreiber des Plymouth auf Werke von Ibsen und Tolstoj. Im Royal trat Mae West in »Diamond Lil« auf. Und der erste große Hit des John Golden's war im Jahr 1933 »Tobacco Road«. Das Imperial ist das Kronjuwel des Quartetts, weil es Hits wie »Annie Get Your Gun« (1946) und »Fiddler on the Roof« (1964) auf die Bühne brachte.

MUSIC BOX THEATER *L*

432

239–247 WEST 45TH STREET
ZWISCHEN BROADWAY UND EIGHTH AVENUE

1920, C. HOWARD CRANE UND GEORGE KIEHLER

Das Music Box Theater wurde für den Songschreiber Irwin Berlin und den Producer Sam H. Harris errichtet. Auch das als Erstes mit einem Pulitzerpreis ausgezeichnete Musical »Of Thee I Sing« hatte hier 1931 seine Premiere. Während der Weltwirtschaftskrise sicherte dieses Musical den Fortbestand. Hier wurden viele Stücke von George S. Kaufman aufgeführt; William Inges »Picnic« gewann im Jahr 1952 einen weiteren Pulitzerpreis.

433

434

435

436

437

438

HEARST MAGAZINE BUILDING ℒ

951–969 EIGHTH AVENUE BEI DER WEST 57TH STREET

1928, JOSEPH URBAN

Hier soll bald ein neuer Wolkenkratzer entstehen, die Pläne dazu sind schon gezeichnet und abgesegnet. Das vorliegende Gebäude ließ William Randolph Hearst für seine Magazine errichten. Der Unterbau ist sechs Stockwerke hoch; geplant war darüber noch ein höheres Gebäude, zu dem es wegen der Weltwirtschaftskrise nicht kam. Hearst war überzeugt, dass sich der Theaterdistrikt zum Columbus Circle verlagern werde, deswegen investierte er schon weit im Voraus in Immobilien.

BELASCO THEATER ℒ

111 WEST 44TH STREET
ZWISCHEN SIXTH AVENUE UND SEVENTH AVENUE

1907, GEORGE KEISTER

Das Theater wurde für den Produzenten und erfahrenen Showman David Belasco erbaut. Es besaß das raffinierteste Beleuchtungssystem seiner Zeit und eine mächtige Hebebühne. Dazu kamen luxuriöse Apartments für Belasco und seine Stars.

NEW YORK TIMES BUILDING ℒ

229 WEST 43RD STREET
ZWISCHEN SEVENTH AVENUE UND EIGHTH AVENUE

1913, LUDLOW & PEABODY

Das Gebäude wird von den Besitzern als »The Annex« bezeichnet, weil es die Expansion des Unternehmens verkörpert. Damals ließ es den ursprünglichen Times Tower um die Ecke als nutzlos erscheinen. Im Jahr 1996 zog die Zeitung mit ihren Druckmaschinen nach Edison, New Jersey, und College Points, Queens, um. Das Unternehmen baut für seine übrigen Aktivitäten gerade einen neuen Wolkenkratzer weiter südlich an der Eighth Avenue.

ST. LUKE'S-ROOSEVELT HOSPITAL ℒ

TENTH AVENUE
ZWISCHEN WEST 58TH STREET UND WEST 59TH STREET

1990, SKIDMORE, OWINGS & MERRILL
WILLIAM J. SYMS OPERATING THEATER, 1892,
W. WHEELER SMITH

Im Jahr 1871 wurde hier das Roosevelt Hospital eröffnet, 1979 fusionierte es mit dem St. Luke's Hospital. Das benachbarte Operationstheater wurde gebaut, damit die Studenten chirurgische Techniken erlernen konnten. Im Jahr 1997 integrierte man es in ein Apartmentgebäude.

MADISON SQUARE GARDEN CENTER

WEST 31ST BIS WEST 33RD STREET
SEVENTH AVENUE BIS EIGHTH AVENUE

1968, CHARLES LUCKMAN ASSOCIATES

Dieser Mammutbau mit 29 Stockwerken Büroraum ersetzte die Penn Station. Es ist die dritte Version des Garden, der seine Existenz im Jahr 1879 am Madison Square begann, 1925 gefolgt von der Adresse Eighth Avenue Ecke 50. Straße. Die Hauptarena fasst hier 20 000 Sitze. Weitere 1000 Menschen finden in einem Theaterraum an der Seite zur Eighth Avenue Platz. Eine große Rotunde wird überdies als Ausstellungsraum genutzt.

PORT AUTHORITY BUS TERMINAL

EIGHTH AVENUE
ZWISCHEN WEST 40TH STREET UND WEST 42ND STREET

1950, PORT AUTHORITY OF NEW YORK AND NEW JERSEY

Dies ist der größte Busterminal der Welt. Er dient Pendlerbussen aus New Jersey ebenso wie Fernbussen. Alle Busse finden über ein System von Rampen hierher, die direkt zum Lincoln Tunnel führen. Für jene, die lieber mit dem eigenen Auto reisen, befindet sich auf dem Dach eine große Parkfläche.

439

440

441

442

New Yorker Hotel

481 Eighth Avenue
zwischen West 34th Street und West 35th Street

1930, Sugarman & Berger

Das New Yorker war zur Zeit des Baus mit 2503 Gästezimmern eines der größten Hotels der Stadt. Damals verkündete die Werbung in Anspielung auf die 50 Meilen nördlich von New York im Hudson River gelegene Militärakademie, die Hotelboys seien »so auf Zack wie West-Point-Absolventen«. Außerdem gebe es in jedem Zimmer ein Rundfunkgerät mit vier Stationen, der Frisörsalon habe 25 Stühle und die Wäscherei 150 Angestellte. Die Werbung erwähnte zudem noch 52 Telefonfräulein und Küchen, die »so sauber sind wie eine private Modellküche«. Heute gehört das Hotel der Unification Church.

McGraw-Hill Building ℒ

330 West 42nd Street
zwischen Eighth Avenue und Ninth Avenue

1931, Raymond Hood

Grüne, silbrige und goldene Metallbänder verlaufen um die unteren Stockwerke des Gebäudes und setzen sich auch in der Eingangshalle fort. Diese horizontalen Bänder reichen in Form blaugrüner Terrakotta bis zur Spitze des 35-stöckigen Hochhauses. Die McGraw-Hill Publishing Company zog in den späten 60er-Jahren des 20. Jahrhunderts in ihr neues Haus im Rockefeller Center um, ihr früherer Sitz mit der Druckerei wurde in ein allgemeines Bürogebaude umgewandelt.

Film Center Building ℒ

630 Ninth Avenue
zwischen West 44th Street und West 45th Street

1929, Ely Jacques Kahn

Die extravagante Art-déco-Lobby zeigt auf dem Terrazzo-Boden Kreise aus rosafarbenem und Streifen aus schwarzem Marmor sowie orangefarbene und blaue Schmuckfliesen zwischen Streifen aus schwarzem und weißem Marmor. Dabei handelt es sich um das Werk von Ely Jacques Kahn, der zusammen mit Raymond Hood und Ralph Walker jenen Stil entwickelte, der die New Yorker Gebäude in den 30er-Jahren des 20. Jahrhunderts veränderte.

The Piano Factory

452–458 West 46th Street
zwischen Ninth Avenue und Tenth Avenue

1888

Vor der Ära der Phonographen und Rundfunkgeräte verzichtete kein Haus, dessen Besitzer etwas auf sich hielten, auf ein Piano im Wohnzimmer. In New York gab es Dutzende von Firmen, die dieses Bedürfnis befriedigten. Zu ihnen zählte auch die Wessell, Nickel & Gross Company, die in diesem Fabrikgebäude Schalldeckel herstellte. Im Jahr 1980 wurde es dann in Luxusapartments umgebaut.

GENERAL POST OFFICE *L*

EIGHTH AVENUE
ZWISCHEN WEST 31ST STREET UND WEST 33RD STREET

1913, MCKIM, MEAD & WHITE

Dieses bald in die »neue« Penn Station umge-
wandelte Gebäude wurde als Ergänzung für
das alte Postamt gebaut, das gegenüber an der
Eighth Avenue stand. In dieser »City, die
niemals schläft«, sind alle Postämter nachts geschlossen mit Ausnahme dieses einen. Ganz
besonders viel Betrieb herrscht um die Mitter-
nachtszeit des 15. April, weil dann die letzte
Frist für die Steuererklärung abläuft.

JACOB K. JAVITS CONVENTION CENTER

ELEVENTH BIS TWELFTH AVENUE
ZWISCHEN WEST 34TH STREET UND WEST 37TH STREET

1986, I. M. PEI & PARTNERS

Dies ist das ultimative Glashaus. Insgesamt
167 000 Quadratmeter Nutzfläche in den verschiedenen Ausstellungs- und Veranstaltungs-
räumen reichen aus für sechs gleichzeitig
stattfindende Veranstaltungen mit rund 85 000
Menschen. Jedes Jahr kommen über drei Millionen Besucher für Events wie die Auto Show
und die Boat Show.

PASSENGER SHIP TERMINAL

TWELFTH AVENUE
ZWISCHEN WEST 48TH STREET UND WEST 52ND STREET

1976, PORT AUTHORITY OF NEW YORK
AND NEW JERSEY

Diese modernen Piers wurden zu der Zeit gebaut, als die großen Ozeandampfer ihren regelmäßigen Liniendienst zwischen New York und
Europa aufgaben. Gelegentlich gehen hier noch
die *Queen Elizabeth II* und einige Kreuzfahrt-
schiffe vor Anker, doch meistens verwendet
man die Piers für Ausstellungen.

443

444

445

446

IRT POWERHOUSE

446

ELEVENTH AVENUE BEI DER WEST 58TH STREET

1904, McKim, Mead & White

Das Kraftwerk liegt nahe am Hudson River, um die Anlieferung von Kohle für den Betrieb der Generatoren zu erleichtern. Es lieferte die gesamte Energie für die erste Untergrundbahn der Interborough Rapid Transit Company. Der Grund für die anspruchsvolle Gestaltung liegt in der damaligen Angst begründet, ein fabrik-ähnliches Gebäude würde für das Viertel einen Schandfleck bedeuten. Der Architekt Stanford White verlegte die Förderbänder für die Kohle und die Asche diskret in den Untergrund. Die Schlote gestaltete er wie nach oben verjüngte klassische Säulen. Sie wurden allerdings im Lauf der Jahre rußig. Der Unterbau ist aus ro-safarbenem Granit mit gelbbraunen Ziegel-wänden darüber. Das Dekor bestand aus gelbbrauner Terrakotta, doch wurde der größ-te Teil davon später entfernt.

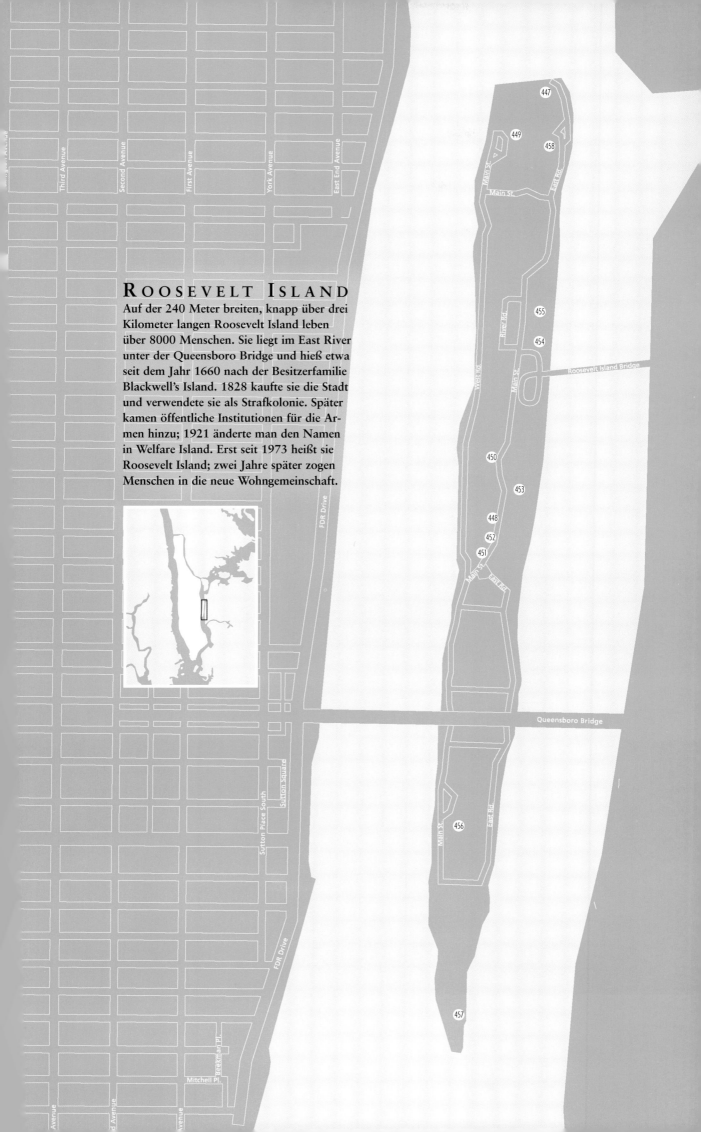

ROOSEVELT ISLAND

Auf der 240 Meter breiten, knapp über drei Kilometer langen Roosevelt Island leben über 8000 Menschen. Sie liegt im East River unter der Queensboro Bridge und hieß etwa seit dem Jahr 1660 nach der Besitzerfamilie Blackwell's Island. 1828 kaufte sie die Stadt und verwendete sie als Strafkolonie. Später kamen öffentliche Institutionen für die Armen hinzu; 1921 änderte man den Namen in Welfare Island. Erst seit 1973 heißt sie Roosevelt Island; zwei Jahre später zogen Menschen in die neue Wohngemeinschaft.

447

LIGHTHOUSE𝓛

NORDSPITZE VON ROOSEVELT ISLAND

1872, JAMES RENWICK, JR.

Dieser 15 Meter hohe Leuchtturm aus Granit soll von einem Insassen des Lunatic Asylum, einer früheren Irrenanstalt, erbaut worden sein. Er hinterließ eine Inschrift: »This is the work / Was done by / John McCarthy / Who built this light / House from top to bottom / To all ye who do pass by may / Pray for his soul when he dies.« – »Dies ist das Werk / Gemacht von / John McCarthy / Der diesen Leucht / Turm erbaute von unten bis oben / Alle die hier vorbeikommen / Sollen beten für seine Sele wenn er stirbt.« Ob es sich wirklich um das Werk von John McCarthy handelt, sei dahingestellt. Es gab jedenfalls einen Anstaltsinsassen dieses Namens, dem man erlaubte, ein kleines Fort an dieser Stelle zu bauen, weil er sich vor einem Angriff der Briten fürchtete. Beim Bau des Leuchtturmes wurde es abgebrochen. Er ist kein offizielles Seezeichen, blickt aber über Hell Gate, eine enge Straße, die den Long Island Sound mit dem East River verbindet. Der mächtige Gezeitenhub mit den Felsen unter Wasser macht Hell Gate zu dem gefährlichsten Fleck aller Wasserstraßen um New York. Im späten 19. Jahrhundert wurde er erweitert und vertieft. Selbst wer ihn heute befährt, muss noch höllisch aufpassen.

448

449

450

451

ISLAND HOUSE

551–575 MAIN STREET, ROOSEVELT ISLAND

1975, JOHANSEN & BHAVNANI

Dieses vornehme Apartmentgebäude hat im Inneren einen Swimmingpool, von dem aus man über den East River mit dem New York Hospital als Hintergrund sehen kann. Der Blick auf Manhattan von der Westseite der Insel ist natürlich der schönste, und Gebäude, die so etwas zu bieten haben, sind am teuersten.

BIRD S. COLER HOSPITAL

NORDENDE VON ROOSEVELT ISLAND

1954

Hier handelt es sich um ein Krankenhaus mit 1890 Betten für chronisch Kranke. Es wurde in den 30er-Jahren des 20. Jahrhunderts geplant, doch der Bau verzögerte sich durch den Zweiten Weltkrieg. Obwohl es modern und hell aussieht, war es noch von einer Aura der Düsternis umgeben, als es inmitten der verlassenen Gebäude auf dieser Insel errichtet wurde.

EASTWOOD

510–580 MAIN STREET, ROOSEVELT ISLAND

1976, SERT, JACKSON & ASSOCIATES

Als die State Urban Development Corporation die nahezu verlassene Insel im Jahr 1971 in eine Wohngemeinschaft mit der neuen Bezeichnung Roosevelt Island umwandelte, war dieser Apartmentblock mit seinen 1000 Einheiten für Mieter mit niedrigem bis mittlerem Einkommen bestimmt. Teurere Wohnungen auf der anderen der mit Ziegelsteinen gepflasterten Straße blicken auf Manhattan, während die Industrieviertel von Queens Eastwood gegenüberstehen.

RIVERCROSS

505–541 MAIN STREET, ROOSEVELT ISLAND

JOHANSEN & BHAVNANI

Obwohl die meisten Häuser auf Roosevelt Island Mietwohnungen enthalten, handelt es sich bei diesem Luxusgebäude um gemeinschaftlich erworbenen Wohnraum. Der Blick von hier quer über den East River fällt auf die Rockefeller University. Unter den drei gehobenen Gebäuden auf dieser Insel befindet sich dieses am nächsten an der Straßenbahn- und U-Bahnstation.

452

Good Shepard Ecumenical Center ℒ

543 Main Street, Roosevelt Island

1889, Frederick Clarke Withers

Diese kleine ländliche Kirche hieß anfänglich Episcopal Chapel of the Good Shepard. Sie wurde für die Insassen verschiedener öffentlicher Institutionen gebaut, die hier wohnten, als die Insel noch Welfare Island hieß. Die beiden Vorbauten markieren getrennte Eingänge für Männer und Frauen.

453

James Blackwell Farmhouse ℒ

Blackwell Park, Main Street, Roosevelt Island

1804
Restauriert: 1973, Georgio Cavaglieri

In diesem einfachen Bauernhaus lebte die Blackwell-Familie, der einst die ganze Insel gehörte und nach der sie ursprünglich auch benannt war, bis die Stadt das Gelände im Jahr 1828 für ein Gefängnis kaufte.

454

Motorgate

Ostseite von Roosevelt Island

1974, Kallmann & McKinnell

Roosevelt Island gilt als autofreie Zone, aber es ist hier nicht verboten, ein Auto zu besitzen. Man fährt mit dem Wagen über die Roosevelt Bridge von Queens her zu dieser riesigen Parkgarage. Der Weitertransport bis zur Wohnung erfolgt mit Elektrobussen. Die meisten Bewohner nehmen allerdings die Straßenbahn über die Queensboro Bridge oder benutzen die im Jahr 1989 erbaute U-Bahnstation.

455

AVAC Building

nördlich von Motorgate, Roosevelt Island

1975, Kallmann & McKinnell

Die Abkürzung steht für Automatic Vacuum Collection: Alle Abfälle der Gebäude auf Roosevelt Island werden durch Röhren abgesaugt und gelangen in dieses Gebäude, wo sie sortiert, verdichtet und zum Sanitation Department verschifft werden. Das System wurde ursprünglich für Disneyworld entwickelt.

456

Goldwater Memorial Hospital

900 Main Street, Roosevelt Island

1939, Butler & Kohn, York & Sawyer

Das Gebäude hieß früher Welfare Hospital for Chronic Diseases. Es soll durch seine Anordnung den chronisch Kranken möglichst viel Sonnenschein und beruhigende Aussichten auf den Fluss bieten.

457

Smallpox Hospital ℒ

Südspitze von Roosevelt Island

1856, James Renwick, Jr.

Zunächst bestand diese Institution nur aus Holzbaracken für die Quarantäne von Pockenkranken. Obwohl die Seuche durch den Impfschutz insgesamt zurückging, flackerte sie im 19. Jahrhundert immer wieder auf, sodass dieses große Gebäude notwendig wurde. Ein noch größeres entstand 1886 auf der North Brother Island nahe Rikers Island vor den Ufern der Bronx. Daraufhin baute man dieses Haus in ein Schwesternwohnheim um. In den Fünfzigern wurde es aufgegeben und verfiel.

452

453

454

455

456

457

458

OCTAGON TOWER 🔊

NORDENDE VON ROOSEVELT ISLAND

1839, ALEXANDER JACKSON DAVIS

Dieses Gebäude bildete erst einen Teil des New York City Lunatic Asylum, das gebaut wurde, um das Bellevue Hospital zu entlasten. Die Patienten wurden von Gefängnisinsassen überwacht und arbeiteten auf einer kleinen Farm oder bauten Ufermauern zur Vergrößerung der Insel. Damals glaubte man, harte Arbeit würde die Heilung beschleunigen, und man unternahm alles, um die Bewohner der Irrenanstalt zu beschäftigen. Der Turm, der anfänglich über eine beeindruckende Kuppel verfügte, bildete das Zentrum eines größeren Gebäudes. Die beiden Flügel wurden abgebrochen, um Platz zu schaffen für die Umwandlung der Insel in ein Wohngebiet. Es gibt aber Pläne für den Wiederaufbau als Teil eines so genannten Octagon Park.

UPPER EAST SIDE

Oberhalb der 59. Straße zerfällt New York in zwei unterschiedliche Städte, die Upper East Side und die Upper West Side. Die östliche Hälfte, lange auch als Gold Coast bekannt, ist etwas eleganter und sehr viel selbstbewusster. Die Avenues werden von Designershops, feinen Hotels und Apartmenthäusern gesäumt. Am Beekman Place und am Sutton Place sieht man unglaublich elegante, mit Toren geschmückte Häuser, von denen man einen atemberaubenden Blick über den Fluss hat. Der Central Park ist die Trennlinie: Jahrelang weigerten sich die Zwillinge zusammenzukommen. Vor etwa 100 Jahren gestand eine Frau, die ihr Leben lang an der East Side gewohnt hatte, sie würde gelegentlich in die West Side reisen: »Dort bucht man das Schiff nach Europa.« Heute ist natürlich alles anders … Oder etwa nicht?

460

CITICORP CENTER

LEXINGTON AVENUE,
ZWISCHEN EAST 53RD STREET UND EAST 54TH STREET

1978, HUGH STUBBINS & ASSOCIATES

Das Grundstück für dieses Gebäude kostete 40 Millionen Dollar. Damit war es das teuerste in Manhattan, und dafür gab es auch einen Grund: die St. Peter's Lutheran Church. Sie weigerte sich nämlich, ihr Gotteshaus zu verkaufen, bis die Citibank dafür neun Millionen Dollar zahlte und eine neue errichtete. Das Hochhaus ruht auf Säulen, die ihm ein offenes Aussehen verleihen. So erreichen Licht und Luft das Shoppinggebiet auf den ersten drei Stockwerken, und auch die Kirche an der Ecke zur 45. Straße kann aufatmen. Das kennzeichnende schräge Dach des Hochhauses war ursprünglich als Sonnenkollektor gedacht, der die Energie für die Klimaanlage liefern sollte. Allerdings wurde er nie installiert. Dafür baute man einen 400 Tonnen schweren Betonblock auf Schienen ein, um die Schwingungstendenz des Gebäudes bei starken Winden zu dämpfen.

SEAGRAM BUILDING ℒ

375 PARK AVENUE
ZWISCHEN EAST 52ND STREET UND EAST 53RD STREET

1958, LUDWIG MIES VAN DER ROHE
MIT PHILIP JOHNSON

Dieses meisterhafte Beispiel für den internationalen Stil wurde buchstäblich Hunderte von Male in der ganzen Stadt kopiert, doch nie erreicht. Eines seiner besten Merkmale ist die Plaza an der Front. Niemand wusste genau, warum das so war, auch der Architekt nicht. Doch der Stadtplaner William H. Whyte konnte es definieren. »Es sind die Stufen«, sagte er, »sie sind die besten von allen Bürogebäuden.« Im Jahr 1960 vermaß ein Finanzbeamter die insgesamt 27 Meter große Seagram Plaza und kam zum Schluss, dass die Stadt durch all diesen vergeudeten Platz jährlich rund 300 000 Dollar Steuergelder verlor. Die Anwälte der Stadt teilten diese Meinung, und so wurde das Steuergesetz geändert, um neben der Mietfläche auch noch einen »Prestigewert« berücksichtigen zu können.

461

RITZ TOWER

109 EAST 57TH STREET BEI DER PARK AVENUE

1925, EMERY ROTH UND CARRÈRE & HASTINGS

Dieses 44-stöckige Apartmenthotel ist auf allen Seiten zurückversetzt, sodass Licht und Luft Zugang zu jedem Apartment haben – ganz zu schweigen von den vielen Terrassen und Balkons, die im Jahr 1925 eine Neuerung waren. Die meisten Apartments in den oberen Stockwerken sind doppelstöckig und erstrecken sich an der Außenmauer über zwölf Meter. Viele liegen in einer Höhe von 150 Meter – eine damals fast unvorstellbare Leistung.

462

CENTRAL SYNAGOGUE 𝓛

652 LEXINGTON AVENUE BEI DER EAST 55TH STREET

1872, HENRY FERNBACH

Dieses Gebäude im maurischen Stil ist die älteste, ununterbrochen genutzte Synagoge in New York. Als Vorlage diente eine Synagoge in Budapest. Vor kurzem wurde die Central Synagogue nach einem Brand renoviert. Es handelt sich um das fünfte Gotteshaus der Congregation Ahawath Chesed, die böhmische Einwanderer im Jahr 1846 in der Lower East Side gegründet hatten. Den heutigen Namen bekam die Synagoge im Jahr 1920.

463

BANK OF NEW YORK

706 MADISON AVENUE BEI DER EAST 63RD STREET

1922, FRANK EASTON NEWMAN

Diese Bankfiliale im Neo-Federal Style erscheint an der quirligen Madison Avenue fehl am Platz. Aber gerade das könnte das Entscheidende sein. Ihre Heiterkeit lenkt nicht nur die Aufmerksamkeit auf sich, sondern spricht auch mögliche Kunden an, und vielleicht holt man sich deshalb dort am liebsten das Bargeld für eine Einkaufsorgie.

464

40 EAST 62ND STREET

ZWISCHEN MADISON AVENUE UND PARK AVENUE

1910, ALBERT JOSEPH BODKER

Das Bild von hungrigen Künstlern in zugigen Dachkammern kommt bei eleganten Gebäuden wie diesem erst gar nicht auf. Aber es wurde tatsächlich für Künstler erbaut, die vor allem der reich geschmückte Unterbau dieses achtstöckigen, mittelalterlich anmutenden Hauses mit seinen hohen Erkerfenstern ansprechen sollte. Doch obwohl die Mieten 1910 verhältnismäßig niedrig waren, dürfte kein darbender Künstler den Einzug auch nur erwogen haben.

465

SHERRY-NETHERLAND HOTEL

781 FIFTH AVENUE BEI DER EAST 59TH STREET

1927, SCHULTZE & WEAVER, BUCHMAN & KAHN

Das ursprüngliche Restaurant dieses Hotels ist niedriger gelegt, damit es durch die hohen Decken größer erschien. In Wirklichkeit war es aber viel kleiner, als man dies vom höchsten Apartmenthotel der Welt erwarten konnte. Der Grund dafür lag in der Prohibition. Da Bars damals illegal waren, forderte das Hotelmanagement seine Gäste auf, den Zimmerservice in Anspruch zu nehmen, der wohl auch geschmuggelten Alkohol beschaffen konnte.

466

METROPOLITAN CLUB 𝓛

1–11 EAST 60TH STREET BEI DER FIFTH AVENUE

1894, MCKIM, MEAD & WHITE

J. P. Morgan und andere Männer gründeten diesen »Club of Clubs«, doch diese Bezeichnung nahm auch der konkurrierende Union Club für sich in Anspruch. Der Metropolitan Club hoffte jedoch, die Crème der New Yorker Society dadurch anzulocken, dass er einen eigenen Speisesaal für die Damen einrichtete. Dahinter stand wohl der Gedanke, dass die Ehefrauen bei der Wahl des richtigen Clubs schon den nötigen Druck ausüben würden.

461

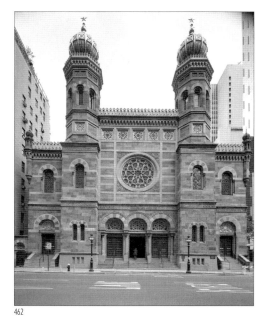

462

463

464

465

466

RACQUET AND TENNIS CLUB 𝓛

467

370 PARK AVENUE
ZWISCHEN EAST 52ND STREET UND EAST 53RD STREET

1918, McKIM, MEAD & WHITE

Als dieses Haus gebaut wurde, waren Charles McKim und Stanford White schon tot und Rutherford Mead war im Ruhestand. Die Tradition der Firma führte W. S. Richardson weiter – auf seine Weise. Obwohl das Gebäude bei weitem nicht an die besten Werke des Architektenbüros heranreichen kann, ragt es doch noch weit über den Durchschnitt jener Jahre hinaus. Die Tennisplätze liegen hinter den Blendbögen oben an der Fassade.

HERMÈS

468

691 MADISON AVENUE BEI DER EAST 62ND STREET

1928, McKIM, MEAD & WHITE

Diese kleine Hutschachtel war erst Louis Sherrys Restaurant. Im Jahr 1950 baute man es erstmals in ein Geschäft um, 1968 erneut als lokales Flaggschiff der Damenbekleidungsfirma »The Limited«. Nun hat es die Firma »Hermès« in ein kleines Stück Paris an der Madison Avenue umgebaut.

KNICKERBOCKER CLUB 𝓛

469

2 EAST 62ND STREET BEI DER FIFTH AVENUE

1915, DELANO & ALDRICH

Diesen exklusiven Herrenklub, der liebevoll auch »Nick« genannt wird, gründeten August Belmont und andere, weil sie der Ansicht waren, die bisherigen Klubs würden für ihren Geschmack inzwischen zu liberal geführt. Bis zum Jahr 1963 teilte der Club seinen Garten mit einem fast identischen Stadthaus an der Ecke zur 61. Straße. Es gehörte Mrs. Marcellus Hartley Dodge, die eigentlich in New Jersey lebte, aber ihr früheres Haus als Basis für Einkaufstouren weiter nutzte.

467

468

469

470

471

472

473

474

475

LEVER HOUSE

390 PARK AVENUE
ZWISCHEN EAST 53RD STREET UND EAST 54TH STREET

1952, GORDON BUNSHAFT VON
SKIDMORE, OWINGS & MERRILL

Das Lever House ist das erste Gebäude in New York mit einer reinen Glasfassade und immer noch eines der schönsten. Beim Bau dachte niemand daran, wie man diese Fenster, von denen sich nur wenige öffnen ließen, später einmal reinigen würde. Das Problem war dem Hauptmieter und Namensgeber des Gebäudes besonders peinlich, handelt es sich dabei doch um einen weltbekannten Seifenfabrikanten.

ASSISIUM SCHOOL

36 EAST 63RD STREET
ZWISCHEN MADISON AVENUE UND PARK AVENUE

1930, CROSS & CROSS

Dieses Gebäude gehörte erst dem Hangar Club, einer Organisation von Flugenthusiasten. Im Jahr 1941 wurde es von den Missionary Sisters of the Third Order of St. Francis in eine Schule umgewandelt. Obwohl der ursprüngliche Name durchaus auch darauf hindeuten könnte, dass das Innere wie ein Flugzeughangar aussieht, erinnert es doch in Wirklichkeit eher an einen intimen Club für englische Gentlemen.

GALLERIA

119 EAST 59TH STREET
ZWISCHEN PARK AVENUE UND LEXINGTON AVENUE

1975, DAVID KENNETH SPECTER UND PHILIP BIRNBAUM

Hier handelt es sich um ein Hochhaus mit Büros und Apartments. Die beiden Bereiche haben jeweils eigene Aufzüge und eine eigene elektrische Versorgung. Das Haus ist vom Gehsteig aus fast nicht zu sehen und beeinflusst die Skyline in diesem Viertel sehr stark, besonders wenn man es von *uptown* betrachtet. Der Turm ruht auf einem achtstöckigen Unterbau, zu dem eine attraktive öffentliche Galleria mit einer Verbindung zur 58. Straße gehört.

COLONY CLUB

564 PARK AVENUE BEI DER EAST 62ND STREET

1915, DELANO & ALDRICH

Als der Colony Club an der Madison Avenue Ecke 30. Straße immer größer wurde, gab er dieses Gebäude in Auftrag. Es umfasste nicht nur mehr Schlafzimmer, sondern auch ein ganzes Stockwerk für die Bediensteten sowie einen Bereich für das Amüsement der Haustiere der Mitglieder. Im Kellergeschoss befinden sich ein großes Schwimmbecken sowie Heilbäder wie in den besten europäischen Badeorten. Weiter oben liegt eine eichengetäfelte Turnhalle und darüber ein Squashplatz.

EDITH AND ERNESTO FABBRI HOUSE

11 EAST 62ND STREET
ZWISCHEN FIFTH AVENUE UND MADISON AVENUE

1900, HAYDEL & SHEPARD

Dieses Haus erbaute Mrs. Elliot F. Shepard, geborene Vanderbilt, für ihre Tochter Edith und ihren Ehemann Ernesto Fabbri. Nachdem sich das Paar einige Jahre hier aufgehalten hatte, zog es nach Paris um, wo er in der Bank seines Onkels eine Stelle erhielt. Kurz danach mietete der Cousin von Mrs. Fabbri, Alfred Gwynne Vanderbilt, das Haus als eine Art »Junggesellenbude«. Heute dient es als Residenz des japanischen Vertreters bei den Vereinten Nationen.

HOTEL PIERRE

795 FIFTH AVENUE BEI DER EAST 61ST STREET

1930, SCHULTZE & WEAVER

Der frühere Küchenchef Charles Pierre besaß eine treue Anhängerschaft, als er dieses Hotel baute. Trotz der Weltwirtschaftkrise galt es unter jenen New Yorkern, die abends noch richtig ausgehen konnten, als Symbol des Optimismus. Lobby und Lounge liegen im rückwärtigen Teil und sind durch den Eingang an der 61. Straße zugänglich. Der doppelstöckige Speisesaal erstreckt sich längs der Fifth Avenue über 30 Meter. Er liegt über dem Straßenniveau mit Blick auf den Central Park.

476

BLOOMINGDALE'S

LEXINGTON AVENUE, THIRD AVENUE;
EAST 59TH STREET, EAST 60TH STREET

1930, STARRETT & VAN VLECK

Einer der Gründe, warum man sich in diesem Kaufhaus so schlecht zurechtfindet, ist der, dass es sich um zwei ineinander geschachtelte Gebäude handelt. Das ergab sich durch die Expansion der Firma, die mit einem kleinen Textilgeschäft an der Third Avenue anfing. In den Jahren 1872 bis 1927 entwickelte es sich nur langsam und erreichte seinen Höhepunkt mit dem Anbau an der Lexington Avenue, der drei Jahre nach dem Einzug den Vorgängerbau verschluckte. Das einst »The Great East Side Bazaar« genannte Kaufhaus wurde von Lyman und Joseph Bloomingdale gegründet. Ihr Name hat nichts mit dem alten gleichnamigen Viertel in der Upper West Side zu tun.

477

477

CITY AND SUBURBAN HOMES

FIRST AVENUE ESTATES, EAST 64TH
BIS EAST 65TH STREET, FIRST AVENUE BIS YORK AVENUE

1898, JAMES E. WARE

Die City and Suburban Homes Company war eine gemeinnützige Gesellschaft für den Wohnungsbau. Im 19. Jahrhundert wohnten nämlich die meisten Arbeiter in schlechten Mietskasernen. Dies war das zweite Projekt der Gesellschaft. Alle Wohnungen in diesen sechsstöckigen Apartmenthäusern ohne Aufzug bekamen genügend Luft und Licht. Man nannte sie damals »estates«, und verglichen mit den damaligen Mietskasernen muteten sie tatsächlich herrschaftlich an, auch wenn sich von diesem Namen niemand in die Irre führen ließ.

BARBIZON HOTEL

140 EAST 63RD STREET BEI DER LEXINGTON AVENUE

1927, MURGATROID & OGDEN

Das war ursprünglich der Barbizon Club for Women. Er wurde als Refugium für junge Frauen gebaut, die neu waren in der großen Stadt mit ihren beutehungrigen Männern. Zu den architektonischen Vorzügen gehört das Dachgeschoss, in dem sich anfänglich ein Restaurant und ein Solarium befanden. Ein mit Spitzbogen gesäumter Umgang hier oben bietet einen der schönsten Ausblicke auf die Stadt und inspirierte schon die Malerin Georgia O'Keeffe und den Fotografen Samuel Gottscho (ja, auch Männer waren willkommen, zumindest auf dem Dach).

NEW YORK ACADEMY OF SCIENCES

2 EAST 63RD STREET
ZWISCHEN FIFTH AVENUE UND MADISON AVENUE

1920, STERNER & WOLFE

Dieses Gebäude diente zuerst als Residenz für William Ziegler, Jr., den Präsidenten der Royal Baking Company. Heute beherbergt es den Sitz einer Organisation, die sich mit Naturwissenschaften wie Biologie, Chemie, Geologie und Astronomie beschäftigt. Die Akademie sponsert wissenschaftliche Forschung. Zu den weiteren Aktivitäten der Gesellschaft gehört die Junior Academy of Sciences, die High-School-Studenten dazu ermuntert, an wissenschaftlichen Projekten teilzunehmen.

ABIGAIL ADAMS SMITH MUSEUM

421 EAST 61ST STREET
ZWISCHEN FIRST AVENUE UND YORK AVENUE

1799

Hier haben die Colonial Dames of America ihren Sitz. Sie restaurierten im Jahr 1939 die neun im Stil der Zeit gehaltenen Zimmer und statteten sie neu aus. Ursprünglich war dies ein Stallungsgebäude und gehörte zum neun Hektar großen Landbesitz von Colonel William S. Smith und seiner Frau Abigail, der Tochter von Präsident John Adams. Vor der modernen Restaurierung enthielt das Gebäude ein vornehmes Resorthotel namens Mount Vernon.

CYRIL AND BARBARA RUTHERFORD HATCH HOUSE

153 EAST 63RD STREET
ZWISCHEN LEXINGTON AVENUE UND THIRD AVENUE

1919, FREDERICK J. STERNER

Dieses Stadthaus mit seinem wunderschönen Innenhof gaben Barbara Rutherford, die Tochter von Mrs. William K. Vanderbilt, sowie ihr Mann Cyril Hatch in Auftrag. Als sie sich drei Jahre danach scheiden ließen, gelangte es in den Besitz des Theaterproduzenten Charles Dillingham. Im Jahr 1940 zog Louise Hovick ein, als Stripteasetänzerin besser unter dem Namen Gypsy Rose Lee bekannt. In den 80er-Jahren wohnte hier der Maler Jasper Johns.

478

479

480

481

482

483

484

SOTHEBY'S

1334 YORK AVENUE BEI DER 72ND STREET

UMBAU UND UMGESTALTUNG: 1999, KOHN PEDERSON FOX

Das Auktionshaus zog im Jahr 1980 in das frühere Eastman Kodak Building, nachdem es umgebaut und vergrößert worden war. Die Geschichte von Sotheby's reicht bis ins Jahr 1744 zurück, als ein Londoner Buchhändler mit der Auktion seltener Bücher begann. Heute kann man hier alle möglichen seltenen Stücke erwerben – Baseballmemorabilien, Schmuck, Kunst, Antiquitäten. Die Auktionen finden überall auf der Welt statt, auch im Internet, doch das Zentrum der Aktivität liegt hier.

ROCKEFELLER UNIVERSITY

1230 YORK AVENUE
ZWISCHEN EAST 63RD STREET UND EAST 68TH STREET

1910, YORK & SAWYER

Die im Jahr 1901 von John D. Rockefeller gegründete Universität ist heute eines der wichtigsten Forschungszentren der Welt. Neunzehn Nobelpreisträger forschten hier. Im Gegensatz zu anderen Universitäten arbeiten die ranghohen Professoren in den Labors direkt mit den Studenten zusammen. Es gibt keine akademischen Kurse, und die Studenten müssen keine Studiengebühren bezahlen. Stattdessen bekommen sie ein kleines Jahresstipendium.

NEW YORK PRESBYTERIAN HOSPITAL-NEW YORK-CORNELL MEDICAL CAMPUS

YORK AVENUE
ZWISCHEN EAST 68TH STREET UND EAST 71ST STREET

1932, SHEPLEY, BULLFINCH & ABBOTT

Das New York Hospital wurde 1771 als eine mildtätige Institution gegründet. Im Jahr 1912 schloss es sich dem Medical College der Cornell University an und begann 15 Jahre danach mit der Planung dieses Gebäudes.

485

Bohemian National Hall 🔖

321 East 73rd Street
zwischen First Avenue und Second Avenue

1897, William C. Frohne

Gegen Ende des 19. Jahrhunderts lebten in diesem Viertel viele Tschechen und Slowaken, und dieses reich dekorierte Gebäude diente ihnen als Versammlungshaus. Es umfasste ein Restaurant und Klubräume, eine Schießanlage, eine Kegelbahn und einen großen Tanzsaal. Die Kinder der Einwanderer kamen hierher, um die Sprache und die Kultur ihrer Eltern kennen zu lernen.

486

Cherokee Apartments

East 77th Street bis East 78th Street
östlich der York Avenue

1911, Henry Atterbury Smith

In diesen vier Gebäuden, die auch East River Houses hießen, lebten ursprünglich 384 Arbeiterfamilien. Mit Guastavino-Fliesen ausgekleidete Tunnels verbanden die Innenhöfe mit der Straße, und Pergolen aus Glas schützten die Treppen, die man aber offen ließ, damit möglichst viel Luft zirkulieren konnte. Jede Wohnung besaß auch einen schmiedeeisernen Balkon, und solche waren selbst in Luxusapartments der damaligen Zeit selten.

487

Memorial Sloan-Kettering Cancer Center

1275 York Avenue
zwischen East 67th Street und East 68th Street

1938, James Gamble Rogers

Das im Jahr 1884 an der West Side gegründete Krankenhaus ist das erste im ganzen Land, das sich ausschließlich mit Krebspatienten beschäftigt. Es setzte auch als erstes die Strahlentherapie ein. Anfänglich hieß es nur Memorial Hospital. Im Jahr 1960 wurde es aber um ein Krebsforschungslabor erweitert, das der Präsident von General Motors, Alfred P. Sloan, sowie sein Kollege in der Geschäftsführung, Charles F. Kettering, finanzierten.

MILAN HOUSE

115 EAST 67TH STREET UND 116 EAST 68TH STREET

1931, ANDREW J. THOMAS

Diese beiden elfstöckigen Apartmentblocks
sind voneinander durch einen Hof im italienischen Stil getrennt – gleichzeitig einer der
schönsten geheimen Gärten der Stadt. Die Gebäude erregten die Aufmerksamkeit von John
D. Rockefeller, Jr., als er gerade über eine Renovierung seines Stadthauses an der West 54th
Street nachdachte. Doch er änderte seine Meinung zugunsten der Rockefeller Apartments,
die aber irgendwie an dieses Paar erinnern.

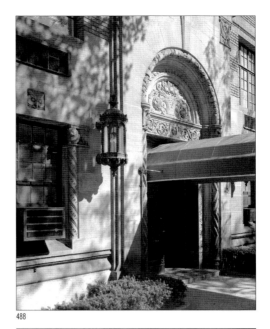

488

KENNEDY CHILD CARE STUDY CENTER 𝓛

149–151 EAST 67TH STREET

1890, BUCHMAN & DEISLER UND BRUNNER & TRYON

Um das Wachstum der Upper East Side in den
1860er-Jahren zu beschleunigen, spendierte die
Stadt Grundstücke für Museen, Schulen und
Krankenhäuser. An diesem Abschnitt, der einst
Hamilton Square hieß, erhielten mehrere Insti-
tutionen Anteile, darunter auch das Mountain
Sinai Hospital. Es baute hier einen Komplex
mit modernen Labors und einer Schwestern-
schule. In diesem Gebäude fand die ambulante
Behandlung statt.

489

131–135 EAST 66TH STREET 𝓛

ZWISCHEN LEXINGTON AVENUE UND THIRD AVENUE

1906, CHARLES A. PLATT

Diese Künstlerkooperative mit doppelstöckigen Ateliers und Wohnungen entwarf der bekannte Society-Architekt Charles A. Platt. Am
Ende zog er hier auch selbst ein, nachdem er
durch seine Zusammenarbeit mit den Architekten des benachbarten ähnlichen Gebäudes
sicher sein konnte, dass auch die Umgebung
seiner Präsenz würdig war.

490

491

492

493

494

501

502

503

504

505

506

508

FRICK COLLECTION

ONE EAST 70TH STREET BEI DER FIFTH AVENUE

1914, CARRÈRE & HASTINGS

Als der Stahlmagnat Henry Clay Frick zum ersten Mal nach New York kam, ließ er sich mit
der Kutsche durch den Central Park zum
Wohnsitz seines ärgsten Konkurrenten Andrew
Carnegie fahren. Dort entschloss er, sich ein
derart prächtiges Haus zu bauen, dass »das
von Andy wie eine Bergarbeiterhütte aussieht«.
Und das kam also dabei heraus … Frick war
dank des Verkaufstalents des Händlers Joseph
Duveen einer der führenden Kunstsammler des
Landes. Dieser brachte ihn auch mit dem Architekten Thomas Hastings zusammen, damit
das Haus zugleich ein würdiger Ort für die
Sammlung werden würde. Der Kunsthändler
empfahl die Innenarchitektin Elsie de Wolfe,
die antike Möbel aus seinem Lager aussuchen
sollte. Nach dem Tod von Fricks Frau über-
wachte Duveen auch die Umwandlung des
Hauses in eine Kunstgalerie.

SEVENTH REGIMENT ARMORY

640 PARK AVENUE
ZWISCHEN EAST 66TH STREET UND EAST 67TH STREET

1879, CHARLES W. CLINTON

Als Nachfolger der freiwilligen Stadtmilizen
gründeten einige der prominentesten New
Yorker das Siebte Regiment und bezahlten
dessen Waffen und Uniformen selbst. Im Jahr
1874 schenkte ihnen die Stadt dieses Grundstück, und die Mitglieder finanzierten tradi-
tionsgemäß auch diesen Regimentssitz. Dazu
engagierten sie Künstler wie Louis Comfort
Tiffany und Stanford White. Sie sollten die öffentlich zugänglichen Räume im ersten Stock
und die einzelnen Kompanieräume in den oberen Stockwerken gestalten. Die große Exerzierhalle reichte bis zur Lexington Avenue und
hatte die Bahnhofshalle im früheren Grand
Central Terminal zum Vorbild. Heute wird sie
von der New York National Guard verwendet.
Dort finden auch Antiquitätenmessen und
andere raumgreifende Veranstaltungen statt.

509

POLO/RALPH LAUREN 𝓛

867 MADISON AVENUE BEI DER 72ND STREET

1898, KIMBALL & THOMPSON

Hätte Ralph Lauren hier vom Nullpunkt anfangen müssen, so hätte er sich wohl kein Gebäude leisten können, das so gut zu seinem Image passt. Gebaut wurde es für Gertrude Rhinelander Waldo. Doch obwohl das Haus so charmant ausfiel, zog sie es vor, mit ihrer Schwester auf der anderen Straßenseite zu leben. Ihr Mann, Polizeipräsident Francis Waldo, starb noch vor der Fertigstellung. Während des Baus reiste Mrs. Waldo durch Europa und kaufte Kunst für die Einrichtung zusammen. Aber die eingekauften Gegenstände packte sie niemals aus. Ihr Haus stand bis zum Jahr 1920 leer. Dann wurde es in ein Geschäft umgebaut. 1984 erlangte es seinen alten Glanz wieder, als hier Ralph Lauren seine Boutique eröffnete.

510

Lycée Français de New York

9 East 72nd Street
zwischen Fifth Avenue und Madison Avenue

1899, Flagg & Chambers
1896, Carrère & Hastings

Wie es sich für eine französische Schule gehört
(die in der Zwischenzeit aber woandershin gezogen ist), erinnern diese beiden Gebäude ganz
besonders an Paris und sind wohl die prächtigsten Stadthäuser in New York. Das Haus
links mit der Nr. 7 wurde für den Geschäftsmann Oliver Jennings errichtet, das Nachbarhaus für Henry T. Sloane, den Erben einer
Möbelfirma. In weniger als zwei Jahren nach
dem Einzug trennte er sich von seiner Frau.
Der Verleger Joseph Pulitzer kaufte das Haus
und gab es später an den Bankier James Still-
man weiter.

511

512

513

514

515

516

ISTITUTO ITALIANO DI CULTURA

686 PARK AVENUE
ZWISCHEN EAST 68TH STREET UND EAST 69TH STREET

1919, DELANO & ALDRICH

Das Haus wurde für William Sloane gebaut, den Präsidenten des Möbelgeschäfts W. & J. Sloane. Heute beherbergt es die Kulturabteilung des italienischen Konsulats, das seit dem Jahr 1952 im Haus nebenan residiert. Alle diese beeindruckenden Häuser in diesem wundervollen Block wurden übrigens erst gebaut, nachdem man die Eisenbahngleise, die früher in der Mitte der heutigen Park Avenue verliefen, zugeschüttet hatte.

ASIA SOCIETY

725 PARK AVENUE BEI DER EAST 70TH STREET

1981, EDWARD LARRABEE BARNES ASSOCIATES

Diese Institution wurde im Jahr 1957 gegründet, um die Beziehungen zwischen Asien und dem Westen zu verbessern. Galerien im Gebäude zeigen Kunstwerke unter anderem aus Japan, China, Tibet und Indien. Die Ausstellungsstücke stammen aus eigenen Beständen, zu denen auch die Sammlung asiatischer Kunst von Mr. und Mrs. John D. Rockefeller III gehört. Hier finden zudem Konzerte sowie Tanz- und Filmvorführungen statt.

PAUL MELLON HOUSE

125 EAST 70TH STREET
ZWISCHEN PARK AVENUE UND LEXINGTON AVENUE

1966, H. PAGE CROSS

Dieses Stadthaus wurde für den Finanzier, Philanthropen und Kunstsammler Paul Mellon errichtet. Es gehört zu den ganz wenigen aus den letzten 50 Jahren. Entscheidend für die Gestaltung war eine alte Vertragsklausel, nach der neue Gebäude um drei Meter vom Gehsteig zurückversetzt werden mussten. Kein Problem: Dieses französisch inspirierte Haus mit dem gelben Putz wirkt durch den Vorgarten mit den hohen Mauern umso interessanter.

ATTERBURY HOUSE

131 EAST 70TH STREET

1871
VERÄNDERUNGEN: GROSVENOR ATTERBURY

Nachdem Charles Lamed Atterbury dieses Stadthaus gekauft hatte, gab er seinem Sohn den Auftrag, es zu vergrößern und umzubauen. Der junge Architekt entwarf später auch den amerikanischen Flügel des Metropolitan Museum. Auf ihn gehen zudem die englisch beeinflussten Forest Hills Gardens zurück, darüber hinaus war er für den Umbau eines Sandsteinhauses an der 8. Straße in den ersten Sitz des Whitney Museum verantwortlich.

19 EAST 72ND STREET

BEI DER MADISON AVENUE

1937, ROSARIO CANDELLA UND MOTT B. SCHMIDT

Das Gebäude selbst ist ein solides Beispiel moderner Architektur. Interessanter wird die Adresse aber durch das frühere Gebäude, das dem Juwelier Charles L. Tiffany gehörte und das McKim, Mead & White im Stil der deutschen Renaissance entworfen hatten. Als Tiffany das Projekt in Auftrag gab, wollte er nur, dass es groß werden würde. Die Details überließ er dem Architekten Stanford White und seinem Sohn Louis Comfort Tiffany, der hier auch ein Apartment für sich selbst gestaltete.

FRENCH CONSULATE

934 FIFTH AVENUE
ZWISCHEN EAST 74TH STREET UND EAST 75TH STREET

1926, WALKER & GILLETTE

Obwohl neue Apartmentgebäude in der Mitte der 20er-Jahre des letzten Jahrhunderts den größten Teil der herrschaftlichen Häuser an der Fifth Avenue ersetzten, gab es noch Platz für ein weiteres. So dachte zumindest der Millionär Charles E. Mitchell, als er dieses bauen ließ. Es ist das letzte Haus seiner Art, das an der Avenue entstand. Es wurde ebenso schön wie all die Vorläuferbauten, die man im Namen des Fortschritts abgebrochen hatte.

980 MADISON AVENUE

ZWISCHEN EAST 75TH STREET UND EAST 76TH STREET

1950, WALKER & POOR

Dieses Gebäude beherbergte ursprünglich das Auktionshaus Parke-Bernet, das im Jahr 1964 mit Sotheby's fusionierte. Heute befindet es sich an der East 22nd Street und der York Avenue, doch dessen Immobilienabteilung ist noch hier geblieben. Die allegorische Bronzefigur an der Fassade stammt von Wheeler Williams. Sie stellt Venus und Manhattan dar und symbolisiert den Beitrag der Künste ferner Länder zur Kultur dieser Stadt.

927 FIFTH AVENUE

BEI DER EAST 74TH STREET

1917, WARREN & WETMORE

Dies war eines der ersten Apartmenthäuser, die gebaut wurden, um in den Jahren vor dem Ersten Weltkrieg mit der wachsenden Nachfrage nach Adressen an der Fifth Avenue Schritt zu halten. Diese Nachfrage verlangsamte sich allerdings während des Krieges und der darauf folgenden harten Zeiten. Doch im Jahr 1920 errichteten Architekten und Unternehmer wieder solche Gebäude, nur viel größer. Die Fifth Avenue Association versuchte diesen aufkommenden Trend durch eine Begrenzung der Bauhöhe an diesem Straßenabschnitt auf 22,5 Meter zu bremsen. Die Gerichte widersprachen dem im Jahr 1923, und von nun an galt wieder die alte Bauhöhe von 45 Meter.

ST. JEAN BAPTISTE CHURCH ℒ
(RÖMISCH-KATHOLISCH)

1067–1071 LEXINGTON AVE. BEI DER EAST 76TH STREET

1914, NICHOLAS SERRACINO

Diese Kirche, die gut nach Rom passen würde, wurde für die französischen Kanadier erbaut, die nach der Jahrhundertwende in diesem Viertel dominierten. Sie ersetzte einen Vorgängerbau an derselben Stelle. Das Geld für den Neubau stiftete der Straßenbahnmillionär Thomas Fortune Ryan, weil er angeblich in der kleineren Kirche einmal während eines ganzen Gottesdienstes hatte stehen müssen. Die Kirche ist besonders bemerkenswert wegen des korinthischen Portikus und der beiden Türme. Die französische Orgel gehört zu den besten in ganz New York, und das Gleiche kann man auch vom Konzertprogramm behaupten.

EAST 73RD STREET

ZWISCHEN LEXINGTON AVENUE UND THIRD AVENUE

Jedes der entzückenden Häuser in diesem Block war ursprünglich ein Stall oder eine Kutschenremise. Als sich die Upper East Side in eine Enklave für die Reichen entwickelte, lagen diese Blocks östlich der Park Avenue jenseits von Gleisen, weil hier damals eine Eisenbahnlinie verlief. Für Pferde war diese Seite gerade richtig, trotzdem achteten die Besitzer darauf, dass die Stallungen schön aussahen. Gegen Ende des 19. Jahrhunderts gab es in der Stadt über 5000 Ställe, in denen fast 74 000 Pferde lebten. Weniger reiche Leute hielten ihre Pferde in großen Gemeinschaftsställen, die man sehr wohl als die Vorläufer heutiger Parkgaragen betrachten kann.

517

518

519

520

521

NYU Institute of Fine Arts *L*

One East 78th Street bei der Fifth Avenue

1912, Horace Trumbauer

Dieses frei stehende herrschaftliche Haus baute James B. Duke, der Begründer der American Tobacco Company. Es ersetzte das frühere Henry H. Cook House, das das bestgebaute Haus gewesen sein soll, das jemals in New York abgebrochen wurde. Die Fassade ist auf allen vier Seiten aus Marmor, das Gebäude hat 30 Zimmer, darunter acht Schlafzimmer, jedes mit einem Bad. Dazu kommen zwölf Zimmer für die Dienstboten. Als Duke im Jahr 1925 starb, erbte seine 13 Jahre alte Tochter Doris 50 Millionen Dollar und wurde damit eines der ersten »poor little rich girls« von New York. Mrs. Duke lebte hier bis 1957. Dann überließ sie das Haus für 1,6 Millionen Dollar der New York University und zog ins Stanhope Hotel.

Whitney Museum of American Art

945 Madison Avenue bei der East 75th Street

1966, Marcel Breuer & Associates

Vor Projektbeginn verkündete der Architekt Marcel Breuer, der dem Bauhaus angehörte, sein Whitney Museum werde die Vitalität der Straße widerspiegeln. Doch irgendwie verlor er dieses Ziel am Zeichentisch aus den Augen. Am Ende gestaltete er eine Struktur, die von der Straße durch eine Art Graben mit simulierter Zugbrücke am Eingang getrennt war. Egal: Dies ist ein Kunstmuseum, und es zählt das, was es drinnen zu sehen gibt. Die hoch innovativen Innenräume ermöglichen es, moderne amerikanische Kunst zu zeigen, ohne von einem übereifrig gestalteten Gebäude davon abgelenkt zu werden.

522

523

524

525

526

HOTEL CARLYLE

35 EAST 76TH STREET BEI DER MADISON AVENUE

1929, BIEN & PRINCE

Der Turm auf diesem Hotel, über den der Architekt sagte, dabei habe er sich von der berühmten Westminster Cathedral in London inspirieren lassen, wurde zum Symbol für die vornehme Upper East Side. Hier handelt es sich eigentlich um zwei Gebäude, ein 17-stöckiges Apartmenthaus über der 77. Straße und ein 40-stöckiges Apartmenthotel an der Südseite. Dies war das Hotel der Wahl für die Präsidenten Harry S. Truman und John F. Kennedy. In der Bar sang der Sänger Bobby Short für beide Präsidenten.

HARKNESS MANSION

ONE EAST 75TH STREET BEI DER FIFTH AVENUE

1908, JAMES GAMBLE ROGERS

Der Erbe von Standard Oil, Edward R. Harkness, schreckte auch vor den Kosten für importierten Marmor nicht zurück. Einfache Tricks verschmähte er trotzdem nicht: Der Keller hat eine große Öffnung zu einem Graben. Wenn draußen die Temperatur sinkt, öffnet man einfach die Tür und spart damit Strom für die Klimaanlage. Als seine Witwe im Jahr 1950 starb, vermachte sie ihr Haus dem Commonwealth Fund, den ihre Schwiegermutter »für die Wohlfahrt der Menschheit« gegründet hatte. Das Haus nebenan, Nummer 4, baute ihre Tochter Rebekah Harkness für ihre Balletttruppe um. Zehn Jahre später löste sie sie auf, nachdem sie 20 Millionen Dollar in sie investiert hatte.

UKRAINIAN INSTITUTE

2 EAST 79TH STREET

1899, C. P. H. GILBERT

Dieses französische Schloss mit einem Burggraben ließ Isaac D. Fletcher erbauen. Der Selfmademan stieg zum Präsidenten der New York Coal Tar Company und der Barrett Manufactoring Company auf. Er beauftragte C. P. H. Gilbert mit dem Bau des herrschaftlichen Hauses, das dem von William K. Vanderbilt weiter südlich an der Fifth Avenue Ecke 58. Straße ähnlich sehen sollte. Fletcher füllte das Haus mit einer der besten Kunstsammlungen der Stadt. Darunter war auch das Gemälde dieses Hauses von einem französischen Impressionisten. Bei seinem Tod hinterließ er dem Metropolitan Museum seine 251 Gemälde sowie drei Millionen Dollar für deren Pflege.

CULTURAL SERVICES, EMBASSY OF FRANCE

972 FIFTH AVENUE
ZWISCHEN EAST 78TH STREET UND EAST 79TH STREET

1909, MCKIM, MEAD & WHITE

Dieses Haus gab Oliver Whitney als Hochzeitsgeschenk für seinen Neffen Harry Payne Whitney und dessen Braut Gertrude Vanderbilt in Auftrag. Payne Whitney war der Sohn von William C. Whitney, einem der bekanntesten Pferdezüchter des Landes. Als der ältere Whitney starb, besaß er in der Stadt nicht weniger als zehn herrschaftliche Häuser.

527

528

529

530

531

532

PARK 900

900 PARK AVENUE, BEI DER EAST 79TH STREET

1973, PHILIP BIRNBAUM

Der 28-stöckige Turm ist von der Park Avenue und der 79. Straße zurückversetzt und steigt senkrecht von einer landschaftsgärtnerisch gestalteten Plaza auf. Damit liegt er auf beiden Seiten außerhalb der normalen Bauflucht. Die Park Avenue zeigt an dieser Stelle ein Gefälle; damit liegt die Plaza nicht auf gleicher Höhe, sondern vertieft, was eine Art Barriere für die Mieter wie die Besucher bedeutet.

157–165 EAST 78TH STREET *L*

ZWISCHEN LEXINGTON AVENUE UND THIRD AVENUE

1861, HENRY ARMSTRONG

Reihenhäuser wie diese aus Backstein im italienischen Stil waren um das Jahr 1850 groß in Mode. Diese fünf sind alles, was von elf in diesem Block übrig geblieben ist. Gedacht waren sie einst als Spekulationsobjekte für die wachsende Mittelklasse, die begierig darauf war, sich in der Upper East Side niederzulassen.

208–218 EAST 78TH STREET *L*

ZWISCHEN SECOND AVENUE UND THIRD AVENUE

1865, WARREN UND RANSOM BEMAN

Diese sechs italianisierenden Häuser gehören zu einer Reihe von ursprünglich 15 identischen Kopien. Auch sie dienten als Spekulationsobjekte und zeigen, wie man damals versuchte, noch mehr Häuser in einen Block zu quetschen. Sie sind nur rund vier Meter breit – dreieinhalb Meter weniger als die Standardbreite von Bauparzellen.

ISELIN HOUSE *L*

59 EAST 79TH STREET
ZWISCHEN MADISON AVENUE UND PARK AVENUE

1909, FOSTER, GADE & GRAHAM

Dieses Haus wurde für den Rechtsanwalt John H. Iselin gebaut. Es gehört zu vier nebeneinander liegenden denkmalgeschützten Häusern, die diesen Block in der Zeit vor dem Ersten Weltkrieg zu einer der feinsten Adressen in der Stadt machten. Das Stilgemisch aus französischer Renaissance und Neoklassizismus bildet eine schöne Harmonie.

130 EAST 80TH STREET *L*

ZWISCHEN PARK AVENUE UND LEXINGTON AVENUE

1916–1930

Diese Reihe georgianischer Häuser ist das Werk von Cross & Cross sowie von Mott B. Schmidt. Unter ihnen ist das frühere Haus von Vincent Astor (Nr. 130, rechts außen), in dem heute die Junior League of the City of New York ihren Sitz hat. Sie wurde im Jahr 1901 gegründet, um die soziale Stellung junger bedürftiger Mädchen zu verbessern.

GREEK CONSULATE GENERAL *L*

67–69 EAST 79TH STREET
ZWISCHEN MADISON AVENUE UND PARK AVENUE

1908, CARRÈRE & HASTINGS

Dieses Pariser Stadthaus baute sich der prominente Rechtsanwalt John Rives. Er war einer der aktivsten Förderer der Stadt und saß in den Vorständen der Columbia University, der New York Public Library, des New York Hospital und der New York City Rapid Transit Corporation zu jener Zeit, als diese Organisation die erste Untergrundbahn der Stadt baute.

Otto Kahn House

One East 91st Street bei der Fifth Avenue

1918, J. Armstrong Stenhouse
und C. P. H. Gilbert

Dieser Palazzo im Stil der italienischen Renaissance wurde für Otto H. Kahn von der Firma Kuhn, Loeb & Company erbaut. Er war Experte für die Finanzierung von Eisenbahnen – zu jener Zeit ein unvorstellbar großes Geschäft. Kahn war von 1908 an 23 Jahre lang Präsident der Metropolitan Opera. Er lud einflussreiche ausländische Ballett- und Theatertruppen zu Gastspielen nach New York ein und unterstützte auch amerikanische Gruppen wie die Theater Guild und die Provincetown Players. Das Gebäude ist heute der Sitz des Convent of the Sacred Heart sowie seines Internats.

Church of St. Ignatius Loyola
(römisch-katholisch)

980 Park Avenue bei der East 84th Street

1900, Schickel & Ditmars

Diese große Kirche wurde auf den Fundamenten eines Vorgängerbaus errichtet, der dem heiligen Laurence O'Toole geweiht war. Er war der Patron der irischen Einwanderer, die sich in diesem Viertel niederließen, als es hier noch Fabriken gab. Mitten in der Park Avenue verlief damals eine Eisenbahn, deren rußige Züge den Lebensstandard für Menschen vorgaben, die den Begriff »Luftverschmutzung« noch nicht einmal hätten begreifen können.

DeKoven House

1025 Park Avenue
zwischen East 85th Street und East 86th Street

1912, John Russell Pope

Der erste Besitzer dieses Hauses, Reginald DeKoven, war Songschreiber. An dem rückwärtigen Ende der Great Hall, einem herrschaftlichen Raum hinter den mächtigen Erkerfenstern, die zur Park Avenue hinausgehen, ließ er eine altenglische Musikantengalerie einbauen. Alle Holzarbeiten, Kamine und Gipsdecken wurden nach dem Vorbild englischer Adelshäuser und Inns gestaltet.

998 Fifth Avenue

bei der 81st Street

1912, McKim, Mead & White

In der Straßenlandschaft der Fifth Avenue markiert dieses Haus ein Ende und auch einen Beginn. Es war das erste luxuriöse Apartmenthaus, das hier oberhalb der 59. Straße gebaut wurde, und es war das letzte der individuell gebauten Stadthäuser. Zu jener Zeit waren sich die New Yorker noch nicht sicher, ob es eine gute Idee sei, sein Dach mit anderen Familien zu teilen. Doch McKim, Mead & White milderten den Schock, indem sie nur die halbe Blockfront ausfüllten und die Apartments, die pro Jahr 25 000 Dollar kosteten, so anordneten, dass nur die Zimmer der Dienstboten zum Hof hinaus gingen.

533

534

535

536

537

METROPOLITAN MUSEUM OF ART ℒ

FIFTH AVENUE
ZWISCHEN EAST 80TH STREET UND EAST 84TH STREET

1870, CALVERT VAUX UND JACOB WREY MOULD,
RICHARD MORRIS HUNT

Mit dem Bau dieses mächtigen Gebäudes begann man in den 1870er-Jahren. Es beruhte auf den Entwürfen von Calvert Vaux und Jacob Wrey Mould, die die meisten Gebäude im Central Park schufen. Der Kernbau des Museums ist schon längst in späteren Flügeln aufgegangen. Darunter befindet sich auch die elegante zentrale Fassade und der Ostflügel mit der schönen Main Hall. Diese Teile entwarf im Jahr 1902 Richard Morris Hunt. Ein Teil des ursprünglichen Gebäudes ist noch an der Südwestwand des Lehman-Flügels zu erkennen, der 1975 dazukam. Zu den übrigen Anbauten gehören die Thomas J. Watson Library mit ihren 150 000 Bänden, erbaut 1964 an der Westseite, sowie der Sacklerflügel, der 1978 eröffnet wurde und als wichtigstes Ausstellungsstück den altägyptischen Tempel von Dendera enthält. Die Great Hall wurde 1970 verändert und restauriert. Das Metropolitan Museum of Art ist das größte Museum dieser Art in der westlichen Hemisphäre. Es zieht jährlich über sechs Millionen Besucher an, besteht aus 18 Abteilungen und enthält mehr als drei Millionen Objekte. Obwohl es immer weiter expandiert, ist längst nicht genug Platz da, um alles zu zeigen.

538

1001 Fifth Avenue

ZWISCHEN EAST 81ST STREET UND EAST 82ND STREET

1980, JOHNSON/BURGEE
MIT PHILIP BIRNBAUM & ASSOCIATES

Als die Pläne für dieses hoch aufragende Durcheinander veröffentlicht wurden, versicherten die Bauunternehmer ihren Kritikern, es werde gut zu den eleganten Nachbarn passen. Dann lieferten sie ein falsches Mansarddach ab, das sich noch einmal die Mühe macht, die tragenden Stützen zu verbergen. Dies ist ein gutes Mahnmal dafür, dass man darauf achten soll, was Bauunternehmer tun, und nicht was sie sagen.

538

539

Duke House

1009 FIFTH AVENUE BEI DER 82ND STREET

1901, WELCH, SMITH & PROVOT

Dieses Stadthaus im Beaux-Arts-Stil wurde als Spekulationsobjekt gebaut. Doch es blieb nicht lange Zeit auf dem Markt, da kaufte es Benjamin Duke, der Direktor der American Tobacco Company. Seither haben darin verschiedene Mitglieder der Duke-Familie gewohnt.

539

NATIONAL ACADEMY OF DESIGN *L*

1083 FIFTH AVENUE
ZWISCHEN EAST 89TH STREET UND EAST 90TH STREET

1915, TURNER & KILIAN UND OGDEN CODMAN, JR.

Diese Institution gründete Samuel F. B. Morse zusammen mit anderen im Jahr 1896. Sie sollte das künstlerische Design fördern. Die Mitgliedschaft blieb auf professionelle Künstler beschränkt. In diesem Haus wohnte einst Collis P. Huntington, dessen Frau, die brillante Bildhauerin Anna Hyatt Huntington, dieser Akademie angehörte. Es beherbergt heute eine größere Kunstschule und Galerieraum für Wechselausstellungen der Werke von Mitgliedern der Akademie.

540

CONSULATE OF THE RUSSIAN FEDERATION *L*

9 EAST 91ST STREET
ZWISCHEN FIFTH AVENUE UND MADISON AVENUE

1903, CARRÈRE & HASTINGS

Als Mr. und Mrs. William J. Sloane ein Haus für ihre Tochter Adele errichten ließen, gaben sie gleich nebenan auch eines für ihre jüngere Tochter Emily und deren Mann, John Henry Hammond, in Auftrag. Als dieser davon erfuhr, protestierte er, weil er nicht ausgehalten werden wollte, akzeptierte dann aber das Geschenk. Ihr Sohn John, ein bekannter Jazzpromoter, lud Benny Goodman zu einer Veranstaltung im Musikzimmer des Hauses ein. Aber die Mutter wollte erst daran teilnehmen, als der Klarinettist versprach, nur Mozart zu spielen. Goodman wurde später ihr Schwiegersohn, als er Johns Schwester Alice heiratete.

541

542

COOPER-HEWITT MUSEUM

2 EAST 91ST STREET BEI DER FIFTH AVENUE

1903, BABB, COOK & WILLARD

Als Andrew Carnegie dieses Grundstück an der höchst gelegenen Stelle der Fifth Avenue kaufte, dachte noch niemand daran, ein herrschaftliches Haus nördlich des Metropolitan Museum zu bauen. Das war es aber auch, was der Stahlmagnat daran schätzte. Er beauftragte einen Makler, Optionen auf dieses und andere benachbarte Grundstücke zu erwerben, und verpflichtete ihn zu Stillschweigen, damit seine Pläne die Preise nicht erhöhten. Carnegie sagte dann seinen Architekten, sie sollten ihm das »bescheidenste, einfachste und geräumigste Haus in New York« bauen, und fügte hinzu: »Der Bau eines großen Palastes passt nicht zu unserem Geschmack.« Das Ergebnis war ein einfaches georgianisches Haus, doch bescheiden war es nicht zu nennen. Im Jahr 1977 wandelte man es mit geringen Änderungen in das Smithsonian National Museum of Design um.

SOLOMON R. GUGGENHEIM MUSEUM

1071 FIFTH AVENUE
ZWISCHEN EAST 88TH STREET UND EAST 89TH STREET

1959, FRANK LLOYD WRIGHT

Abgesehen von einem Wohnhaus auf Staten Island ist dieses Museum das einzige New Yorker Gebäude von Frank Lloyd Wright. Es wurde gebaut, um die große Sammlung abstrakter Gemälde des Millionärs Solomon R. Guggenheim aufzunehmen. Wright befasste sich mit dem Projekt schon 1943, der Bau war aber erst 16 Jahre später vollendet. Er hat eine Rampe, die sich mit einer fünfprozentigen Steigung fünfmal um die 28,5 Meter hohe Rotunde im Inneren windet. Der Kunstkritiker der *Times*, John Canaday, verkündete: »Die Bilder entstellen das Gebäude und das Gebäude entstellt die Bilder.« Die Architekturkritikerin derselben Zeitung, Ada Louise Huxtable, meinte dagegen: »Wright hat uns eine beeindruckende Demonstration der Möglichkeiten des modernen Stahlbetonbaus geliefert.«

9–17 EAST 90TH STREET ℒ

ZWISCHEN FIFTH AVENUE UND MADISON AVENUE

1903–28

Diese wundervolle Mischung von Häusern zeigt alle Stile von Colonial Revival über Beaux Arts bis zu Neo-Federal und Neo-Georgian – ohne jeden störenden Beigeschmack. Es handelt sich hier um einen der schönsten Blocks in Carnegie Hill.

1261 MADISON AVENUE ℒ

BEI DER 90TH STREET

1901, BUCHMAN & FOX

Als dieses elegante Beaux-Arts-Apartmenthaus gebaut wurde, gab es in der Umgebung noch nichts Vergleichbares. Damals standen hier nur Häuser für die Mittelklasse und Mietskasernen. Die Bauherren aber wussten, dass ihr Tag noch kommen würde.

1321 MADISON AVENUE ℒ

BEI DER EAST 93RD STREET

1891, JAMES E. WARE

Dieses Queen-Anne-Haus mit der Backsteinfassade und dem pyramidenförmigen Dach wurde als Eckgebäude einer Reihe von fünf Sandsteinhäusern erbaut. Diese sind heute gänzlich verschwunden. Der Eingang an der Straßenseite liegt am oberen Ende einer beeindruckend hohen Terrassentreppe aus Stein.

544

545

546

547

548

549

550

551

552

SMITHERS ALCOHOLISM CENTER 𝓛

56 EAST 93RD STREET
ZWISCHEN MADISON AVENUE UND PARK AVENUE

1931, WALKER & GILLETTE

Dies war der letzte Palast, der an der Upper East Side gebaut wurde. Darin lebte der Börsenmakler William Loew – einer der wenigen Glücklichen, die die Weltwirtschaftskrise beruflich überlebten. Nach Loews Tod wohnte hier die Showgröße Billy Rose, und heute befindet sich hier ein Zentrum des St. Luke's-Roosevelt Hospital, in dem Alkoholkranke behandelt werden.

RUSSIAN ORTHODOX SYNOD OF BISHOPS

67–76 EAST 93RD STREET
ZWISCHEN MADISON AVENUE UND PARK AVENUE

1928–31, DELANO & ALDRICH

Diesen Komplex von Häusern im Neo-Federal Style besaß George F. Baker, Jr., der Präsident der First National Bank (heute Citibank). Er vergrößerte und baute an. Im Jahr 1958 erfolgte die Umwandlung in eine russisch-orthodoxe Kirche.

EL MUSEO DEL BARRIO

1230 FIFTH AVENUE
ZWISCHEN EAST 104TH STREET UND EAST 105TH STREET

Hier handelt es sich um die am nördlichsten gelegene Institution der so genannten *Museum Mile*. East Harlem, das von der Fifth und der Third Avenue, der East 120nd und der East 96th Street umgrenzt wird, war anfänglich eine weitgehend italienische Enklave. Dann siedelten sich Puertorikaner an und sprachen einfach von »El Barrio« – »dem Viertel«. Nach dem Zweiten Weltkrieg strömten weitere lateinamerikanische Gruppen hierher, und dieses Museum zeigt die Kunst ihrer Kulturen.

TERENCE CARDINAL COOKE HEALTH CARE CENTER

1240–1248 FIFTH AVENUE
ZWISCHEN EAST 105TH STREET UND EAST 106TH STREET

1921, YORK & SAWYER

Im Jahr 1979 wandelte die römisch-katholische Erzdiözese von New York das Haus in ein Schwesternheim um. Früher hatte es als Flower Fifth Avenue Hospital der Ausbildung junger Ärzte im Rahmen des New York Medical College gedient.

THE JEWISH MUSEUM 𝓛

1109 FIFTH AVENUE BEI DER 92ND STREET

1908, C. P. H. GILBERT

Zu Beginn wohnten hier Felix und Frieda Warburg, die ihr Vermögen durch die Wallstreetfirma Kuhn, Loeb & Company gemacht hatten. Zur ursprünglichen Einrichtung gehörte eine Drehorgel mit Walzen, wie sie früher auf Jahrmärkten gespielt wurden. Mrs. Warburg überließ das Haus im Jahr 1944 dem Jüdischen Museum. Es hat sich seither durch nahtlose Anbauten auf über das Doppelte vergrößert.

INTERNATIONAL CENTER OF PHOTOGRAPHY 𝓛

1130 FIFTH AVENUE BEI DER EAST 94TH STREET

1915, DELANO & ALDRICH

Dieses Haus im Georgian-Revival-Stil baute Willard Straight, ein Finanzier und Ostasiendiplomat. Er begründete auch die Magazine *The New Republic* und *Asia*. Das Haus wurde zum Hauptsitz der National Audubon Society und später des International Center of Photography, das der Fotojournalist Cornell Capa im Jahr 1974 gegründet hatte. Dieses Zentrum ist gerade dabei, in größere Räume an der Sixth Avenue Ecke 43. Straße umzuziehen.

553

554

555

556

Squadron A Armory Façade ℒ

MADISON AVENUE
ZWISCHEN EAST 94TH STREET UND EAST 95TH STREET

1895, JOHN ROCHESTER THOMAS

Als man die Exerzierhalle 1966 abbrach, um Platz zu schaffen für die neue Hunter College High School, ließ man diesen Teil der mit Zinnen bewehrten Fassade stehen und verwendete ihn als ungewöhnlichen Eingang zum Spielplatz der Schule – und als Erinnerung an das massive Gebäude, das einst einen ganzen Block eingenommen hatte.

Islamic Cultural Center
(MOSCHEE)

201 EAST 96TH STREET BEI DER THIRD AVENUE

1991, SKIDMORE, OWINGS & MERRILL

Während die meisten Religionsgemeinschaften von zurückgehenden Mitgliederzahlen berichten, wächst der Islam in der Stadt sehr stark. Obwohl Moslems seit der Kolonialzeit in New York lebten, wuchs ihre Zahl doch erst zu Beginn des 20. Jahrhunderts stark an. Als die Vereinten Nationen nach New York übersiedelten, gründeten Delegationen aus islamischen Ländern, angeführt von den Pakistanis, das islamische Zentrum und bauten schließlich diese beeindruckende Moschee. Sie vereint die traditionelle Kuppel und das Minarett mit modernen Merkmalen und ist natürlich nach Mekka ausgerichtet. Die Finanzierung übernahmen die Kuweitis.

St. Nicholas Cathedral ℒ
(RUSSISCH-ORTHODOX)

15 EAST 97TH STREET
ZWISCHEN FIFTH AVENUE UND MADISON AVENUE

1902, JOHN BERGENSEN

Russische Einwanderer brachten zu Beginn des 20. Jahrhunderts das orthodoxe Christentum nach New York. Dieses komplizierte viktorianische Gebäude mit den traditionellen Zwiebeltürmen gehört zu den ersten sichtbaren Zeichen dafür, dass sich hier Russen aufhielten. Der Gottesdienst wird heute noch auf Altkirchenslawisch gehalten.

Duchene Residence School ℒ

7 EAST 91ST STREET
ZWISCHEN FIFTH AVENUE UND MADISON AVENUE

1902, WARREN, WETMORE & MORGAN

Als Andrew Carnegie mit dem Verkauf seiner überzähligen Grundstücke begann, gab er diese Parzelle mit der Auflage an Mr. & Mrs William J. Sloane weiter, dass hier nur ein Einfamilienhaus stehen dürfe. Damit blieb ein fünf Meter breiter Streifen unbebaut und ließ Licht und Luft für das frei stehende herrschaftliche Gebäude zu, das die beiden für sich selbst bauen wollten. Heute gehört das Gebäude zum Convent of the Sacred Heart – zum Herz-Jesu-Kloster, das im Eckhaus seinen Sitz hat.

CHURCH OF THE HOLY TRINITY $\mathcal{L}$
(EPISKOPALKIRCHE)

316–332 EAST 88TH STREET
ZWISCHEN FIRST AVENUE UND SECOND AVENUE

1897, BARNEY & CHAPMAN

Serena Rhinelander baute diese Kirche zum Andenken an ihre Eltern. Sie steht auf einem Grund, der der Familie fast ein Jahrhundert lang gehört hatte, bevor man erstmals im Jahr 1879 darauf baute. Die Kirche gehört zu einem Komplex mit einem Pfarr- und einem Gemeindehaus. Der einzigartige Glockenturm blickt über einen Hof mit einem ruhigen Garten.

HOUSE OF THE REDEEMER $\mathcal{L}$

7 EAST 95TH STREET
ZWISCHEN FIFTH AVENUE UND MADISON AVENUE

1916, EGISTO FABBRI UND GROSVENOR ATTERBURY

Als Edith Vanderbilt Fabbri und ihr Mann von Paris zurückkehrten, gaben sie ihr früheres Haus an der East 62nd Street auf und bauten ein neues im Stil der italienischen Renaissance. Am Eisentor zum Hof erkennt man das Familienwappen der Fabbri. Mrs. Fabbri übergab den Besitz im Jahr 1949 der Episkopalkirche, die es heute als Exerzitienzentrum nutzt.

LUCY DREXEL DAHLGREN HOUSE $\mathcal{L}$

15 EAST 96TH STREET
ZWISCHEN FIFTH AVENUE UND MADISON AVENUE

1916, OGDEN CODMAN, JR.

Ogden Codman Jr. war im frühen 20. Jahrhundert einer der bedeutendsten Wohnhausarchitekten und ein unerschütterlicher Liebhaber alles Französischen. Dieses von ihm entworfene Haus glich sehr seinem eigenen, das etwas weiter unten an der Straße lag. Lucy Dahlgren war als Erbin zu sehr beschäftigt, um ein Haus wie dieses am Laufen halten zu können, und so zog Pierre Cardin ein, der Begründer der nach ihm benannten Modefirma.

MT. SINAI HOSPITAL CENTER

FIFTH AVENUE
ZWISCHEN EAST 98TH STREET UND EAST 102ND STREET

ORIGINALGEBÄUDE: 1904, ARNOLD W. BRUNER
ANNENBERG BUILDING, 1976, SKIDMORE, OWINGS & MERRILL

Wer im Central Park spaziere geht, kann das 31-stöckige Hochhaus hinter dem Tor nicht verfehlen. Es beherbergt die School of Medicine des Krankenhauses. Die Fassade besteht aus Corten-Stahl, der durch seine dünne Rostschicht vor weiterer Korrosion geschützt ist und zusammen mit den dunklen Fenstern dem Komplex etwas Furcheinflößendes verleiht.

RUPPERT TOWERS

EAST 90TH BIS EAST 92ND STREET
ZWISCHEN SECOND AVENUE UND THIRD AVENUE

1976, DAVIS & ASSOCIATES

Dieser mächtige Apartmentkomplex und die benachbarten Yorkville Towers stehen auf dem Grundstück einer früheren Brauerei von Jacob Ruppert, dem auch die New York Yankees gehörten. Durch diese Nebenbeschäftigung war Colonel Ruppert unter allen Brauern, die um das Jahr 1870 in New York und Brooklyn 125 Produktionsstätten hatten, der bekannteste – gemessen an seinem geschäftlichen Erfolg kam er allerdings erst an achter Stelle.

148–156 EAST 89TH STREET $\mathcal{L}$

ZWISCHEN LEXINGTON AVENUE UND THIRD AVENUE

1887, HUBERT, PIRSSON & CO.

Diese sechs Queen-Anne-Häuser stammen aus einer Reihe von zehn, die William Rhinelander als Spekulationsobjekte baute. Sie stehen auf dem von seiner Familie im Jahr 1812 erworbenen Land. Die Häuser sind untereinander durch ein kontinuierliches Mansarddach mit Giebeln, Fenstern und hintereinander liegenden Kaminen verbunden.

557

558

559

560

561

562

563

564

565

New York Academy of Medicine

1216 Fifth Avenue bei der East 103rd Street

1926, York & Sawyer

Wer eine zweite Meinung über medizinische Probleme erfahren will, kann sich hier in der Sammlung der Akademie mit ihren mehr als 700 000 Objekten umsehen. Das freundliche Personal wird dabei gerne behilflich sein. Hier befindet sich auch die größte Sammlung von Kochbüchern auf der Welt. Sie stammt von einem Arzt, der der Ansicht war, der Weg zu einer guten Gesundheit beginne mit einer guten Ernährung.

Museum of the City of New York $\mathcal{L}$

Fifth Avenue
zwischen East 103rd Street und East 104th Street

1930, Joseph H. Freedlander

Dieses georgianische Gebäude stellt einfache und künstlerische Gegenstände aus, die über das Leben in der Stadt seit der Kolonialzeit erzählen. Zu den Schätzen gehören Theaterkostüme und andere Requisiten, ferner mehrere stilrein eingerichtete Zimmer. Die für das Museum Verantwortlichen möchten allerdings *downtown* in das jetzt neu restaurierte Tweed Courthouse hinter der City Hall einziehen.

Henderson Place $\mathcal{L}$

East 86th Street bei der East End Avenue

1882, Lamb & Rich

Diese 24 Häuser im Queen-Anne-Stil bilden eine kleine Enklave. John C. Henderson, der mit Pelzmützen reich geworden war, baute sie als Spekulationsobjekte für »Leute mit bescheidenen Mitteln«.

566

Asphalt Green 𝓛

East 91st Street beim FDR Drive

1944, Kahn & Jacobs

Ursprünglich wurden hier die Zutaten für den Asphalt gemischt, mit dem man die Schlaglöcher der City füllte. Aufgrund von Prinzipien, die der französische Architekt Le Corbusier erarbeitet hatte, entstand hier der erste parabelförmige Bogen aus Stahlbeton in Amerika. Das gebogene Stahlskelett machte es möglich, dass ein riesiger Raum ohne Stützen die massive Maschinerie im Inneren tragen konnte. Robert Moses verurteilte jedoch das Gebäude als eine »Kathedrale des Asphalts« und sagte voraus, dass es sicher »zu einer Menge schrecklichem Zeug in der Architektur« führen würde. Im Jahr 1968 wurde die Anlage geschlossen. Fast 15 Jahre lang stand sie leer und dient heute als Erholungszentrum für die Umgebung.

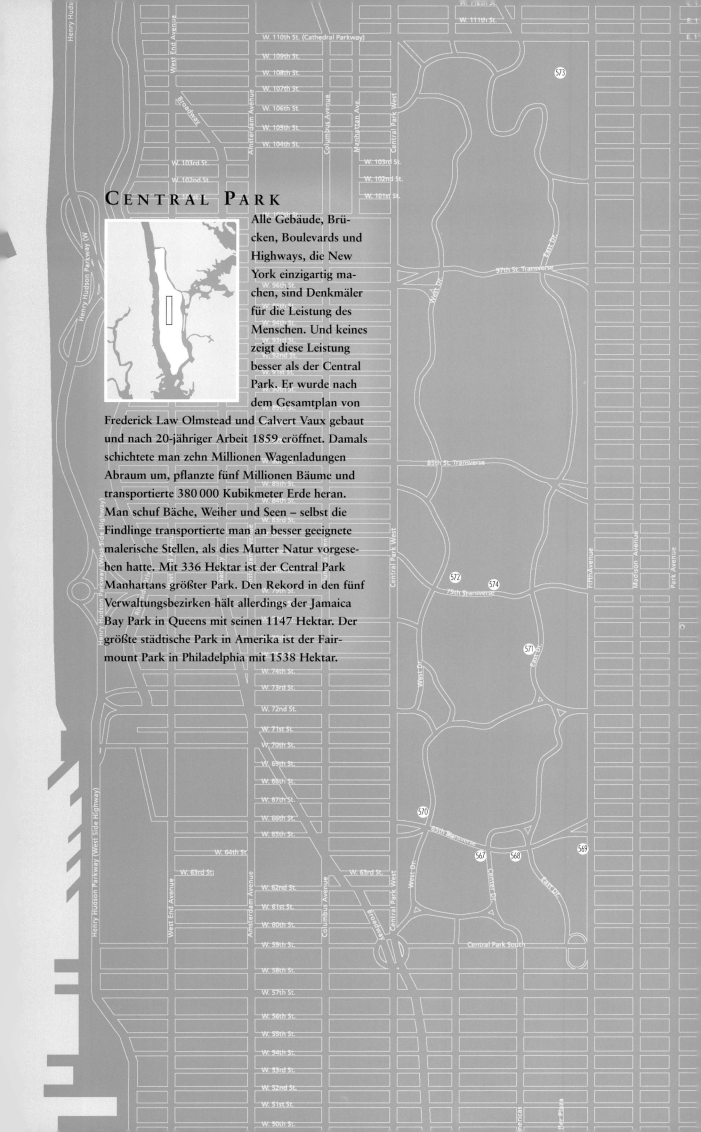

CENTRAL PARK

Alle Gebäude, Brücken, Boulevards und Highways, die New York einzigartig machen, sind Denkmäler für die Leistung des Menschen. Und keines zeigt diese Leistung besser als der Central Park. Er wurde nach dem Gesamtplan von Frederick Law Olmstead und Calvert Vaux gebaut und nach 20-jähriger Arbeit 1859 eröffnet. Damals schichtete man zehn Millionen Wagenladungen Abraum um, pflanzte fünf Millionen Bäume und transportierte 380 000 Kubikmeter Erde heran. Man schuf Bäche, Weiher und Seen – selbst die Findlinge transportierte man an besser geeignete malerische Stellen, als dies Mutter Natur vorgesehen hatte. Mit 336 Hektar ist der Central Park Manhattans größter Park. Den Rekord in den fünf Verwaltungsbezirken hält allerdings der Jamaica Bay Park in Queens mit seinen 1147 Hektar. Der größte städtische Park in Amerika ist der Fairmount Park in Philadelphia mit 1538 Hektar.

567

568

FRIEDSAM MEMORIAL CAROUSEL

SÜDÖSTLICHER CENTRAL PARK
NAHE DER ÜBERQUERUNG ÜBER DIE 65TH STREET
UND DEM CENTER DRIVE

Über hundert Jahre lang stand im Central Park ein Karussell. Das Original ging aber bei einem Brand im Jahr 1950 verloren. Dieses hier stiftete die Michael Friedsam Foundation ein Jahr danach. Die Reste des Originals setzte man im Bronx Beach Playland wieder zusammen. Im darauf folgendem Jahr ließ die Stiftung auch das Karussell im Prospect Park von Brooklyn wieder aufbauen. Beide Karussells haben Holzpferde, die man in Coney Island auftrieb, als man sie dort nicht mehr brauchte. Ihre stolze Tradition reicht bis in die 1870er-Jahre zurück, als Schnitzer die ersten und besten Karussellpferde im so genannten »Coney Island Style« schufen. Die Pferde im Central Park schnitzte Harry Goldstein meisterlich von Hand.

THE DAIRY

SÜDÖSTLICHER CENTRAL PARK BEI DER 65TH STREET

1870, CALVERT VAUX

Das gesamte Südende des Central Park sollte eigentlich Müttern mit ihren Kindern vorbehalten bleiben. In den anderen Teilen des Parks gab es keine Spielplätze. Das Dairy war ein Erfrischungszentrum für sie zu einer Zeit, als frische Milch unerhört teuer und von geringer Qualität war. Die Milch stammte von einer Kuhherde, die auf den Wiesen in der Nähe graste und die bukolische Atmosphäre im Park verstärkte. Das Dairy wurde dann in ein Informationszentrum für den Park verwandelt. Der Hügel gleich im Westen hieß ursprünglich auf Deutsch Kinderberg. Im Jahr 1954 baute man eine kleine Version des Karussellpavillons als Schutzdach. So konnten Parkbesucher nun im Schatten Schach spielen.

569

THE ARSENAL

FIFTH AVENUE BEI DER EAST 64TH STREET

1848, MARTIN E. THOMPSON

Dies ist das Hauptquartier des Parks Department der Stadt. Es zog im Jahr 1934 hierher
um. Zuvor hatten hier ein Polizeidistrikt und
der Wetterdienst seinen Sitz gehabt. Eine Zeitlang beherbergte es auch das American Museum of Natural History und die Menagerie,
die später zum Central Park Zoo wurde. Ganz
zu Beginn diente es, wie der englische Name
noch verrät, als Munitionslager für die Stadt-
miliz. Erinnerungen an jene ruhmreichen Tage
sehen wir noch an der zentralen Treppe, deren
Pfosten Kanonen ähneln. Die Baluster am Geländer stellen Gewehre dar, und die Artillerie
kommt weiterhin zu ihrem Recht mit Kano-
nenkugeln, die ein geschnitzter Adler bewacht.
Die acht mit Zinnen versehenen Türme ver-
vollständigen das Bild. Trotzdem ist dies hier
ein friedlicher Ort inmitten des größten Schutz-
gebiets der Stadt.

570

TAVERN-ON-THE-GREEN

CENTRAL PARK WEST BEI DER WEST 67TH STREET

1870

Das Haus hieß ursprünglich Sheep Fold, weil es einer Schafherde als Unterkunft diente, die das Gras auf der Wiese jenseits des Drive kurz hielt. In den 1930er-Jahren wandelte man es in ein Restaurant um. Nach einer Vergrößerung und Umgestaltung 20 Jahre darauf wurde es eines der bis heute erfolgreichsten amerikanischen Restaurants. Die Gestaltung geht auf Warner LeRoy zurück, der einen hoch theatralischen Speisesaal hinzufügte, den man auch als Bühnenbild für eine Wiener Operette verwenden könnte. Wie er selbst schrieb, wollte er »eine Art lebendiges Theater schaffen, bei dem die Esser die wichtigsten Mitglieder der Schauspieltruppe sind«. Durch die Glaswände des Speisesaals hat man einen Blick auf Esstische im Freien und kunstvoll zu Figuren gestutzte Sträucher. Die umgebenden Bäume tragen an ihren Ästen blinkende Lichter. Hier zu essen ist so etwas wie Weihnachten das ganze Jahr über.

571

572

573

LOEB BOATHOUSE

CENTRAL PARK LAKE AM EAST DRIVE
NAHE DER 74TH STREET

1954, STUART CONSTABLE

Die ersten Boote schwammen im Jahr 1860 auf dem Central Park Lake. Meistens stammten sie von einem Bootshaus an der 72. Straße. Die zweite Version dieses Bootshauses wurde im Jahr 1924 gebaut und 1954 wieder abgerissen. Als Ersatz folgte dieses Gebäude am Ende des Sees, ein Geschenk von Adeline und Carl M. Loeb. Hier kann man auch eines der berühmten Ruderboote mieten.

SWEDISH COTTAGE

CENTRAL PARK WEST DRIVE BEI DER WEST 80TH STREET

Hier handelt es sich um ein entzückendes skandinavisches Schulhaus, das anlässlich der Weltausstellung zum hundertjährigen Jubiläum der amerikanischen Unabhängigkeit im Jahr 1876 in Philadelphia für den schwedischen Pavillon gebaut wurde. Als die Ausstellung schloss, transportierte man es hierher. Vor kurzem wurde es in den Originalzustand zurückversetzt und dient heute als Marionettentheater.

HARLEM MEER BOATHOUSE

CENTRAL PARK NORTH BEI DER 110TH STREET

1947

Alle Wasserflächen im Central Park wurden von Menschen geschaffen und mit Wasser aus den Leitungen der Stadt gefüllt. Das Bootshaus diente hier, an der Grenze zu Harlem, eine Zeit lang als Nachtclub. Heute enthält es ein »Entdeckerzentrum« und bietet zum Beispiel Angelruten und -ausrüstung für Jungen und Mädchen an, die damit Fische fangen wollen. Die Tiere werden aber wieder zurückgesetzt.

574

BELVEDERE CASTLE

VISTA ROCK, MITTE DES CENTRAL PARK
BEI DER 81ST STREET

1869, CALVERT VAUX

Dieses Informationszentrum der Naturschutz-
behörde des Central Park dient auch als Station für den amerikanischen Wetterdienst. Seit
dem Jahr 1919 misst man hier die Temperatur
und die Regenmenge. Bereits die ersten Pläne
sahen vor, ein winziges Schloss auf diesem
40 Meter hohen Felsen – die höchste Stelle im
Park – zu errichten, damit die Spaziergänger einen hübschen Blick auf die Mall hatten. Weil es
so klein ist, scheint es meilenweit weg zu sein –
dabei ist es nur einige Blocks entfernt. Von ihm
aus hat man auch einen Blick auf das Delacorte
Theater und damit auf die allsommerlichen
Shakespeare-Aufführungen. Am besten gelangt
man zum Belvedere Castle vom West Drive
beim Swedish Cottage aus. Ein gepflasterter
Weg führt durch den Shakespeare Garden
hoch, der zu den schönsten und gepflegtesten
Gärten des gesamten Central Park zählt.

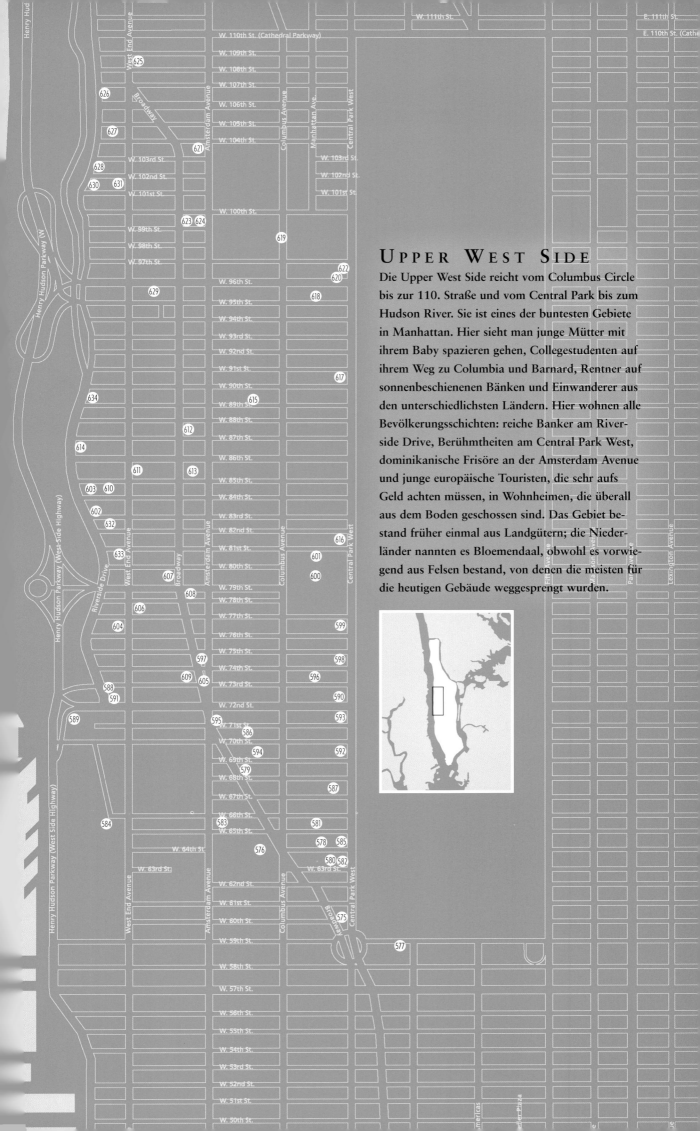

UPPER WEST SIDE

Die Upper West Side reicht vom Columbus Circle
bis zur 110. Straße und vom Central Park bis zum
Hudson River. Sie ist eines der buntesten Gebiete
in Manhattan. Hier sieht man junge Mütter mit
ihrem Baby spazieren gehen, Collegestudenten auf
ihrem Weg zu Columbia und Barnard, Rentner auf
sonnenbeschienenen Bänken und Einwanderer aus
den unterschiedlichsten Ländern. Hier wohnen alle
Bevölkerungsschichten: reiche Banker am Riverside Drive, Berühmtheiten am Central Park West,
dominikanische Frisöre an der Amsterdam Avenue
und junge europäische Touristen, die sehr aufs
Geld achten müssen, in Wohnheimen, die überall
aus dem Boden geschossen sind. Das Gebiet bestand früher einmal aus Landgütern; die Niederländer nannten es Bloemendaal, obwohl es vorwiegend aus Felsen bestand, von denen die meisten für
die heutigen Gebäude weggesprengt wurden.

575

TRUMP INTERNATIONAL HOTEL AND TOWER

ONE CENTRAL PARK WEST BEIM COLUMBUS CIRCLE

1970, THOMAS E. STANLEY
UMGESTALTUNG: MITTE DER 1990ER-JAHRE, PHILIP
JOHNSON UND ALAN RITCHIE

Der Konzern Gulf+Western, der dieses recht-
eckige Hochhaus auf einem dreieckigen
Grundstück baute, änderte im Jahr 1989 seinen Namen in Paramount Communications
und zog gleichzeitig aus. Vom Tag des Einzugs
an schien ein Fluch auf diesem Gebäude ge-
lastet zu haben: Es gab schier endlose Lecks
und viel Durchzug. Donald Trump schnappte
es sich, ließ es bis auf das Stahlskelett ent-
blößen und mithilfe erstklassiger Architekten
und sogar von Feng-Shui-Meistern wieder einrichten. Auf diese Weise entstand ein exklusiver Hotel- und Apartmentturm.

LINCOLN CENTER
FOR THE PERFORMING ARTS

COLUMBUS AVENUE, WEST 62ND BIS WEST 66TH STREET

1962–68, ARCHITEKTONISCHE LEITUNG,
WALLACE K. HARRISON

In den frühen 50er Jahren des 20. Jahrhunderts
beaufsichtigte Robert Moses die Bebauung eines 17 Blöcke umfassenden Gebiets mit der Bezeichnung Lincoln Square westlich der
Columbus Avenue und des Broadway zwischen
der 62. und der 70. Straße. Moses hatte seine
eigenen Vorstellungen und fragte auch die Metropolitan Opera Association, die seit 25 Jahren
nach einem neuen Haus Ausschau hielt, ob sie
hierher umziehen würde. Die New Yorker Philharmoniker äußerten ebenfalls ihr Interesse,
und so fasste man Ende 1955 den Entschluss,
hier ein Zentrum für alle darstellende Künste
zu bauen. Abgesehen vom Grundstück, das mit
Bundesmitteln gekauft wurde, und den Kosten
für den Bau des New York State Theater, das
der Staat zum größten Teil finanzierte, wurden
alle diese Gebäude privat finanziert.

576

577

577
200 CENTRAL PARK SOUTH

BEI DER SEVENTH AVENUE

1964, WECHSLER & SCHIMENTI

Trotz starken örtlichen Protests wurden hier
ein kleines Apartmenthaus und eine Reihe von
Sandsteinhäusern abgebrochen, um Platz zu
machen für dieses modernistischen Apartmentgebäude, von dem viele meinen, es wäre besser
in Miami Beach angebracht. Es liegt um zwölf
Meter von der Kreuzung zurückversetzt und ist
um sie herum gebaut. So wurden mehr Apartments mit Blick auf den Park geschaffen. Die
kleine Plaza an der Front galt zur Zeit des Baus
als mutige Innovation.

578

578
LIBERTY WAREHOUSE

43 WEST 64TH STREET
ZWISCHEN BROADWAY UND CENTRAL PARK WEST

1902

William H. Flattau, der dieses frühere Lagerhaus besaß, unternahm einmal eine Reise nach
Frankreich und kam mit einer großen Replik
der Freiheitsstatue zurück. Er setzte sie auf das
Dach seines Gebäudes und behauptete sogar,
sie sei das eigenhändige Werk des Bildhauers
Frédéric-Auguste Bartholdi, der sie als Modell
für die größere Statue im Hafen geschaffen
habe. Doch diese Behauptung konnte er nie beweisen.

579

579
THE COPLEY

2000 BROADWAY BEI DER WEST 68TH STREET

1987, DAVIS, BRODY & ASSOCIATES

Das Copley gehört zu den frühesten Beispielen
einer neuen Art von Apartmenthäusern, die im
Gebiet nördlich des Lincoln Center noch heute
gebaut werden. Es wurde Dutzende von Malen
imitiert, aber kaum je erreicht. Auch im Hinblick auf seine Lage ist es kaum zu schlagen.
Um die Ecke liegt ein Postamt, unten im Haus
ein Supermarkt, und der Komplex des Loew's
Lincoln Square Theater befindet sich gleich auf
der anderen Straßenseite.

WEST SIDE YMCA

5 WEST 63RD STREET
ZWISCHEN BROADWAY UND CENTRAL PARK WEST

1930, DWIGHT J. BAUM

Dieses Gebäude im italienischen Stil mit romanischen und gotischen Details wirkt trotz seiner Masse luftig, auch weil es viel Backstein und bunte Terrakotta aufweist. Im Innern befindet sich ein Wohnheim mit 600 Zimmern für Männer und eine Schule für 300 Jungen. Überall sieht man Rauverputz, Fußbodenfliesen und einheitliche Decken mit Holzbalken. Alle Räume sind mit Reproduktionen antiker Kunstwerke ausgestattet.

580

FIRST BATTERY ARMORY

56 WEST 66TH STREET
ZWISCHEN COLUMBUS AVENUE UND CENTRAL PARK WEST

1901, HORGAN & SLATTERY
VERÄNDERT: 1978, KOHN PEDERSON FOX ASSOCIATES

Als das Fernsehen in den 1950er-Jahren aufkam, kaufte die American Broadcasting Company ein früheres Stallgebäude an der 7 West 66 Street und verwandelte es in ein Studio. Binnen kurzem expandierte die ABC über die ganze Nachbarschaft und verwandelte auch diese Exerzierhalle der National Guard in einen Studioraum. Zum Glück für die Nachbarn ließ die Rundfunkgesellschaft die Fassade unberührt.

581

CENTURY APARTMENTS

25 CENTRAL PARK WEST
ZWISCHEN WEST 63RD STREET UND WEST 64TH STREET

1931, IRWIN S. CHANIN

Im Jahr 1909 wurde das New Theater am Central Park West erbaut, das eleganteste Theater, das die Stadt je hatte. Leider war die Akustik so miserabel, dass sogar Dauerkartenbesitzer fern blieben. Die Umbenennung in Century brachte nichts, und 1930 kamen die Abbruchleute, um Platz zu machen für dieses Meisterwerk des Art déco. Der Architekt Irwin Chanin war selbst so beeindruckt, dass er hierher in dieses Gebäude umzog.

582

583

584

585

Martin Luther King, Jr. High School

583

122 Amsterdam Avenue
zwischen West 65th Street und West 66th Street

1975, Frost Associates
William Tarr, Bildhauer

Die Metallarbeiten an der Glasfassade und das King Memorial über dem Gehsteig bestehen aus Mayari-R-Stahl, der durch eine dünne Rostschicht an der Oberfläche vor weiterer Korrosion geschützt ist. Das Haus ist wie die benachbarte Fiorello LaGuardia High School of the Performing Arts und der Sitz des Amerikanischen Roten Kreuzes an der 66. Straße Teil eines städtischen Erneuerungsprojektes.

Trump Place

584

West End Avenue bis zum West Side Highway
zwischen West 66th Street und West 67th Street

1999, Philip Johnson & Alan Ritchie
mit Costas Kondylis

Work in progress: Diese Apartmenthäuser markieren das erste Stadium von Riverside South, einer Bauerschließung, die sich von der West 59th Street längst dem Hudson River nordwärts bis zum Riverside Park über den verlassenen Güterbahnhof der New York Central Railroad erstrecken soll.

Ethical Culture Society

585

Central Park West bei der West 64th Street

1910, Robert D. Kohn

Die New York Society for Ethical Culture, die das Haus und die benachbarte Schule unterhält, gründete im Jahr 1876 Rabbi Felix Adler vom Tempel Emanu-El. Sie beruht auf einer Philosophie des ethischen Idealismus. Zunächst war die Gesellschaft auf dem Gebiet der Sozialreformen besonders für Arbeiter, Frauen und Arme tätig. Ethical Culture ist als Religion anerkannt, vertritt aber keine spezifische Theologie oder Lehre mit Ausnahme des Werts menschlichen Lebens.

PYTHIAN TEMPLE

135 WEST 70TH STREET
ZWISCHEN BROADWAY UND COLUMBUS AVENUE

1927, THOMAS W. LAMB
VERÄNDERUNGEN: 1986, DAVID GURA

Dieses Gebäude mit seiner merkwürdigen Mischung aus sumerischen, assyrischen, babylonischen und ägyptischen Motiven enthält heute Eigentumswohnungen. Ursprünglich hatte hier die Bruderschaft der Knights of Pythias ihren Sitz. Sie dekorierten die Logenräume im Inneren in noch weiteren exotischen Stilrichtungen. Der Verschönerung der Doppeltürme dient eine Darstellung von König Salomo mit Dienern.

HOTEL DES ARTISTES

ONE WEST 67TH STREET
ZWISCHEN CENTRAL PARK WEST UND COLUMBUS AVENUE

1918, GEORGE MORT POLLARD

Die Künstlerstudios hinter den doppelstöckigen Fenstern wurden an Berühmtheiten wie Isadora Duncan, Norman Rockwell und Noel Coward vermietet. Am bekanntesten ist das Haus für das Café im Erdgeschoss. Das Menü ist bemerkenswert. Wer hier isst, darf auch die Wandmalereien von Howard Chandler Christy bestaunen, einem der erfolgreichsten Maler von Pin-up-girls in den 1920er-Jahren. Auch er gehörte hier zu den Mietern.

THREE RIVERSIDE DRIVE

ZWISCHEN WEST 72ND STREET UND WEST 73RD STREET

1898, C. P. H. GILBERT

Dieses herrschaftliche Haus nutzt mit seinen vorspringenden Erkern das großzügig bemessene abgerundete Grundstück. Es ist eines von dreien – die anderen stehen an 311 West 72nd Street und One Riverside Drive, die derselbe Architekt auf einer unterteilten Parzelle baute. Der erste Besitzer dieses Blocks von Riverside Drive verkaufte die Grundstücke unter der Bedingung, dass hier nur qualitativ hochstehende Häuser errichtet werden dürften. Seine Wünsche wurden offenbar genauestens befolgt.

THE CHATSWORTH

344 WEST 72ND STREET BEIM WEST SIDE HIGHWAY

1902–06, JOHN E. SCHARSMITH

Die ersten Mieter dieses aus drei Gebäuden bestehenden Komplexes, zu denen auch ein junger Songschreiber namens Irving Berlin gehörte, zogen hier nicht nur wegen der wunderschön dekorierten Fassade ein, sondern genossen auch die vielen Annehmlichkeiten – Billardzimmer, Frisör, Barbier, Schneider. Der Vermieter organisierte Kammerdiener, betrieb für seine Mieter ein Café, und ein Elektrobus brachte die Bewohner zur U-Bahnstation am Broadway oder zum Central Park.

CHRIST AND ST. STEPHEN'S CHURCH
(EPISKOPALKIRCHE)

129 WEST 69TH STREET
ZWISCHEN BROADWAY UND COLUMBUS AVENUE

1880, WILLIAM H. DAY

Diese ländliche Kirche mitten in der Stadt mit Ziegeldach und breitem Vorgarten hieß zuerst St. Stephen's Church. Dann fusionierte sie mit der benachbarten Christ Church von der 72. Straße. Dutzende von Kirchen in Manhattan ziehen mit bemerkenswerten Konzertprogrammen Bewohner der City an, und diese ist eine der aktivsten und auch eine der besten.

309 WEST 72ND STREET

ZWISCHEN WEST END AVENUE UND RIVERSIDE DRIVE

1901, GILBERT A. SCHELLENGER

Dieses Kalksteingebäude im Renaissance-Revival-Stil baute William E. Diller. Er war Arzt und versuchte sich auch im Immobiliengeschäft. Das Haus war als Spekulationsobjekt gedacht – Dillard lebte hier nie. Es gehörte zu den frühesten Gebäuden am westlichen Ende der West 72nd Street. Wahrscheinlich war der Besitzer gar nicht daran interessiert, so weitab vom Schuss zu wohnen, denn damals machten die Ärzte noch regelmäßig Hausbesuche.

586

587

588

589

590

591

592

593

594

595

CONGREGATION SHEARITH ISRAEL 𝓛
(SYNAGOGE)

CENTRAL PARK WEST BEI DER WEST 70TH STREET

1897, BRUNNER & TRYON

Dies ist die älteste jüdische Gemeinde in Nordamerika. Portugiesische Juden gründeten sie im Jahr 1654. Sowohl die Niederländer als auch die Briten verweigerten ihnen aber die Erlaubnis, eine Synagoge in New York zu errichten. Als diese Beschränkung im Jahr 1729 aufgehoben wurde, bauten sie ein erstes Gotteshaus in Lower Manhattan, das 100 Jahre lang gute Dienste tat. Nach mehreren Umzügen in jeweils nördlicher Richtung fasste die Gemeinde schließlich hier Fuß.

MAJESTIC APARTMENTS 𝓛

115 CENTRAL PARK WEST
ZWISCHEN WEST 71ST STREET UND WEST 72ND STREET

1931, IRWIN S. CHANIN

Wenn der Zeitungsjournalist Walter Winchell nicht unterwegs auf der Jagd nach Gangstern und Klatsch war, nannte er dies hier sein Heim. Hier wohnte auch Frank Costello, der so genannte »Premierminister der Unterwelt«, der hier in der Lobby einen Mordversuch überlebte. Im elfstöckigem Vorgängerbau, einem Hotel, hielten sich der Komponist Gustav Mahler und die Schriftstellerin Edna Ferber auf. In den 1890er-Jahren galt der Dachgarten als der feinste in der ganzen Stadt.

DAKOTA APARTMENTS 𝓛

ONE WEST 72ND STREET BEIM CENTRAL PARK WEST

1884, HENRY J. HARDENBERGH

Ursprünglich wurden nur die ersten sieben Stockwerke dieses frühen Luxusapartmenthauses als Residenzen genutzt. In den beiden obersten Geschossen wohnten die Dienstboten, die aber auch Zimmer in den jeweiligen Apartments besaßen. Insgesamt gab es hier 65 Wohnungen mit jeweils vier bis 20 Zimmern. Kurz bevor das Dakota im Jahr 1961 gemeinschaftlich erworben wurde, brachte ein ganz bescheidenes 17-Zimmer-Apartment mit sechs Bädern und acht Kaminen im Monat 650 Dollar ein.

THE DORILTON 𝓛

171 WEST 71ST STREET BEIM BROADWAY

1902, JANES & LEO

Von diesem kleinen Stück Paris hat man einen Blick über die Straße, die man einst »The Boulevard« und später ab dem Jahr 1899 Broadway nannte. Zur Zeit des Baus war die umliegende Nachbarschaft architektonisch noch weitgehend unerschlossen. Erst vier Jahre darauf stiegen die Grundstückspreise, als die Verantwortlichen der Untergrundbahn gerade jenseits der Straße eine Station bauten. Zuvor war das Gebiet das größte gehobene jüdische Viertel Manhattans gewesen.

40–42 West 73rd Street *L*

zwischen Central Park West und Columbus Avenue

1880, Henry J. Hardenburgh

Dieser Block mit seinem Gegenstück an der West 74th Street bildet den Historic District um Central Park West. Die Reihenhäuser wurden als Ergänzung für das Dakota-Apartmenthaus erbaut, das demselben Besitzer gehörte. Hier wohnten Mieter, die auf der Warteliste für das größere Gebäude standen. Das hoch aufragende Gebäude auf der Südseite direkt hinter dem Dakota wurde inmitten seiner Gärten, Krocketrasen und Tennisplätze gebaut. Diese hatten über großen Kellerräumen gelegen, in denen sich die Heizanlage und die elektrischen Generatoren des Gebäudes befanden: Damals reichte das städtische Versorgungsnetz noch lange nicht bis zu diesem Apartmenthaus.

Beacon Theater *L*

2124 Broadway
zwischen West 74th Steet und West 75th Street

1929, Walter W. Ahlschlager

Obwohl das Äußere dieses Theaters, in dem die besten Popgruppen auftraten, modernisiert wurde, erinnert der denkmalgeschützte Innenraum immer noch an die großen Kinopaläste der 20er-Jahre des letzten Jahrhunderts. Und in der Tat: Das Beacon ist der letzte davon. Gebaut wurde es für Samuel »Roxy« Rothafel gebaut, der die Radio City Music Hall errichten ließ und auch das berühmte Roxy Theater besaß, das seinerseits wieder als Vorbild für dieses hier diente.

San Remo Apartments *L*

145–146 Central Park West
zwischen West 74th Street und West 75th Street

1930, Emery Roth

Als das San Remo gebaut wurde, ließen die Bebauungsvorschriften Apartmenthäuser bis zu einer Höhe von 30 Stockwerken zu, sofern das Grundstück mindestens 2790 Quadratmeter umfasste und die vorgeschriebenen Zurückversetzungen gegeben waren. Emery Roth nutzte diese Einschränkungen zum eigenen Vorteil und baute zwei zentrale Türme anstelle eines einzigen. Drei weitere Apartmentgebäude im Central Park West folgten diesem Beispiel: das Century, das Majestic und das El Dorado.

New York Historical Society *L*

170 Central Park West
zwischen West 76th Street und West 77th Street

1938, Walker & Gillette

Dies ist das älteste unununterbrochen agierende Museum der Stadt und gleichzeitig die zweitälteste historische Gesellschaft in den Vereinigten Staaten. Im Jahr 1804 gegründet, besitzt sie heute zum Beispiel die Papiere der Architekten Cass Gilbert und McKim, Mead & White, ferner Manuskripte, Briefe und Zeitungen, die wichtig für die Stadtgeschichte wurden. Das Museum besitzt auch fast alle Aquarelle von John James Audubon für sein Werk «Birds of America».

596

597

598

599

◆ UPPER WEST SIDE ◆

601

AMERICAN MUSEUM OF NATURAL HISTORY

CENTRAL PARK WEST BIS COLUMBUS AVENUE
WEST 77TH STREET BIS WEST 81ST STREET

1877, CALVERT VAUX UND JACOB WREY MOULD
1901, J.C. CADY & CO
1908, CHARLES VOLZ
1924, TROWBRIDGE & LIVINGSTON

Hier findet man richtige Dinosaurierknochen und einige andere Überraschungen. Die verschiedenen Abteilungen des Museums führen Feldstudien etwa auf den Gebieten Astronomie und Anthropologie durch. Die Forschungsergebnisse der einst von Margaret Mead geleiteten anthropologischen Abteilung des Naturkundemuseums werden auch in ständig veränderten Ausstellungen präsentiert. Sie gehören weltweit zu den bedeutendsten ihrer Art.

ROSE CENTER FOR EARTH AND SPACE

WEST 81ST STREET
ZWISCHEN CENTRAL PARK WEST UND COLUMBUS AVENUE

2000, POLSHEK PARTNERSHIP

Das Sonnensystem wird hier in eine Glasbox gebannt wie ein Glühwürmchen in eine Flasche. Das American Museum of Natural History, dem dieses Zentrum gehört, richtete im Jahr 1930 eine astronomische Abteilung ein. Fünf Jahre darauf eröffnete es das Hayden Planetarium. Für diese Publikumsattraktion wurde das alte Gebäude abgebrochen. Sie vermittelt unser Wissen über den Weltraum mithilfe der Computertechnologie auf eine völlig neue Weise. Schon als das erste Planetarium errichtet wurde, fühlte man sich hier den Sternen sehr nahe.

602

603

604

605

606

607

103–109 RIVERSIDE DRIVE

602

BEI DER WEST 83RD STREET

1899, CLARENCE TRUE

Diese fünf Häuser sowie die Reihe um die Ecke an der West 83rd Street errichtete der Bauunternehmer Clarence True als Spekulationsobjekte. Er gestaltete sie ähnlich den großen herrschaftlichen Häusern, die in den 1890er-Jahren an der Upper West Side erbaut wurden. Der Unterschied zwischen einem solchen herrschaftlichen und einem Reihenhaus besteht darin, dass die Residenzen völlig frei stehen, während Reihenhäuser mindestens eine Wand, meistens zwei, mit den Nachbarn teilen.

THE RED HOUSE

350 WEST 85TH STREET
ZWISCHEN WEST END AVENUE UND RIVERSIDE DRIVE

1904, HARDE & SHORT

Zu Beginn des 20. Jahrhunderts wurden in der Upper West Side eine Menge Apartmenthäuser gebaut, und dies ist eines der besten davon. Wem der Drachen in der Kartusche bekannt vorkommt, der hat vielleicht seine Verwandten in Form von Salamandern an der Fassade der Alwyn Court Apartments am Broadway Ecke 58. Straße schon gesehen. Beide Häuser stammen von demselben Architekten.

301–305 WEST 76TH STREET

BEI DER WEST END AVENUE

1891, LAMB & RICH

Diese prächtigen Reihenhäuser sowie weitere im Block zwischen hier und dem Riverside Drive und in weiteren Blöcken zwischen der West 75th Street und der West 78th Street sowie an der Westseite der West End Avenue gehören alle zum West End-Collegiate Historic District. Innerhalb dieses Distrikts herrscht eine überraschende Vielfalt an Baustilen, alle mit vorzüglichen Häusern vertreten.

CENTRAL SAVINGS BANK

2100–2108 BROADWAY BEI DER WEST 73RD STREET

1928, YORK & SAWYER

Die heutige Apple Bank for Savings ist ein frei stehendes Gebäude im Stil der Hochrenaissance. Sie gehört zu den besten Bankgebäuden der Architekturfirma York & Sawyer. Man kann sie als kleinere Ausgabe ihrer Federal Reserve Bank an der Liberty Street bezeichnen. Ursprünglich hieß die Bank German Savings Bank, doch mit dem Herannahen des Ersten Weltkriegs änderte man diesen Namen.

WEST END COLLEGIATE CHURCH

WEST END AVENUE BEI DER WEST 77TH STREET

1893, ROBERT W. GIBSON

Die Kirche und die Schule daneben tragen Stufengiebel. Sie gab es häufig in den Häusern, die die Niederländer nach ihrer Ankunft in New York im 17. Jahrhundert bauten. In diesem Fall passen die Stufengiebel besonders gut, weil die Collegiate Church ihre Wurzeln nachgewiesenermaßen in der niederländischen reformierten Kirche hat, die die ersten Siedler mitbrachten. Architektonisches Vorbild der Kirche war die Fleischhalle aus dem 17. Jahrhundert im niederländischen Haarlem.

FIRST BAPTIST CHURCH

265 WEST 79TH STREET BEIM BROADWAY

1894, GEORGE KEISTER

Die beiden Kirchtürme sind bewusst ungleich. Einige meinen, damit werde die Unvollkommenheit des Lebens symbolisiert. Der größere Turm verkörpert Christus als das Licht der Welt, der kleinere unvollendete hingegen symbolisiert das Warten auf seine Wiederkunft. Nachts lässt man die Lichter im Inneren an, sodass man die Schönheit der Glasfenster von außen bewundern kann.

608

APTHORP APARTMENTS ℒ

2201–2219 BROADWAY
ZWISCHEN WEST 78TH STREET UND WEST 79TH STREET

1908, CLINTON & RUSSELL

Dieses einen ganzen Block große Apartmenthaus hat einen wunderschönen Innenhof. Gebaut wurde es im Auftrag von Astor Estates,
und es ist das beste aller entsprechenden Häuser in der Stadt. Seinen Namen hat das Gebäude von Charles Ward Apthorp, der um das Jahr
1770 an der heutigen Columbus Avenue Ecke
West 91st Street ein herrschaftliches Haus
baute, das er »Elmwood« nannte. Apthorp
wurde wegen seiner Gastfreundschaft gerühmt,
war aber auch ein geschickter Geschäftsmann.
Er importierte spanisches Gold für die amerikanische Armee, verkaufte ihr im Gegenzug
Ausrüstungsgegenstände und kassierte jeweils
ordentlich ab. Sein damaliges Landgut bestand
aus 120 Hektar Obsthainen und Wiesen.

ANSONIA HOTEL ℒ

2109 BROADWAY
ZWISCHEN WEST 73RD STREET UND WEST 74TH STREET

1904, PAUL E. M. DUBOY

Dieses Apartmenthotel wurde für den pingeli-
gen Immobilienmakler W. E. D.Stokes von der
West Side errichtet. Er bestand auf brandsiche-
ren Mauerarbeiten und ordnete an, alle Apart-
ments müssten hinter 90 Zentimeter dicken
Wänden schalldicht gebaut werden. Das mach-
te das Hotel attraktiv für Musiker wie Lauritz
Melchior und Ezio Pinza, Arturo Toscanini
und Igor Strawinsky. Der Showmaster Florenz
Ziegfeld lebte ebenfalls hier, und auch der
Name des legendären Baseballstars Babe Ruth
taucht in der langen Liste illustrer Gäste des
Ansonia auf. Er spielte damals für die New
York Yankees.

609

316–326 West 85th Street ℒ

ZWISCHEN WEST END AVENUE UND RIVERSIDE DRIVE

1892, CLARENCE TRUE

Diese Reihe aus sechs Backsteinhäusern gestaltete und baute Clarence True, der als Meisterarchitekt der Upper West Side gilt. Die schönen Steinmetzarbeiten am Eingang und die ungewöhnliche Verwendung von Backstein machen nur einen Teil ihres Charmes aus, den auch die Firstziegel ausstrahlen.

Church of St. Paul and St. Andrew ℒ
(Methodistisch, Episkopalkirche)

540 WEST END AVENUE BEI DER WEST 85TH STREET

1897, R. H. ROBERTSON

Diese Kirche brach als eine der ersten mit dem neuromanischen Stil, der im späten 19. Jahrhundert für Kirchen so beliebt war. Der Entwurf orientierte sich an der italienischen Renaissance, um die Verbindung von mittelalterlichem Glauben und Aufklärung auszudrücken. Einer der Türme ist groß und achteckig, der andere klein und viereckig. Er steht in einem Winkel von 45 Grad zur Fassade. Der Architekt hielt dies für »skrupellos malerisch«.

The Montana

247 WEST 87TH STREET BEIM BROADWAY

1986, THE GRUZEN PARTNERSHIP

Dies ist eine spätere Interpretation der doppeltürmigen Apartmentgebäude am Central Park West. Der Name soll wohl an das Dakota erinnern. Vielleicht dachten die Bauunternehmer auch an die früheren Montana Apartments an der Park Avenue, die für den Bau des Seagram Building abgebrochen wurden.

Belnord Apartments ℒ

225 WEST 86TH STREET
ZWISCHEN AMSTERDAM AVENUE UND BROADWAY

H. HOBART WEEKES

Hier handelt es sich um eine größere Version der Apthorp Apartments sieben Blocks weiter im Süden. Das Gebäude wirkt von außen sehr massiv, doch der Garten im Hof ist wunderbar. Die ersten Mieter zahlten im Schnitt 7000 Dollar pro Jahr, 500 mehr als im Apthorp; vielleicht, weil der Garten größer ist.

The Normandy ℒ

140 RIVERSIDE DRIVE BEI DER WEST 86TH STREET

1939, EMERY ROTH

Dieses gehört zu den besten Apartmenthäusern von Emery Roth – zugleich ist es auch sein letztes. Für die gekrümmten Fenster an den stromlinienförmigen Art-Moderne-Ecken musste man eigene Rollläden entwickeln, für deren Reinigung und Erhaltung der vorausschauende Bauunternehmer im Kellergeschoss eine Werkstätte einrichten ließ.

Claremont Riding Academy ℒ

175 WEST 89TH STREET
ZWISCHEN COLUMBUS AVENUE UND AMSTERDAM AVENUE

1892, FRANK A. ROOKE

Wenn man im Central Park einem Reiter begegnet, stammt das Pferd wahrscheinlich aus diesem letzten Mietstall in Manhattan. Wie in den meisten Stallgebäuden aus dem 19. Jahrhundert, von denen es noch einige wenige für Kutschenpferde in Clinton an der Westseite von Midtown gibt, werden auch hier die Pferde in verschiedenen Stockwerken gehalten – unerlässlich in einer so engen Stadt wie New York.

610

611

612

613

614

615

616

THE BERESFORD _L

WEST 81ST STREET BEIM CENTRAL PARK WEST

1929, EMERY ROTH

Aus dem Rennen um das größte Apartmenthaus in den wilden 20er-Jahren des vergangenen Jahrhunderts ging das Beresford als klarer Sieger hervor. Die Fassade blickt zum Central Park und zu jener Grünfläche, die damals Manhattan Square hieß. Auf dem 22-stöckigen Unterbau stehen drei Türme, während sich die meisten Nachbarn mit deren zwei begnügten. Das Gebäude gehörte zu den ersten, bei denen die Aufzugtüren direkt zu den Apartments anstatt in eine zentrale Halle führten.

617

THE ELDORADO _L

617

300 CENTRAL PARK WEST
ZWISCHEN WEST 90TH STREET UND WEST 91ST STREET

1930, MARGON & HOLDER, MIT EMERY ROTH

Als der Schriftsteller Sinclair Lewis nach New York übersiedelte, zog er in ein Apartment in diesem Gebäude, weil er von hier aus einen Blick auf alle Brücken der Stadt hatte. Hier befand sich auch die fiktive Adresse von »Marjorie Morningstar«, der Heldin von Herman Wouks populärem Roman aus dem Jahr 1955.

6–8 West 95th Street

zwischen Central Park West und Columbus Avenue

Das ist einer der besten »Parkblocks« der Upper West Side. Abgesehen von den verschiedenen Stilen der Reihenhäuser fühlt man sich ein bisschen wie im Central Park, weil schöne Bäume Schatten spenden. Dieses Paar herrschaftlicher Häuser gehört zu den vielen in diesem Gebiet, bei denen das Erdgeschoss das wichtigste Stockwerk ist. Die Stufen vor dem Eingang entsprechen der früheren Reihenhaustradition.

618

Park West Village

Central Park West bis Amsterdam Avenue
West 97th Street bis West 100th Street

1960, Skidmore, Owings & Merrill

»Manhattantown« gehörte ursprünglich zu einem Slum-Beseitigungsprojekt von Robert Moses. Aber es versank schließlich in einem Skandalsumpf, bei dem Bürgergruppen die Bauunternehmen unlauterer Machenschaften bezichtigten. So ging das gesamte Projekt in die Hände eines neuen Unternehmens über, das diese sieben Backsteingebäude mit insgesamt 2700 Wohnungen errichten ließ. In der Zwischenzeit hatte die frühere Firma die alten Gebäude zu einem Schnäppchenpreis aufgekauft und kassierte von den unglücklichen Bewohnern noch über weitere fünf Jahre Miete.

619

First Church of Christ, Scientist ℒ

One West 96th Street beim Central Park West

1903, Carrère & Hastings

Die im Jahr 1887 gegründete Christian Science Society of New York zog 16 Jahre später in dieses Gebäude – eine der ersten so genannten »Wolkenkratzerkirchen«, die neben dem Gotteshaus auch Räume für soziale Aktivitäten enthielten. Der Granit wurde aus New England importiert, wo die Religionsgemeinde ihren Ursprung hat. Auf der anderen Seite der West 96th Street steht ein weiteres faszinierendes Beispiel einer solchen Kirche: Dort umgibt ein Apartmentturm eine presbyterianische Kirche.

American Youth Hostels ℒ

891 Amsterdam Avenue
zwischen West 103rd Street und West 104th Street

1883, Richard Morris Hunt

Ursprünglich hatte hier eine im Jahr 1814 gegründete Institution ihren Sitz, die Witwen des Revolutionskrieges helfen wollte. Aufgenommen wurden nur »respektable« Damen – die nie als Dienstbotinnen gearbeitet hatten. Im Jahr 1975 verließ man das Gebäude, das bis zum Jahr 1990 vor seinem Abbruch stand. Aber dann wandelte man es doch mit städtischer Unterstützung in die erste Jugendherberge von New York um.

354 and 355 Central Park West ℒ

zwischen West 96th Street und West 97th Street

1893, Gilbert A. Schellenger

Diese beiden Häuser inmitten der hohen Apartmentgebäude am Central Park West wurden zu einer Zeit gebaut, als man den größten Teil der Upper West Side für sehr weit vom Stadtzentrum entfernt hielt. Erst in den 1880er-Jahren trug man Hügel ab und füllte Senken auf, um die heute flachen Straßen des Central Park West zu schaffen. In diesem Gebiet deutlich nördlich der 90. Straße schüttete man zum Beispiel über sechs Meter auf.

Metro Theater ℒ

2626 Broadway
zwischen West 99th Street und West 100th Street

1933, Boak & Paris

Dieses Kinotheater, das ursprünglich Midtown hieß, hat eine der schönsten Art-déco-Fassaden der Stadt. Sie ist mit bunter Terrakotta verkleidet und mit einem großen Medaillon geschmückt: Das Flachrelief zeigt Figuren, die die Komödie wie die Tragödie verkörpern. Das chromgebänderte Vordach blieb unverändert. Tatsächlich wurde seit den 30er-Jahren des 20. Jahrhunderts nur das Innere neu aufgeteilt, um Platz zu schaffen für mehrere Auditorien.

St. Michael's Church
(Episkopalkirche)

225 West 99th Street bei der Amsterdam Avenue

1891, Robert W. Gibson

In Manhattan gibt es viele Kirchen mit Glasfenstern aus den Ateliers von Louis Comfort Tiffany. Kirchen wie diese mit einer Einrichtung von Tiffany sind hingegen selten. Der Altar und viele andere Teile überwältigen durch ihre Mosaiken und Glasarbeiten. Das Pfarrhaus dahinter passt wie einige andere in diesem Viertel nicht zum regelmäßigen Straßengrundriss. Wahrscheinlich lag dies an der alten verschlungenen Bloomingdale Road, die man zum Broadway begradigte.

The Manhassett ℒ

Broadway, zwischen West 108th Street
und West 109th Street

1901, Joseph Wol
Anbauten: 1905, Janes & Leo

Dies ist eines der beeindruckendsten Apartmenthäuser der gesamten West Side. Eigentlich handelt es sich um zwei Gebäude. Als man die ersten acht Stockwerke gebaut hatte, ging der Bauunternehmer pleite. Der neue Besitzer fügte drei weitere Stockwerke, das massive Mansarddach sowie neue große Eingänge hinzu.

620

621

622

623

624

625

626

THE CHILDREN'S MANSION ℒ

351 RIVERSIDE DRIVE BEI DER 107TH STREET

1909, WILLIAM B. TUTHILL

Dieses Schloss wurde für Morris Schinasi errichtet, einen millionenschweren Zigarettenfabrikanten. Sein Bruder und Geschäftspartner besaß mit der Nummer 20 das einzige andere frei stehende herrschaftliche Haus am Riverside Drive. In den 30er-Jahren des 20. Jahrhunderts zog hier ein Mädchenpensionat ein. Später verwendete die Columbia University das Schloss als Kindergarten und Tagesheim. Heute ist es eine Schule.

627

316 WEST 105TH STREET ℒ

ZWISCHEN WEST END AVENUE UND RIVERSIDE DRIVE

1900, JANES & LEO

Diese Reihe von Stadthäusern aus Marmor im Beaux-Arts-Style gehört zum Riverside-West 105th Street Historic District. Hier lebte unter anderen die Schauspielerin Marion Davies, der die Zuneigung von William Randolph Hearst galt. Hearst kaufte eines dieser Häuser und gab für Statuen, Brunnen und andere Dekorationen über eine Million Dollar aus, damit sie sich hier auch zu Hause fühlte.

628

MASTER APARTMENTS ℒ

310–312 RIVERSIDE DRIVE, BEI DER 103RD STREET

1929, HARVEY WILEY CORBETT

Das ist einer der besten Art-déco-Apartmenttürmen in New York. Er erinnert vage an einen Bau desselben Architekten in Greenwich Village. Einst befand sich hier der Hörsaal von Nicholas Roerichs Master Institute of United Arts. Jetzt hat das Equity Library Theater darin seinen Sitz. Das Institut ist heute ein Museum in einem benachbarten Stadthaus. Es will an den russischen Künstler und Mystiker Nicholas Roerich erinnern, der u. a. das Szenario für Strawinskys »Le Sacre du Printemps« schuf.

Pomander Walk ℒ

ZWISCHEN WEST 95TH STREET UND WEST 96TH STREET
BROADWAY UND WEST END AVENUE

1921, KING & CAMPBELL

Diese wundervolle Doppelreihe mit 24 winzigen Häusern längs eines Privatwegs wurde einem Bühnenbild für das Broadwaystück »Pomander Walk« von Louis N. Parker nachempfunden. Entsprechend beliebt waren diese Häuser unter Schauspielern – hier lebten zum Beispiel Humphrey Bogart, Gloria Swanson und Rosalind Russell.

629

294 Riverside Drive ℒ

ZWISCHEN WEST 101ST STREET UND WEST 102ND STREET

1901, SCHICKEL & DITMARS

Als man dieses Stadthaus im Beaux Arts Style für William und Clara Baumgarten baute, gab es am Riverside Drive schon mehrere solche Gebäude. Mr Baumgarten war Geschäftsführer von Herter Brothers, einer führenden Firma von Innenarchitekten und Möbelherstellern.

630

854–858 West End Avenue ℒ

BEI DER WEST 102ND STREET

1893, SCHNEIDER & HERTER

Bevor in der West End Avenue ein Apartmentturm neben dem anderen errichtet wurde, waren einige Ecken dieser Straße schon mit Sandsteinreihenhäusern bebaut, wobei das Haus an der Ecke sowie das gegenüber der Seitenstraße am größten waren (in unserem Fall 254 West 102nd Street). Diese Häuserreihe ist eine der wenigen, die erhalten blieben.

631

632

311 WEST 82ND STREET

ZWISCHEN WEST END AVENUE UND RIVERSIDE DRIVE

Dieses Reihenhaus im Queen-Anne-Stil umfasst Erkerfenster, die auf drei Seiten hervortreten, sowie eine L-förmige Terrasse. Das entzückendste Detail ist aber eine der wenigen noch funktionierenden Gaslampen bei einem Privathaus (man darf heute keine neuen errichten, aber existierende weiter in Betrieb halten). Die Eingangstür führt zu einem so genannten »English basement«, das mit dem Gehsteig auf gleicher Höhe steht. Einst befand sich hier die Küche; der ebenerdige Eingang war für die Händler und Lieferanten gedacht. Es gab hier auch einen Hintereingang für die Wäscherin.

633

CALHOUN SCHOOL

433 West End Avenue bei der West 81st Street

1975, Costas Machlourzarides

Vielleicht hoffen die Eltern, die ihre Kinder in
diese Privatschule schicken, dass diese später
zu einer der Eliteuniversitäten im Osten der
USA zugelassen werden. An deren Architektur
können sie sich hier allerdings nicht gewöhnen.
Die Nachbarn regten sich furchtbar auf, als
man hier mehrere elegante Reihenhäuser abbrach, um einen Komplex zu bauen, der wie
ein riesenhaftes Fernsehgerät aussieht. Der
Raum im Inneren des Gebäudes, das so genannte Learning Center, bleibt offen ohne Innen-
wände und entspricht damit der progressiven
Art des Lernens, die an dieser Schule gepflegt
wird. In der Stadt gibt es über 60 solcher
»unabhängiger« Schulen mit einer Gesamtzahl
von ungefähr 25 000 Schülern.

634

Yeshiva Ketana

346 West 89th Street beim Riverside Drive

1903, Herts & Tallant

Das Haus von Isaac L. und Julia Barnett Rice ist heute eine Schule. Am Seiteneingang findet man ein entzückendes Flachrelief, das die Kinder der Rice-Familie mit ihrer Mutter zeigt. Mrs. Rice war eine der ersten Ärztinnen. Man kennt sie vor allem wegen ihrer »Society for the Suppression of Unnecessary Noise« – »Gesellschaft zur Unterdrückung unnötigen Lärms«. Sie führte eine Kampagne gegen das laute Pfeifen der Schiffe auf dem Hudson River. Ihr Mann war Professor der Rechte an der Columbia University. Zusammen mit Studenten patrouillierte er in kleinen Booten im Hafen, notierte Verstöße und erhob Anklage gegen die verantwortlichen Schiffsführer. Seine Bemühungen waren wenig erfolgreich, führten aber doch zu den ersten städtischen Gesetzen zur Lärmbekämpfung und zur Schaffung von lärmfreien Zonen um Krankenhäuser herum.

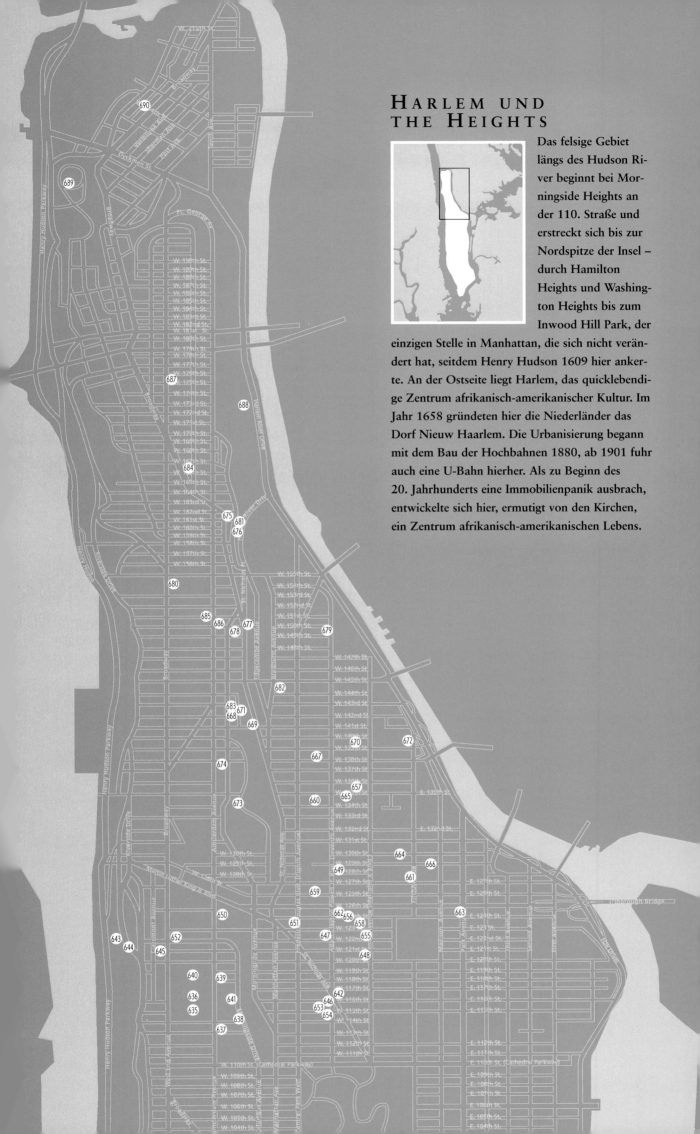

HARLEM UND
THE HEIGHTS

Das felsige Gebiet
längs des Hudson Ri-
ver beginnt bei Mor-
ningside Heights an
der 110. Straße und
erstreckt sich bis zur
Nordspitze der Insel –
durch Hamilton
Heights und Washing-
ton Heights bis zum
Inwood Hill Park, der
einzigen Stelle in Manhattan, die sich nicht verändert hat, seitdem Henry Hudson 1609 hier anker-
te. An der Ostseite liegt Harlem, das quicklebendi-
ge Zentrum afrikanisch-amerikanischer Kultur. Im
Jahr 1658 gründeten hier die Niederländer das
Dorf Nieuw Haarlem. Die Urbanisierung begann
mit dem Bau der Hochbahnen 1880, ab 1901 fuhr
auch eine U-Bahn hierher. Als zu Beginn des
20. Jahrhunderts eine Immobilienpanik ausbrach,
entwickelte sich hier, ermutigt von den Kirchen,
ein Zentrum afrikanisch-amerikanischen Lebens.

PRO · ECCLESIA · DEI

◆ HARLEM UND THE HEIGHTS ◆

636

ST. PAUL'S CHAPEL
UND LOW MEMORIAL LIBRARY ℒ

COLUMBIA UNIVERSITY CAMPUS
NÖRDLICH DER WEST 116TH STREET
ZWISCHEN BROADWAY UND AMSTERDAM AVENUE

1897, MCKIM, MEAD & WHITE
KAPELLE: 1907, HOWELLS & STOKES

Den Campus der Columbia University gestaltete Charles F. McKim, und seine Low Library
ist das Herzstück davon. Im Jahr 1934 nahm
sie das Verwaltungszentrum der Universität
auf, nachdem man die Bibliothek in die Butler
Hall auf der anderen Seite des Vierecks über-
siedelt hatte. Das Gebäude war ein Geschenk
von Seth Low, einem früheren Bürgermeister
der City of Brooklyn; 1890 wurde er Präsident
der Universität. Die frühere Bibliothek ehrt das
Andenken seines Vaters, eines Reeders. Die
konfessionslose St. Paul's Chapel wurde von
Olivia und Caroline Phelps Stokes gestiftet. Sie
erinnert an ihre Eltern; Gestalter war deren
Neffe, I. N. Phelps Stokes.

CATHEDRAL CHURCH OF
ST. JOHN THE DIVINE (EPISKOPALKIRCHE)

AMSTERDAM AVENUE BEI DER WEST 112TH STREET

1892–1911, HEINS & LA FARGE
1911–42, CRAM & FERGUSON

Einige sind zwar länger, andere breiter und andere höher, aber als Ganzes ist dies die größte Kathedrale der Welt. Den Grundstein für dieses beeindruckende, bis heute unvollendete Gotteshaus legte man im Jahr 1892. Nach dem Überfall von Pearl Harbor 1941 stellte man die Bauarbeiten ein, eine Woche nach der Weihe des Hauptschiffes. Erst 1978 wurden sie erneut aufgenommen und kamen inzwischen aus Geldmangel wieder zum Erliegen.

ÉGLISE DE NOTRE DAME
(RÖMISCH-KATHOLISCH)

40 MORNINGSIDE DRIVE BEI DER 114TH STREET

1914, CROSS & CROSS

Das Kircheninnere enthält eine von Mrs. Geraldine Redmond gestiftete Replik der Grotte von Lourdes. Ihr Sohn soll vom wundertätigen Quellwasser geheilt worden sein. Der Bauplan sah eine durchsichtige Vierungskuppel vor, die natürliches Tageslicht hereingelassen hätte. Doch wie die Kathedrale um die Ecke blieb auch dieser Bau unvollendet. Die Gemeindekirche wurde für französischsprachige Köche und Dienstmädchen in den herrschaftlichen Häusern am Riverside Drive gebaut.

CASA ITALIANA

1151–1161 AMSTERDAM AVENUE
ZWISCHEN WEST 116TH STREET UND
WEST 117TH STREET

1927, McKIM. MEAD & WHITE

Das passend im Stil eines italienischen Palazzo gehaltene Gebäude beherbergt das Zentrum für italienische Studien der Columbia University. Finanziert wurde es damals von begüterten Italoamerikanern.

AVERY HALL
COLUMBIA UNIVERSITY CAMPUS

WEST 116TH STREET
ZWISCHEN BROADWAY UND AMSTERDAM AVENUE

1912, McKIM, MEAD & WHITE

Hier hat die School of Architecture der Columbia University ihren Sitz. Die Bibliothek besitzt eine der größten Sammlungen von Quellen zur Architektur. Charles F. McKim schlug mehrere Gebäude für den inneren Campus vor, doch nur dieses wurde ausgeführt.

PRESIDENT'S HOUSE

60 MORNINGSIDE DRIVE BEI DER WEST 116TH STREET

1912, McKIM, MEAD & WHITE

Der Präsident der Columbia University darf in diesem wundervollen Haus über dem Morningside Park wohnen. Als Dwight D. Eisenhower seinen Dienst in der Armee im Jahr 1948 quittierte, schlug er Angebote der beiden politischen Parteien, für die Präsidentschaft zu kandidieren aus, und übernahm die Leitung der Columbia University. Bis zum Jahr 1952 zog er es vor, hier statt im Weißen Haus zu leben. Dann wurde er doch noch Präsident.

GRAHAM COURT

1923–1937 ADAM CLAYTON POWELL, JR. BOULEVARD
ZWISCHEN WEST 116TH STREET UND
WEST 117TH STREET

1901, CLINTON & RUSSELL

Harlems elegantestes Apartmenthaus erbaute William Waldorf Astor im Stil seiner Gebäude an der Upper West Side (Apthorp, Belnord Apartments). Zum Garten im Inneren gelangt man über einen Durchgang, der mit Guastavino-Fliesen ausgekleidet ist. Bis zum Jahr 1928 wurden hier übrigens noch keine schwarzen Mieter akzeptiert.

637

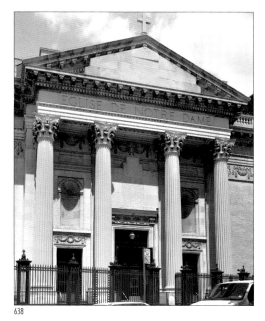

638

639

640

641

642

643

Grant's Tomb

Riverside Drive bei der 122nd Street

1897, John H. Duncan

Wer liegt hier begraben? Richtige Antwort: niemand. Die sterblichen Überreste des Präsidenten Ulysses S. Grant und seiner Frau Julia liegen nicht hier, sondern tief im Inneren der beeindruckenden Krypta. Das Design dieses Bauwerks, ein Würfel mit einem Rundbau darüber, umgeben von einer Kolonnade, bekrönt von einem Ringpultdach, erinnert an das Grab Napoleons im Pariser Invalidendom. Bis zum Ende des Ersten Weltkriegs war Grant's Tomb die bei weitem beliebteste touristische Attraktion der Stadt. Damals kamen hierher sehr viel mehr Besucher als zur Freiheitsstatue.

644

645

644

RIVERSIDE CHURCH

490 RIVERSIDE DRIVE
ZWISCHEN WEST 120TH STREET UND
WEST 122ND STREET

1930, ALLEN & COLLINS

Diese interkonfessionelle Kirche ist der American Baptist Church und der United Church of Christ angegliedert. In den Jahren 1931 bis 1946 wirkte hier als Pastor Harry Emerson Fosdick. Zuvor hatte er die baptistische Kirche in Aufruhr versetzt, weil er gegen den Fundamentalismus predigte. Deswegen bezichtigte man ihn der Häresie. John D. Rockefeller, Jr. baute diese Kirche für Fosdicks interkonfessionelle, internationale und nicht rassistisch ausgerichtete Ansichten. Der 119,5 Meter hohe Turm enthält bis zum 23. Stockwerk Büros, und im Raum zwischen diesem und dem 28. Stockwerk befindet sich das Laura Spellman Rockefeller Memorial Carillon, das größte Glockenspiel der Welt. Ganz oben gibt es auch noch eine Beobachtungsplattform.

645

UNION THEOLOGICAL SEMINARY

BROADWAY, ZWISCHEN WEST 120TH STREET
UND WEST 122ND STREET

1910, ALLEN & COLLINS

Diese konfessionell nicht gebundene Schule für künftige Geistliche gilt als Zentrum einer liberalen Theologie. An der Fakultät lehrten so bekannte Theologen wie William Sloan Coffin und Reinhold Niebuhr. Ihr Denken, das der zuletzt genannte als »angewandtes Christentum« bezeichnete, führte zu einem Umbruch im Protestantismus des 20. Jahrhunderts. Das Seminar war viele Jahre lang der United Presbyterian Church angegliedert, und zu Beginn beschäftigte es sich mit dem Erweckungsglauben sowie mit der reformierten Tradition in der Mitte des 19. Jahrhunderts. Doch als es von seinem ursprünglichem Sitz in Upper East Side in dieses gotische Gebäude umgezogen war, wurde es unabhängig. Seit dem Jahr 1910 ist es ein Nachbar der Columbia University in Morningside Heights .

646

647

648

First Corinthian Baptist Church *L*

ADAM CLAYTON POWELL, JR. BOULEVARD
BEI DER WEST 116TH STREET

1913, THOMAS W. LAMB

Die Kirche renovierte dieses frühere Theater im Jahr 1964 für den Eigengebrauch. Zuvor war darin das Regent, ein Kinotheater, gewesen, das als als eines der ältesten und am üppigsten ausgestatteten in den ganzen Vereinigten Staaten galt. Hier kam die berühmte »Roxy« Rothafel auf den Geschmack am Kinobusiness.

Washington Apartments *L*

2034–2040 ADAM CLAYTON POWELL, JR. BOULEVARD
BEI DER WEST 122ND STREET

1884, MORTIMER C. MERRITT

Dies war das erste Mittelklasse-Apartmentgebäude in Harlem. Die anfänglich 30 Apartments wurden an Geschäftsleute vermietet, die jeden Tag mit der neu errichteten Hochbahn nach Midtown pendelten. Der Bahnhof befand sich in der Nähe an der Ecke zwischen der 125. Straße und der Eighth Avenue.

Mt. Olivet Baptist Church

201 MALCOLM X BOULEVARD BEI DER
WEST 120TH STREET

1907, ARNOLD W. BRUNNER

Hier hatte einst die wichtigste jüdische Kirchengemeinde des Viertels, der Temple Israel of Harlem, ihren Sitz. Sie nutzte das im klassischen Stil des zweiten Tempels in Jerusalem gestaltete Gebäude aber nur 13 Jahre lang. Dann hatten alle begüterten Mitglieder Harlem verlassen. Später diente es den Siebenten-Tag-Adventisten; im Jahr 1925 kaufte es die Gemeinde Mt. Olivet, die es hingebungsvoll pflegt.

649

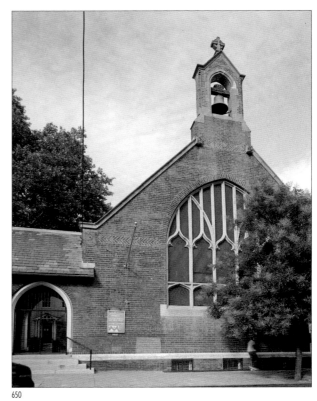

650

651

652

Metropolitan Baptist Church

151 West 128th Street
beim Adam Clayton Powell, Jr. Boulevard

1885, John Rochester Thomas

Dies war eine der ersten Kirchen von und für Schwarze in Harlem, und sie gehört auch heute noch zu den einflussreichsten. Gebaut wurde sie in zwei Abschnitten, doch die Teile passen perfekt zusammen. Das von dem örtlichen Architekten Richard R. Davis gestaltete Hauptheiligtum wurde erst fünf Jahre nach dem Rest errichtet. Im Wesentlichen ist die Kirche im romanischen Stil gehalten, sie zeigt aber auch einige gotische Merkmale wie Strebebogen und Spitzbogenfenster.

St. Mary's Church-Manhattanville
(Episkopalkirche)

521 West 126th Street, abgewandt von der Amsterdam Avenue

1909, Carrère & Hastings und T. E. Blake

In der Mitte des 19. Jahrhunderts war das kleine Dorf Manhattanville noch von offenen Feldern umgeben, und die Kirche verrät noch etwas von diesem ländlichen Charakter. Das Dorf bestand aus mehreren hundert Arbeiterfamilien und hatte sein Zentrum in der Nähe der heutigen Kreuzung zwischen Broadway und 125. Straße. Für die Verbindung sorgte damals eine Fährlinie auf dem Hudson River.

Magic Johnson Theaters

West 124th Street beim Frederick Douglass Blvd.

Der frühere Spieler des Basketballteams der Los Angeles Lakers hat nach dem Ende einer dreizehnjährigen Sportkarriere mehrere Geschäfte aufgemacht, darunter auch eine Reihe von Shopping Malls sowie Partnerschaften mit Starbucks und T.G.I. Fridays. Zu diesen Unternehmungen gehören auch die Magic Johnson Theaters, die von Loew's Cineplex Entertainment betrieben werden. Die Kette besitzt Kinos in fünf Staaten, darunter auch dieses im Jahr 2000 hier in Harlem eröffnete. Es sorgt im Viertel nicht nur für Unterhaltung, sondern auch für Arbeitsplätze, da es zur Firmenpolitik gehört, vorwiegend Mitarbeiter aus der lokalen Umgebung einzustellen.

Jewish Theological Seminary

3080 Broadway
zwischen West 122nd Street und West 123rd Street

1930, Gehron, Ross & Alley

Diese Institution wurde im Jahr 1887 für die Ausbildung konservativer Rabbis und zur Förderung des traditionellen Judentums in Amerika gegründet. Sie betreibt auch eine Schule für Kantoren, fördert seit dem Beginn des 20. Jahrhunderts aktiv den Zionismus und nimmt seit den darauf folgenden 70er-Jahren auch Frauen auf.

115TH STREET BRANCH NEW YORK PUBLIC LIBRARY

653

203 WEST 115TH STREET
ZWISCHEN ADAM CLAYTON POWELL, JR. BOULEVARD UND
FREDERICK DOUGLASS BOULEVARD

1909, MCKIM, MEAD & WHITE

Im Jahr 1901 stiftete Andrew Carnegie insgesamt 5,2 Millionen US-Dollar für den Bau von 42 Zweigstellen dieser öffentlichen Bibliothek in Manhattan, Staten Island und der Bronx. Die Firmen McKim, Mead & White, Carrère & Hastings sowie James Brown Lord wurden mit der Gestaltung beauftragt. Dieses Gebäude von Charles F. McKim gehört zu den besten.

WADLEIGH HIGH SCHOOL

654

215 WEST 114TH STREET
ZWISCHEN ADAM CLAYTON POWELL, JR. BOULEVARD UND
FREDERICK DOUGLASS BOULEVARD

1902, C. B. J. SNYDER

Dies war die erste High School in der Stadt nur für Mädchen. Sie ist nach Lydia F. Wadleigh benannt, die schon früh für die Ausbildung von Frauen eintrat. Angesichts einer wachsenden Nachfrage baute man diese Schule. Im Jahr 1954 wurde sie geschlossen, aber in den 90er-Jahren restauriert. Als Junior High School steht sie nun beiden Geschlechtern offen.

241–259 MALCOLM X BOULEVARD

655

ZWISCHEN WEST 122ND STREET UND WEST 123RD STREET

1885–1886

Der Malcolm X Boulevard, auch als Lenox Avenue bekannt, gehört zu den breitesten Avenues der Stadt. Diese beeindruckenden Sandsteinhäuser, früher einmal von Alleebäumen beschattet, waren einst typisch für eine der großartigsten Stadtlandschaften in New York. Im frühen 20. Jahrhundert wurde die Avenue zum Hauptboulevard des schwarzen Viertels Harlem. Hier lagen die meisten wichtigen Geschäfte und Klubs.

THERESA TOWERS

656

2090 ADAM CLAYTON POWELL, JR. BOULEVARD
ZWISCHEN WEST 124TH STREET UND WEST 125TH STREET

1913, GEORGE UND EDWARD BLUM

Dieses Bürogebäude war früher das Hotel Theresa – auch »Waldorf von Harlem« genannt. Nach Aufhebung der Rassentrennung (1940) entwickelte es sich zum Treffpunkt schwarzer Berühmtheiten. 1960 war Castro da, Chruschtschow hatte eine Suite, und die Organization of Afro-American Unity von Malcolm X sowie das March on Washington Movement von A. Philip Randolph hatten hier ihren Sitz.

YMCA HARLEM BRANCH

657

180 WEST 135TH STREET ZWISCHEN MALCOLM X BLVD.
UND ADAM CLAYTON POWELL, JR. BOULEVARD

1932, JAMES C. MACKENZIE, JR.

Das einstige CVJM auf der anderen Straßenseite ist heute das Jackie Robinson YMCA Youth Center. Im Gebäude werden Berufsschulausbildungsprogramme, Kurse für Analphabeten, ferner Lesungen, Theater- und Musikaufführungen angeboten. Zu den hier lebenden Führern der Harlem Renaissance gehörten die Schriftsteller Ralph Ellison, Claude McKay und Langston Hughes. Heute ist Bill Clinton das berühmteste Mitglied.

GREATER METROPOLITAN BAPTIST CHURCH

658

127 WEST 123RD STREET ZWISCHEN MALCOLM X BLVD.
UND ADAM CLAYTON POWELL, JR. BOULEVARD

1898, SCHNEIDER & HERTER

Das Gotteshaus wurde als St. Paul's German Evangelical Lutheran Church für die große Gemeinschaft deutscher Einwanderer gebaut, die sich im Mount-Morris-Viertel von Harlem niederließ. Bis 1939 nutzte die Gemeinde diese Kirche, ein Jahr darauf wurde sie zur 12th Church of Christ Scientist umgewandelt und 1985 an die Greater Metropolitan Baptist Church verkauft, die sich zuvor von der Metropolitan Baptist abgespalten hatte.

653

654

655

656

657

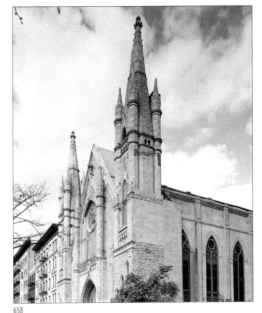

658

659

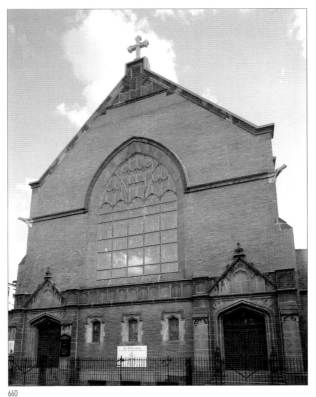

660

APOLLO THEATER ℒ

253 WEST 125TH STREET
ZWISCHEN ADAM CLAYTON POWELL, JR. BOULEVARD UND
FREDERICK DOUGLASS BOULEVARD

1914, GEORGE KEISTER

Ursprünglich war dieses Theater ein Varieté. Dann entwickelte es sich zum schwarzen Äquivalent des Palace Theater. Hier traten Musiker, Komiker und Tänzer auf. Das Theater war führend bei der Entwicklung von Swing, Bebop, Rhythm and Blues, Modern Jazz, Gospel, Soul und Funk. Seit den 1930er-Jahren begannen hier die Karrieren zahlloser schwarzer Künstler. Im ganzen Land bekannt wurde das Theater, als 23 Radiostationen jeden Mittwoch die »Amateur Nights« live ausstrahlten. Dabei bekamen die Zuhörer einen ersten Eindruck vom schwarzen Swing, und so begann die Ära der Big Bands. In späteren Jahren präzisierte Elvis Presley seinen Stil durch regelmäßige Besuche im Apollo. Als die Beatles zum ersten Mal nach New York kamen, wollte John Lennon zuerst hierher.

ST. PHILIP'S CHURCH ℒ
(EPISKOPALKIRCHE)

214 WEST 134TH STREET
ZWISCHEN ADAM CLAYTON POWELL, JR. BOULEVARD UND
FREDERICK DOUGLASS BOULEVARD

1911, VERTNER W. TANDY UND GEORGE W. FOSTER

Die Kirchen der Schwarzen waren ein Schlüssel für die Integration von Harlem, und diese Gemeinde, die älteste der afrikanisch-amerikanischen Episkopalkirche, gehörte dabei zu den wichtigen Vorläufern. Bevor die Gemeinde weiter nördlich umzog, besaß sie in der Nähe der Penn Station Land, das als Friedhof vorgesehen war. 1909 konnte sie es mit gutem Profit verkaufen. Damals hatten sich die Landbesitzer von Harlem noch dazu verpflichtet, nicht an Schwarze zu verkaufen. Der Pfarrer der Gemeinde, Rev. Hutchens Bishop, war aber eher hellhäutig. So wurden ihm die richtigen Türen geöffnet, und er konnte viel Land und sogar einige Apartmentgebäude kaufen, deren Rassentrennungsbestimmungen man daraufhin sofort aufhob. Rev. Bishop engagierte auch schwarze Architekten für seine Kirche.

661

662

663

St. Andrew's Church ℒ
(Episkopalkirche)

2067 Fifth Avenue bei der East 127th Street

1873, Henry M. Congdon

Als die Gemeinde zu groß wurde für die ursprüngliche Kirche von St. Andrew an der East 127th Street, zerlegte man sie und baute sie ein paar Blöcke weiter westlich vergrößert wieder auf. Sie zählt in der ganzen Stadt zu den besten Bauten im Victorian Gothic Style. Als eine der wenigen Kirchen in Harlem aus dem 19. Jahrhundert dient sie immer noch ihrer ursprünglichen Gemeinde.

Refuge Temple of the Church of Our Lord Jesus Christ

2081 Adam Clayton Powell, Jr. Blvd. zwischen West 124th Street und West 125th Street

Renoviert: 1966, Costas Machlouzarides

Als afrikanisch-amerikanische Gemeinden von *downtown* nach Harlem umzogen, fanden Neuankömmlinge aus dem tiefen Süden hier ihre Heimat. Diese Gemeinde wurde gegründet für all jene, die sich nach ihrer früheren Religion zurücksehnten, und fast 50 Jahre danach war sie so groß, dass sie das Gebäude füllen konnte. Ursprünglich eine höhlenartige Tanzhalle (»Harlem Casino«), findet hier an jedem Sonntag ein lebhafter Gottesdienst statt.

The Morris ℒ

81–85 East 125th Street bei der Park Avenue

1884, Lamb & Rich

Hier handelt es sich um eines der am meisten beeindruckenden Gebäude von Harlem. Diese offiziell anerkannte Sehenswürdigkeit ist aber auch am stärksten bedroht. Der Bau wurde ursprünglich für die Mount Morris Bank mit sechs Wohnungen darüber errichtet. Er stand über 30 Jahre lang leer. Das Gebäude gehört der Stadt, doch die Verantwortlichen sagen, dass sie sich eine Restaurierung nicht leisten können und warten auf einen privaten Spender.

664

Astor Row

8–62 West 130th Street
zwischen Fifth Avenue und Malcolm X Boulevard

1883, Charles Buck

Diese Häuser wurde auf einem Stück Land errichtet, das einst William Astor besaß. Diejenigen, die der Fifth Avenue am nächsten stehen, sind freistehende Doppelhäuser. Die übrigen sind an der Rückseite miteinander verbunden. Einzigartig sind sie in New York durch ihre hübschen Veranden aus Holz. Die meisten dieser Häuser wurden mit privaten und öffentlichen Geldern restauriert.

665

135th Street Branch
New York Public Library

103 West 135th Street zwischen Malcolm X Blvd. und Adam Clayton Powell, Jr. Boulevard

1905, McKim, Mead & White

In den frühen 20er-Jahren des letzten Jahrhunderts begann die Leiterin dieser Zweigstelle der Bücherei, Ernestine Rose, mit dem Aufbau einer Sammlung zur Literatur und Geschichte der Schwarzen. Im Jahr 1926 kaufte die Carnegie Corporation die große Sammlung, die der Historiker Arthur Schomberg zusammengetragen hatte, und übergab sie Ms Rose. So entstand die wichtigste Forschungsbibliothek des Landes zu diesem Thema. Im Jahr 1980 baute man ein neues Haus für die Sammlung, und dieses Gebäude wird nun als Ausstellungshalle für das Schomberg Center for Research in Black Culture genutzt.

17 EAST 128TH STREET *ℒ*

ZWISCHEN FIFTH AVENUE UND MADISON AVENUE

UM 1864

Bei einem Schönheitswettbewerb könnten wohl nur wenige der »Painted ladies«, für die San Francisco so berühmt ist, mit diesem zauberhaften Haus im Herzen von Harlem mithalten. Es stammt noch aus der Zeit, als Harlem ein winziges Dorf mit kleinen Holzhäusern war. In all den Jahren wurde es offensichtlich sehr gut gepflegt.

666

STRIVER'S ROW *ℒ*

WEST 138TH BIS WEST 139TH STREET
ZWISCHEN ADAM CLAYTON POWELL, JR. BOULEVARD UND
FREDERICK DOUGLASS BOULEVARD

1893, JAMES BROWN LORD, BRUCE PRICE,
UND STANFORD WHITE

Diese vier Blockfronten, einst The King Model Houses, kennt man heute als St. Nicholas Historic District. Die 146 Reihenhäuser und drei Apartmentgebäude ließ der Bauunternehmer David H. King, Jr. für weiße Mittelklassefamilien errichten. Bis in die 20er-Jahre blieben sie den Schwarzen verschlossen. Dann wurde das Viertel als Striver's Row bekannt – ein Hinweis auf die erfolgreichen Bemühungen schwarzer Bewohner wie der Songschreiber Eubie Blake, der Bandleader Fletcher Henderson und der Musiker W. C. Handy.

667

668

669

670

671

672

673

HAMILTON GRANGE *L*

287 CONVENT AVENUE
ZWISCHEN WEST 141ST STREET UND WEST 142ND STREET

1802, JOHN MCCOMB, JR.

Dies war das Landhaus von Alexander Hamilton, 15 km außerhalb der Stadt. Er lebte hier nur zwei Jahre, dann erschoss ihn Aaron Burr bei einem Duell. Das Haus blieb aber weitere 30 Jahre lang im Besitz seiner Familie. Sie verkaufte es im Jahr 1899 an die St. Luke's Episcopal Church, die von ihrem ursprünglichen Sitz zwei Blöcke weiter südwärts umzog. Heute kümmert sich der National Park Service um dieses National Monument.

ST. JAMES CHURCH *L*
(PRESBYTERIANISCH)

ST. NICHOLAS AVENUE BEI DER WEST 141ST STREET

1904, LUDLOW & VALENTINE

Diese Kirche gehörte zu den letzten großen im Gothic-Revival-Stil von New York. Ihre Türme sind ein Monument für den Höhepunkt dieses Stils, der gegen Ende des 18. Jahrhunderts entwickelt wurde, als – ausgelöst von den Romanen Sir Walter Scotts – eine Welle der Begeisterung für die Romantik nach Amerika überschwappte. Das erste amerikanische Haus in diesem Stil war das Landhaus mit der Bezeichnung »Sedgeley« in einer Vorstadt von Philadelphia. Es stammt aus dem Jahr 1799.

ABYSSINIAN BAPTIST CHURCH *L*

132 WEST 138TH STREET ZWISCHEN MALCOLM X BLVD.
UND ADAM CLAYTON POWELL, JR. BOULEVARD

1923, CHARLES W. BOLTON & SONS

Diese Kirche ist berühmt für ihre prominenten Pfarrer – Adam Clayton Powell und seinen Sohn, den Kongressabgeordneten Adam Clayton Powell, Jr. Der ältere Powell lockte Tausende von Schwarzen nach Harlem und predigte ein soziales Evangelium, das Spiritualität mit sozialer Betätigung verband. Die Gemeinde selbst spaltete sich 1808 *downtown* von der First Baptist Church ab und leitet ihren Namen von einer alten Bezeichnung für Äthiopien ab.

280–298 CONVENT AVENUE

ZWISCHEN WEST 141ST STREET UND WEST 142ND STREET

1902, HENRI FOUCHAUX

Hier findet man eine wundervolle Vielfalt eleganter Stile, und der zauberhafte Eindruck hält nordwärts bis zur 144. Straße an, wo die Häuser durchweg noch etwas älter sind. Die Avenue, eine Fortsetzung der Morningside Avenue, ist nach dem Convent of the Sacred Heart benannt. Dieses Herz-Jesu-Kloster stand 45 Jahre lang zwischen der St. Nicholas Avenue und der Amsterdam Avenue, brannte dann aber im Jahr 1888 ab.

369TH REGIMENT ARMORY *L*

2366 FIFTH AVENUE, ZWISCHEN
142ND STREET UND 143RD STREET

1924, TACHAU & VAUGHT

Hier handelt es um eine der letzten Exerzierhallen der Stadt. Sie ist das Zentrum der »Harlem Hell Fighters«, die sich während des Ersten Weltkriegs als Einheit der französischen Armee hervortaten. Die amerikanische Armee hatte sie nämlich wegen ihrer Rassenzugehörigkeit nicht zum Kampf zugelassen. Einer der Kämpfer erhielt das erste »Croix de Guerre«, das einem Amerikaner verliehen wurde, und das ganze Regiment erhielt ein zweites.

135TH STREET GATEHOUSE *L*
CROTON AQUEDUCT

CONVENT AVENUE BEI DER WEST 135TH STREET

1890, FREDERICK S. COOK

Einige Menschen würden gerne in einem Leuchtturm leben, andere träumen von einem Schloss. Das Gebäude weist beide Qualitäten auf – und steht überdies leer. Ursprünglich war hier eine der Pumpstationen des New Croton Aqueduct. Es ersetzte eine kleinere Leitung, die seit dem Jahr 1842 Wasser von den Reservoiren weiter nördlich im Staat herantransportierte. Es blieben noch mehrere solcher Pumpstationen erhalten, doch kaum eine weckt die Fantasie mehr als diese hier.

674

675

CITY COLLEGE

674

WEST 138TH BIS WEST 141ST STREET
AMSTERDAM AVENUE BIS ST. NICHOLAS TERRACE

1907

Obwohl dieser Komplex nun offiziell zur City University of New York gehört, heißt er heute noch meistens CCNY (City College of New York). Errichtet wurde er 60 Jahre nach Gründung der Schule aus dem Manhattan-Schiefer, den man während des Baus der ersten Untergrundbahn gewonnen hatte. Ursprünglich gehörte dazu auch ein Amphitheater, das Adolph Lewisohn gestiftet hatte. Die New Yorker Philharmoniker gaben darin Sommerkonzerte. Im Jahr 1973 brach man das Amphitheater ab, um Platz zu schaffen für die großen modernen Gebäude, die heute die Westecke des Campus beherrschen. Prominente Studienabgänger sind der Staatssekretär Colin Powell, der frühere New Yorker Bürgermeister Ed Koch, der Arzt Jonas Salk und der ehemalige Richter an dem obersten Gerichtshof Felix Frankfurter.

AUDUBON TERRACE𝓛

675

BROADWAY, ZWISCHEN WEST 155TH STREET
UND WEST 156TH STREET

1908, CHARLES PRATT HUNTINGTON

Diesen Komplex kleiner Museen gab der Eisenbahnmagnat Archer Huntington in Auftrag. Die Gestaltung übernahm sein Cousin Charles P. Huntington, und die wundervollen Skulpturen im Hof sind von dessen Frau Anna Hyatt Huntington. Das ursprünglich hier untergebrachte Museum of the American Indian zog inzwischen um. Die Hispanic Society of America, eine von Huntingtons Leidenschaften, enthält eine wichtige Sammlung von Meisterwerken aus Spanien und Portugal. Sonst sind hier die American Numismatic Society und das National Institute of Arts and Letters vertreten. Übersehen wird oft die wundervolle Church of Our Lady of Esperanza mit Kunstwerken und andere Gegenständen, die König Alfonso XIII. von Spanien schenkte. Sie liegt um die Ecke an der 156. Straße. Das Grundstück gehörte zum Landgut und Wildschutzreservat des berühmten Naturforschers John James Audubon.

676

677

678

679

680

681

Roger Morris Apartments $\mathscr{L}$

555 Edgecombe Avenue
zwischen West 159th Street und West 160th Street

1916, Schwartz & Gross

Bei der Eröffnung dieses Gebäudes durften nur weiße Mieter einziehen. Fünfundzwanzig Jahre danach änderte man diese Bestimmungen, und das Haus wurde nun von Menschen afrikanisch-amerikanischer Abstammung bewohnt. Hier lebten so illustre Mieter wie der Jazzmusiker Count Basie, der Schauspieler Canada Lee, der Sänger Paul Robeson, der Boxer Joe Louis und der Psychologe Kenneth Clark.

M. Marshall Blake Funeral Home $\mathscr{L}$

10 St. Nicholas Place bei der West 150th Street

1888, Samuel B. Reed

Zur Zeit des Baus genoss man von hier aus – weit draußen auf dem Land – einen wundervollen Blick über Long Island South. Dies war das Haus von James A. Bailey, der zusammen mit P. T. Barnum den Barnum & Bailey Circus gründete.

Church of the Crucifixion

Convent Avenue bei der W. 149th Street

1967, Costas Machlouzarides

Diese Kirche mit ihrem tragflügelartigen Dach und den wogenden Wänden entspricht beinahe lehrbuchmäßig der Architektur der 60er-Jahre des 20. Jahrhunderts, als die Welt – je nach Standpunkt – einen kühnen Schritt nach vorne tat oder in der Banalität versank. In diesem Fall scheint wenig falsch zu sein, das nicht mit ein bisschen Vorstellungskraft richtig gestellt werden könnte – nur kam offenbar niemand auf den richtigen Gedanken.

Dunbar Apartments $\mathscr{L}$

2588 Adam Clayton Powell, Jr. Boulevard
zwischen West 149th Street und West 150th Street

1928, Andrew J. Thomas

Das war der erste genossenschaftliche Apartmentbau für Amerikaner afrikanischer Abstammung. Finanziert hat ihn John D. Rockefeller, Jr. Heute befinden sich darin Mietwohnungen. Der nach dem Dichter Paul Lawrence Dunbar benannte Komplex zog damals Berühmtheiten wie Countee Cullen, W. E. B. Dubois, Paul Robeson und Bill »Bojangles« Robinson an.

Church of the Intercession $\mathscr{L}$
(Episkopalkirche)

550 West 155th Street beim Broadway

1914, Cram, Goodhue & Ferguson

Der Friedhof, der die Kirche auf beiden Seiten des Brodway umgibt, ist sozusagen ein Nachfolger des Trinity Churchyard im Gebiet der Wall Street. Hier liegen zum Beispiel John Jacob Astor begraben sowie Alfred Tennyson Dickens, der Sohn des Romanschriftstellers. Das Grab des schon mehrfach erwähnten Clement Clark Moore, der ein in Amerika bekanntes Weihnachtsgedicht geschrieben hat, wird jedes Jahr am Weihnachtsabend von einer Lichterprozession aufgesucht.

Morris-Jumel Mansion $\mathscr{L}$

Edgecombe Avenue
zwischen West 160th Street und West 162nd Street

1765

Dieses Haus baute Colonel Roger Morris. Während der Revolution wechselten sich George Washington und Angehörige der britischen Armee mehrmals als Bewohner ab. Dann wurde es zu einer Taverne, bis Stephen und Eliza Jumel es kauften im Stil des französischen Empire schmückten. Nach dem Tod ihres Manns heiratete Eliza den früheren Vizepräsidenten Aaron Burr. Nach dessen Tod verbrachte sie hier den Rest ihres Lebens.

682

43-49 Bradhurst Avenue

zwischen West 144th Street und West 145th Street

1888

Nach Jahren der Vernachlässigung und Zer-
störung der originalen Verandentreppen erlebt
diese viktorianische Häuserreihe dank der
Harlem Renaissance einen neuen Frühling. Die
Bradhurst Avenue ist eine ruhige, günstig gelegene Durchgangsstraße durch Manhattanville.
Die Nachbarschaft um den Campus des City
College befindet sich in den letzten Jahren ohne
Zweifel im Aufschwung. Besonders seitdem die
alten Collegegebäude restauriert wurden, geht
es immer weiter aufwärts. Das Gebiet über
dem Harlem Valley erlebte schon während des
19. Jahrhunderts eine Blütezeit, da es über eine
Haltestelle für Fährschiffe auf dem Hudson
River verfügte. Hier gab es auch viele Fabriken, besonders eine große Brauerei.

683

683

Our Lady of Lourdes Church
(RÖMISCH-KATHOLISCH)

467 West 142nd Street
zwischen Convent Avenue und Amsterdam Avenue

1904, O'Reilly Bros.

Das ist ein besonders schönes Beispiel für architektonisches Recycling. Die Fassade aus Marmor und dunklem Sandstein befand sich ursprünglich an der National Academy of Design an der 23. Straße Ecke Park Avenue. Die Apsis und die Ostwand bildeten einst das östliche Ende der St. Patrick's Cathedral; sie wurden entfernt, als man dort die Lady Chapel baute. Die Sockel auf den Stufen stammen von dem herrschaftlich angelegten Marmorhaus von A. T. Stewart, das bis zum Jahr 1901 an der Fifth Avenue Ecke 34. Straße stand.

COLUMBIA PRESBYTERIAN HOSPITAL

BROADWAY, ZWISCHEN WEST 165TH STREET
UND WEST 168TH STREET

1928, JAMES GAMBLE ROGERS

Dies ist das größte Krankenhaus in New York City und das wichtigste Organtransplantationszentrum im Nordosten. Es gilt auch als ein bedeutendes Krebszentrum und als Zentrum für Neonatologie; darüber hinaus genießt es einen guten Ruf für seine Behandlung der Parkinsonschen Krankheit. Hier werden die Studenten des College of Physicians and Surgeons der Columbia University unterrichtet, gleichzeitig besteht eine Angliederung an das New York Hospital–Cornell Medical Center.

1854 AMSTERDAM AVENUE ℒ

BEI DER WEST 152ND STREET

1871, NATHANIEL D. BUSH

Dieses hohe viktorianische Gebäude wurde als Sitz eines Polizeidistrikts gebaut. Heute dient es dem African Methodist Church Self-Help Program. Als sich die Polizei noch hier befand, war dies eines der wenigen städtischen Gebäude in einer weitgehend ländlichen Umgebung. Und die Polizei hätte sicher auch ihre Freude an der Überwachungskamera gehabt, die heute rechts von der Eingangstür montiert ist.

THE NEW YORK CITY CHURCH OF CHRIST ℒ

1828 AMSTERDAM AVENUE
ZWISCHEN WEST 150TH STREET UND WEST 151ST STREET

1886, HUGO KAFKA

Das war ursprünglich die Seidenbandfabrik Joseph Loth & Company. Sie produzierte in großen Mengen Seidenbänder der Marken »Fair and Square« und verfrachtete sie in jede Ecke des Landes. Der Grundriss des Gebäudes ist ungewöhnlich K-förmig, damit mehr Licht hinzutreten konnte und keine stützenden Säulen notwendig wurden. In ihrer Blütezeit beschäftigte die Firma 600 Arbeiter.

UNITED CHURCH

BROADWAY BEI DER WEST 175TH STREET

1930, THOMAS W. LAMB

An dieser Stelle befand sich einst Loew's Kinotheater an der 175. Straße. Heute ist hier der Hauptsitz eines großspurig wirkenden Evangelisten, der sich selbst Reverend Ike nennt – sein wirklicher Name lautet Frederick Eikerenkoetter. Der Kernpunkt seiner Botschaft ist, dass »niemand arm und niemand ein Versager sein muss«. Ein Netzwerk aus ungefähr 1500 Radiostationen verbreitet das Wort des hier Predigenden über die ganze Nation.

684

685

686

687

688

Der Druck muss bleiben

Die New Yorker konsumieren jeden Tag
4,9 Milliarden Liter Brauch-Wasser. Das meiste stammt von einem über 5200 Quadratkilometer großen Gebiet im Norden des Staates.

Wegen eines einfachen physikalischen Ge-
setzes kann das Wasser in den New Yorker
Gebäuden nur bis zum sechsten Stock steigen.
Dann liegt es auf gleicher Höhe wie in den Reservoiren weiter oben in den Bergen. Damit in
allen höheren Gebäuden genügend Wasser-
druck herrscht, muss man es zuerst in einen
Wassertank auf dem Dach pumpen. Von dort
kann es in Küchen und Badezimmer fließen.

Diese Tanks sind an den meisten Gebäuden
von außen zu sehen. Manche Apartmentgebäude verbergen sie aber hinter Altanen oder anderen architektonischen Elementen. In den meisten Wolkenkratzern befinden sie sich in den für
die Wartung reservierten Stockwerken, und die

Speicherung erfolgt hier in Stahltanks.
Tausende von Häusern haben auf ihren Dä-
chern aber auch noch eine Art Holzbottich aus
Redwood oder anderem Nadelholz. Wie bei
einem Fass werden die Dauben durch galvani-
sierte Eisenringe zusammengehalten; darüber
liegt ein konisches Dach aus Sperrholz.

Ein solcher Tank fasst über 40 000 Liter,
hat einen Durchmesser von rund vier Meter
und ist rund 3,60 Meter hoch. Wer einen größeren Tank zu sehen glaubt, der sollte die Me-
tallreifen zählen, dann noch eins dazuzählen
und erhält so die Höhe in Fuß (0,3 Meter).

Muss ein solcher Wassertank ersetzt werden, was selten der Fall ist, wendet man sich
etwa an die seit 90 Jahren aktive Rosenwach
Tank Company, die einen alten Tank in weniger als acht Stunden abbauen und den Ersatz-
tank mit neuem Wasser füllen können will.

689

HIGHBRIDGE WATER TOWER ℒ

HARLEM RIVER BEI DER WEST 173RD STREET

1872, JOHN B. JERVIS

Dieser 60 Meter hohe Turm beherbergte ursprünglich einen Wassertank, der die Wasserversorgung von Manhattan mit dem nötigen
Druck versah. Ohne ihn hätten nur die untersten Stockwerke der Gebäude *downtown* überhaupt fließendes Wasser bekommen. Das
Wasser wurde von Reservoiren weiter nördlich
im Staat quer durch den Harlem River über
den benachbarten High Bridge Aqueduct, die
älteste unter den 2027 Brücken der Stadt, hierher gepumpt. Dieses System mit den Wasser-
reservoiren funktionierte erst ab dem Jahr
1842. Vor dieser Zeit waren die New Yorker
auf Quellen und andere Vorkommen für ihr
Trink- und Brauchwasser angewiesen. Die
Wasserversorgung New Yorks wurde mehrere
Male verbessert und erweitert. Ein Opfer dieses
Fortschritts ist auch dieser Turm, der nun nicht
mehr gebraucht wird.

THE CLOISTERS ℒ

FORT TRYON PARK

1939, ALLEN, COLLINS & WILLIS

Diese Zweigstelle des Metropolitan Museum
of Art wurde um Fragmente von Kreuzwegen
und anderen mittelalterlichen Gebäuden herum gebaut, die George Gray Barnard in Spanien und Frankreich sammelte. John D.
Rockefeller, Jr. kaufte sie für das Museum an
und stiftete auch dieses Gebäude. In einem
strengen Sinne handelt es also sich nicht um
eine historische Struktur, sondern um die Kopie
einer französischen Abtei aus der Romanik. Es
beherbergt die Sammlung des Museums an
mittelalterlicher Kunst, darunter auch die
unschätzbar wertvollen Unicorn Tapestries. Als
Rockefeller dieses Grundstück kaufte, erwarb
er auch ein Stück der Palisades auf der anderen
Seite des Hudson River, um sicherzustellen,
dass die Aussicht später einmal nicht verschan-
delt werden würde.

690

Dyckman House 𝒧

4881 Broadway bei der West 204th Street

1785

Dies ist das einzige Gutshaus aus dem 18. Jahrhundert, das noch in Manhattan steht. Es ersetzte einen Vorgängerbau, den die britische Armee während des Revolutionskrieges zerstörte. Die eigentliche Farm gründete Jan Dyckman im Jahr 1761, das vorliegende Haus baute sein Enkel William. Die Familie lebte hier bis zum Verkauf des Hauses 1868. Als man es im Jahr 1915 abbrechen wollte, kauften die Nachkommen es zurück, restaurierten es und schenkten es der Stadt. Heute befindet sich darin ein Museum. Die hügelige Landschaft im Norden Manhattans zeigt uns noch, wie die ganze Insel ausgesehen haben muss, als die Niederländer hier eintrafen. Seither wurden fast alle Hügel eingeebnet, oft nur mit Pickeln und Schaufeln, die Senken füllte man mit dem anfallenden Schutt auf. Was übrig blieb, schüttete man in die Flüsse. So wurde Manhattan sowohl größer als auch flacher, als es einst war.

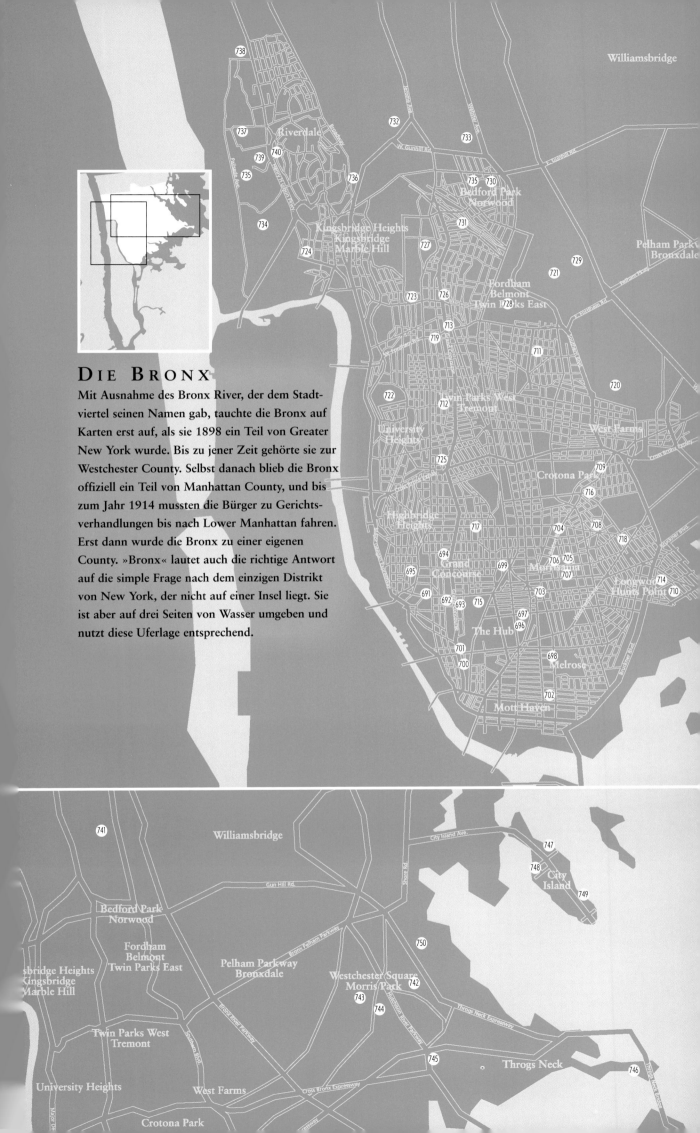

DIE BRONX

Mit Ausnahme des Bronx River, der dem Stadt-
viertel seinen Namen gab, tauchte die Bronx auf
Karten erst auf, als sie 1898 ein Teil von Greater
New York wurde. Bis zu jener Zeit gehörte sie zur
Westchester County. Selbst danach blieb die Bronx
offiziell ein Teil von Manhattan County, und bis
zum Jahr 1914 mussten die Bürger zu Gerichts-
verhandlungen bis nach Lower Manhattan fahren.
Erst dann wurde die Bronx zu einer eigenen
County. »Bronx« lautet auch die richtige Antwort
auf die simple Frage nach dem einzigen Distrikt
von New York, der nicht auf einer Insel liegt. Sie
ist aber auf drei Seiten von Wasser umgeben und
nutzt diese Uferlage entsprechend.

YANKEE STADIUM

RIVER AVENUE BEI DER EAST 161ST STREET

1923, OSBORNE ENGINEERING CO.
NEUBAU: 1976, PRAEGER-KAVANAGH-WATERBURY

Dieses illustre Baseballstadion baute Colonel Jacob Ruppert für sein Team, die New York Yankees. Zuvor hatten sie auf den alten Polo Grounds jenseits des Flusses in Manhattan gespielt. Doch nachdem Babe Ruth einen Vertrag unterzeichnet hatte, kam der Klubbesitzer zum Schluss, der Star verdiene eine bessere Bühne. Er nutzte dabei auch die Gelegenheit, das Spielfeld so anzuordnen, dass Babe Ruth mehr Home runs erzielen konnte. Ob der Spieler diese Hilfe wirklich brauchte, weiß man bis heute nicht. Immerhin erzielte er von den 714 Home runs seiner Kariere 659 als Yankee. Ruppert und sein Partner Cap Huston zahlten 675000 Dollar für das Grundstück und 2,5 Millionen US-Dollar für das Stadion. Sie bekamen keinerlei Hilfe von der Stadt, dem Staat oder sonst jemandem – so wurden die Dinge damals im Jahr 1923 gehandhabt. Das war der erste Baseballplatz, der auch Stadion genannt wurde. Es besaß als erstes drei Sitzränge, ursprünglich fanden darin 67224 Zuschauer Platz. Nach einer 100 Millionen Dollar teuren Renovierung in der Saison 1974/75 wurde das Stadion mit 57545 Sitzplätzen wiedereröffnet. Die Erneuerung wurde durch die Drohung beschleunigt, das Team werde sonst die Stadt verlassen. Das Ergebnis war ein 30-jähriger Pachtvertrag mit der Vermieterin, der City of New York. Vor der Umgestaltung hatte das Land den Knights of Columbus und der Bau selbst der Rice University gehört.

691

692

693

694

695

692

Bronx County Building ℒ

851 Grand Concourse bei der East 161st Street

1935, Joseph H. Freedlander und Max L. Hausle

Das Gebäude ist auch unter der Bezeichnung Bronx County Courthouse bekannt. Besonders interessant sind seine bildhauerischen Elemente. Der Fries von Charles Keck stellt die produktive Beschäftigung dar, ein beliebtes Thema während der Weltwirtschaftskrise. Die acht Marmorskulpturen, je zwei an den vier Eingängen, stellen Leistung. Fortschritt und das Gesetz dar. Zwei davon stammen vom Bildhauer Adolph Weinmann, der auch die anderen Künstler bei ihrer Arbeit anleitete.

693

Thomas Garden Apartments

840 Grand Concourse
zwischen East 158th Street und East 159th Street

1928, Andrew J. Thomas

Dieses Apartmenthaus ist nach dem Architekten benannt und wurde im Auftrag von John D. Rockefeller, Jr. für mittlere Einkommensschichten gebaut. Das fünfstöckige Haus ohne Aufzug umgibt einen japanischen Garten in einem zentralen Hof. Darin befinden sich große Betonlaternen sowie ein künstlicher Bach, der von kleinen Brücken überspannt wird.

694

Andrew Freedman Home ℒ

1125 Grand Concourse
zwischen East 166th Streeet und McClellan Street

1924, Joseph H. Freedlander und Harry Allan Jacobs

Dieses Altersheim wurde mit einem Legat von Andrew Freedman finanziert. Dieser Anhänger von Tammany Hall war an dem Bau der IRT-Untergrundbahn beteiligt und besaß einst das Baseballteam der New York Giants. In seinem letzten Willen legte er fest, dass dieses Altersheim für alte Menschen reserviert sein sollte, die früher einmal reich waren.

695

Park Plaza Apartments ℒ

1005 Jerome Avenue
zwischen Anderson Avenue und East 165th Street

1931, Horace Ginsberg und Marvin Fine

Es gibt in der Bronx viele schöne Art-déco-Apartmenthäuser, doch nur wenige sind so gut gelungen wie dieses, das gleichzeitig zu den Ersten zählte. Die Fassade ist das Werk von Marvin Fine, der sich vom Chrysler Building in Manhattan beeinflussen ließ. Eines der bunten Terrakottapaneele zeigt den Architekten mit einem Modell des Gebäudes.

696

IMMACULATE CONCEPTION CHURCH OF THE BLESSED VIRGIN MARY (RÖMISCH-KATHOLISCH)

389 EAST 150TH STREET BEI DER MELROSE AVENUE

1887, HENRY BRUNS

Diese Kirche im Romanesque-Revival-Stil mit dem imponierenden Kirchturm und den flankierenden Gebäuden auf beiden Seiten wurde für die sehr große deutsche Kolonie gebaut, die gegen Ende des 19. Jahrhunderts im Bereich South Melrose der Bronx arbeitete und lebte.

697

614 COURTLAND AVENUE *L*

BEI DER EAST 151ST STREET

1882, HEWLETT S. BAKER

Dieses dreistöckige Apartmenthaus mit dem Mansarddach ließ der Barbesitzer Julius Ruppert als Veranstaltungshalle und als eine Art Ratskeller für die deutschen Einwanderer im Viertel errichten.

698

PUBLIC SCHOOL 27 *L*

519 ST. ANN'S AVENUE
ZWISCHEN EAST 147TH STREET UND EAST 148TH STREET

1897, C. B. J. SNYDER

Diese Schule ist auch unter dem Namen St. Mary's Park School bekannt. Sie gehört zu den frühen Entwürfen von C. B. J. Snyder, des obersten Verantwortlichen für Schulgebäude. Sein Stil, der auch in den meisten seiner anderen Arbeiten deutlich wird, spiegelte die Stadtpolitik wider: Schulen zu bauen, die den Eltern gegenüber die Bedeutung der Ausbildung zum Ausdruck bringt.

699

CLAY AVENUE HISTORIC DISTRICT

ZWISCHEN EAST 165TH STREET UND EAST 166TH STREET

1901–10

Diese Blockfronten auf den beiden Seiten der Straße bilden eine harmonische Stadtlandschaft im Romanesque-Revival-Style. Hier stehen 28 freistehende Doppelfamilienhäuser und drei Apartmentgebäude an den Ecken. Sie liegen auf dem Grundstück von Fleetwood Park, wo bis zum Jahr 1898 noch Trabrennen abgehalten wurden.

700

HOSTOS COMMUNITY COLLEGE

GRAND CONCOURSE
ZWISCHEN WEST 144TH STREET UND WEST 149TH STREET

1994, GWATHMY SIEGEL & ASSOCIATES

Diese Schule wurde im Jahr 1968 ursprünglich als Eugenio Maria de Hostos Community College eröffnet. Als Zweig der City University of New York genießt sie wegen ihres frühen Engagements für die zweisprachige Erziehung einen guten Ruf. Das College vertrat auch sehr früh das Konzept einer kostenlosen Betreuung für die Kinder der heute über 4000 Studenten.

701

BRONX POST OFFICE *L*

558 GRAND CONCOURSE BEI DER EAST 149TH STREET

1937, THOMAS HARLAN ELLETT

Dieses Gebäude wurde als Teil eines Bundesprogramms entworfen, das während der Weltwirtschaftskrise im vergangenen Jahrhundert Jobs für Architekten bereitstellen sollte. Das Federal Arts Program engagierte auch den Künstler Ben Shahn, dessen Wandgemälde in der Eingangshalle das Thema »Amerika bei der Arbeit« umkreisen. Zu jener Zeit war dieses ein zentrales Thema für alle Menschen.

696

697

698

699

700

701

◆   DIE BRONX   ◆

703

St. Ann's Church *ℒ*
(Episkopalkirche)

295 St. Ann's Avenue
zwischen East 139th Street und East 141st Street

1841

Die älteste Kirche in der Bronx steht auf dem früheren Landsitz von Gouverneur Morris, der bei der Bildung der amerikanischen Republik eine aktive Rolle spielte. Er schlug vor, seinen Landsitz, Morrisania, zur Hauptstadt der Nation zu machen. Seine Argumente klangen überzeugend, und der Continental Congress zog seinen Vorschlag ernsthaft in Betracht. Nachdem alle Argumente dafür und dagegen diskutiert worden waren, entschied man sich aber doch für Washington – die riesengroße gusseiserne Kuppel des Capitols wurde ganz in der Nähe hergestellt.

Old Bronx Borough Courthouse *ℒ*

East 161st Street bei der Third Avenue

1915, Oscar Bleumner und Michael J. Garvin

Nachdem dieses beeindruckende Beaux-Arts-Gebäude eine Zeit lang als lokales Gerichtsgebäude gedient hatte, vernagelte man es mit Brettern und vergaß es. Ursprünglich war es das einzige Gerichtsgebäude des Distrikts. Gebaut hatte es Michael J. Garvin, ein Freund des Distriktspräsidenten. Die eigentliche Gestaltung überließ er aber Oscar Bleumner, der sich eher als Maler betrachtete, obwohl er eine Ausbildung als Architekt genossen hatte.

Second Battery Armory

704

1122 Franklin Avenue bei der East 166th Street

1911, Charles C. Haight

Diese massive Festung mit Zinnen und schmalen Fenstern war die erste Exerzierhalle, die in der Bronx für die örtliche Miliz gebaut wurde. Der Architekt war berühmt für seinen Hang zur Neugotik und scheint hier seiner Passion freien Lauf gelassen zu haben. Sein Werk könnte einen prächtigen Hintergrund für eine spätmittelalterliche Schauergeschichte bieten.

Trinity Episcopal Church of Morrisania

705

690 East 166th Street bei der Trinity Avenue

1874

Diese Kirche im Victorian-Gothic-Stil stammt noch aus den ländlichen Anfängen von Morrisania. Sie ist heute von beeindruckenden Häuserreihen im Stil der Renaissance umgeben, besonders an der Forest Avenue und der Jackson Avenue. Sie wurden zu Beginn des 20. Jahrhunderts erbaut, als Schnellzüge das Viertel mit Manhattan verbanden.

1074 and 1076 Cauldwell Avenue

706

bei der Boston Post Road

Dieses viktorianische Haus und sein Nachbar mit der Nummer 1076 haben über ein Jahrhundert andauernder Veränderungen in der South Bronx überlebt, ohne auch nur eine Spur ihrer Eleganz zu verlieren. Das abgebildete Haus, das F. T. Camp im Jahr 1874 baute, zeigt noch immer seine kennzeichnende Veranda an der Vorderfront. Beim Nachbarhaus scheint die Veranda eher ein Teil des Gebäudes als dessen Fortsetzung zu sein. Es wurde fünf Jahre später von Charles C. Churchill gebaut.

Morris High School

707

1110 Boston Road bei der East 166th Street

1904, C. B. J. Snyder

Dieses neugotische Gebäude gehört zu den schönsten Public Schools in ganz New York. Das Auditorium, Duncan Hall genannt, steht unter Denkmalschutz. Es handelt sich dabei um einen ungewöhnlich hohen Raum mit einem Schmuckbalkon, komplizierten Stuckarbeiten und Tudorbögen. Es verfügt auch über Glasmalereien an den Fenstern und dekorative Orgelpfeifen. Den weiteren Schmuck übernehmen einige Waldgemälde, darunter eine Erinnerung an den Ersten Weltkrieg von Auguste Gorguet mit dem Titel »Nach dem Krieg kommt Frieden«.

704

705

706

707

708

709

710

711

712

713

ENGINE COMPANY 82

1213 INTERVALE AVENUE BEI DER EAST 169TH STREET

Im Jahr 1972 veröffentlichte der Feuerwehrmann Dennis Smith einen Bestseller mit dem Titel »Report from Engine Company 82«. Zu jener Zeit hatte diese Feuerwache in der South Bronx bei weitem am meisten zu tun in ganz New York, da alles in der Umgebung abzubrennen schien. Die South Bronx gehört zu den New Yorker Vierteln ohne scharf definierte Grenzen. Ursprünglich umfasste sie nur Mott Haven und Melrose, doch in den 70er-Jahren des 20. Jahrhunderts expandierte sie bis zum Cross Bronx Expressway.

CROTONA TERRACE

1714 CROTONA PARK EAST
ZWISCHEN EAST 173RD STREET UND EAST 174TH STREET

1994, LEIBMAN MELTING

Dieses Apartmentgebäude ist eine späte Adaption des Art-déco-Stils dar, der sonst überall in der Bronx zu finden ist. Das Haus selbst passt unaufdringlich zu seinen älteren Nachbarn. Dieses Gebiet in der westlichen Central Bronx nahe dem Crotona Park war viele Jahre lang ein jüdisches Viertel. Doch die meisten Bewohner zogen in den 1950er-Jahren in die Vorstädte. Dafür wanderten danach zahlreiche Puertorikaner und Schwarze ein.

CORPUS CHRISTI MONASTERY

1230 LAFAYETTE AVENUE BEI DER BARETTO STREET

1890, WILLIAM SCHICKEL

Hier handelt es sich um ein geschlossenes Kloster für Dominikanerinnen, eine Seltenheit im modernen New York. Dieser Bettelorden wurde im frühen 17. Jahrhundert vom heiligen Dominikus gegründet.

ARTHUR AVENUE

NÖRDLICH DER EAST 187TH STREET

Das Belmont-Viertel liegt wenige Blöcke südlich der Fordham University und westlich des Bronx Zoo. In den 1890er-Jahren wurde es zur Enklave italienischer Einwanderer, die beim Bau des Zoos Arbeit fanden. Mit ihnen entstanden Dutzende von Lebensmittelgeschäften und Restaurants; das Gebiet wurde zum Mekka für Freunde der italienische Küche. Bis in die 1940er-Jahre gab es Dutzende Stände an der Arthur Avenue. Bürgermeister Fiorello LaGuardia verbot aber den Straßenhandel und siedelte die Händler in eine Markthalle um.

1969–1999 MORRIS AVENUE ℒ

ZWISCHEN EAST 179TH STREET UND
EAST TREMONT AVENUE

1910, JOHN HAUSER

Dies ist ein Teil eines historischen Distrikts, der sich noch über das Gebiet jenseits der Straße und um die Ecke der 179. Straße erstreckt. Alle Häuser stammen vom selben Architekten und wurden für den Bauunternehmer August Jacob gebaut. Die dreistöckigen Zweifamilienhäuser aus Backsteinen im Stil der Renaissance fallen durch ihre Erkerfenster auf, die sich über die ganze Höhe des Hauses erstrecken, und durch die gut erhaltenen schmiedeeisernen Arbeiten.

EMIGRANT SAVINGS BANK ℒ

2516–2530 GRAND CONCOURSE
ZWISCHEN FORDHAM ROAD UND EAST 192ND STREET

1933, HALSEY, MCCORMACK & HELMER

Ursprünglich hieß das Gebäude Dollar Savings Bank. Es wurde vom selben Architekten gestaltet wie die berühmte Brooklyner Dime Savings Bank. Der Bau entstand in mehreren Schritten, am Ende errichtete man dann im Jahr 1938 den zehnstöckigen Turm mit der Uhr auf den vier Seiten. Der üppig mit Marmor und Goldblattverzierungen geschmückte Innenraum zeigt vier Wandgemälde von Angelo Magnanti, die die Geschichte der Bronx schildern.

American Bank Note Company

714

Lafayette Avenue bei der Tiffany Street

1911, Kirby, Petit & Green

Der US-amerikanische Dollar wird in der United States Mint hergestellt. Doch viele lateinamerikanische Länder bezogen ihre Pesos, Cruzeiros und Sucres von diesem Unternehmen in Hunts Point in der Bronx. Die festungsähnliche Anlage gibt heute keine Banknoten mehr aus, druckte aber auf dem Höhepunkt ihrer Aktivität auch Aktienzertifikate, Reiseschecks und sogar Millionen von Lotteriescheinen.

Bronx South Classic Center

715

Morris Avenue bei der 156th Street

2000, Agrest & Gandlesonas

Unter den vielen Versuchen, der South Bronx wieder Leben einzuflößen, gehört dieses Gemeinschaftszentrum zu den erfolgreichsten. Es bringt einen Hauch von Modernität in dieses Viertel, dessen moderne Geschichte man am besten vergisst. Trotz des schlechten Rufes, den sich die Gegend in den 60er- und 70er-Jahren des 20. Jahrhunderts erwarb, wurde sie in der jüngsten Vergangenheit deutlich aufgewertet.

Charlotte Gardens

716

Charlotte Avenue und East 174th Street

1983

Dieser Teil der Bronx befand sich in der Westchester County, bis die Stadt 1895 das Gebiet annektierte. Dabei ging es nicht darum, sondern um ein Versprechen, das Präsident Jimmy Carter gemacht und das sein Nachfolger Ronald Regan erfüllt hatte – den Wiederaufbau der South Bronx. Die ursprüngliche Bebauung umfasste 94 Häuser im Ranch-Stil, von denen jedes für 54 000 Dollar verkauft wurde.

Daughters of Jacob Geriatric Center

717

321 East 167th Street bei der Findlay Street

1920, Louis Allen Abramson

Der mit Säulen geschmückte Eingang zum Hauptgebäude sollte Würde ausstrahlen, lenkt aber auch die Aufmerksamkeit von dem dahinter liegenden Gebäude mit seinen vielen Flügeln ab. Es befindet sich am Ende eines Gartens im italienischen Stil. Diesen auch bei Krankenhäusern häufig zu erkennenden Grundriss verwendet man bei vielen Gefängnissen, um die Insassen besser kontrollieren zu können. Die beiden flankierenden Gebäude wurden in den 1970er-Jahren als Anbauten errichtet.

Old 41st Precinct, NYPD

718

1086 Simpson Street
zwischen Westchester Avenue und
East 167th Street

1914, Hazzard, Erskine & Blagdon

Als in den 1960er- und 70er-Jahren in diesem Teil der South Bronx Drogenhandel, Brandstiftung und andere Verbrechen grassierten, war dieser Polizeibezirk als »Fort Apache« bekannt. Er ist für die Viertel Hunts Point und Crotona Park East zuständig. In den 90er-Jahren ging die Kriminalität zurück, und das Polizeirevier zog in ein neues Gebäude an der Longwood Avenue beim Bruckner Boulevard.

Loew's Paradise Theater

719

2417 Grand Concourse bei der East 184th Street

1929, John Eberson

Dieser Kinopalast, den seine Kunden »Loweys« nannten, hatte einen prächtig ausgestatteten Saal mit 4200 Sitzen und eine Lobby, die an einen spanischen Patio erinnerte. Buchstäblich jeder Zentimeter des Inneren war mit Dekor übersät, an der Decke blinkten Sterne, und Wolken bewegten sich träge dahin. Die Balkone trugen künstlichen Blumenschmuck, überall standen Topfpalmen und riesige Skulpturen. Heute sind hier die Paradise Twins – ein unauffälliges Paar kleiner Theater.

714

715

716

717

718

719

720

BRONX ZOO/WILDLIFE CONSERVATION PARK

BRONX PARK, ÖSTLICH DER FORDHAM ROAD

1899, HEINS & LA FARGE

Die Bauarbeiten für diesen Zoo begannen mit dem im Jahr 1899 vollendeten Wasservogelhaus. Am 8. November wurde er für das Publikum geöffnet – 843 Tiere lebten damals in 22 Gehegen. Seither kamen immer neue Ausstellungsräume dazu, ältere wurden umgebaut. Die bereits im Jahr 1895 gegründete New York Zoological Society, 1993 in Wildlife Conservation Society umbenannt, übernahm eine Vorreiterrolle, was die Haltung von Tieren in artgerechter Umgebung angeht, und ist heute führend bei der Züchtung bedrohter Arten. Besonders stolz ist man auf die Haltung des hier zuerst einem städtischen Publikum präsentierten Schneeleoparden. Verglichen mit einigen anderen städtischen Zoos ist das hundert Hektar umfassende Gelände klein, doch die gepflegte Art der Haltung übernahmen alle zoologischen Gärten der Welt. Die Gesellschaft betreibt vier weitere Zoos, je einen pro Distrikt, sowie das Aquarium auf Coney Island.

721

ENID A. HAUPT CONSERVATORY

NEW YORK BOTANICAL GARDEN
BRONX PARK NORTH BEI DER FORDHAM ROAD

1902, LORD & BURNHAM
NEUBAU: 1997, BEYER BLINDER BELLE

Diese Gruppe viktorianischer Treibhäuser wurde nach dem Vorbild des Palmenhauses in den Royal Botanic Gardens in Kew, England, gestaltet. Sie bilden das Zentrum des Botanischen Gartens, der hier in den frühen 1890er-Jahren gegründet und von Calvert Vaux and Calvert Parsons, Jr. landschaftsarchitektonisch gestaltet wurde. Die Parsons-Familie war damals führend im Gartenbau. Sie importierte viele Bäume und andere Pflanzen, die die Amerikaner heute als einheimisch betrachten – auch den häufigsten Baum in der Stadt, den Götterbaum (*Ailanthus*). Sie hätte es sich nie träumen lassen, dass diese aus Asien eingeführte Schmuckpflanze einmal ganze Viertel prägen würde. Der Götterbaum inspirierte Betty Smiths als »bittersweet« beschriebenen Roman »A Tree Grows in Brooklyn«, den Elia Kazan 1945 in seinem Regiedebüt verfilmte.

722

Bronx Community College 𝓛

University Avenue bei der West 180th Street

1902, McKim, Mead & White

Im späten 19. Jahrhundert zog die Undergraduate School der New York University vom Washington Square auf ein 21 Hektar großes Gelände, das man später University Heights nannte. Zu den Schätzen hinter den Eingangstoren zählen die Gould Memorial Library mit ihrer Kuppel sowie die Kolonnade dahinter – Hintergrund für die Hall of Fame, in der außergewöhnliche Amerikaner geehrt werden. Im Jahr 1973 wurde dieser Campus an die City University of New York verkauft.

722

723

Kingsbridge Armory 𝓛

29 West Kingsbridge Road bei der Jerome Avenue

1917, Pilcher & Tachau

Die Bezeichnung »das Größte auf der Welt« ist für die meisten New Yorker eine Quelle des Stolzes. Dieses Gebäude gehört als die größte Exerzierhalle der Welt ebenfalls auf diese Liste, jedenfalls traf dies zurzeit des Baus zu. Der Riesenraum im Inneren dieser mit Mauertürmchen geschmückten Kopie eines mittelalterlichen französischen Schlosses misst 90 x 180 Meter.

723

724

St. Stephen's Methodist Episcopal Church

146 West 228th Street bei der Marble Hill Avenue

1897

Dies ist das hervorstechendste Gebäude in Marble Hill, das verwaltungstechnisch noch zu Manhattan zählt. Einst gehörte es auch geographisch dorthin, aber im Jahr 1895 wurde dieser frühere Marmorbruch zu einer vom Harlem River Ship Canal und vom Spuyten Duyvil Creek umgrenzten Insel. Der Kanal sollte den Harlem River mit dem Hudson River verbinden. Als der Creek dann 1938 verfüllt wurde, gehörte die Insel wieder zum Festland.

724

725

LEWIS MORRIS APARTMENTS

1749 GRAND CONCOURSE BEIM CLIFFORD PLACE

1923, EDWARD RALDIRIS

Zwischen der 138. Straße und dem Mosholu Parkway ist der Grand Concourse rund sieben Kilometer lang. Als man ihn im Jahr 1909 baute, war er mit elf Fahrspuren, zwei von Bäumen gesäumten Trennstreifen und den Gehsteigen der größte Boulevard in der Bronx. Er entwickelte sich zum Zentrum für Behörden, den Einkauf und die Unterhaltung. Neuankömmlinge siedelten sich hier gerne an – so sie sich das leisten konnten, und damals wurde dieses Apartmenthaus zur beliebtesten Adresse.

725

POE COTTAGE

GRAND CONCOURSE BEI DER EAST KINGSBRIDGE ROAD

UM 1812

In diesem kleinen Cottage lebte Edgar Allan Poe einige Jahre lang, bevor er im Jahr 1849 in Baltimore unter »mangelhaft geklärten Umständen« starb. Im Jahr 1913 wurde das Cottage von seinem ursprünglichen Standort an der anderen Seite der Kingsbridge Road hierher transferiert. Das Haus war eine von mehreren Adressen, die Poe in der Stadt hatte. Hier soll er auch an dem in seinem Todesjahr entstandenen »Annabel Lee« gearbeitet haben – vielleicht das letzte von ihm geschriebene Gedicht.

726

HIGHBRIDGE WOODYCREST CENTER

936 WOODYCREST AVENUE BEI DER JEROME AVENUE

1902, WILLIAM B. TUTHILL

Das Center ist die Nachfolgeorganisation der American Female Guardian Society und des Home for the Friendless. Der Bau wurde zu einer Zeit errichtet, als Highbridge noch ein Erholungsgebiet war. Damals erreichte man es mit Ausflugsdampfern. Als dann ab dem Jahr 1918 die Hochbahn der Jerome Avenue das Gebiet durchquerte, entwickelte es sich zu einem Wohnviertel.

727

728

Fordham University ℒ

ROSE HILL CAMPUS
FORDHAM ROAD BEI DER WEBSTER AVENUE

1838–86

Diese römisch-katholische Universität begann im Jahr 1841 als St. John's College. Fünf Jahre darauf geriet es unter die Kontrolle der Jesuiten. Obwohl Fordham auch auf akademischem Gebiet einen guten Ruf genießt, wurde die Universität in den 30er-Jahren des 20. Jahrhunderts vor allem für ihre Sportteams bekannt, besonders im American Football. Die Verteidigungslinie hieß damals »die sieben Granitblöcke«, und einer davon war Vince Lombardi. Die Universität hat einen Campus mit der berühmten rechtswissenschaftlichen Fakultät am südlichen Ende des Lincoln Center. Im Jahr 1964 nahm sie die ersten Studentinnen auf.

729

LORILLARD SNUFF MILL

NEW YORK BOTANICAL GARDEN

UM 1840

Der Botanische Garten befindet sich auf dem früheren Landgut der Familie Lorillard. Sie geht auf Pierre Lorillard zurück, der im Jahr 1760 in Lower Manhattan eine Schnupftabakfabrik errichtete. Die ursprüngliche Mühle auf diesem Grundstück nutzte die Energie des schnell fließenden Bronx River und produzierte gegen Ende des 18. Jahrhunderts mehr Schnupftabak als jeder andere Betrieb in den Vereinigten Staaten von Amerika. Das Gebäude steht am Rand der Bronx-River-Schlucht nahe dem einzigen unberührt gebliebenen Hemlockstannnenwald der New York City. Früher war das gesamte Stadtgebiet von einem solchen Wald bedeckt gewesen.

730

731

732

733

WILLIAMSBRIDGE RESERVOIR KEEPER'S HOUSE

WILLIAMSBRIDGE OVAL EAST BEIM PUTNAM PLACE

1890, GEORGE W. BIRDSALL

Hier hat heute die Mosholu Preservation Organization ihren Sitz. Früher diente das Gebäude als Büro und Wohnung für den Mann, der das Wasserreservoir jenseits der Straße beaufsichtigte. Der Damm, der einst das Reservoir umgab, umschließt heute einen großen Park mit Spielplätzen. Das Reservoir entleerte man erst im Jahr 1923, nach 35 Jahren im Dienste der Wasserversorgung von New York.

BEDFORD PARK PRESBYTERIAN CHURCH

2933 BAINBRIDGE AVENUE BEIM BEDFORD PARK BLVD.

1900, R. H. ROBERTSON

Der Bedford Park der Bronx ist der Rest einer auf dem Reißbrett entstandenen Gemeinde, die in den 1880er-Jahren gegründet wurde. Man nannte sie nach einer Stadt in England, und davon wurde wohl auch der Bau von Häusern wie diesem inspiriert, die ebenso nach England gepasst hätten Viele Gebäude in der Umgebung sind im Queen-Anne-Stil gehalten. Nachdem die Hochbahnstrecke der Third Avenue im Jahr 1920 hierher verlängert wurde, kamen noch einige schöne Art-déco-Häuser hinzu.

WOODLAWN CEMETERY

EAST 211TH STREET UND BAINBRIDGE AVENUE
BIS ZUR EAST 233RD STREET

1863, JAMES C. SIDNEY

Dieser ländliche Friedhof ist die letzte Ruhestätte prominenter New Yorker wie der Musiker Duke Ellington, der Richter Charles Evans Hughes, der Räuberbaron Jay Gould und der Songschreiber George M. Cohan. Hier liegen Vanderbilts und Guggenheims, Belmonts und Whitneys. Fiorello La Guardia ist ebenso hier begraben wie F. W. Woolworth. Viele Prominente liegen in Mausoleen, die ähnlich beeindruckend sind wie die Häuser, die sie zeitlebens bewohnten. Zu ihren Architekten zählen Richard Morris Hunt, James Renwick, Jr., McKim, Mead & White, John Russell Pope und Louis Comfort Tiffany.

MONTEFIORE APARTMENTS II

450 WAYNE AVENUE
ZWISCHEN EAST GUN HILL ROAD UND
EAST 210TH STREET

1972, SCHUMAN, LICHTENSTEIN & CLAMAN

Man kann dieses Gebäude meilenweit sehen, weil es eines der größten Apartmenthäuser in der Bronx ist. Es dient vor allem den Angestellten des Montefiore Medical Center. Dieses übersiedelte im Jahr 1913 von Manhattan in die nördliche Bronx. Gegründet wurde diese Organisation von jüdischen Philanthropen. Sie nannten sie nach Moses Montefiore, einem früheren Bezirksrichter in London.

734

GREYSTON ℒ

Dies ist eines der älteren Landhäuser in River-
dale, wo es die schönste Sammlung solcher
Gebäude in der Stadt gibt. Das Haus wurde für
William E. Phelps Dodge errichtet, den Grün-
der der Bergbaugesellschaft Phelps Dodge. Die
Firma besaß während ihrer Geschichte, die bis
in das Jahr 1833 zurückreicht, auch mehrere
Eisenbahnen. Noch heute produziert sie jedes
Jahr Tausende von Tonnen Kupfer. Die Villa
wurde an das Columbia University Teachers
College verkauft, das es erst als Konferenzzen-
trum nutzte. Später wandelte man es in ein
Exerzitienhaus für Zenbuddhisten um. Heute
dient es wieder als privates Wohnhaus.

WAVE HILL ℒ

Dieses herrschaftliche Haus ließ sich der Richter William Lewis Morris im Jahr 1843 bauen.
Dreiundzwanzig Jahre darauf kaufte es der
Verleger William Henry Appleton. Er fügte
Treibhäuser und schöne Gärten hinzu. Dann
wurde es an den Finanzier George W. Perkins
weiterverkauft, der weiteres Land erwarb. Er
vermietete das Steinhaus zwei Jahre lang an
Samuel (Langhorne) Clemens, den wir als
Mark Twain kennen, dann an Bashford Dean,
der die beeindruckende Waffenhalle als Privat-
museum hinzubauen ließ. Weitere Bewohner
waren unter anderen der Dirigent Arturo Toscanini sowie die britische UN-Delegation. Im
Jahr 1960 gelangte das Gut in den Besitz der
Stadt, die es in das Wave Hill Center for
Environmental Studies umbaute. Dazu gehört
ein fast neun Hektar großer Garten, der einer
der schönsten in ganz New York ist.

735

Viele Ortsnamen in der Bronx erinnern an frühere Siedler. Morrisania ist nach dem Landgut der Familie Morris benannt, Throgs Neck nach dem Städtebaupionier John Throckmorton und der Hutchinson River nach Ann Hutchinson, die auf der Suche nach Religionsfreiheit New England verließ. Den Namen von Adriaen Van der Donck vermisst man aber auf der Karte; nur die Stadt Yonkers gleich jenseits der Grenze leitet ihren Namen von seinem Status als »jonkheer« – »junger Herr« – ab.

Um das Tal des Hudson River zu entwickeln, teilte die Niederländische Westindische Compagnie das Land in große Güter ein und übergab sie so genannten »Patroons«. Diese mussten im Gegenzug versprechen, daraus Gewinn zu erwirtschaften. Van der Donck nutzte das Angebot und ließ sich in dem Gebiet nieder, das sich von Spuyten Duyvil Creek zwischen dem Bronx River und dem Hudson River 13 Kilometer weit nordwärts erstreckt. Obwohl er sich bei dem heutigen Parade Ground im Van Cordtland Park ein Stück Land für sein Haus und seine Farm reservierte, ließ sich der junge Patroon dort nie richtig nieder. Er hatte noch anderes im Sinn. Mit seinem abgeschlossenen Studium an der Universität Leyden war er der erste Rechtsanwalt, der sich in Nieuw Amsterdam niederließ, und als solcher setzte er seine erste Klage durch: Er verlangte, dass der Generaldirektor Peter Stuyvesant in die Niederlande zurückgerufen würde. Obwohl ihm seine Nachbarn beipflichteten, war Van der Donck unter jenen, die vom alten Amsterdam aus für die Kolonie verantwortlich waren, nicht sonderlich beliebt. Und als der Krieg mit England ausbrach, während er sich in seiner Heimat aufhielt, nahm die Compagnie die Gelegenheit wahr, seinen Pass einzuziehen.

Am Ende schaffte er dann doch die Rückkehr nach Nieuw Amsterdam, aber sein Anwaltspatent war widerrufen worden, und so verbrachte er den Rest seiner Tage damit, vorauszusehen, was der gewiefte alte Stuyvesant als Nächstes tun würde.

736

Van Cortlandt Mansion

BROADWAY, ZWISCHEN WEST 242ND STREET
UND WEST 246TH STREET

1749

Dieses herrschaftliche Landhaus wurde auf einem Grundstück errichtet, das Jacobus Van Cortlandt von der Philipse-Familie als Mitgift erhielt, als er im Jahr 1691 Eva Philipse heiratete. Während der Revolution diente das Haus George Washington als Hauptquartier und später General Lord Howe, dem Befehlshaber der britischen Streitkräfte, als Kommandozentrale Die Familie Van Cortlandt lebte hier bis zum Jahr 1889. Dann schenkte sie das Landgut der Stadt als öffentlicher Park. Er umfasst 449 Hektar und gehört zu einem System von Parks, das rund 16 Prozent der gesamten Oberfläche der Bronx einnimmt. Dieser Bezirk hat innerhalb seiner Grenzen mehr Grünflächen als viele Städte, darunter auch Boston, Cleveland und Detroit. Heute ist das Haus ein Museum.

WILLIAM S. DUKE BARN

5286 SYCAMORE AVENUE BEI DER WEST 254TH STREET

UM 1858, UMWANDLUNG IN EINE KUTSCHENREMISE: 1886,
FREDERICK CLARK WITHERS

An der Sycamore Avenue lagen mehrere dieser früheren Kutschenremisen und Stallungen im Shingle Style. Deswegen hieß die Straße früher auch »Stable Alley«. Fast alle Gebäude wurden in Wohnhäuser umgewandelt. Die eindrucksvollen Landsitze, zu denen sie einst gehörten, liegen am Hügel, der sich im Osten davon erhebt, längs der Independence Avenue.

COLLEGE OF MOUNT ST. VINCENT ℒ

RIVERDALE AVENUE BEI DER WEST 263RD STREET

1859, HENRY ENGLEBERT

Dieses geisteswissenschaftliche College zog im Jahr 1857 hierher nach North Riverdale um. Gegründet hatten es schon im Jahr 1847 die Sisters of Charity of Mount St. Vincent, deren Kloster oberhalb des Mc Gown's Pass über den Conservatory Gardens im Central Park lag. Der heutige Sitz war früher das Landgut des Schauspielers Edwin Forrest gewesen. In seinem ehemaligen schlossartigen Wohnhaus befindet sich heute die Bibliothek des College.

RIVERDALE PRESBYTERIAN CHURCH ℒ

4765 HENRY HUDSON PARKWAY W.,
BEI DER W. 249TH STREET

1864, JAMES RENWICK, JR.

Die Besitzer lokaler Landgüter stifteten das Geld, um diese Gothic-Revival-Kirche sowie das interessante Pfarrhaus aus Stein zu bauen. William E. Dodge, Jr., dessen Nachbarvilla gerade gebaut wurde, übernahm das Architektenhonorar. Er hatte James Renwick, Jr., der auch die Grace Church in Manhattan und die St. Patrick's Cathedral gestaltete, für sein »Graystone«-Haus zwei Blocks von hier entfernt engagiert und verpflichtete ihn, sich in seiner verbleibenden Zeit auch diesem Gebäude widmen. Trotzdem wurde die Kirche keine Gelegenheitsarbeit, denn der Architekt geizte weder mit seiner Zeit noch mit seinen Talenten.

CHRIST CHURCH ℒ
(EPISKOPALKIRCHE)

HENRY HUDSON PARKWAY BEI DER WEST 252ND STREET

1866, RICHARD M. UPJOHN

Dieses Gebäude im Victorian Gothic Style aus örtlichem Stein und Ziegeln sollte mit seinem entzückenden Turm einer ländlichen Kirche in England ähnlich sehen. Sie ist das Werk von Richard M. Upjohn, dem Sohn des Architekten der Trinity Church in Manhattan. Das Pfarrhaus der Christ Church mit seinem wundervoll gestalteten Mansarddach passt perfekt in die Umgebung.

737

738

739

740

741

CO-OP CITY

NÖRDLICHER TEIL: ÖSTLICH DES NEW ENGLAND THRUWAY,
BAYCHESTER AVENUE ZWISCHEN CO-OP CITY BOULEVARD
UND BARTOW AVENUE;
SÜDLICHER TEIL: ÖSTLICH DES HUTCHINSON RIVER
PARKWAY EAST, ZWISCHEN BARTOW UND BOLLER AVENUE

1968–1970, HERMAN J. JESSOR

Dieser Monsterkomplex von Apartmentgebäuden kann in seinen 15 372 Wohneinheiten rund
55 000 Menschen beherbergen. Das ist mehr
als die Gesamtbevölkerung von Binghamtown,
New York. Abgesehen von den 35 massiven
Türmen und 236 Stadthäusern umfasst dieses
120 Hektar große Gelände acht Parkgaragen
für 10 000 Autos, drei Shoppingcenter, zwei
Junior High Schools, vier Grundschulen, ein
Kraftwerk, eine Polizei- und eine Feuerwache.
Der Rest ist landschaftsarchitektonisch gestal-
teter Raum. Entgegen dem Namen des Komplexes handelt es sich hier um Mietwohnungen
und nicht um Wohneigentum. Finanziert
wurde das alles von einem Konsortium, dem
verschiedene Gewerkschaften angehörten.

Ganz Amerika am Thruway

In den frühen 60er-Jahren des 20. Jahrhunderts besaß New York mit einem 82 Hektar großen Themenpark seine eigene Antwort auf Disneyland. Dieses so genannte Freedomland wurde längs des New England Thruway in den Sümpfen der East Bronx erbaut. Es war um 16 Hektar größer als Disneyland in Kalifornien und besaß auch mehr Attraktionen, darunter zum Beispiel Simulationen des Brandes von Chicago (alle 20 Minuten), der Landung am Plymouth Rock, der Expedition von Lewis und Clarke sowie Modelle mehrerer amerikanischer Städte, darunter von San Francisco komplett mit vorher angekündigtem Erdbeben. Zu all diesen Attraktionen gelangte man über eine Einschienenbahn oder einen Schaufelraddampfer. Der Park war in der Form der Vereinigten Staaten von Amerika erbaut, und dazu gehörten auch die Großen Seen (2,10 Meter tief) und die Rocky Mountains (15 Meter hoch). Die meisten Besucher kamen aus dem Gebiet von New York.

Am Tag der Eröffnung herrschte schon zwei Stunden, bevor die Tore aufgingen, ein Stau auf dem Hutchinson River Parkway, und auf dem Thruway konnte man noch gerade mal fünf Stundenkilometer schnell fahren. Die Attraktion verlor dann aber schnell an Anziehungskraft, und nach der Eröffnung der World Fair in Queens im Jahr 1964 schloss Freedomland sang- und klanglos. Vier Jahre später, 1968, wurde dann daraus die Co-Op City.

742

PARKCHESTER

EAST TREMONT BIS MCGRAW AVENUES
PURDY STREET BIS WHITE PLAINS ROAD

ARCHITEKTENKONSORTIUM UNTER DER LEITUNG VON
RICHMOND H. SHREVE

Diese Überbauung mit 12 273 Apartments finanzierte die Metropolitan Life Insurance
Company, die später auch die Stuyvesant Town
in Manhattan baute. Die inmitten eines landschaftsarchitektonisch gestalteten Gebiets um
vier Quadranten herum angelegten Gebäude
sind sieben bis 13 Stockwerke hoch. Anders als
das Gegenstück in Manhattan hat Parkchester
auch ein Einkaufsgebiet mit über 100 Geschäften. 1968 verkaufte die Versicherungsgesellschaft den Komplex an die Immobilienfirma
Helmsley-Spear, die einen der vier Quadranten
in Eigentumswohnungen umwandelte.

743

HUNTINGTON FREE LIBRARY AND READING ROOM

9 WESTCHESTER SQUARE

1883, FREDERICK CLARKE WITHERS

Diese Präsenzbibliothek richtete im Jahr 1882
der Philanthrop Peter C. Van Schaick für seine
Nachbarn in dem damals kleinen Dorf Westchester ein. Die Dorfbewohner lehnten das Geschenk aber ab. Schließlich kaufte im Jahr
1891 der Eisenbahnmagnat Collis P. Huntington sie, vergrößerte sie und benannte sie nach
sich selbst. Noch heute befindet sich hier ein
Lesesaal.

St. Peter's Church in the Village of Westchester *L.* (Episkopalkirche)

2500 Westchester Avenue

1855, Leopold Eidlitz

Dieses Steingebäude im Gothic-Revival-Style ist die dritte Kirche auf dem Grundstück einer im Jahr 1963 entstandenen Gemeinde. Im Jahr 1879 veränderte der Sohn des Architekten, Cyrus L. W. Eidlitz, den Bau. Der Friedhof enthält die Gräber vieler Bewohner dieses früheren kleinen Dorfes aus dem 18. Jahrhundert.

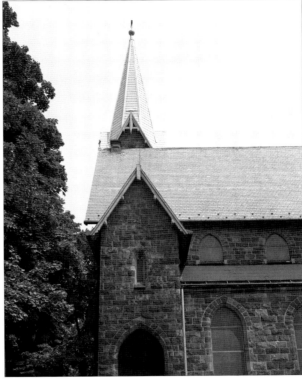

744

St. Joseph's School for the Deaf

1000 Hutchinson River Parkway
beim Bruckner Boulevard

1898, Schickel & Ditmars

Diese noch immer bestehende römisch-katholische Schule wurde im Jahr 1939 isoliert, als man die Bronx-Whitestone Bridge und deren Zufahrt vom Hutchinson River Parkway quer durch ihr Grundstück baute. Heutzutage wirkt sie wie eine Kuriosität auf Pendler, die auf dem Parkway oft im Stau stehen.

745

746

747

748

749

FORT SCHUYLER

ÖSTLICHES ENDE DER PENNYFIELD AVENUE

1856, CAPTAIN I. L. SMITH

Diese Festung und ihr Gegenstück Fort Totten auf der anderen Seite von Throgs Neck Bridge wurde ursprünglich gebaut, um den Übergang vom Long Island Sound in den New Yorker Hafen zu schützen. Die Wände sind 3,30 Meter dick, aus schmalen Schießscharten blicken 300 Kanonen hervor. Fort Schuyler wurde 1870 aufgegeben und blieb bis zum Jahr 1934 ohne Verwendung. Dann verwandelte man es als ein Projekt der Works Progress Administration in eine Schule. Heute beherbergt die sehenswerte Festung, die auch dem Publikum offen steht, das Maritime College der State University of New York.

CITY ISLAND AVENUE

CITY ISLAND

Nein, City Island ist kein Fischerdorf in New England, sondern liegt in der Nähe der Bronx. Ihre Isolation wird noch dadurch unterstrichen, dass zwischen der Insel und den nächsten Wohnvierteln der Pelham Bay Park liegt. Sie ist rund drei Kilometer lang und war früher als Minnewits bekannt. Den heutigen Namen erhielt sie im Jahr 1761, als ein Syndikat unter der Leitung von Benjamin Palmer hier einen Seehafen plante, der dem Hafen in New York Konkurrenz machen sollte. Der Revolutionskrieg machte diese Pläne zunichte; die Menschen wandten sich dem Fischfang, der Muschelsuche und der Salzgewinnung in den Gewässern des Long Island Sound zu. Die einzige bedeutende Industrie ist der Bootsbau.

21 TIER STREET

WESTLICH DER CITY ISLAND AVENUE

UM 1894

Dies ist ein klassisches Beispiel für den Shingle Style, der in den 80er-Jahren des 19. Jahrhunderts in Vorstadtgemeinden sehr beliebt war. Natürlich handelt es sich hier nicht mehr um eine Vorstadt – dies hier ist genauso wie der Times Square in Manhattan ein Teil von New York City. Man könnte von einer Art Kurort sprechen. Mit dem endlosen Blick auf das Wasser ist City Island einer der ruhigsten und erholsamsten Flecken in den Stadtgrenzen.

173 BELDEN STREET

ÖSTLICH DER CITY ISLAND AVENUE

UM 1880

Das ist eines der malerischsten Cottages in ganz New York City. Der Blick über den Long Island Sound von der Südspitze von City Island aus wirkt verführerisch. Störend wirkt allein ein Radiomast auf einer nahe gelegenen Insel. Seine Signale sind so stark, dass jeder Metallgegenstand im Haus, vom Toaster bis zum Heizkörper, zu einem Radioempfänger wird.

750

Bartow-Pell Mansion 𝓛

PELHAM BAY PARK,
SHORE RD. NAHE DEM PELHAM SPLIT GOLF COURSE

1842, MINARD LAFEVER
RESTAURIERT: 1914, DELANO & ALDRICH

Dieses Landhaus mit seinem Blick über den Long Island Sound wurde von Robert Bartow an der Stelle des ursprünglichen Pelham Manor gebaut. Er gehörte der Pell-Familie an, die von Anfang an in diesem Gebiet wohnte. Die Restaurierung übernahm der International Garden Club, der auch den wirklich entzückenden Terrassengarten vor dem Haus baute. Die Innendekoration im Greek-Revival-Style kommt dem Originalzustand sehr nahe.

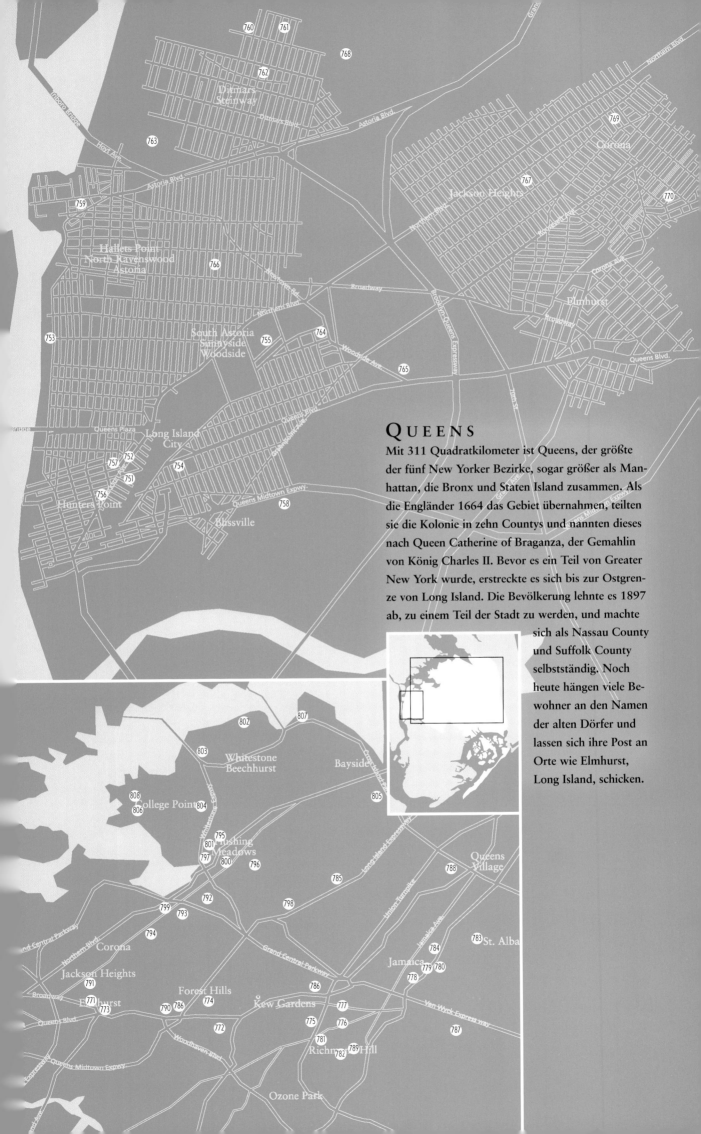

QUEENS

Mit 311 Quadratkilometer ist Queens, der größte
der fünf New Yorker Bezirke, sogar größer als Manhattan, die Bronx und Staten Island zusammen. Als
die Engländer 1664 das Gebiet übernahmen, teilten
sie die Kolonie in zehn Countys und nannten dieses
nach Queen Catherine of Braganza, der Gemahlin
von König Charles II. Bevor es ein Teil von Greater
New York wurde, erstreckte es sich bis zur Ostgren-
ze von Long Island. Die Bevölkerung lehnte es 1897
ab, zu einem Teil der Stadt zu werden, und machte
sich als Nassau County
und Suffolk County
selbstständig. Noch
heute hängen viele Be-
wohner an den Namen
der alten Dörfer und
lassen sich ihre Post an
Orte wie Elmhurst,
Long Island, schicken.

751

NEW YORK STATE SUPREME COURT ℒ
LONG ISLAND CITY BRANCH

JACKSON AVENUE UND THOMPSON AVENUE

1876, GEORGE HATHORN
NEUBAU: 1908, PETER M. COCO

Im Jahr 1870 zog der Queens County Seat von
Jamaica nach Long Island City um. Dadurch
wurde dieses Gerichtsgebäude notwendig.
Nach der Konsolidierung der fünf Bezirke im
Jahr 1898 zog die Verwaltung wieder ostwärts
um, und das Justizzentrum am Queens Boulevard in Kew Gardens wurde aufgelöst. In der
Zwischenzeit hatte aber die Gesetzgebung die
Schaffung eines obersten Appellationsgerichts
befohlen. So wurden im frühen 20. Jahrhundert zahlreiche Gerichtsgebäude gebaut, angefangen vom dekorierten Appellate Court am
Madison Square in Manhattan bis zur Umgestaltung dieses Gebäudes an dem Courthouse
Square in Queens.

752

CITICORP BUILDING

44TH AVENUE BIS 45TH AVENUE
NAHE BEI DER JACKSON AVENUE

1989, SKIDMORE, OWINGS & MERRILL

Mit einer Höhe von 202 Meter ist dieses 48-stöckige Glasgebäude der höchste Wolkenkratzer von New York City außerhalb Manhattans. Er ist aber immerhin noch 76,5 Meter kürzer als das Citicorp Center gleich gegenüber am anderen Ufer des East River, nur eine U-Bahnstation davon entfernt. In diesem Gebäude betreibt die im Jahr 1912 als City Bank of New York gegründete Bank weitere Büros. Ein halbes Jahrhundert später änderte man den Namen in First National City Bank of New York, um zum Ausdruck zu bringen, dass man Mitglied im nationalen Bankensystem ist. Durch Fusionen erfolgten im Lauf der Zeit weitere Namensänderungen, bis man dann endlich im Jahr 1976 auf »Citibank« kam.

753

754

755

756

757

758

Ravenswood Power Plant

36th Avenue bis 40th Avenue beim Vernon Boulevard

1961

Dies war das größte Kraftwerk von Con Edison in der Stadt. Der größte der drei Blocks hieß »Big Allis« nach der Auftrag gebenden Allis-Chalmers Company. Mit einer potenziellen Leistung von einer Million Kilowatt handelte es sich um den mit Abstand leistungsfähigsten Stromgenerator der Welt. Im Jahr 1965 ging der Kraftwerksblock ans Netz, funktionierte aber nicht immer wie versprochen. So wurde er durch seine Exzentrizitäten noch berühmter als durch seine Leistung.

Queens Atrium

Thompson Avenue, zwischen 29th- und 30th Street

1914–19

Dieser Komplex aus drei großen Fabrikgebäuden umfasste die Adams Chewing Gum Factory, die ihre Produkte zu Millionen ausstieß, sowie die Sunshine Baking Company, die ihre »tausend Fenster« auf jeder Crackerbox abbildete. Im Jahr 1988 wandelte man den Komplex in das International Design Center um. Es bot Ausstellungsraum für Innenarchitekten und Möbelbauer an. Dann wurde es in ein allgemeines Firmenzentrum umgebaut.

New York Presbyterian Church
(koreanisch)

43-23 37th Avenue, zwischen 43rd Street und 48th Street

1932, Irving M. Fenichel
Veränderung und Umbau: 1999, Greg Lynn, Michael McInturf und Doug Garifalo

Hier liegt sozusagen ein elegantes Art-Moderne-Gebäude aus Beton für die Knickerbocker Laundry begraben. Später wandelte man es in die Naarden-UOP Fragrances Factory um und umgab es mit einem riesigen Stahlskelettgebäude, das es in sich aufnahm. Spuren der eleganten Linien des ursprünglichen Gebäudes sieht man noch im Zentrum der Vorderfassade.

P.S. 1 Contemporary Arts Center

Jackson Avenue bei der 46th Avenue

1900, Shael Shapiro
Veränderungen: 1997, Frederick Fisher

Hier war einst die Queens Public School No. 1. Heute beherbergt das Gebäude Künstlerstudios und Ausstellungsräume im Zusammenhang mit dem Museum of Modern Art, dessen formelle Bezeichnung Institute for Arts and Urban Resources lautet. Bei den Wechselausstellungen bekommt man Videokunst, Fotografie, Architektur und Umweltkunst zu sehen.

Silvercup Studios

Queens Plaza South, zwischen 21st und 22nd Street

1939

Früher stellte in diesem Gebäude die Gordon Baking Company ihr »Silvercup-Brot« her. Nun befinden sich darin Produktionsstudios für das Fernsehen – »Sex and the City« wurde hier aufgenommen, nebst vielen weiteren beliebten Shows. Die große Neonanzeige auf dem Dach diente den Bewohnern von Manhattan viele Generationen lang als Landmarke jenseits des Flusses. Das mag der Grund dafür sein, warum das neue Unternehmen den alten Namen beibehalten hat.

Calvary Cemetery Gatehouse

Greenpoint Avenue gegenüber der Borden Avenue

1892

Dieser prächtige Queen-Anne-Bau steht am Eingang zu dem römisch-katholischen Friedhof Calvary Cemetery, den man teilweise vom Long Island Expressway aus sieht. Wenn man die Zahl der Beerdigungen in Betracht zieht (über drei Millionen), ist dies der größte Friedhof Amerikas. Ursprünglich begrub man hier Kinder und Arme aus den Slums der Lower East Side. Heute finden hier Beisetzungen nur in Familien- und schon einmal verwendeten Gräbern statt.

REMSEN HOUSE

9-26 27TH AVENUE BEI DER 12TH STREET

UM 1835

Dieses verputzte Haus im Greek-Revival-Style erinnert an die Zeit, als dieser Teil von Queens namens Halletts Point noch ein ruhiges ländliches Gebiet war. Es wurde nach dem ersten Siedler William Hallett benannt, der im Jahr 1654 von den Niederländern 600 Hektar Land bekam. Es wurde im Jahr 1839 erstmals bebaut und zu Ehren von John Jacob Astor in Astoria umbenannt.

STEINWAY PIANO FACTORY

45-02 DITMARS BOULEVARD
ZWISCHEN 45TH STREET UND 46TH STREET

1902

Das Gebäude, das heute als Lagerhaus dient, ersetzte die frühere Klavierfabrik Astoria. Steinway selbst baute in seinem besten Geschäftsjahr 1926 nicht weniger als 6000 Flügel. Mit zunehmender Konkurrenz wurden diese Zahlen aber immer kleiner, und während des Zweiten Weltkriegs produzierte die Firma Gleitflugzeuge für den Truppentransport. Steinway spielt aber auch heute noch eine große Rolle im Musikgeschäft. Zurzeit werden pro Jahr über 2000 Flügel zu einem Preis von bis zu 70 000 US-Dollar hergestellt.

STEINWAY MANSION ℒ

18-33 41ST STREET
ZWISCHEN BERRIAN BOULEVARD UND 19TH AVENUE

1858

Nachdem William Steinway mit seiner Klavierfabrik nach Astoria umgezogen war, kaufte er diese Ufervilla. Ursprünglich wurde sie für Benjamin T. Pike gebaut, einen Hersteller wissenschaftlicher Instrumente. Steinway war der jüngste der drei Söhne des Unternehmensgründers Henry Steinweg. Seine Brüder verfeinerten die Kunst der Klavierherstellung, doch William machte dieses Musikinstrument als Symbol gehobener Kultur in der Mittelklasse bekannt.

STEINWAY WORKERS' HOUSING

TWENTIETH AVENUE
ZWISCHEN STEINWAY STREET UND 42ND STREET

1875

Diese viktorianischen Reihenhäuser aus Backsteinen baute die Steinway Company für ihre Angestellten. Hier entstand ein frühes Beispiel einer Firmenstadt: Die Siedlung umfasste auch eine Kirche, einen Kindergarten, eine Bibliothek und einen Oberleitungsbus, der garantierte, dass alle zeitig zur Arbeit erschienen. Die Maschendrahtzäune am Gehsteig und die vereinzelten Aluminiumvordächer über den Eingängen sind spätere Anbauten.

759

760

761

762

763

764

765

BOHEMIAN PARK BEER GARDEN

29-19 24TH AVENUE UND 29TH STREET

1910

Diese Einrichtung, die von der Bohemian Citizens' Benevolent Society of Astoria betrieben wird, ist die letzte von Hunderten solcher Treffpunkte in vielen Teilen von Queens. Hier findet man große Bierkrüge, Lichterketten an den Ästen von Bäumen und große Picknicktische. Es wurde auch Musik aus der alten Heimat gespielt, um das Heimweh zu lindern, an dem die Einwanderer aus Mitteleuropa litten.

LATHAN LITHOGRAPHY COMPANY

3804 WOODSIDE AVENUE
ZWISCHEN BARNETT AVENUE UND 39TH AVENUE

1923, McDONNELL & PEARL

Dieses Tudor-Gebäude mit seinem Garten und den großen Rasenflächen enthielt einst eine Druckerei. und ist unter den Fabrikgebäuden im westlichen Queens eine willkommene Abwechslung. Bevor die heutige Hightechfirma einzog, hatte hier die J. Sklar Manufacturing Company ihren Sitz, eine bedeutende Herstellerin chirurgischer Instrumente.

BULOVA SCHOOL OF WATCHMAKING

40-24 62ND STREET
ZWISCHEN WOODSIDE AVENUE UND 43RD AVENUE

1958

Die Uhrenfabrik J. Bulova Company wurde im Jahr 1875 in New York gegründet und hatte ihre Blütezeit in der Mitte des 20. Jahrhunderts mit Fabriken hier in Woodside sowie in Flushing. Sie war besonders bekannt für ihre Innovationen bei den Uhrmacherwerkzeugen. Dieses Gebäude ließ die Firma zusammen mit dem Arde Bulova Dormitory um die Ecke bauen, um Uhrmacher im Umgang mit diesen neuen Werkzeugen zu schulen.

KAUFMAN'S ASTORIA
MOTION PICTURE AND TELEVISION CENTER ℒ

35TH AVENUE, ZWISCHEN 34TH STREET UND 38TH STREET

1921, FLEISHMAN CONSTRUCTION COMPANY (LAK)

Das Gebäude wurde ursprünglich für die Firma Famous Players-Lasky Studio errichtet. Sie wurde zu Paramount Pictures, als New York das wichtigste Zentrum der Filmindustrie war. Bis zum Jahr 1927 drehte man hier über ein Viertel aller Filme. Während des Zweiten Weltkriegs besaß das Army Signal Corps hier ein Zentrum für Schulungsfilme. Im Jahr 1960 produzierte man wieder Spielfilme wie Woody Allens »Radio Days« (1987). Zu den hier aufgenommenen Fersehshows zählen auch die Bill-Cosby-Shows der 80er-Jahre. Zum Komplex gehört zudem das Museum of the Moving Image, das man im Jahr 1988 eröffnete.

766

34-19 TO 34-47 90TH STREET

ZWISCHEN 34TH AVENUE UND 35TH AVENUE

1931, HERBERT ATTERBURY SMITH

Diese beiden Gruppen sechsstöckiger Apartmentgebäude wurden auf einem Grund gebaut, auf dem man 15 Jahre zuvor noch Landwirtschaft getrieben hatte. Viele der frühen Betriebe in Jackson Heights spezialisierten sich übrigens auf asiatische Produkte, um die Nachfrage der Restaurants in Chinatown zu befriedigen. Zu jener Zeit waren diese Farmer die einzigen Asiaten in ganz Queens. Heute leben in den verschiedenen Vierteln von Queens deutlich mehr als 100 000 Chinesen und Koreaner.

767

ABRAHAM LENT HOMESTEAD ℒ

78-03 NINETEENTH ROAD BEI DER 78TH STREET

UM 1739

Dieses niederländische Kolonialhaus erinnert
daran, dass Queens ursprünglich ein Teil von
niederländisch Nieuw Amsterdam war. Generaldirektor Peter Stuyvesant stellte erst strenge
Regeln auf, bevor er zuließ, dass sich Einwanderer aus New England und dem östlichen Teil
von Long Island hier niederließen. Doch sie
bildeten fast von Anfang an die Mehrheit.

768

LOUIS ARMSTRONG HOUSE

34-56 107TH STREET
ZWISCHEN 34TH AVENUE UND 37TH AVENUE

1910, ROBERT W. JOHNSON

Der große Louis »Satchmo« Armstrong lebte
von 1943 bis zu seinem Tod im Jahr 1971 in
diesem Haus, das heute ein Museum ist. Er war
einer von mehreren prominenten Jazzmusi-
kern, die Queens liebten. Im Viertel Addisleigh
Park von St. Albans wohnten zum Beispiel Le-
na Horne, Count Basie und Fats Waller.

769

EDWARD E. SANFORD HOUSE ℒ

102-45 47TH AVENUE
ZWISCHEN 102ND STREET UND 104TH STREET

1871

Dieses kleine zweistöckige Gebäude war zuerst das Haus eines Landwirts, dessen Felder sich am Rand des kleinen Dorfes Newtown befanden. Die Details an der Veranda und am Giebel sowie der Holzzaun machen es zu einem architektonischen Schmuckstück.

REFORMED DUTCH CHURCH OF NEWTOWN ℒ

85-15 BROADWAY BEI DER CORONA AVENUE

1831

Die Kuppel dieser entzückenden georgianischen Holzkirche ist das bedeutendste Wahrzeichen von Newtown. Ihr Gegenstück, die Fellowship Hall im Greek-Revival-Stil, wurde im Jahr 1860 gebaut und erst im Jahr 1906 hierher transferiert.

ADRIAN ONDERDONK HOUSE ℒ

18-20 FLUSHING AVENUE
ZWISCHEN CYPRUS AVENUE UND ONDERDONK AVENUE

1731

Dies ist ein seltenes Beispiel für die vielen niederländischen Bauernhäuser, die es früher einmal in Central Queens gab. Es gehörte einem Farmer, der eine Tochter der prominenten Wyckoff-Familie geheiratet hatte. Seine Nachkommen lebten hier bis zum Jahr 1908. Nachdem ein Brand dieses Haus fast vollständig zerstört hatte, wurde es von der Greater Ridgewood Historical Society wieder restauriert.

STERN'S
(FRÜHER MACY'S)

88-01 QUEENS BOULEVARD
ZWISCHEN 55TH STREET UND 56TH STREET

1965, SKIDMORE, OWINGS & MERRILL

Als man dieses kreisrunde Gebäude errichten wollte, war es nicht möglich, einen vollkommenen Kreis zu schaffen, weil Mary Sendek ihr Haus an der Ecke zur 55. Straße nicht verkaufen wollte. Man brauchte nur etwas mehr als fünf Meter von ihrem Garten und bot ihr 200 000 US-Dollar für das Haus, das sie selbst für 4000 Dollar erstanden hatte. Doch sie gab nicht nach. Die Architekten mussten in eine Seite des Gebäudes eine Einkerbung machen.

WEST SIDE TENNIS CLUB

FOREST HILLS GARDENS

Zweiundzwanzig Jahre lang hatte der West Side Tennis Club auf gemieteten Courts an der Westseite des Central Park gespielt. Dann zog er im Jahr 1915 hierher um. Er errichtete dieses Gebäude für die Davis-Cup-Begegnungen, später richtete man auch die prestigeträchtigen U.S. Open aus. ImJahr 1978 zog der Club von Forest Hills nach Flushing Meadows um und baute dort das größere USTA Tennis Center.

FOREST HILLS GARDENS

CONTINENTAL AVENUE BIS ZUM UNION TURNPIKE

1913, GROSVENOR ATTERBURY

Die ursprüngliche Bebauung mit 1500 Häusern auf einem 568 Hektar großen Stück Land erinnerte an ein englisches Dorf. Dazu gehörten ein Green, ein Inn und ein eigener Bahnhof. Auf dem mit Ziegelsteinen gepflasterten Bahnhofsplatz steht eine große Uhr, Durchgänge unter Bogen führen zu verschiedenen Gartenapartments, die englischen Stadthäusern ähneln. Die Straßen in dieser Siedlung sind eng, um den Durchgangsverkehr zu behindern und weite Rasenflächen zu ermöglichen.

770

771

772

773

774

775

776

Englische Städte auf dem Land

Stadtteile mit Bezeichnungen wie Elmhurst und Kew Gardens erinnern daran, dass Queens als englische Siedlung begann. In Wirklichkeit war das Gebiet damals allerdings ein Teil von niederländisch Nieuw Amsterdam.

Als Peter Stuyvesant nur widerstrebend erlaubte, dass sich hier Engländer aus New England und Eastern Long Island niederließen, verordnete er zugleich, dass die ursprünglichen niederländischen Ortsnamen bestehen bleiben müssten. Doch die Engländer sprachen die Namen auf ihre eigene Art aus. Zu diesen Übertragungen gehört Flushing, das auf Niederländisch Vlishingen hieß.

Ein Name verschwand vollständig: Rust Dorp – »Ruhedorf«. Die Engländer konnten das zwar aussprechen, zogen aber den indianischen Begriff Yamecah vor, der Biber bedeutet. Natürlich wurde auch dieses Wort weiter zu Jamaica verballhornt. Alle Mühe war somit vergebens, und die letzten niederländischen Namen verschwanden, als die Briten die Kolonie übernahmen.

777

84-40 AND 84-50 ABINGDON ROAD

ZWISCHEN LEFFERTS BOULEVARD UND BREVOORT STREET

UM 1910

Diese hübschen Häuser im Colonial-Revival-Stil spiegeln die Intentionen der Bauunternehmer von Kew Gardens wider. Sie stellten sich ein ruhiges ländliches Rückzugsgebiet innerhalb einer angenehmen Pendlerdistanz von Manhattan vor. Die Häuser wurden als einige der Ersten auf einem früheren Golfplatz gebaut; erst einige Jahre später legte man Straßen und andere Infrastrukturen an.

KEW HALL APARTMENTS

83-09 TALBOT STREET
ZWISCHEN 83RD DRIVE UND LEFFERTS BOULEVARD

UM 1929

Apartmentgebäude gab es in Kew Gardens erst nach dem Jahr 1921, und Kew Hall war eines der Ersten. Trotz dieses langsamen Starts gab es aber schon in der Mitte der darauf folgenden 30er-Jahre über 20. Diese genossenschaftlich organisierte Überbauung umgibt einen sehr großen Innenhof, der nur den Bewohnern und ihren Gästen offen steht.

Rufus King House

JAMAICA AVENUE BEI DER 150TH STREET IM KING PARK

1755

Dieses auch als King Manor Museum bekannte Haus kaufte im Jahr 1805 Rufus King, der zuvor Mitglied des Continental Congress war. Er fügte einen neuen Küchenflügel hinzu und veränderte vollständig die Fassade. Seine Nachkommen brachten weitere Veränderungen an, auch eine Veranda mit Säulen an der Vorderfront. Als das letzte Familienmitglied 1896 gestorben war, ging das Haus in den Besitz der Stadt über und wurde fast ein Jahrhundert danach als Museum vollständig restauriert.

Jamaica Business Resource Center *L*

90-33 160TH STREET

UM 1936

Das ist ein außergewöhnliches Beispiel für den stromlinienförmigen Art-Moderne-Stil: Das Gebäude diente ursprünglich als Nachtclub und Restaurant und hieß La Casina. Seine Fassade aus rostfreiem Stahl rettete man im Jahr 1995 vom Müllhaufen.

Jamaica Arts Center *L*

161-04 JAMAICA AVENUE
ZWISCHEN 161ST STREET UND 162ND STREET

1898 A. S. MACGREGOR

Dieses Gebäude im Stil der italienischen Renaissance wurde zu der Zeit gebaut, als Queens ein Teil von Greater New York wurde. Es diente zuerst als Grundbuchamt, bis zu seiner Verwandlung in ein Kunstzentrum war es nur als »The Register« bekannt.

778

779

780

781

782

783

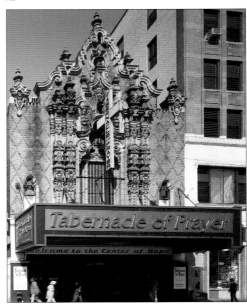

784

785

786

Stockholm Street

ZWISCHEN ONDERDONK AVENUE
UND WOODWARD AVENUE

UM 1905, LOUIS BERGER & CO.

Diese entzückende Straße in Ridgewood wurde mit den gleichen Ziegeln gepflastert, mit denen man auch die hier abgebildeten Reihenhäuser mit ihrem beeindruckenden Fronterkern baute. In diesem Teil von Central Queens ist der gelbe Backstein allgegenwärtig. Er stammt fast ausschließlich von der Kreischer Brick Manufacturing Company auf Staten Island. Die meisten Backsteine zeigen wegen des Eisengehalts des verwendeten Lehms rote Flecken.

114th Street, Richmond Hill

ZWISCHEN 85TH AVENUE UND 86TH AVENUE

Der gesamte Block ist ein prächtiges Beispiel für den viktorianischen Stil, und dieses Haus gibt eine Vorstellung von all dem, was er zu bieten hat. Die meisten großen Häuser von Richmond Hill ließen in den 1890er-Jahren reiche Geschäftsleute aus Manhattan errichten. Die Häuser besaßen alle große Gärten und kosteten nach heutigen Vorstellungen wenig Geld. Der Preis für eines dieser schönen Häuser lag zwischen 2500 und 5000 US-Dollar. Ab dem Jahr 1920 gab es dann hier kein unbebautes Land mehr.

Murdock Avenue

ST. ALBANS, GEGENÜBER LINDEN BOULEVARD

In diesem Addisleigh Park genannten Viertel wohnen begüterte schwarze Amerikaner. Es entstand im Jahr 1892, nachdem Bauunternehmer eine große Farm aufgekauft, Straßen ausgelegt und das Land in Bauparzellen eingeteilt hatten. Die Bebauung dieses Abschnitts, von dem aus man einen Blick auf den St. Albans Golf Club hat, erfolgte im Jahr 1926. Während des Zweiten Weltkriegs wurde auf dem Golfplatz ein großes Krankenhaus der Navy gebaut.

Tabernacle of Prayer

165-11 JAMAICA AVENUE
ZWISCHEN 165TH STREET UND MERRICK BOULEVARD

1929, JOHN EBERSON

Das heutige Gotteshaus war einst ein Kinotheater von Loew mit dem Namen Valencia – ein schönes Beispiel dafür, was die Amerikaner atmosphärisches Theater nennen. Der Kinosaal erinnerte an den barocken Platz einer spanischen Stadt mit Gebäudesilhouetten, blinkendem Sternenlicht und vorbeiziehenden Wolken. Derselbe Architekt gestaltete auch das üppige Paradise Theater in der Bronx sowie das Loew's an der 72. Street in Manhattan.

Queens College

65-30 KISSENA BOULEVARD
BEIM LONG ISLAND EXPRESSWAY

HAUPTGEBÄUDE: 1908

Das Queens College gehört zur City University of New York und übernahm im Jahr 1937 diesen Campus. Einst standen hier neun Gebäude im spanischen Stil. In jenen Tagen hatte dort auch die New York Parental School ihren Sitz, die man damals eine Reformschule nannte. Im Lauf der Jahre erweiterte man diesen Komplex. Heute umfasst er auch das Colden Center, einen der besten Konzertsäle der Stadt.

Forest Hills Tower

118-35 QUEENS BOULEVARD, BEIM 78TH CRESCENT

1981, ULRICH FRANZEN & ASSOCIATES

Dieser 15-stöckige Bürokomplex ist ein weithin sichtbares Wahrzeichen einesteils für den Flushing Meadows–Corona Park und anderenteils für das Viertel von Forest Hills. Auf jeden Fall handelt es sich hier um eines der besten Nachkriegsgebäude in Queens.

787

788

789

LAURELTON ESTATES

224TH STREET ZWISCHEN 130TH UND 131ST AVENUE

UM 1925

Diese Häuserreihe gehört zu einem kleinen, 120 Hektar großen Viertel, das Senator William H. Reynolds im Jahr 1906 errichten ließ. Noch bevor das Projekt zu Ende geführt war, zog Reynolds weiter fort nach Long Island, um Long Beach zu erschließen. Laurelton kam aber auch ohne ihn ganz gut aus.

JAMES J. CORBETT HOUSE

221-04 CORBETT ROAD BEI DER 221ST STREET

UM 1900

In diesem Haus lebte über dreißig Jahre lang, bis zu seinem Tod 1933, der Boxweltmeister im Schwergewicht James J. Corbett, den man auch »Gentleman Jim« nannte. Er gilt als einer der besten Schwergewichtsboxer aller Zeiten und wird wegen seines innovativen Kampfstils »Vater des modernen Boxens« genannt. In den Jahren 1892 bis 1897 hielt er den Titel und gewann ihn als Erster nach den so genannten Queensberry Regeln.

JAHN'S

117-03 HILLSIDE AVENUE
GEGENÜBER 117TH STREET UND JAMAICA AVENUE

Einen Architekturpreis wird dieses Haus nicht gewinnen, doch einen Besuch bei Jahn's vergisst man nie. Dieses überlebende Exemplar einer Eisdielenkette in Familienbesitz eröffnete hier in Richmond Hill im Jahr 1929. Zu den Spezialitäten des Hauses zählte »The Kitchen Sink«, eine Mischung aus Eis, Sirup und Früchten für mindestens acht Personen. In diesem Geschäft gibt es noch Gaslicht, ein mit Münzen betriebenes automatischen Klavier und eine Halle, die man einfach gesehen haben muss.

790

LeFrak City

Junction Boulevard bei der 99th Street

1967, Jack Brown

Zu dieser Überbauung aus insgesamt zwanzig
Apartmenthäusern, die über dem Long Island
Expressway liegen, gehören auch zwei Bürogebäude sowie zwei Theater. Jeder der 18-stöckigen Apartmenttürme hat 5000 Wohneinheiten
mit je einem bis drei Schlafzimmern. Zwischen
den Gebäuden liegen Spiel- und Tennisplätze.
Parkplätze gibt es für 2800 Autos. LeFrak hat
sogar ein eigenes Postamt und ein Baseballteam
der Little League. Der Bauunternehmer Samuel
LeFrak nutzte die Lage und stellte am Expressway riesige Anzeigetafeln auf, um die Bewohner von Vorstädten zurück in die Stadt zu
locken – genauer gesagt in seine Stadt. Noch
bevor diese »instant city« gebaut wurde, war
die LeFrak Organization die Vermieterin jedes
23. New Yorkers.

791

ENGINE COMPANY 289, NYFD

97-28 43RD AVENUE
ZWISCHEN 97TH PLACE UND 99TH STREET

Dieses charmante winzige französische Schloss
mit seinem steilen Dach ist ein weiteres präch-
tiges Beispiel dafür, dass Feuerwehrhäuser in
jedem Teil der Stadt wahre Schmuckstücke
darstellen. Es sieht so aus, als hätten die
Architekten bei diesen Wachen besonders viel
Liebe zum Detail gezeigt. Das gilt auch für
diese Feuerwache, die für Corona im nörd-
lichen Teil von Central Queens zuständig ist.
Früher hieß das Gebiet West Flushing, doch im
Jahr 1872 änderte man ihn: Corona sollte die
»Krone« der Dörfer auf Long Island bedeuten.
Zu den frühen hiesigen Institutionen zählte die
Glasfabrik Tiffany, die der Gemeinschaft von
1893 bis in die Mitte der 30er-Jahre des 20.
Jahrhunderts viel Ansehen verschaffte.

◆ QUEENS ◆

793

NEW YORK STATE PAVILION
1964–65 WELTAUSSTELLUNG

FLUSHING MEADOWS–CORONA PARK

1964, PHILIP JOHNSON UND RICHARD FOSTER

Philip Johnsons Konzept für diese heute vernachlässigte Struktur bestand in einem elliptischen Dach aus Plexiglaspaneelen, das er »The Tent of Tomorrow« – »das Zelt von morgen« nannte. Sie wurden von drei Türmen getragen, zu denen man über gläserne Aufzüge gelangte. Unter dem Zelt lag der Ausstellungsraum, der um eine große Promenade herum angelegt war.

QUEENS MUSEUM OF ART

FLUSHING MEADOWS–CORONA PARK

1939

Dies war ursprünglich das New York City Building der Weltausstellung in den Jahren 1939 bis 1940 und dann wieder in den Jahren 1964 bis 1965. Seit jener Zeit nutzten es die Vereinten Nationen. Die Hauptattraktion ist ein Stadtpanorama mit einem 868 Quadratmeter großen Modell von New York. Mit über 80 000 Gebäuden darauf ist es das größte Architekturmodell der Welt. Zuletzt wurde es im Jahr 1994 auf den letzten Stand gebracht.

USTA NATIONAL TENNIS CENTER

ROOSEVELT AVENUE BEIM WILLETT'S POINT BOULEVARD

1997, ROSSETTI & ASSOCIATES

Diese beiden Stadien für die United States Tennis Association sind am besten als Sitz der U.S. Open bekannt. Die ersten Spiele fanden hier im Jahr 1978 im Louis Armstrong Stadium statt, der früheren Singer Bowl, die für die Weltausstellung in den Jahren 1964 bis 1965 gebaut wurde. Das andere Stadium, das aus dem Jahr 1997 stammt, ist nach dem legendären Tennisspieler Arthur Ashe benannt.

BOWNE HOUSE 𝓛

37-01 BOWNE STREET, ZWISCHEN 37TH UND 38TH AVENUE

1661

Dieses einfache Holzhaus baute John Bowne, als er von New England nach Flushing umgezogen war, Quäker wurde. Man verhaftete ihn unter dem Vorwurf, er würde hier Quäkerversammlungen abhalten. Dann trug er seine Überzeugung direkt der niederländischen Westindischen Compagnie vor, die ihrem Generaldirektor Peter Stuyvesant die Weisung erteilte, religiös Andersdenkende nicht zu verfolgen. Das Haus ist noch mit allen Einzelheiten erhalten und dient heute als Museum.

HINDU TEMPLE SOCIETY OF NORTH AMERICA

45-57 BOWNE STREET BEI DER 45TH AVENUE

1977, BARYN BASU ASSOCIATES

Die Bildhauerarbeiten an der Fassade dieses Tempels gelangten dank dem Department of Endowments des indischen Gliedstaates Andhra Pradesh nach Flushing. Nach dem Immigration Act im Jahr 1965 kamen Tausende von Einwanderern aus Südasien, und viele Fachleute aus Indien, darunter Ingenieure, Ärzte und Naturwissenschaftler, siedelten sich hier in Flushing an.

LEWIS H. LATIMER HOUSE 𝓛

34-41 137TH STREET
ZWISCHEN LEAVITT STREET UND 32ND AVENUE

UM 1889

Der berühmte afrikanisch-amerikanische Erfinder lebte in diesem Haus von 1902 bis zu seinem Tod im Jahr 1928. Latimer arbeitete eng mit Alexander Graham Bell und Thomas A. Edison zusammen. Für ihn entwickelte er die dauerhafte Kohlenstoffwendel, durch die Glühlampen erst erschwinglich wurden.

ST. JOHN'S UNIVERSITY

UNION TURNPIKE BEIM UTOPIA PARKWAY

1955–73

Diese römisch-katholische Universität wurde im Jahr 1870 in Brooklyn gegründet. In den 50er-Jahren des 20. Jahrhunderts zog sie hierher auf das frühere Gelände des Hillcrest Golf Club. Mit über 21 000 Studenten ist sie die größte katholische Universität der USA. Neun Colleges bieten 90 verschiedene Abschlüsse an. Am bekanntesten ist das Basketballteam: Die Redmen kämpfen oft um die NCAA Championships, die Meisterschaft im Dachverband der amerikanischen Universitäten und Colleges.

SHEA STADIUM

ZWISCHEN NORTHERN BOULEVARD UND ROOSEVELT AVENUE
GEGENÜBER DEM GRAND CENTRAL PARKWAY

1964, PRAEGER-KAVANAUGH-WATERBURY

Dieses Stadion mit seinen 55 101 Sitzplätzen ist nach William A. Shea benannt, der mit der Gründung der Mets dazu beitrug, dass der National-League-Baseball nach New York zurückkehrte. Die Teamfarben, die auch das Stadion schmücken, sind Orange für die früheren New York Giants sowie Blau für die Brooklyn Dodgers. Blau und Orange sind zufälligerweise auch die offiziellen Farben der City of New York, der das Stadion gehört.

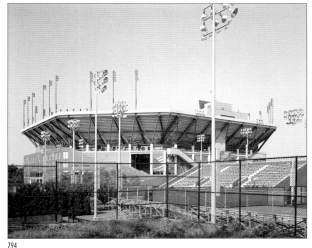

794

795

796

797

798

799

800

St. George's Church
(Episkopalkirche)

Main Street, zwischen 38th Street und 39th Street

1854, Wills & Dudley

Francis Lewis, ein Mitunterzeichner der Unab-
hängigkeitserklärung, war Kirchenvorsteher
dieser Gemeinde, die um das Jahr 1750 gegründet wurde. Das heutige Gebäude ersetzte
die ursprüngliche Kirche, die hier fast ein Jahrhundert lang gestanden hatte.

Flushing Town Hall ℒ

137-35 Northern Boulevard beim Linden Place

1862

Bevor Queens im Jahr 1898 ein Teil von Greater
New York wurde, hatte jede Stadt ihr eigenes
Regierungsgebäude. Dieses im Stil der deutschen
Romanik ist eines der wenigen, die übrig geblie-
ben sind. Seit 1991 hat darin der Flushing Coun-
cil on Culture and the Arts seinen Sitz.

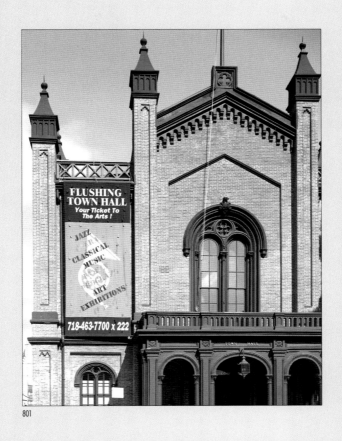

801

Ein Garten in Amerika

Als die Engländer um das Jahr 1640 nach Queens kamen,
brachten sie ihre Vorliebe für Blumen mit und pflanzten
Rosen in ihren Vorgärten. Ihre niederländischen Nachbarn
liebten Tulpen und andere Frühlingsblumen, und die französischen Hugenotten pflanzten vor allem Apfelbäume.
William Price verwandelte das Landgut seiner Familie in
die erste Gärtnerei und Baumschule in Amerika. Er forderte Missionare und Entdecker auf, Bäume und Sträucher
für seine Sammlung mitzubringen. Bald besaß er die bedeutendste Kollektion im Lande. In der Umgebung entstanden
weitere Gartenbaubetriebe, und viele Bäume und Pflanzen,
die den Amerikanern heute selbstverständlich sind, schlu-
gen ihre Wurzeln erstmals hier in Queens.

802

803

804

805

806

807

WILDFLOWER ℒ

168-11 POWELLS COVE BOULEVARD
BEI DER 166TH STREET

1924, DWIGHT JAMES BAUM

Dieses Haus im Neo-Tudor-Stil wurde im Auftrag des Broadwayproduzenten Arthur Hammerstein gebaut, der auch David Lettermans Ed Sullivan Theater errichten ließ. Der Name erinnert an einen seiner Kassenerfolge, ein Broadwaymusical. Ursprünglich gehörte es zu einem Landgut direkt am Wasser, doch heute ist es von Apartmentgebäuden umgeben.

42 NORTH DRIVE

BEI DER 141ST STREET

UM 1925

Diese italienische Villa mit ihren Klosterziegeln ist typisch für die schönen Häuser dieses kleinen Viertels namens Malba. Ursprünglich handelte es sich um eine private Wohngemeinschaft. Der prächtige Ausblick auf den Long Island Sound wird heute durch die majestätische Bronx-Whitestone Bridge noch verstärkt.

NEW YORK TIMES PRINTING PLANT

26-50 WHITESTONE EXPRESSWAY
ZWISCHEN TWENTIETH AVENUE UND LINDEN PLACE

1997, POLSHEK PARTNERSHIP

Die Druckmaschinen in diesem Gebäude erlaubten es der Times, die Druckerei unter ihrem Hauptsitz am Times Square zu schließen. Gleichzeitig konnte die Old Gray Lady in einem etwas bunteren Kleid auftreten, weil nunmehr auch Vierfarbdruck möglich war.

146TH STREET

BAYSIDE ZWISCHEN BAYSIDE AVENUE UND 29TH AVENUES

UM 1925

Dies ist nur eines in einer ganzen Enklave von Tudor-Häusern, die sich in einer Ecke von Bayside verstecken. Sie werden von den steinernen Türpfosten eines Landgutes bewacht, zu dem einst das ganze Land der Umgebung gehörte. Die meisten Güter in Bayside wurden in den 1920er- und 30er-Jahren in Baugrundstücke unterteilt. Damals entstanden herrschaftliche Häuser für Filmstars. Nach dem Bau von Highways wie dem Cross Island Parkway eroberte die Mittelklasse dieses Viertel.

POPPENHUSEN BRANCH
QUEENSBOROUGH PUBLIC LIBRARY

121-23 14TH AVENUE BEIM COLLEGE POINT BOULEVARD

1904, HEINS & LA FARGE

Diese Institution ist nach Conrad Poppenhusen benannt. Er besaß hier in College Point eine große Fabrik und stellte Artikel aus Hartgummi her, etwa Kämme. Er war sehr aktiv in der Gemeinde und baute nicht nur Häuser für seine Arbeiter, sondern ließ auch Straßen pflastern und Schulen sowie eine Bücherei wie diese errichten. Die Queensborough Public Library gehört zwar nicht zum System der New York Public Library, zählt aber immer noch zu den fünf größten im Land.

BENJAMIN P. ALLEN HOUSE ℒ

29 CENTER DRIVE BEI DER FOREST ROAD,
DOUGLASTON MANOR

1850

Dieses frühere Gutshaus über der Little Neck Bay wurde im Greek-Revival-Stil gestaltet. Bei den Gesimsen und den Trägern der Veranda zeigt es aber auch einige hübsche italienisierende Züge. Dieses Gebiet in der Nordostecke von Queens nahe der Grenze zu Nassau County war einst ein lebendiger kleiner Hafenort. Hier wurden mit die besten Austern und Herzmuscheln für eine anscheinend unersättliche Stadtbevölkerung produziert.

808

H. A. SCHLECTER HOUSE

11-41 123RD STREET BEI DER 13TH AVENUE

1860

Dieses beeindruckende herrschaftliche Haus liegt auf einer Insel in der Mitte der 13th Avenue, weil es gebaut wurde, bevor man diese Straße plante. Viele Jahre lang diente es unter der Bezeichnung Grandview als Ferienhotel und war eines von mehreren Resorts im Viertel College Point von Queens. Ungefähr vom Jahr 1880 an wurde das Viertel deutsch und füllte sich mit Biergärten und kleinen Vergnügungsparks. Die Stadtbevölkerung machte deswegen gerne einen Ausflug hierher. Dies alles kam zu einem abrupten Ende, als die Prohibition 1920 die Ströme von Bier zum Versiegen brachte.

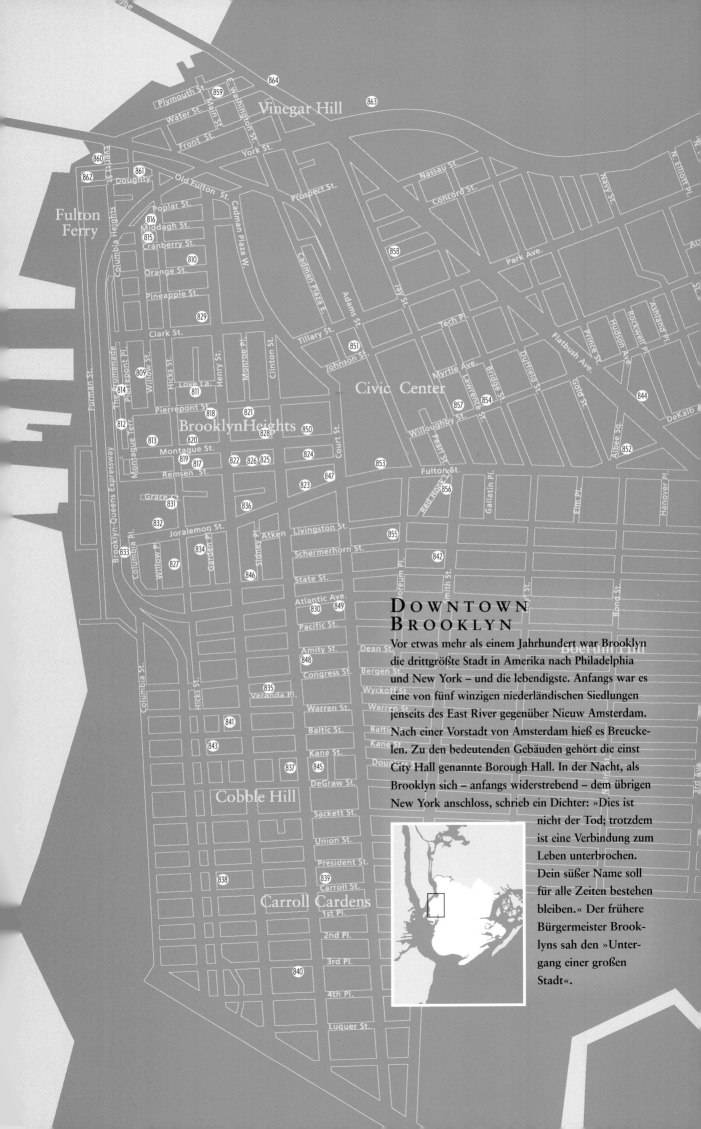

Plymouth St.
E. Washington St.
Water St.
Main St.
E. Washington St.
Front St.
York St.
Prospect St.

Vinegar Hill

864
859
863

Nassau St.
Concord St.

Old Fulton St.
Everit St.
Doughty
Columbia Heights
Cadman Plaza W.

860
862
861
816
815
810

Fulton
Ferry

Poplar St.
Middagh St.
Cranberry St.
Orange St.
Pineapple St.

858

Park Ave.

Navy St.
Ashland Pl.
Rockwell Pl.

829

Cadman Plaza E.
Adams St.

Clark St.
Clinton St.
Monroe Pl.
Tillary St.

Tech Pl.

Flatbush Ave.
Prince St.
Hudson Ave.
Gold St.

844

N. Elliott Pl.

The Promenade
Pierrepont Pl.
Willow St.
Hicks St.
Henry St.
Love La.
Johnson St.

809
814
811

851

Civic Center

Myrtle Ave.
Lawrence St.
Bridge St.
Duffield St.

857
854

DeKalb

Furman St.
Brooklyn-Queens Expressway
Montague Terr.
Pierrepont St.

812
818
821

BrooklynHeights
Montague St.
Remsen St.

813
820
819
817
822
826
825

850
828
824
847

Court St.
Pearl St.
Willoughby St.

Fulton St.

853

Gallatin Pl.
Elm Pl.
Albee Sq.
Hanover Pl.

852

Grace Ct.
Joralemon St.
Livingston St.
Schermerhorn St.

831
832
834
827
846
836
823

Red Hook
856
855

Smith St.
Boerum Pl.

842

Columbia Pl.
Willow Pl.
Garden Pl.
Sidney Pl.
Atken
State St.
Atlantic Ave.

830
849

Pacific St.
Amity St.

848

Congress St.
Dean St.
Bergen St.

Boerum Hill

Columbia St.
Hicks St.
Veranda Pl.
Warren St.

835
841
843

Wyckoff St.
Warren St.
Baltic St.

Baltic St.
Kane St.

Kane St.
DeGraw St.

837
845

Douglass St.

Cobble Hill

Sackett St.
Union St.
President St.

838
839

Carroll St.

Carroll Cardens
1st Pl.
2nd Pl.

3rd Pl.

840

4th Pl.

Luquer St.

3rd Ave.

DOWNTOWN BROOKLYN

Vor etwas mehr als einem Jahrhundert war Brooklyn die drittgrößte Stadt in Amerika nach Philadelphia und New York – und die lebendigste. Anfangs war es eine von fünf winzigen niederländischen Siedlungen jenseits des East River gegenüber Nieuw Amsterdam. Nach einer Vorstadt von Amsterdam hieß es Breucke-len. Zu den bedeutenden Gebäuden gehört die einst City Hall genannte Borough Hall. In der Nacht, als Brooklyn sich – anfangs widerstrebend – dem übrigen New York anschloss, schrieb ein Dichter: »Dies ist nicht der Tod; trotzdem ist eine Verbindung zum Leben unterbrochen. Dein süßer Name soll für alle Zeiten bestehen bleiben.« Der frühere Bürgermeister Brooklyns sah den »Untergang einer großen Stadt«.

809

810

112 Willow Street

ZWISCHEN CLARK STREET UND PIERREPONT STREET

1880, WILLIAM HALSEY WOOD

Zusammen mit seinen Nachbarn, den Nummern 108 und 110, bildet dieses Haus ein Trio von Queen-Anne-Gebäuden, die aus der Willow Street eine der schönsten in ganz Brooklyn Heights machen. Alle drei Häuser weisen üppigen Terrakottaschmuck, aufwändig dekorierte Eingänge, Erkerfenster, Türmchen und Mansardenfenster auf. An der Straße selbst sind zahlreiche Stile vertreten. Das Haus mit der Nummer 124 erinnert mit seinem wunderschönen Stufengiebel und der Wetterfahne darüber an die niederländischen Wurzeln. Andere Häuser zeigen besonders schön den Federal Style. Und alle zusammen tragen sie zum Glück des Betrachters bei.

Plymouth Church of the Pilgrims
(Kongregationistisch)

ORANGE STREET, ZWISCHEN HENRY UND HICKS STREET

1850, JOSEPH C. WELLS

Henry Ward Beecher war ihr Pfarrer, als die Kirche in dieses Gebäude umzog. Es ersetzte eine frühere Kirche, die einem Brand zum Opfer gefallen war. Deren Gemeindemitglieder waren erbitterte Gegner der Sklaverei und bauten hier einen Haltepunkt an der Underground Railroad, um entflohenen Sklaven auf ihrem Weg zur kanadischen Grenze beizustehen. Als man Beecher im Jahr 1870 des Ehebruchs bezichtigte, stand ihm fast die gesamte Kirchengemeinde bei, und als er 1887 starb, kamen über 50 000 Trauergäste hierher, um ihm die letzte Ehre zu erweisen. 1934 verschmolz die Kirchengemeinde mit der Congregational Church of the Pilgrims und wählte als neue Bezeichnung Plymouth Church of the Pilgrims.

811

43 LOVE LANE

ZWISCHEN HENRY UND HICKS STREET

1820ER-JAHRE

Als man Brooklyn Heights im Jahr 1816 in Bauparzellen unterteilte, nahm man als Grundlage quadratische Blocks mit rund 75 m Seitenlänge. Aber etwas lief dabei schief, sodass weniger als ein Dutzend davon heute wirklich Quadrate sind. Einige Straßen wurden nie gebaut, andere verlängerte man. Wieder andere wie Love Lane und College Place waren bereits vorhanden und nicht zu verändern. Doch ein streng rechtwinkliger Grundriss hätte den Heights wohl all ihren Charme genommen.

812

2 AND 3 PIERREPONT PLACE

ZWISCHEN PIERREPONT STREET UND MONTAGUE STREET

1857, FREDERICK A. PETERSON

Ohne Zweifel handelt es sich hier um die elegantesten Sandsteinhäuser von ganz New York City. Sie wurden für den Teehändler A. A. Low (Nummer 3) und für den Pelzhändler Alexander M. White (Nummer 2) gebaut. Ein drittes Haus mit der Adresse One Pierrepont Place wurde im Jahr 1946 abgebrochen, um Zugang zur Esplanade über dem Fluss zu schaffen. Spaziergänger könnten von dort aus die beeindruckenden rückwärtigen Fassaden des erhalten gebliebenen Häuserpaars studieren.

813

HEIGHTS CASINO

75 MONTAGUE STREET
ZWISCHEN HICKS STREET UND PIERREPONT PLACE

1910, WILLIAM A. BORING

Auf diesem Grundstück stand ursprünglich das Haus »Four Chimneys« von H. P. Pierrepont. Dieser Reeder war es, der hier im Jahr 1823 mit dem Verkauf von Grundstücken in Brooklyn Heights, das damals noch Brooklyn Ferry hieß, an Geschäftsleute aus Manhattan begann. Das Casino war als »City Country Club« mit Squash- und Tennisplätzen konzipiert.

814

210–220 COLUMBIA HEIGHTS

ZWISCHEN PIERREPONT UND CLARK STREET

1860

Diese vier Gebäude sind hübsche Beispiele für herrschaftliche Reihenhäuser aus Sandstein. Einst hatten sie rückwärtige Gärten, die sich über die Dächer von Lagerhäusern an der Furman Street unterhalb der Heights erstreckten. Diese wurden aber in den 40er-Jahren des 20. Jahrhunderts abgerissen.

815

24 MIDDAGH STREET

BEI DER WILLOW STREET

1829

Diese Perle im Federal Style ist eines der ältesten Häuser im Viertel. Man nennt sie oft »Königin von Brooklyn Heights«. Angesichts der Konkurrenz in der Umgebung ist dies als dickes Lob aufzufassen. Selbst Menschen, die ihre eigenen Häuser in Brooklyn Heights aufs liebevollste pflegen, erheben gegen diese Ehrbezeichnung keine Einwände.

816

38 HICKS STREET

ZWISCHEN MIDDAGH STREET UND POPLAR STREET

UM 1830, RESTAURIERT: 1976

Diese kleine Gruppe von Holzhäusern – dazu gehört auch das Haus hinter der Nummer 38 – wurde 1976 in den Originalzustand zurückversetzt. Die Nummer 40 baute Michael Vanderhoef, ein Fuhrmann, der im Erdgeschoss noch einen Laden dazubaute. Die Nummer 38 war das Haus von Joseph Bennette, der sich selbst als Packer bezeichnete. Er baute im rückwärtigen Bereich noch ein zweites Haus, um es zu vermieten und sich ein kleines Extraeinkommen zu verschaffen.

811

812

813

814

815

816

817

87 REMSEN STREET

ZWISCHEN HENRY STREET UND HICKS STREET

UM 1890

Dieses außergewöhnliche Ziegelhaus mit Dekor aus Sandstein und Terrakotta sowie einem prächtigen Kupferdach ist eine relativ späte Hinzufügung zur Straße. Die Remsen Street, die heute eine Verbindung zum Südende der Brooklyn Heights Promenade schafft, wurde im Jahr 1825 vom Charles Remsen, einem lokalen Bauunternehmer, gebaut, und endete ursprünglich bei der Clinton Street.

817

818

84 PIERREPONT STREET

BEI DER HENRY STREET

1889, FRANK FREEMAN

Dieses Haus wurde für Herman Behr gebaut. Im Jahr 1919 stockte man es um sechs Geschosse auf und verwandelte es in das Hotel Palm. Dadurch verlor das Gebäude aber seine frühere Eleganz, weil, wie die Nachbarn sagten, »das Behr-Haus kein Zuhause mehr ist«. Das St. Francis College kaufte es auf und wandelte es in ein Wohnheim für seine Novizen um. Im Jahr 1976 wechselte es wiederum den Besitzer und wurde ein Apartmenthaus.

818

819

HOTEL BOSSERT

98 MONTAGUE STREET BEI DER HICKS STREET

1913, HELMLE & HUBERTY

Dieses Hotel beherbergt heute einen Schlafsaal der Zeugen Jehovas. In den wilden 20er-Jahren des 20. Jahrhunderts war es ein In-Lokal für junge Leute gewesen. Im Marine Roof, das der Bühnenbildner Joseph Urban gestaltete, konnte man fein speisen und ausgelassen tanzen, und man hatte hier von ganz Brooklyn den besten Blick auf die Skyline von Manhattan.

819

105 Montague Street

ZWISCHEN HENRY UND HICKS STREET

1885, PARFITT BROS.

Dieses Queen-Anne-Gebäude bildet einen hellen Fleck in der eklektischen Architekturmischung, die sich im Lauf der Jahre in der Montague Street ausgebreitet hat. Sie gehörte früher zum alten Landgut von Hezekiah B. Pierrepont und wurde nach der englischen Autorin Lady Mary Wortley Montague benannt, die der Pierrepont-Familie angehörte. In den 50er-Jahren des 19. Jahrhunderts führte die Straße zum Hafen und zum Fulton Ferry.

820

114 Pierrepont Street

BEIM MONROE PLACE

1840

Dieses Gebäude war ursprünglich ein Zwilling seines Greek-Revival-Nachbarn von der Nummer 108. Zusammen galten sie als die »edelsten« Wohnhäuser an der Straße. Doch im Jahr 1887 baute es Alfred E. Barnes, dessen Buchhandlung immer noch existiert, im Romanesque-Revival-Stil um. Jeder kann bei der Betrachtung der beiden früheren Zwillinge für sich entscheiden, ob Barnes auch wirklich das Richtige getan hat.

821

Our Lady of Lebanon Church
(RÖMISCH-KATHOLISCH)

113 REMSEN STREET BEI DER HENRY STREET

1846, RICHARD UPJOHN

Dies war ursprünglich die Congregational Church of the Pilgrims, die Kaufleute aus New England gegründet hatten. Sie fusionierte im Jahr 1834 mit der benachbarten Plymouth Church und nahm die originalen Tiffany-Glasfenster mit. Die Türen an der West- und Südseite stammen vom französischen Ozeandampfer »Normandie«, der zu Beginn des Jahres 1942 an seinem Pier im Hudson River durch Feuer zerstört wurde.

822

823

823

PACKER COLLEGIATE INSTITUTE

170 JORALEMON STREET
ZWISCHEN COURT STREET UND CLINTON STREET

1856, MINARD LAFEVER

Diese neugotischen schlossartigen Häuser beherbergen eine Grund- und eine Sekundarschule, die im Jahr 1854 als Brooklyn Female Academy gegründet wurde. Im Jahr 1972 führte man hier die Koedukation ein. Das Gebäude und die Kapelle wirken beeindruckend, doch die eigentliche Schönheit liegt in dem preisgekrönten Alumnae Garden. Im Jahr 1919 wurde das heute nicht mehr existierende Packer's College als Erstes vom State Board of Regents anerkannt. Der Anbau um die Ecke an der Clinton Street war einst die von James Renwick, Jr. gestaltete St. Ann's Episkopalkirche.

824

St. Francis College

176 Remsen Street
zwischen Court Street und Clinton Street

1914, Frank Freeman

St. Francis ist die älteste katholische Schule in Brooklyn. Sie wurde von Franziskanern geleitet und nahm ursprünglich nur Jungen auf. Hier wurde die Koedukation bereits im Jahr 1953 eingeführt, und es kamen auch Nonnen. Sechzehn Jahre danach wurden weibliche Laien zugelassen. Im Jahr 1962 zog das College von der Smith Street in dieses Gebäude, in dem früher die Brooklyn Union Gas Company ihren Sitz gehabt hatte. Das Gebäude nebenan mit der Nummer 180 enthält heute die Bibliothek des College. Es wurde im Jahr 1857 als Hauptquartier der Brooklyn Gas Light Company gebaut, die 1895 in der Brooklyn Union aufging.

825

826

827

828

829

830

Brooklyn Heights Synagogue

131 Remsen Street
zwischen Clinton Street und Henry Street

um 1858

Bis zum Jahr 1996 hatte in diesem dreistöckigen Sandsteingebäude mit dem fein gearbeiteten Gesims und den korinthischen Säulen am Eingang der Brooklyn Club seinen Sitz. Es wurde als Wohnhaus für den Kaufmann Terrence McDonald gebaut.

Brooklyn Bar Association

123 Remsen Street
zwischen Clinton Street und Henry Street

um 1875

Dieses dreistöckige Gebäude mit einem Mansarddach weist an der Veranda beeindruckende Steinmetzarbeiten auf – eine bemerkenswerte Kuriosität angesichts der Tatsache, dass das Haus für den Eisenhändler Charles Condon gebaut worden war.

276–284 Hicks Street

zwischen Joralemon und State Street

Diese fünf Gebäude dienten ursprünglich als Kutschenremisen, was ihre prächtig gestalteten Bögen erklärt. Die Hicks Street war eine der ersten, die zu Beginn des 19. Jahrhunderts in Brooklyn Heights gebaut wurde, und bleibt eine der längsten. Sie wurde nach John und Jacob Middagh Hicks benannt.

St. Ann's and the Holy Trinity Church
(Episkopalkirche)

157 Montague Street bei der Clinton Street

1847, Minard Lafever

Die St. Ann's Church ist sozusagen die Mutterkirche in Brooklyn, aus der zahlreiche weitere Gemeinden hervorgingen. 1966 verschmolz sie mit der Holy Trinity Church und zog in dieses Gebäude um, drei Blocks von ihrem ersten Sitz entfernt, der heute zum Packer Collegiate Institute an der Clinton Street gehört. Diese zusehends verfallende neugotische Kirche illustriert die notwendige Erhaltung und Restaurierung solcher Sehenswürdigkeiten.

Hotel St. George

Hicks, Henry, Clark, und Pineapple Street

1885, Augustus Hatfield

Dieses Hotel, das durch Anbauten zu einem Komplex aus acht Gebäuden wurde, war mit 2632 Zimmern einst das größte in New York. Der große Art-déco-Ballsaal verkörperte das Jazzzeitalter. Es hatte einen riesigen Salzwasser-Swimmingpool mit einem Spiegel bis zur Decke sowie ein Dachrestaurant und einen Nachtclub mit Hafenblick. Kein Wunder, dass das St. George das Lieblingslokal der Brooklyn Dodgers und ihrer Fans wurde. In den 1980er-Jahren baute man hier Apartmentwohnungen.

164–168 Atlantic Avenue

zwischen Clinton Street und Court Street

1864

Diese Fabrikgebäude spiegeln die im 19. Jahrhundert aufgekommene Vorstellung wider, Unternehmer und Kaufleute sollten attraktive Gebäude errichten, um ihre Kunden zu beeindrucken. Die im 20. Jahrhundert hinzugefügten Geschäftsfronten künden vom Ende dieser früheren Vorstellung.

GRACE CHURCH
(EPISKOPALKIRCHE)

254 HICKS STREET, BEM GRACE COURT

1849, RICHARD UPJOHN

Die Kirche und das Pfarrhaus, das im Jahr 1931 dazukam, bilden eine wundervolle schattige Sackgasse. Sie behielt trotz eines Apartmentgebäudes, das man in den 60er-Jahren des darauf folgenden 20. Jahrhunderts in den Grace Court stopfte, ihren Charme.

29–75 JORALEMON STREET

ZWISCHEN HICKS STREET UND FURMAN STREET

1848

Diese 25 Greek-Revival-Häuser stehen an einer Straße, die bis im Jahr 1842 Joralemon's Lane hieß. Früher verlief hier die Südgrenze des Landgutes, das der Familie Remsen gehörte. Im Jahr 1803 kaufte es der Bauunternehmer Teunis Joralemon. Die zum Fluss hin abfallende Straße bietet einen besonders pittoresken Hintergrund für diese Häuser.

RIVERSIDE APARTMENTS

4–30 COLUMBIA PLACE BEI DER JORALEMON STREET

1890, WILLIAM FIELD & SON

Dieser Komplex aus ursprünglich 19 Geschäften und günstig vermieteten 280 Zwei- bis Vierzimmerapartments am Flussufer wurde für den Geschäftsmann Alfred T. White gebaut. Der westliche Teil musste 1im Jahr 953 für den Brooklyn-Queens Expressway abgebrochen werden. Betroffen waren auch mehrere Sandsteinhäuser – die Brooklyn Heights Association überredete den Highway-Zaren Robert Moses zum Bau einer Esplanade über dem East River, um so den entstandenen Schandfleck zu tilgen.

GARDEN PLACE

ZWISCHEN JORALEMON STREET UND STATE STREET

Diese einen Block lange Straße wurde im Jahr 1824 gebaut und war ursprünglich ein Garten im Landgut von Philip Livingston. Heute ist dies eine ruhige Straße mit Privathäusern, die für Kaufleute der Mittelklasse errichtet wurden. Mindestens eines davon – die Nummer 21, ein früheres Stallgebäude – wurde vor dem Bürgerkrieg errichtet.

VERANDAH PLACE

ZWISCHEN CLINTON STREET UND HENRY STREET
NAHE DER CONGRESS STREET

1850

Dieser kleine Platz wurde für Kutschenremisen und Stallgebäude gebaut. Als man den Cobble Hill Park nach dem Abbruch der Second Unitarian Church einrichtete, wurde er attraktiver und gewann durch die zeitgenössische Restaurierung. Die neuen Besitzer brachten einige fantasievolle Veränderungen an und ersetzten die Heuböden durch große Fenster; bei einigen ließen sie die Winden aus Eisen in den Giebeln einfach stehen.

129 JORALEMON STREET

ZWISCHEN HENRY STREET UND CLINTON STREET

1891, C. P. H. GILBERT

In diesem Apartmenthaus lebte einst David Chauncy. Es stellt eine faszinierende Kombination zwischen Romanesque und Colonial Revival Style dar. Die massive Struktur aus Stein und gelben Ziegeln sollte einem Bungalow ähnlich sehen.

831

832

833

834

835

836

837

DR. JOSEPH E. CLARK HOUSE

340 CLINTON STREET
ZWISCHEN DEGRAW STREET UND KANE STREET

UM 1860

Dies ist das größte Einfamilienhaus in Cobble
Hill. Abgesehen von seiner ungewöhnlichen
Breite sind auch die Stockwerke höher als üblich, und unter dem schönen Mansarddach
befindet sich eine Dachwohnung. Während der
Schlacht von Long Island im Revolutionskrieg
beobachtete George Washington von dieser
Stelle aus den Rückzug seiner Armee und be-
schloss, sich auch von einem Fort zurückzu-
ziehen, das auf einem »Cobbleshill« genannten
Hügel stand. Nach dem Rückzug der Amerikaner zerstörten englische Ingenieure die Festung und trugen den Hügel ab.

838

ROMAN CATHOLIC INSTITUTIONAL SERVICES

43–57 CARROLL STREET, BEI DER HICKS STREET

1943, HENRY V. MURPHY

Dieses Gebäude im Art-Moderne-Stil ähnelt einem Leuchtturm und war ursprünglich ein Außenposten des Catholic Seaman's Institute.
Diese Organisation kümmerte sich um die Tausende von Seeleuten, die in den früheren Seehafen einliefen. Dieser Teil von Carroll Gardens
gehörte einst zu Red Hook, und das war bis in
die 60er-Jahre des 20. Jahrhunderts hinein der
geschäftigste Seehafen in ganz Amerika. Durch
den Bau des Belt Parkway, des Gowanus Expressway und des Brooklyn-Battery Tunnel
wurde er allerdings von der City abgeschnitten.

St. Paul's Church of Brooklyn
(Episkopalkirche)

423 Clinton Street bei der Carroll Street

1884, Richard Upjohn & Son

Diese Kirche im Victorian Gothic Style wirkte im Inneren interessanter. Die Kanzel steht auf halbem Weg im Mittelschiff, und davor befindet sich eine Doppelreihe von Kirchenstühlen, damit die Geistlichen und die Messdiener die Predigt anhören konnten, was vom Hochaltar aus kaum möglich war. Die Kirche heißt St. Paul's of Brooklyn, um sie von St. Paul's Flatbush zu unterscheiden. Als die beiden Gemeinden entstanden, war Flatbush noch eine eigene Stadt. Der Ort schloss sich erst im Jahr 1894 der City of Brooklyn an.

839

37–39 Third Place

zwischen Henry Street und Clinton Street

1875

Das Mansarddach auf diesem Haus gehört zu den eindrucksvollsten der Stadt. Das Gebäude trägt viel zum Charme von Carroll Gardens bei. Dieses Viertel hat eine Atmosphäre, wie sie in einer Großstadt nur selten anzutreffen ist. Ursprünglich gehörte es zum Brooklyner Viertel Red Hook. Doch dieser Name wurde in den 60er-Jahren des 20. Jahrhunderts geändert, um begüterte Hauskäufer anzulocken. Ganz zu Beginn wohnten hier irische Einwanderer. Sie verließen das Viertel schon in den 20er-Jahren, als Italiener zuzogen. Das Viertel ist auch bekannt für seine breiten Vorgärten, die auf den ursprünglichen Bebauungsplan aus dem Jahr 1846 zurückgehen.

840

841

842

843

844

845

846

WORKINGMEN'S COTTAGES

WARREN PLACE, ZWISCHEN HICKS UND HENRY STREET

1879

Diese 34 Cottages ließ Alfred Tredway White für Arbeiterfamilien mit niedrigem Einkommen errichten. Die 3,5 m breiten Häuser umgeben eine entzückende kleine Gasse.

CENTRAL COURT BUILDING

120 SCHERMERHORN STREET BEI DER SMITH STREET

1932, COLLINS & COLLINS

Dieses mächtige Gebäude im Renaissance-Revival-Stil beherrscht die ganze Umgebung, macht dies aber durch seine wundervollen Arkaden und die breiten Bogen wieder wett.

HOME BUILDINGS

439–445 HICKS STREET UND 134–140 BALTIC STREET

1876, WILLIAM FIELD & SONS

Dem Beispiel viktorianischer Unternehmer mit sozialem Gewissen folgend ließ Alfred Tredway White diese 226 Apartmentgebäude für Menschen mit niedrigem Einkommen bauen. Sie sind gut belüftet, bekommen viel Sonnenlicht, doch White war kein blauäugiger Philanthrop. Er setzte die Mieten so fest, dass seine Investoren eine Rendite von fünf Prozent erhielten. Selbst damit kostete ein typisches Vier-Zimmer-Apartment monatlich nur sieben Dollar. Alle Apartments hatten offene Balkone.

LONG ISLAND UNIVERSITY
(BROOKLYN CENTER)

385 FLATBUSH AVENUE
ZWISCHEN DEKALB AVENUE UND WILLOUGHBY STREET

Der Name dieser 1926 in Brooklyn gegründeten Universität spiegelt die Tatsache wider, dass Brooklyn wie Queens geographsch zu Long Island gehört. Wie viele andere Institutionen aus Brooklyn dehnte sie sich ostwärts aus und errichtete je einen Campus in Brookville und Southhampton. In den späteren 80er-Jahren kam noch je ein Campus in Westchester County und Rockland County hinzu. In diesem Campus, dem Hauptsitz der Universität, sind rund 5500 Studenten immatrikuliert.

301–311 CLINTON STREET

BEI DER KANE STREET

1849–54

Diese prächtige Reihe von Häusern im italienischen Stil sowie ihre Nachbarn an der Kane Street und am Tompkins Place gehören zu einer Bebauung des New Yorker Anwalts Gerard W. Morris. Sie vermeiden die Monotonie vieler Reihenhäuser durch die hervortretenden Eingangstreppen und die Giebel. Die originalen schmiedeeisernen Arbeiten mit den Kleemotiven sind an den meisten Häusern intakt geblieben.

103–107 STATE STREET

BEIM SIDNEY PLACE

UM 1848

Diese drei Gothic-Revival-Reihenhäuser haben wunderschöne Eisenzäune. Alle drei besaßen ursprünglich auch Balkone im ersten Stock, wie es das letzte erhaltene Exemplar an der Nummer 107 zeigt. An diesem Haus ist auch ein ungewöhnliches Relief befestigt, das wohl von einem anderen Haus stammt. Mit Ausnahme der Nummer 105, in der ein Arzt lebte, wohnten in diesen Häusern und in der ganzen Nachbarschaft überwiegend Kaufleute.

847

848

849

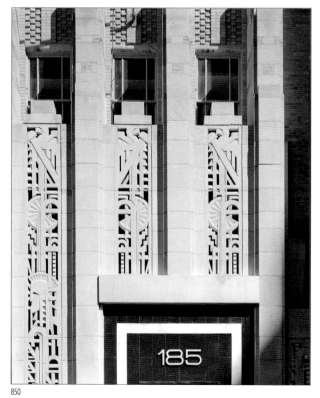

850

TEMPLE BAR BUILDING

44 COURT STREET BEI DER JORALEMON STREET

1901, GEORGE L. MORSE

Das ist ein gutes Beispiel dafür, dass man bei Streifzügen durch die Stadt stets nach oben sehen sollte. Die Kuppeln aus Kupfer sind einen Blick nach oben wert, doch findet man dort noch eine Menge anderer interessanter Dinge. Das gilt übrigens für viele Gebäude, für deren Erdgeschosse man keinen zweiten Blick wagen würde. Das Gebäude hier war zu Beginn des 20. Jahrhunderts das höchste in Brooklyn.

DEGRAW MANSION

219 CLINTON STREET BEI DER AMITY STREET

1845

Dieses von einem großen landschaftsarchitektonisch gestalteten Garten umgebene Haus wurde für Abraham J. S. DeGraw errichtet, einen Kommissionshändler in Manhattan. Im Jahr 1891 ließ es der Textilhändler Ralph L. Cutter vergrößern. Er fügte die romanischen Details im Erdgeschoss hinzu sowie den niederländisch anmuteten Stufengiebel und den Turm mit dem ersten Personenaufzug in Brooklyn.

INDEPENDENCE SAVINGS BANK

130 COURT STREET BEI DER ATLANTIC AVENUE

1922, MCKENZIE, VOORHEES & GMELIN

Dieses Bankinstitut, das heute Independence Community Bank heißt, zog im Jahr 1994 in die Montague Street um. Sie war als Bank des so genannten kleinen Mannes konzipiert. Zu ihren Projekten zählte auch die Independence Community Foundation, die den Gesundheitszustand der Bewohner, ihre Wohnverhältnisse sowie die Kunst und Kultur in Brooklyn fördern sollte. Die Stiftung unterstützt im großen Maßstab die Organisation Habitat for Humanity, deren New Yorker Sitz sich in der Furman Street am Fuß von Brooklyn Heights befindet.

NATIONAL TITLE GUARANTY BUILDING

185 MONTAGUE STREET
ZWISCHEN CLINTON STREET UND CADMAN PLAZA

1930, CORBETT, HARRISON & MACMURRAY

Diese außergewöhnliche Art-déco-Bank gestaltete das Architektenteam, das später auch für das Design des Rockefeller Center verantwortlich zeichnete. Der Schalterraum besaß ein glänzendes Messinggeländer um die Schreibtische, viel Marmor sowie ein Deckengemälde, auf dem ein Sommerhimmel dargestellt ist.

851

852

Post Office Building and Court House 𝓛

271–301 CADMAN PLAZA BEI DER JOHNSON STREET

1891, MIFFLIN E. BELL

Das Originalgebäude im Romanesque-Revival-Stil gestaltete Mifflin Bell, der Chefarchitekt des U.S. Treasury Department. Er ging in den Ruhestand, als man gerade mit dem Bau begann. Sein Nachfolger fügte kühnere Details an. Während der Wirtschaftskrise kam ein neuer Flügel für den U.S. Bankruptcy Court und für Büros des U.S. Attorney hinzu. Die Cadman Plaza heißt offiziell S. Parkes Cadman Plaza und wurde nach einem Pfarrer benannt, der als Radioprediger berühmt wurde.

Dime Savings Bank 𝓛

9 DeKALB AVENUE, GEGENÜBER DER FULTON STREET

1908, MOBRAY & UFFINGER
ERWEITERUNG: 1932, HALSEY, McCORMACK & HELMLER

Dieses große Gebäude wurde eigens gestaltet, um Kunden anzulocken. Die beeindruckende Kuppel fügte man im Jahr 1932 hinzu. Zu jener Zeit stattete man das Innere noch üppiger aus: Zwölf Säulen aus rotem Marmor trugen eine Rotunde, ihre vergoldeten Kapitele waren mit Zehn-Cent-Stücken mit dem Kopf von Merkur darauf übersät. Wie der Name schon andeutet, konzentrierte sich die Bank auf Kleinsparer – ein Dime ist ein Zehn-Cent-Stück. Vor der Fusion mit der Anchor Savings Bank in den 90er-Jahren betrugen ihre Vermögenswerte immerhin 8,3 Millionen US-Dollar, und das waren eine Menge Zehn-Cent-Stücke.

BROOKLYN BOROUGH HALL ℒ

209 JORALEMON STREET BEI DER CADMAN PLAZA

1848, GAMALIEL KING
CUPOLA, 1898, VINCENT C. GRIFFITH UND
STOUGHTON & STOUGHTON

Bevor sich Brooklyn im Jahr 1898 widerwillig Greater New York anschloss, war dies die City Hall, das Rathaus. Wie um zu zeigen, dass nach der Verschmelzung mit New York keine Ressentiments übrig geblieben waren, fügte man innerhalb weniger Monate danach die beeindruckende gusseiserne Kuppel hinzu. Der frühere Versammlungssaal des Stadtrates wurde in einen Gerichtssaal im Beaux-Arts-Stil verwandelt. Nach einer langen Vernachlässigung restaurierte man das Gebäude sorgfältig im Jahr 1989.

NEW YORK & NEW JERSEY TELEPHONE COMPANY BUILDING

81 WILLOUGHBY STREET BEI DER LAWRENCE STREET

1898, R. L. DAUS

Die Ikonografie der Beaux-Arts-Fassade auf diesem Gebäude mit ihren altmodischen Telefonen und Glocken erinnert daran, dass hier einst eine Telefongesellschaft ihren Sitz hatte. Sie war eine frühere Erscheinungsform der Firma, die heute Verizon heißt. Ursprünglich umfasste sie sechs Gesellschaften, die New York, New Jersey und Teile von Pennsylvania bedienten. Diese Ära ging im Jahr 1927 mit der Bildung der New Jersey Bell zu Ende.

BROOKLYN FRIENDS MEETING HOUSE ℒ

110 SCHERMERHORN STREET BEIM BOERUM PLACE

1857

Wie man es von einem Versammlungshaus der Quäker erwarten kann, wirkt das Gebäude streng und gleichzeitig doch elegant und einfach. Die Gesellschaft der Freunde, wie die Quäker auch heißen, war im kolonialen New York eine der am stärksten diskriminierten Religionsgemeinschaften. Sie überlebte, weil sie zu einer der einflussreichsten Minderheiten im Staat heranwuchs. Die Quäker waren unerschütterliche Verfechter der Bürgerrechte zu einer Zeit, als es diesen Begriff überhaupt noch nicht gab.

GAGE & TOLLNER RESTAURANT ℒ

372–74 FULTON STREET
ZWISCHEN SMITH STREET UND RED HOOK LANE

1879

Das berühmte Restaurant zog im Jahr 1882 in dieses Sandsteingebäude um, nachdem es sich in den drei Jahren zuvor einen soliden Ruf im Viertel erworben hatte. Es ist für Seafood und vor allem für Austern bekannt. Im Speisesaal sieht man Mahagonitische, verspiegelte Wände, Samtbrokat sowie geschliffene Gasleuchter.

853

854

855

856

857

858

859

860

CITY OF BROOKLYN FIRE HEADQUARTERS ℒ

365–367 JAY STREET
ZWISCHEN WILLOUGHBY STREET UND MYRTLE AVENUE

1892, FRANK FREEMAN

Dieses heute als Apartmenthaus dienende Gebäude ist ein Meisterstück des Romanesque-Revival-Stils, den Henry H. Richardson bekannt gemacht hat. Frank Freeman gehört zu den besten Architekten, die Brooklyn ihren Stempel aufdrückten. Das Gebäude aus Granit, Backstein und Sandstein mit dem roten Ziegeldach hat einen massiven Torbogen. Hier fuhren die von Pferden gezogenen Feuerspritzen ein und aus. Der hohe Turm diente als Ausguck, von dem aus man Feuer ausmachen konnte. Die Brooklyner Feuerwehr ging sechs Jahre nach der Fertigstellung dieser Wache im New York Fire Department auf.

ST. JAMES CATHEDRAL
(RÖMISCH-KATHOLISCH)

JAY STREET BEIM CATHEDRAL PLACE

1903, GEORGE H. STREETON

Die erste Kirche an dieser Stelle war die Mutterkirche der katholischen Diözese von Brooklyn. Doch im Jahr 1896 verkündete der Bischof Pläne zum Bau einer neuen schöneren Kathedrale im Gebiet von Fort Green. So wurde St. James zu einem zeitweiligen Bischofssitz. Das neue Gebäude entstand nie, doch die Bezeichnung der Kirche als Pro-Kathedrale änderte man erst im Jahr 1972.

THE CLOCK TOWER

ONE MAIN STREET
ZWISCHEN BROOKLYN BRIDGE UND MANHATTAN BRIDGE

1888, WILLIAM HIGGINSON

Der Clock Tower gehörte ursprünglich zu einer Gruppe von Gebäuden – er trug die Nummer 7 von 12 –, die den Stahlbetonbau in dessen Anfängen illustrieren sollten. Sie wurden alle für Robert Gair gebaut, dessen Unternehmen Schachteln aus Wellpappe herstellte. Heute enthält das Gebäude Eigentumswohnungen und dient als Fixpunkt für die heranwachsende Künstlerkolonie mit der Bezeichnung DUMBO – »Down Under the Manhattan Bridge Overpass«. Überall in der Stadt gibt es buchstäblich Hunderte solcher Uhren wie an diesem Turm, an Gebäuden, Straßenecken, Schaufenstern.

FIRE BOAT PIER

AM BEGINN DER ALTEN FULTON STREET

1926

Diese nahezu vergessene Struktur mit einem Turm zum Trocknen von Feuerwehrschläuchen war für kurze Zeit das Fulton Ferry Museum. Es erinnerte an geschäftigere Tage, als Fährschiffe noch an einem Terminal festmachten, der im Stil des Second Empire gestaltet war. Fährdampfer nahmen im Jahr 1824 den Liniendienst auf, im letzten Viertel des 19. Jahrhunderts gab es 1200 Überquerungen am Tag. Mit Eröffnung der Brooklyn Bridge 1883 sank der Bedarf, 1924 wurde der Fährdienst eingestellt. Weitere Attraktionen auf der kleinen Plaza sind ein umgebauter Lastkahn, wo Kammermusikkonzerte stattfinden, sowie eine weitere Barge mit dem River Café.

861

862

863

EAGLE WAREHOUSE

8 OLD FULTON STREET BEI DER ELIZABETH STREET

1893, FRANK FREEMAN

Dieses festungsähnliche Lagerhaus befindet sich an jener Stelle, wo die Zeitung *Daily Eagle* ihren ersten Sitz hatte. Der alte Zinkadler des Presseunternehmens ist noch am Eingang zu sehen. Die Bronzebuchstaben auf dem Rundbogen des Eingangstors sind im modernen New York einzigartig. Das Gebäude ist heute in Eigentumswohnungen unterteilt.

WATCHTOWER BUILDING

DOUGHTY STREET, VINE STREET UND FURMAN STREET, COLUMBIA HEIGHTS

Dieses massive Gebäude war Hauptsitz und gleichzeitig Fabrik von E. R. Squibb and Co., einer führenden Pharmafirma, die im Jahr 1858 in Brooklyn gegründet wurde. Nachdem sie 1938 nach New Jersey gezogen war, kaufte die Watchtower Bible and Tract Society der Zeugen Jehovas den Komplex. Ihre Zeitschrift *The Watchtower* (Der Wachturm) erscheint 14-tägig mit einer Auflage von 20 Millionen Stück in insgesamt 125 Sprachen.

ESKIMO PIE BUILDING

100–110 BRIDGE STREET
ZWISCHEN YORK STREET UND TILLMAN STREET

1910, LOUIS JALLADE

Glasierte Terrakotta macht die Fassade dieses Gebäudes zu einem wahren Schmuckstück, doch für die damals jungen Leute zählte mehr das Innere des Gebäude. Eine bekannte Firma stellte hier ihre Eskimo Pies her, mit Schokolade überzogene Eislutscher.

864

Manhattan Bridge Stanchion

CANAL STREET BEI DER BOWERY IN MANHATTAN,
FLATBUSH AVENUE IN BROOKLYN

1910, LEON MOISSEIFF, INGENIEUR
HENRY HORNBOSTEL, ARCHITEKT

Als man mit der Planung für diese dritte
Brücke über den East River, nördlich der
Brooklyn Bridge und der Williamsburg Bridge,
begann, wollte man wirklich etwas Schönes
bauen. Nach einer Menge Streitigkeiten
tauschte man die Architekten aus und engagierte die Firma Carrère & Hastings, um die
ursprünglichen Entwürfe zu verbessern. Doch
sie änderte keine der grundlegenden Ideen von
Hornbostel für die Türme und die Verankerun-
gen. Henry Hornbostel hatte auch die Queensboro Bridge gestaltet, die schon ein Jahr zuvor
eröffnet worden war.

BROOKLYN

Innerhalb von drei Jahren, nachdem Brooklyn im Jahr 1898 eingemeindet worden war, erreichte die Bevölkerung die Einmillionenmarke. Bis zum Jahr 1920 verdoppelte sie sich noch einmal. Die Steuergesetze zwangen die Landwirte zum Verkauf ihrer Güter, Bauunternehmer waren glücklich, dass sie Neuzuzüglern Grundstücke verkaufen konnten. Als Brooklyn eine Wohngegend wurde, entstanden neue Viertel, alte veränderten ihren Charakter. Man konnte in verhältnismäßig ländlicher Umgebung leben und gelangte doch für ein Fünfcentstück mit der U-Bahn zur Arbeit. Heute ist Brooklyn nicht mehr so ländlich, die Reise zur Arbeit ist teurer, doch seine Viertel ziehen junge Leute und Familien an.

865

866

Brooklyn Academy of Music

39 Lafayette Avenue

1908, Herts & Tallant

Dieses Zentrum für die darstellenden Künste hat drei große Räume: das Opera House, das Playhouse (die frühere Music Hall) und den Leperq Space (den früheren Tanzsaal). Die monumentale Eingangshalle ist 4650 Quadratmeter groß. Im Jahr 1981 kamen weitere Räume hinzu. Hier hat das Brooklyn Philharmonic Orchestra seinen Sitz. Die Institution, die sich selbst BAM nennt, konzentriert sich auf neue ungewöhnliche Musik-, Tanz- und Schauspielproduktionen. Am besten ist sie vielleicht für das jährlich stattfindende avantgardistische New Wave Festival bekannt.

BAM Harvey Theater
(früher das Majestic Theater)

Fulton Street bei der Rockwell Street

1903
Renoviert: 1987, Hardy Holzman Pfeiffer

Dies ist eines der Theater, die die Brooklyn Academy of Music unter ihrem Leiter Harvey Lichtenstein im Jahr 1967 restaurierte. Zuerst war es ein Kino. Doch seine Raumgestaltung ist so flexibel, dass man es für Tanzevents, Schauspiele und musikalische Aufführungen verwenden kann. Im Jahr 1999 wurde es dann zu Ehren Lichtensteins in BAM Harvey Theater umbenannt.

867

179–186 WASHINGTON PARK

ZWISCHEN WILLOUGHBY AVENUE UND DEKALB AVENUE

1886, JOSEPH H. TOWNSENS

In den 70er- und 80er-Jahren des 19. Jahrhunderts war dies die feinste Adresse im Viertel Fort Greene. Hauptanziehungspunkt war der zwölf Hektar große Washington Park, den Frederick Law Olmsted und Calvert Vaux gestalteten. Auf den kopfsteingepflasterten Wegen konnte man unter großen Kastanienbäumen lustwandeln. Als das Prison Ship Martyr's Monument eingeweiht wurde (1908), nannte man den Park in Fort Greene Park um. Die 45 Meter hohe, von Stanford White entworfene Granitsäule ehrte die amerikanischen Patrioten, die im Revolutionskrieg auf britischen Schiffen gefangen gehalten wurden: Von den geschätzten 12 500 Männern kehrten nur 1400 zurück.

868

868

157 HOYT STREET

ZWISCHEN BERGEN STREET UND WYCKOFF STREET

UM 1860

Boerum Hill ist ein ziemlich neuer Name auf der Karte von Brooklyn. Er stammt von einem Landgut, zu dem der größte Teil dieses 36 Blöcke umfassenden Gebiets gehörte. Einst war es im Besitz der Familie Boerum. Die dreigeschossigen Reihenhäuser an der Hoyt Street zwischen der Bergen Street und der Wycoff Street gehören zu den ältesten im ganzen Viertel. Die Straße nannte Charles Hoyt nach sich selbst. In den frühen 1830er-Jahren kaufte er hier zusammen mit Charles Nevins Land auf und erschloss es mit Gebäuden. Auch Nevins benannte eine Straße nach sich selbst.

869

St. Joseph's College

232 CLINTON AVENUE
ZWISCHEN DEKALB AVENUE UND WILLOUGHBY AVENUE

1875, EBENEZER L. ROBERTS

Der gesamte Block hier an der Clinton Avenue ist der schönste in Clinton Hill. Dies geht auf vier herrschaftliche Häuser zurück, die Angehörige der Familie Pratt errichten ließen – dieses frei stehende Haus ist das großartigste. Es war das Landhaus von Charles Pratt, der mit einer Ölraffinerie im benachbarten Fort Greene, die pro Tag über 1500 Barrel Petroleum ausstieß (»Astral Oil«), ein Vermögen verdiente. Er lieferte den Brennstoff für die Petroleumlampen in Amerika. Im Jahr 1874 verkaufte er sein Unternehmen an John D. Rockefeller und wurde Geschäftsführer der Rockefellers Standard Oil Company.

869

870

State Street Houses ℒ

ZWISCHEN SMITH STREET UND HOYT STREET

1847–74

Diese insgesamt 23 gut erhaltenen Reihenhäuser aus Sandstein im Renaissance-Revival-Style lockten als erste Käufer der oberen Mittelklasse nach Boerum Hill. Nach ihrem Umzug, vorwiegend aus Vierteln in Manhattan, nannten sie sich selbst »Pioniere«. Die meisten kannten bis dahin nicht einmal den Unterschied zwischen einem Pinsel und einem Hammer, doch sie lernten schnell, und durch ihre selbsterworbenen Fähigkeiten als Hobbyhandwerker wurde dieses zu einem der begehrtesten Viertel in Brooklyn.

870

871

872

873

874

875

876

HANSON PLACE
SEVENTH DAY ADVENTIST CHURCH℘

88 HANSON PLACE BEI DER SOUTH PORTLAND AVENUE

1860, GEORGE PENCHARD

Dieses prächtige klassizistische Gebäude mit dem cremefarbenen Dachgesims über der braunen Fassade war ursprünglich eine Baptistenkirche. In den 1970er-Jahren wurde sie innen und außen restauriert. Nach alttestamentarischer Tradition betrachten die Siebenten-Tags-Adventisten den Samstag und nicht den Sonntag als den Ruhetag, der Gottesdiensten vorbehalten ist.

PUBLIC BATH No. 7℘

227–231 FOURTH AVENUE
ZWISCHEN UNION STREET UND PRESIDENT STREET

1910, RAYMOND F. AMIRALL

Das erste öffentliche Badehaus in New York war ein kommerzielles Unternehmen: »People's Bathing and Washing Establishment.« Es eröffnete im Jahr 1849 an der Mott Street. Bundesstaatliche Gesetze zwangen die Stadt nach dem Jahr 1901, mehr solche Bäder zu eröffnen. Obwohl die Architektur der meisten dem römischen Vorbild folgte, hielt sich dieses mit seinem an das Meer erinnernden Terrakottaschmuck nicht daran.

RESIDENCE, BISHOP OF BROOKLYN
(RÖMISCH-KATHOLISCH)

241 CLINTON AVENUE
ZWISCHEN DEKALB AVENUE UND WILLOUGHBY AVENUE

1890, WILLIAM E. TUBBY

Dieses herrschaftliche Haus wurde für Charles Millard Pratt gebaut. Der halbrunde Wintergarten an der Südseite weist eine spektakuläre Bronzelampe auf, die ohne Zweifel mit dem »Astral Oil« des älteren Pratt brannte. Heute befindet sich hier die Residenz von Rt. Rev. Thomas Daily, des Bischofs der katholischen Diözese von Brooklyn, deren Jurisdiktion sich bis nach Queens hinein erstreckt.

BROOKLYN MASONIC TEMPLE

317 CLAREMONT AVENUE BEI DER LAFAYETTE AVENUE

1906, LORD & HEWLLETT UND PELL & CORBETT

Dieser elegante Freimaurertempel mit seinen imponierenden Pfeilern und dem bunten Terrakottadekor spiegelt die Pracht des gesamten Fort-Greene-Viertels zu Beginn des 20. Jahrhunderts wider. Die Architektur war von griechischen Tempeln inspiriert, und das bunte Dekor sollte daran erinnern, dass diese früher einmal bemalt gewesen waren.

BROOKLYN PRINTING PLANT
The New York Times

59–75 THIRD AVENUE
ZWISCHEN DEAN STREET UND PACIFIC STREET

1929, ALBERT KAHN

Chicagobesucher sind fasziniert, wenn sie durch Fenster auf Gehsteighöhe zusehen können, wie die *Sun-Times* die Druckmaschinen verlässt. Doch schon Jahre, bevor jene Druckerei überhaupt gebaut wurde, konnte man das gleiche Schauspiel in Brooklyn genießen. Die *New York Times* wurde hinter diesen Fenstern gedruckt. Die Halle ersetzte die Druckerei am Times Square. Heute stellt man die Zeitung in moderneren Betrieben außerhalb der Stadt her.

VACHTE-CORTELYOU HOUSE

3RD STREET BEI DER FIFTH AVENUE

1699

Lange war dieses niederländische Landhaus als »Old Stone House at Gowanus« bekannt. Als Teil des James J. Byrne Memorial Playground baute man es im Jahr 1935 aus den originalen Steinen wieder auf. Bei der Schlacht von Long Island während des Revolutionskrieges hatte eine kleine Garnison von diesem Haus aus die britischen Streitkräfte aufhalten können. Dies erlaubte es der Armee von General Washington, in das sichere Manhattan zu flüchten.

Pratt Row ℒ

877

220–234 Willoughby Avenue

1907, Hobart Walker

Dies ist ein Teil von drei Reihen mit 27 Häusern. Sie erstrecken sich bis zur Steuben Street und zum Emerson Place. Von den vielen Häusern, die die Pratt-Familie in Clinton Hill erbauen ließ, waren diese für »Menschen mit Geschmack und Bildung, aber geringen Mitteln« gedacht. Heute wohnen hier Lehrer des Pratt Institute.

Joseph Steele House

878

200 Lafayette Street bei der Vanderbilt Avenue

um 1850

Dieses Holzhaus im Greek-Revival-Stil wurde um ein früheres Cottage im Federal Style gebaut, das heute dessen Ostflügel bildet. Das Dach ist begehbar, wie dies in New England üblich war, doch der Blick über das Meer ging schon vor Generationen verloren.

415 Clinton Avenue

879

zwischen Gates Avenue und Greene Avenue

um 1865

Dieses bequeme Wohnhaus ließ sich der Bauunternehmer Frederick A. Pratt errichten. Man darf ihn nicht mit seinen viel reicheren Nachbarn gleichen Namens verwechseln, deren monumentale Wohngebäude sich weiter unten an der Straße befinden. Sein Haus ist eine hübsche Mischung aus bemalten Ziegeln und einem rosafarbenen Mansarddach aus Schiefer.

Pratt Institute

880

Südlich der Willoughby Avenue und nahe der DeKalb Avenue

1887–2000

Ähnlich wie die Cooper Union in Manhattan war dieses von Charles Pratt gegründete geisteswissenschaftliche College ursprünglich als Lehranstalt für eine praktische Ausbildung gedacht. Heute kann man hier Abschlüsse in Kunst, Design und Architektur machen.

877

878

879

880

881

RENAISSANCE APARTMENTS ℒ

488 NOSTRAND AVENUE BEI DER HANCOCK STREET

1892, MONTROSE W. MORRIS

Dieses hellgelbe Apartmenthaus aus Ziegeln und Terrakotta stand lange Zeit leer und wurde dann im Jahr 1996 innen wie außen glorios restauriert. Zusammen mit anderen Restaurierungen half es mit, das Bedford-Stuyvesant-Viertel wieder zu einem schönen, würdigen Wohngebiet zu machen.

882

BREVOORT PLACE

ZWISCHEN FRANKLIN AVENUE UND BEDFORD AVENUE
NAHE DER FULTON STREET

1860ER-JAHRE

Diese gut erhaltenen Reihenhäuser sind typisch für das Bedford-Stuyvesant-Viertel zur Zeit des Bürgerkriegs. Das Wohngebiet heißt so nach zwei älteren Wohngemeinden für die Mittelklasse, Bedford und Stuyvesant Heights. Im Jahr 1940 war »Bed-Stuy« die größte schwarze Gemeinde der Stadt noch vor Harlem.

883

ALHAMBRA APARTMENTS ℒ

500–518 NOSTRAND AVENUE
ZWISCHEN HALSEY STREET UND MACON STREET

1890, MONTROSE W. MORRIS

Dies war das erste von drei großen Apartmenthäusern, die der Bauunternehmer Louis F. Seitz für begüterte Mieter in Bedford-Stuyvesant errichten ließ. Es stand lange leer, wurde aber 1998 restauriert, um die Nachfrage nach einer soliden Behausung im Viertel zu befriedigen.

113–137 BAINBRIDGE STREET

ZWISCHEN LEWIS AVENUE UND STUYVESANT AVENUE

UM 1900

Jedes dieser 13 Häuser wirkt im Dachbereich spielerisch und individuell. Es sieht so aus, als ob die Erbauer der Welt hätten zeigen wollen, dass an der Schwelle zum neuen Jahrhundert die alten Ideen vom gleichförmig zur Schau gestellten Wohlstand nicht mehr gültig seien.

884

IMPERIAL APARTMENTS

1198 PACIFIC STREET BEI DER BEDFORD AVENUE

1892, MONTROSE W. MORRIS

Dieses elegante Apartmentgebäude in Crown Heights, das seither in kleinere Wohneinheiten unterteilt wurde, zeigt großartige Fassaden an der Pacific Street und an der Bedford Avenue. Es nutzt dabei seine Lage am Grant Square, der durch die Kreuzung der Bedford Avenue und der Rogers Avenue entsteht.

885

INDEPENDENT UNITED ORDER OF MECHANICS

67 PUTNAM AVENUE
ZWISCHEN IRVING PLACE UND CLASSON AVENUE

1889, RALPH L. DAUS

Hier befand sich ursprünglich der Sitz des Lincoln Club. Er wurde im Jahr 1878 gegründet, um die Interessen der Republikanischen Partei zu vertreten. Bald stand aber nicht mehr die Politik, sondern das gesellige Beisammensein im Mittelpunkt, und das ist heute noch der Hauptzweck. Der Order of Mechanics zog in den 40er-Jahren des 20. Jahrhunderts ein, nachdem sich der Lincoln Club aufgelöst hatte.

886

887

888

889

386–396 Lafayette Avenue

BEI DER CLASSON AVENUE

UM 1888

Diese Reihe von Terrassenapartments aus Ziegeln und Sandstein erstreckt sich um die Ecke bis zur Classon Avenue und sorgt für einen Hauch von Heiterkeit inmitten eines geschäftigen Viertels. Das Wohngebiet Bedford-Stuyvesant hat eine Einwohnerzahl von weit über 400 000 Menschen. Das ist mehr als in der Stadt Minneapolis, wobei hier alle diese Menschen in einem Gebiet von nur 800 Hektar zusammengedrängt leben.

Boys' High School ℒ

832 MARCY AVENUE
ZWISCHEN PUTNAM AVENUE UND MADISON STREET

1892, JAMES W. NAUGHTON

Hier befinden sich die Street Academy, das Brooklyn Literacy Center und das Outreach Program. Vor einem Jahrhundert hatte dort eine der bedeutendsten Public Schools in Brooklyn ihren Sitz. Mit steigendem Prestige wuchs auch deren Schülerzahl, von 1905 bis 1910 errichtete man mehrere Anbauten. Diese und die Girls' High School an der Nostrand Avenue gingen aus der Central Grammar School hervor, der ersten High School Brooklyns (1878).

Caroline Ladd Pratt House ℒ

229 CLINTON AVENUE
ZWISCHEN DEKALB AVENUE UND WILLOUGHBY AVENUE

1895, BABB, COOK & WILLARD

Dieses sagenhafte georgianische Herrenhaus schenkte Charles Pratt seinem Sohn Frederic, als dieser Caroline Ladd heiratete. Das Haus ist insofern bemerkenswert, als es an einer Seite mit einem anderen herrschaftlichen Haus verbunden ist. Unbedingt sehenswert ist die Pergola am Ende des rückwärtigen Gartens. Hier wächst eine der schönsten Glyzinien. Das Pratt Institute nutzt heute das Haus als Wohnheim für ausländische Studenten.

890

891

JEFFERSON AVENUE

ZWISCHEN NOSTRAND AVENUE UND THROOP AVENUE

1870ER-JAHRE

Zu den frühen illustren Bewohnern dieser Reihe von Sandsteinhäusern im Renaissance-Revival-Stil gehörte auch F. W. Woolworth mit seinen Fünf- und Zehncentläden sowie Abraham Abraham, einer der Begründer der Kaufhauskette Abraham & Straus.

1281 PRESIDENT STREET

ZWISCHEN BROOKLYN AVENUE UND NEW YORK AVENUE

1911, WILLIAM DEBUS

Der südliche Teil von Crown Heights wurde nach dem Jahr 1900 bebaut, und dieses imponierende Doppelhaus ist ein gutes Beispiel für die Art Gebäude, die auf diesem früheren Ackerland entstanden.

Der von der Montgomery Street, dem McKeever Place, dem Sullivan Place und der Bedford Avenue umgrenzte mächtige Block in Crown Heights enthält heute Apartments. Doch von 1913 bis zu jenen dunklen Tagen im Jahr 1957 befand sich hier Ebbets Field, der dritte Spielplatz der untergegangenen Brooklyn Dodgers. Die Baseballmannschaft trug mehrere verschiedene Namen, bevor sie 1920 die Meisterschaft der National League gewann und sich als Dodgers etablierte. Ihre Fans nannten sie üblicherweise »Bums«, was so viel wie »Penner« bedeutet, da sie 1920 die World Series verloren und zwanzig Jahre lang weit von einem Meisterschaftstitel entfernt waren. Dank Spielern wie Dixie Walker, Pee Wee Reese und Pistol Pete Reiser sowie dem Manager Leo Durocher gewannen sie schließlich im Jahr 1941 noch einmal die Meisterschaft. Als sie im selben Jahr in der World Series gegen die Yankees verloren, lautete die Parole in Brooklyn: »Warten wir das nächste Jahr ab.« Dieses nächste Jahr kam aber erst 1947, als sie wiederum die Meisterschaft gewannen und die Series erneut gegen die Yankees verloren. Das Gleiche wiederholte sich 1952.

Und so ging es weiter. Die Bums verloren in den Jahren 1950 und 1951 die Meisterschaft im letzten Spiel der Saison, doch im Jahr 1951 brach das Herz der Fans in Brooklyn, als Bobby Thompson von den Giants im neunten Inning einen Grandslam-Homerun erzielte und damit die 4:1-Führung der Dodgers pulverisierte. Baseballjournalisten schrieben damals: »Der Schlag war um die ganze Welt zu hören.« Die Dodger- Fans meinten: »Man hat uns den Sieg geraubt.« Die Revanche kam, als sie ihre erste und einzige Weltmeisterschaft im Jahr 1955 auf dem Ebbets Field gewannen. Zwei Jahre darauf zogen sie irgendwohin jenseits des Hudson River um, und Bauarbeiter kamen, um Platz zu schaffen für die Apartmenttürme. Brooklyn brauchte diese Häuser aber vermutlich nicht annähernd so sehr, wie es die Bums brauchte.

892

893

BUSHWICK AVENUE CENTRAL METHODIST EPISCOPAL CHURCH

1130 BUSHWICK AVENUE BEI DER MADISON STREET

1886–1912

Der achteckige Turm auf dieser Renaissance-Revival-Kirche wurde zu einem Wahrzeichen von ganz Bushwick. Das Gebiet war schon um das Jahr 1660 herum städtisch besiedelt. Sein Name stammt von dem niederländischen »Boswijck« ab, das »bewaldeter Distrikt« bedeutet. Nach dem Jahr 1840 zog das Gebiet viele deutsche Einwanderer an, zwanzig Jahre später gab es im Umkreis von 14 Blöcken elf Brauereien.

TWENTIETH PRECINCT, NYPD

179 WILSON AVENUE BEI DER DEKALB AVENUE

1895, WILLIAM B. TUBBY

Diese Polizeiwache mit Stallung ist die fantasievolle Reproduktion einer mittelalterlichen Festung mit Zinnen auf dem Dach und einem Eckturm. Im Jahr 1966 wurde sie dann von der Firma Ehrenkrantz & Eckstut für das hiesige Police Departement renoviert.

RUSSIAN ORTHODOX CATHEDRAL OF THE TRANSFIGURATION OF OUR LORD 𝓛

228 NORTH 12TH STREET BEI DER DRIGGS AVENUE

1921, LOUIS ALLMENDINGER

Die fünf Zwiebeltürme aus Kupfer bedeuteten viel für die osteuropäischen Einwanderer, die sich hier in Williamsburg niederließen. Die Kirche ist klein, wirkt aber sehr mächtig. Im Inneren wurde der Altarraum vom Hauptschiff durch eine von Hand geschnitzte hölzerne Ikonostase abgetrennt. Die Ikonen malten Mönche eines Kloster in Kiew.

GREENPOINT SAVINGS BANK

807 MANHATTAN AVENUE BEI DER CALYER STREET

1908, HELMLE & HUBERTY

Diese Bank wurde im Jahr 1869 im Brooklyner Viertel Greenpoint gegründet. Heute ist sie mit über zwanzig Zweigstellen eine der größten Sparkassen der Stadt. Im 19. Jahrhundert war Greenpoint ein wichtiges Industriezentrum, was der Bank den Start erleichterte. Hier wurde unter anderem Eisen verhüttet und Schiffsbau betrieben.

EBERHARDT-FABER PENCIL FACTORY

61 GREENPOINT AVENUE

Im 19. Jahrhundert war Greenpoint eines der geschäftigsten Viertel von Brooklyn. Hier wurde alles Mögliche hergestellt, von Glasflaschen über Eisenzäune bis zu Bleistiften. Man beachte, dass die Außenpfeiler dieses Gebäudes tatsächlich wie Bleistifte aussehen und damit an den früheren Verwendungszweck der Fabrik erinnern. In Greenpoint stellte Charles Pratt Petroleum her, und die Continental Ironworks bauten hier das mit einer Eisenhaut überzogene Schiff »Monitor«. Die meisten Fabriken schlossen nach dem Zweiten Weltkrieg, und die Bevölkerung änderte sich. Die Neuzuzügler kamen aus allen Teilen der Welt, doch über die Hälfte davon stammte aus Polen.

ASTRAL APARTMENTS 𝓛

184 FRANKLIN STREET
ZWISCHEN JAVA STREET UND INDIA STREET

1886, LAMB & RICH

Diesen Apartmentblock ließ Charles Pratt für die Arbeiter seiner Petroleumraffinerie errichten. Das Haus hieß nach dem Produkt, das sie herstellten, dem »Astral Oil«. Das Gebäude gehörte zu jenen Modellanlagen, die in den 80er-Jahren des 19. Jahrhunderts gebaut wurden. Es hatte 85 Apartments, jedes mit vielen Fenstern, fließend warmem und kaltem Wasser sowie weiteren Annehmlichkeiten, die Fabrikarbeiter vor über einem Jahrhundert nicht ohne weiteres erwarten konnten.

894

895

896

897

898

899

900

901

902

903

Rebbe's House

898

500 Bedford Avenue bei der Clymer Street

In der Umgebung der Division Street wohnen rund 50 000 Sathmarer Juden. Sie haben fünf Synagogen, 15 Schulen sowie ein eingetragenes Dorf in den Catskill Mountains. Die Sathmarer Schule ist eine der größten chassidischen Gemeinden in Bruckmann. Rabbi Joel Teitelbaum, der in diesem Haus lebte, hatte sie aus ihrer Heimat Rumänien und Ungarn hierher geführt. Bezeichnend für die einst in Osteuropa weit verbreitete Bewegung der Chassidim ist eine Neigung zur Askese und die enge persönliche Bindung an einen Meister, den Rebbe.

Bnos Yakov of Pupa
(Synagoge)

274 Keap Street
zwischen Marcy Avenue und Division Avenue

1876

Ursprünglich war dies der Tempel Beth Elohim der ersten jüdischen Synagoge in Brooklyn. Die Gründung geht auf das Jahr 1851 zurück. Das Gebäude ist eine Symphonie aus Farben mit bunten Ziegeln, bemaltem Sandstein, Glasmalereien, Terrakotta und Fliesen.

Williamsburgh Savings Bank

175 Broadway bei der Driggs Avenue

1875, George B. Post

Dies war der dritte Sitz der Bank. Im Jahr 1929 zog sie von hier in den großen Turm in *downtown* Brooklyn. Das Innere dieses Gebäudes ist ein ungewöhnliches Beispiel für das frühe Design direkt nach dem Bürgerkrieg. Die gusseiserne Kuppel zeigt ein prächtiges, mit der Schablone gearbeitetes Dekor. In den 1990er-Jahren restaurierte die Firma Platt & Byard das gesamte Gebäude.

Williamsburg Art and Historical Society

135 Broadway bei der Bedford Avenue

1868, King & Wilcox

In diesem Gebäude hatte ursprünglich die Kings County Savings Bank ihren Sitz. Es gehört zu den schönsten Beispielen des Second-Empire-Stils in der ganzen Stadt. Die Historical Society konservierte sorgfältig das viktorianische Innere und ist auch dauernd damit beschäftigt, das Äußere intakt zu halten. Zur Zeit des Baus stand dieses Haus im Herzen des wichtigsten Industriebezirks in Brooklyn.

American Sugar Refining Company

292–350 Kent Avenue
zwischen South 2nd Street und South 5th Street

um 1890

Dies war einst die größte Zuckerraffinerie der Welt. Sie verdankte diesen Titel den Umtrieben von Henry O. Havemeyer, der durch die Bildung des Sugar Trust im Jahr 1887 die Kontrolle über die Zuckerindustrie erlangt hatte. Nach seinem Tod im Jahr 1907 erlebte der Trust einen Niedergang, doch die Nachfolgefirma gehört immer noch zu den bedeutendsten auf ihrem Sektor.

19th Precinct Station House

43 Herbert Street bei der Humboldt Street

1892, George Ingraham

Obwohl das Gebäude, das früher einmal auch eine Stallung besaß, noch heute zum New York Police Department gehört, ist dort keine Polizeiwache mehr untergebracht. Es diente erst dem Police Department of the City of Brooklyn und war das Modell für den Bau aller weiteren Wachen dieser Polizei.

904

HOLY TRINITY CHURCH OF UKRANIAN AUTOCEPHALIC ORTHODOX CHURCH IN EXILE

117–185 SOUTH 5TH STREET BEI DER NEW STREET

1906, HELMLE & HUBERTY

Es gibt in New York Dutzende von Beispielen dafür, dass aus Kirchen Apartmenthäuser wurden. Andere wurden Einzelhandelsgeschäfte oder sogar Nachtklubs. Hunderte baute man für eine bestimmte Religion, doch heute dienen sie einer anderen. Diese Gemeinde allerdings kaufte nicht eine bestehende Kirche. Ihr Gotteshaus war ursprünglich eine Bank, der Hauptsitz der Williamburg Trust Company. Die beeindruckende Terrakottafassade und die mächtige Kuppel schaffen den richtigen Rahmen für eine Kirche. Die Ukrainian Autocephalic Orthodox Church wurde in den 1920er-Jahren von Einwanderern aus der Ukraine gegründet. Der Name deutet auf ihre unabhängige Stellung mit einem eigenen Bischof hin, wie dies bei den orthodoxen Kirchen üblich ist.

905

WILLIAMSBURGH SAVINGS BANK BUILDING

ONE HANSON PLACE BEIM ASHLAND PLACE

1929, HALSEY, McCORMACK & HELMLER

Mit 156 Meter ist dies das höchste Büroge-
bäude von Brooklyn. Das Dekor unten zeigt
Ikonen der Betriebsamkeit und des Fleißes wie
Bienen und Eichhörnchen und sogar ein
Pelikanpaar. Auch das denkmalgeschützte In-
nere ist eine »Kathedrale der Geschäftigkeit«
mit 22 unterschiedlichen Marmorsorten an den
Wänden, Böden und Säulen. Das Deckenmo-
saik zeigt die Tierkreiszeichen, und ein weiteres
Meisterstück dieser Art stellt ein Luftbild von
Brooklyn dar. Die nach dem Brooklyner Viertel
Williamsburg benannte Bank behielt dessen
ursprüngliche Schreibweise bei. Als sich Wil-
liamsburg nämlich im Jahr 1855 der City of
Brooklyn anschloss, strich man gleichzeitig den
letzten Buchstaben des Namens.

GRANT SQUARE SENIOR CENTER

BEDFORD AVENUE BEI DER DEAN STREET

1890, P. J. LAURITZEN

Der amerikanische Adler, der die Erkerfenster und die Bilder von Lincoln und Grant in den Spandrillen zwischen den Sandsteinbogen trägt, gibt einen Hinweis auf den ehemaligen Verwendungszweck dieses im neuromanischen Stil gehaltenen Gebäudes. Heute treffen sich hier ältere Bürger, doch früher hatte dort der Union League Club of Brooklyn seinen Sitz. Diese Organisation wurde von Mitgliedern der Republikanischen Partei in der Wohnsiedlung Brownsville gegründet. Im kleinen Park jenseits der Straße steht eine Reiterstatue von General Grant. Seine Bewunderer stellten sie sechs Jahre nach dem Umzug in ihr Clubhaus auf.

1164–1182 DEAN STREET

ZWISCHEN BEDFORD AVENUE UND NOSTRAND AVENUE

1890, GEORGE P. CHAPPELL

Diese aus ganz unterschiedlichen Werkstoffen erbauten, gut erhaltenen Queen-Anne-Häuser sehen im Dachbereich alle anders aus. Hier gibt es einfache Giebel, Stufengiebel oder auch Kuppeln. Sie machen diesen Abschnitt der Dean Street zu einem der interessantesten und buntesten Blocks in ganz Brooklyn. Die Häuser wurden ein Jahre nach Inbetriebnahme der Hochbahn an der Fulton Street gebaut. Damit hatte Brownsville eine bessere Anbindung an die Stadt. Zu den kleinen Häusern wie diesen traten bald große Apartmentgebäude, und in weniger als zehn Jahren war dies eines der am dichtesten bevölkerten Gebiete von Brooklyn.

THE MONTAUK CLUB

25 EIGHTH AVENUE BEIM LINCOLN PLACE

1891, FRANCIS H. KIMBALL

Venedig in Park Slope: Allerdings zeigt dieser venezianische Palazzo Szenen aus dem Leben der Indianer sowie Pflanzen und Tiere, die zu ihrer Umwelt gehörten. Dieser Herrenklub wurde nach den Montauks benannt, dem früher auf Long Island lebenden Indianerstamm. Der Montauk Club ist heute noch einer der angesehensten in ganz New York. Sein berühmtestes Mitglied im späten 19. Jahrhundert war der Rechtsanwalt Chauncey Depew. Er leitete die New York Central Railroad und wurde schließlich sogar Senator. »Montauk« heißt auch ein Roman des Schweizer Architekten und Schriftstellers Max Frisch, der in New York eine Wohnung hatte.

CONGREGATION BETH ELOHIM
(SYNAGOGE)

EIGHTH AVENUE BEIM GARFIELD PLACE

1910, SIMON EISENDRATH UND B. HOROWITZ

Dieser fünfeckige Beaux-Arts-Tempel, dessen Name »Haus Gottes« bedeutet, soll mit seiner Gestaltung die fünf Bücher von Moses symbolisieren. Die große Kuppel über dem Eingang, die in eine unterteilte Ecke des Gebäudes eingefügt ist, wirkt ganz außergewöhnlich. Sie wird von einem wunderschönen Paar von Kompositsäulen getragen. Die Bebauung von Park Slope begann erst in den späten 1880er-Jahren, nach der Eröffnung der Brooklyn Bridge und nachdem verschiedene Straßenbahnlinien dorthin verlegt worden waren. Innerhalb von weniger als 30 Jahren war das Gebiet dann bereits fast vollständig bebaut.

906

907

908

909

910

Brooklyn Museum of Art $\mathscr{L}$

200 Eastern Parkway bei der Washington Avenue

1915, McKim, Mead & White

Hätte man sich an den ursprünglichen Entwurf gehalten, wäre dies das größte Museum der Welt geworden. Dann hätte man nämlich eine Reihe quadratischer Pavillons um einen von Glasfronten umschlossenen zentralen Innenhof gebaut. Am Ende errichtete man nur einen einzigen Pavillon. Im Jahr 1935 ließ der damalige Museumsdirektor eine große Treppe am Vordereingang entfernen, weil er dachte, sie wirke zu aufdringlich. Die allegorischen Figuren, die Brooklyn und Manhattan darstellen, schuf Daniel Chester French für die Brooklyner Seite der Manhattan Bridge. Sie wurden später hierher gebracht, weil sie dem Verkehr im Wege gestanden hatten.

Soldiers' and Sailors' Memorial Arch $\mathscr{L}$

Grand Army Plaza
Flatbush Avenue, Eastern Parkway

1892, John H. Duncan

Dieses Denkmal für die Toten des Bürgerkriegs schuf derselbe Architekt, der auch Grant's Tomb am Riverside Drive von Manhattan gestaltet hatte. Auf der 24 Meter hohen Struktur steht eine wundervolle triumphierende Bronzequadriga des Bildhauers Frederick MacMonnies. Sie zeigt eine weibliche Figur, die ein Banner und ein Schwert trägt, flankiert von zwei geflügelten Siegesgöttinnen. Auf der Südseite stellte MacMonnies Soldatengruppen dar, die Army und Navy repräsentieren sollen.

911

912

913

914

915

916

917

PROSPECT PARK TENNIS HOUSE

1910, HELMLE & HUBERTY

Der Prospekt Park wurde im Jahr 1868 nach Plänen von Frederick Law Olmstead und Calvert Vaux, den Schöpfern des Central Park in Manhattan, gestaltet. Olmstead ärgerte sich allerdings über diesen palladianischen Bau wie auch über spätere Hinzufügungen, da er eigentlich eine naturalistische bäuerliche Landschaft vorgesehen hatte.

PROSPECT PARK CROQUET SHELTER

1904, MCKIM, MEAD & WHITE

Diese Struktur ist auch unter der Bezeichnung Grecian Shelter bekannt, weil sie einem korinthischen Tempel ähnelt. Heutzutage spielt hier aber keiner mehr Croquet, und die Halle zählt zu den klassischen Schätzen des Parks.

LEFFERTS HOMESTEAD

FLATBUSH AVENUE
NAHE DEM EMPIRE BOULEVARD IM PROSPECT PARK

1783

Dieses Gutshaus aus der niederländischen Kolonialzeit ließ sich Peter Lefferts als Ersatz für das Haus errichten, das amerikanische Truppen im Revolutionskrieg bei der Schlacht von Long Island niedergebrannt hatten. Im Jahr 1918 transferierte man es von seiner ursprünglichen Lage hierher in den Prospect Park. Heute dient es als Museum und bietet vor allem Kinderprogramme an.

BUREAU OF FIRE COMMUNICATIONS

35 EMPIRE BOULEVARD
ZWISCHEN WASHINGTON AVENUE UND FLATBUSH AVENUE

1913, FRANK J. HELMLE

Dieses wundervolle Gebäude im Stil der frühen Renaissance ist ein Kommunikationszentrum für das New York City Fire Department. Die meisten Gebäude im Prospect Park stammen von McKim, Mead & White. Dieses gestaltete jedoch die Architektenfirma Helmle & Huberty, der wir auch das Tennis House und das Boathouse am Lullwater verdanken.

LITCHFIELD VILLA

PROSPECT PARK, ZWISCHEN 4TH STREET UND 5TH STREET

1857, ALEXANDER JACKSON DAVIS

Ursprünglich war dies das Landhaus von Edwin C. Litchfield, eines erfolgreichen Eisenbahnanwalts, dessen großes Gut fast das ganze heutige Viertel Park Slope umfasste. Sein Besitz war in der Zeit vor dem Bürgerkrieg das Zentrum des sozialen Lebens in Brooklyn. Das Haus befindet sich heute im Inneren des Prospect Park, wurde aber über ein Jahrzehnt vor dem Bau dieses Parks errichtet. Heute hat hier das Brooklyner Hauptquartier des Park Department seinen Sitz.

BROOKLYN PUBLIC LIBRARY

GRAND ARMY PLAZA
BEI DER FLATBUSH AVENUE UND BEIM EASTERN PARKWAY

1941, ALFRED MORTON GITHENS UND FRANCIS KEALLY

Mit diesem Bau begann man schon im Jahr 1912. Da die Gelder spärlich flossen, brauchte man dafür fast 30 Jahre. Die Keimzelle der Bücherei eröffnete 1897 in Bedford und besaß zwei Lesesäle, einen für Männer und einen für Frauen. Hier befindet sich die Hauptgeschäftsstelle mit umfangreichen Sammlungen von Notenblättern, Filmen, Videokassetten, Compact Discs und anderen Aufzeichnungen. Bücher gibt es hier in 64 Sprachen.

918

919

BROOKLYN BOTANIC GARDEN GREENHOUSES

1987, DAVIS, BRODY & ASSOCIATES

Diese sechzehn Treibhäuser aus Glas beherbergen Gärten mit den unterschiedlichsten klimatischen Bedingungen – vom feuchttropischen Regenwald bis zur Trockenwüste – und mehr als 13 000 Pflanzenarten Hier findet man auch die größte Sammlung von Bonsais in der westlichen Hemisphäre. Die Treibhäuser wurden um eine Plaza mit Wasserbecken angelegt, in denen Wasserlilien gedeihen. Am Hügel jenseits davon wachsen zahlreiche Magnolien. Der 20 Hektar große botanische Garten wurde im Jahr 1910 mit Hilfe einer Spende des Philantropen Alfred Tredway White und von Beiträgen der Stadt eröffnet. Dazu reicherte man das ehemalige Ödland mit den »Nebenprodukten« von Brauereien und früheren Pferdeställen an. Die größte New Yorker Institution dieser Art ist der Botanical Garden in der Bronx, kleinere Versionen findet man auch in Queens und auf Staten Island.

BROOKLYN BOTANIC GARDEN

1000 WASHINGTON AVENUE BEIM EMPIRE BOULEVARD

1918, MCKIM, MEAD & WHITE

Diese Oase der Ruhe zwischen dem Brooklyn Museum und dem Prospect Park ist berühmt für ihren Japanese Hill and Pond Garden aus dem Jahr 1915 sowie für den zwölf Jahre später, 1927, entstandenen Rosengarten. Hier kann man ganz besonders gut den Frühling begrüßen und die Blüte der japanischen Kirschbäume bewundern (es gibt hier mehr davon als in Washington, DC). Einige Wochen darauf wandert man an den schier endlosen Reihen von Fliedersträuchern entlang. Zu jeder Jahreszeit findet der Besucher hier etwas Schönes, besonders im Herbst, wenn sich dann die Blätter allmählich verfärben und im Garten das jährliche Chili Pepper Festival stattfindet.

920

921

922

923

MONTESSORI SCHOOL

105 EIGHTH AVENUE
ZWISCHEN PRESIDENT STREET UND CARROLL STREET
1916, HELMLE & HUBERTY

Dieses herrschaftliche Gebäude mit dem halb-runden Vorbau entwarf Frank J. Helmle, auf den auch das Boathouse am Lullwater im Prospect Park sowie viele Banken zurückgehen. Die Schule, die hier ihren Sitz hat, wurde nach der italienischen Pädagogin Maria Montessori benannt, die um das Jahr 1910 eine Methode entwickelte, mit der Kinder motiviert werden sollen, sich selbst zu erziehen.

19 PROSPECT PARK WEST

ZWISCHEN CARROLL STREET UND MONTGOMERY PLACE
1898, MONTROSE W. MORRIS

Dieses Häuserpaar im Renaissance-Revival-Stil ist ein hübsches Beispiel für die architektonische Bewegung des »Classical Eclecticism«. Nach ihrer Einführung bei der Columbian Exposition in Chicago im Jahr 1893 eroberte sie das Land im Sturm. Häusern wie diesen an der so genannten »Gold Coast« von Brooklyn ist die Namensänderung der Ninth Avenue in Prospect Park West zu verdanken – ähnlich wie die Eighth Avenue in Manhattan zum Central Park West wurde.

LITCHFIELD APARTMENTS

571–577 NINTH STREET, BEIM PROSPECT PARK WEST

In den Jahren direkt nach dem Bürgerkrieg galt der Abschnitt vom Park Slope mit der Bezeichnung North Slope als »Fifth Avenue« von Brooklyn. Damals ließen sich hier begüterte Einwohner von Manhattan nieder, die zur Eleganz ihres Lebensstiles auch etwas frische Luft wünschten. Die meisten ließen Sandsteinhäuser und herrschaftliche viktorianische Gebäude bauen. Für diejenigen, die sich nach dem Komfort ihrer früheren Häuser sehnten, errichtete man auch Apartmentgebäude. Dieses hier wurde nach Edwin C. Litchfield benannt, dessen eigenes Haus im Park an der Fourth Street steht. Die Gebäude zur Parkpflege in der Nähe an der Eighth Street waren ursprünglich Litchfields Stallungen.

944–946 PRESIDENT STREET

ZWISCHEN PROSPECT PARK WEST UND EIGHTH AVENUE
1885, CHARLES T. MOTT

Dieses elegante Paar herrschaftlicher Häuser mit prächtigen Glasmalereien sowie Arbeiten aus Schmiedeeisen und Terrakotta ist ein frühes Beispiel für die Pracht von Park Slope. Die Rundbogen kennzeichnen den neuromanischen Stil, der in der amerikanischen Architektur der 1880er- und 1890er-Jahre vorherrschte. Er verschwand allerdings so plötzlich, wie er in New York entstanden war, als die Hausbesitzer dieser massiven Bauweise überdrüssig wurden. Sie passte einfach nicht mehr zu den Anforderungen für standardisierte Reihenhäuser. Dies galt insbesondere für Manhattan, wo die Fassadenbreite für ein Reihenhaus auf siebeneinhalb Meter begrenzt worden war.

924

182 Sixth Avenue

BEIM ST. MARK'S PLACE

1880ER-JAHRE

Viele längs der Sixth Avenue für Familien mit
mittleren Einkommen errichtete Sandsteinhäuser wurden im Lauf der Jahre verändert. In diesem Fall kam auch ein Geschäft hinzu. Diese
Reihenhäuser des späten 19. Jahrhunderts sind
in einem italianisierenden Stil gehalten. Die ungewöhnlich hohen Eingangstreppen sollten
einen Abstand schaffen zwischen dem Barbier-
geschäft und der Straße darunter. Die Fassade
des Geschäfts sieht so aus, als sei sie von
Anfang an geplant gewesen. Die Geschäftigkeit
der Straße sorgte dafür, dass hier Betriebe überhaupt existieren konnten. Hier erlaubte es das
erhöhte Erdgeschoss, dass zwei Geschäfts-
räume entstehen konnten, ohne dass das Haus
selbst davon betroffen wurde.

925

CATHEDRAL CLUB OF BROOKLYN

85 SIXTH AVENUE BEI DER ST. MARK'S AVENUE

1890

Dies war ursprünglich ein exklusiver Herren-
club namens Carlton. Später diente er wie der
Monroe Club und der Royal Arcanum Club als
Rückzugsgebiet für die Reichen. Auf Initiative
von Father George Mundelein, dem späteren
Kardinal von Chicago, entstand im Jahr 1907
daraus der Cathedral Club, eine römisch-katholische Bruderorganisation. Es ist ein seltener
Zufall in New York, dass ein Apartmentgebäude in der Nähe an der St. Mark's Avenue sowie
das Gebäude gleich dahinter das architektonische Thema des Clubs aufnehmen und es
auch recht gut ergänzen.

St. John's Place

ZWISCHEN SIXTH AVENUE UND SEVENTH AVENUE

1890ER-JAHRE

Diese Häuser wurden liebevoll von jungen Leuten restauriert, die schon in den 1880er-Jahren nach Park Slope gezogen waren. Ursprünglich lebten hier Facharbeiter, die mit dem Bus jeden Tag nach *downtown* Brooklyn oder über die Brooklyn Bridge nach Manhattan fahren mussten.

838 Carroll Street

ZWISCHEN PROSPECT PARK WEST UND EIGHTH AVENUE

1887, C. P. H. GILBERT

Dies ist eines von mehreren Häusern an der Carroll Street sowie am Montgomery Place, die C. P. H. Gilbert entwarf. Sie zählen zu den besten Häusern im Romanesque-Revival-Stil in ganz Amerika, und dieses hier kann man als ihr Kronjuwel betrachten. Es hat viele bemerkenswerte Details, besonders gefällt der Eckturm mit dem kegelförmigen Pultdach aus Schiefer. Das Haus wurde für James H. Remington gebaut, den Präsidenten der United States Law Association.

Montgomery Place

ZWISCHEN PROSPECT PARK WEST UND EIGHTH AVENUE

1992

Dies gilt als der schönste Block in ganz Park Slope. Die kurze Straße bebaute der Immobilienunternehmer Harvey Murdoch als Einheit, 20 der 46 Häuser hier entwarf C. P. H. Gilbert. Er zeichnete auch für die Warburg Mansion verantwortlich, heute das Jewish Museum an der Fifth Avenue in Manhattan, sowie für die DeLamar Mansion an der 37th Street bei der Madison Avenue.

176 and 178 St. John's Place

ZWISCHEN SIXTH AVENUE UND SEVENTH AVENUE

1888

Diese beiden Queen-Anne-Häuser ließen sich zwei Ärzte errichten. Damit erklärt sich auch der Äskulapstab im Giebeldekor der Nummer 178. Obwohl es sich um zwei getrennte Gebäude handelt, bilden sie doch eine Einheit. Hier gibt es eine Menge architektonischer Details zu bewundern, Mansardfenster, Giebel, Türme und Fialen (gotische Spitztürmchen).

Lillian Ward House

21 SEVENTH AVENUE BEIM STERLING PLACE

1887, LAWRENCE B. VALK

Dies war das erste der beeindruckenden vier Häuser im Romanesque-Revival-Stil zwischen der Grace United Methodist Church und dem Sterling Place. Wie dies allgemein der Fall zu sein pflegt, ist das Eckhaus eleganter als seine Nachbarn, obwohl jedes eine eigene wundervolle persönliche Note zeigt. Das Haus gehörte ursprünglich der Opersängerin Lillian Ward.

12–16 Fiske Place

ZWISCHEN CARROLL STREET UND GARFIELD PLACE

1896

Diese entzückende kleine Straße ist typisch für Brooklyn im 19. Jahrhundert. Obwohl sich an der Ostseite des Blocks Apartmenthäuser befinden, gelang es diesem Trio im späten Romanesque-Revival-Stil zusammen mit den benachbarten Stadthäusern der Bauwut des 20. Jahrhunderts zu entkommen. Die drei Häuser haben fast identische Zwillinge dahinter an der Adresse 11–17 Polhemus Place.

926

927

928

929

930

931

932

933

934

935

936

937

Greenwood Cemetery 𝓛

ZWISCHEN 21ST UND 37TH STREET, FORT HAMILTON
PARKWAY UND FIFTH AVENUE UND MCDONALD AVENUE

HAUPTEINGANG: 1875, RICHARD UPJOHN

Bevor es in den amerikanischen Städten öffentliche Parks gab, dienten Friedhöfe als waldähnliche Rückzugsorte, und dieser galt als der beste von allen. Das neugotische Eingangstor und die umgebenden Gebäude weisen nur dürftig darauf hin, was es hier alles zu sehen gibt. Auf 191 Hektar Land liegen über 550 000 Menschen begraben, inmitten von Seen und langsam fließenden Gewässern, mit vielen schönen Grabsteinen und Denkmälern.

Brooklyn Army Terminal

SECOND AVENUE, ZWISCHEN 58TH UND 65TH STREET

1918, CASS GILBERT

Von diesem praktischen Lagerhauskomplex aus wurden während der beiden Weltkriege Truppen und Nachschub nach Europa verschifft. Hier betraten die Truppen nach ihrer Rückkehr auch zum ersten Mal amerikanischen Boden, und an der Front zum Wasser hin kann man immer noch eine verwaschene Inschrift sehen: »Welcome Home.«

Frederick S. Kolle House

125 BUCKINGHAM ROAD
ZWISCHEN CHURCH AVENUE UND ALBEMARLE ROAD

1903, PETIT & GREEN

Dieses ungewöhnliche Herrenhaus mit seinem japanischen Dekor gehört zum Prospect Park South Historic District – eine der elegantesten vorstädtischen Überbauungen in Brooklyn. Geschaffen wurde sie im Jahr 1899 von Dean Alvord, der sie in seiner Werbung als »ländlichen Park innerhalb der Grenzen eines konventionellen Stadtblocks« bezeichnete. Die Vielfalt der Stile reicht vom Schweizer Chalet bis zur japanischen Pagode.

Albemarle Terrace

EAST 21ST STREET
ZWISCHEN CHURCH AVENUE UND ALBEMARLE ROAD

1917, SLEE & BRYSON

Auf den beiden Seiten dieser kleinen Sackgasse stehen Häuser im Georgian-Revival-Stil, wobei sich Fenster im Palladio-Stil mit Erkerfenstern abwechseln. Die Mansarddächer tragen Schieferplatten und haben mehrere Fenster. Das Beste an Albemarle Terrace ist natürlich, dass es hier nie ein Verkehrsproblem gibt.

East 16th Street

ZWISCHEN NEWKIRK UND DITMAS AVENUE

1909, ARLINGTON ISHAM

Diese Reihe gehörte zu einer Vorstadtüberbauung mit der Bezeichnung Arts and Crafts Bungalows. Der Name war gut gewählt, denn geographisch geht es hier um das Viertel Ditmas Park, das zu Beginn des 20. Jahrhunderts als Enklave von 175 großen Holzhäusern an mehreren Alleen entstand. Noch vor deren Bau hatte eine örtliche Bürgerbewegung, eine der ersten der Stadt, eigene Bebauungsregeln aufgestellt, damit der Charakter des Wohngebiets nicht verloren ginge.

Engine Company 240, NYFD

1309 PROSPECT AVENUE
ZWISCHEN GREENWOOD AVENUE UND EASTERN PARKWAY

1896

Dies ist ein weiteres schönes Beispiel für die Sorgfalt, mit der die New Yorker Feuerwachen gestaltet wurden. Bis zum Jahr 1865 dominierten freiwillige Feuerwehren. Dann entstand das Metropolitan Fire Department mit 700 fest angestellten Feuerwehrleuten in Brooklyn und Manhattan. Im Jahr 1874 wurde daraus das Fire Department of the City of New York. Heute bietet es Arbeit für mehr als 9000 Feuermehrmänner und -frauen.

938

FLATBUSH REFORMED DUTCH CHURCH ℒ

890 FLATBUSH AVENUE BEI DER CHURCH AVENUE

1798, THOMAS FARDON

Diese Kirchgemeinde wurde auf Anordnung von Peter Stuyvesant gegründet. Er war dauernd darauf bedacht, die Kolonisatoren von Nieuw Amsterdam von angeblich schlechten Wegen abzubringen. Das Gebäude ist das dritte an dieser Stelle und setzt die Tradition dieser ältesten Kirchgemeinde der Stadt fort. Der Friedhof aus dem 17. Jahrhundert enthält die Gräber von Brooklyner Pionieren wie Lefferts, Cortelyou und Lott. Das im Jahr 1853 gebaute Pfarrhaus befindet sich am Rand eines kleinen Historic District, der auch eine Reihe entzückender Cottages umfasst.

939

939

LOUISE MCDONALD HOUSE

1519 ALBEMARLE ROAD BEI DER BUCKINGHAM ROAD

1902, JOHN J. PETIT

Dieses elegante Herrenhaus im Colonial-Revival-Style bringt eine durch und durch amerikanische Note in ein Viertel, in dem ansonsten vor allem ausländische Architekturstile überwiegen. Als der Unternehmer Dean Alvord diesen Teil von Park Slope bebaute, engagierte er einen Landschaftsarchitekten, um die Gärten um die Häuser zu gestalten, und organisierte dann eine Gruppe von Architekten unter der Leitung von John Petit. Sie durften ihrer Fantasie freien Lauf lassen und mussten nur Häuser gestalten, die »akzeptabel sein würden für Leute mit Kultur«. Die Käufer durften sogar ihre eigenen Architekten engagieren, aber das taten nur wenige.

940

William B. Cronyn House ℒ

271 Ninth Street
zwischen Fourth und Fifth Avenue

1857

Ursprünglich war dies die Vorstadtvilla eines Kaufmanns aus der Wall Street. Sie wurde gebaut, als man in der Umgebung noch Landwirtschaft betrieb. Dann kam die Industrie hierher, und im Jahr 1895 machte die Firma Charles M. Higgins India Ink Company das Gebäude zu ihrem Hauptsitz samt Fabrikationsstätte. Heute ist es ein Apartmenthaus.

941

Bush Terminal

28th Street bis 50th Street Upper Bay

1890–1926, William Higinson

Diesen Komplex aus 16 Gebäuden ließ Irving Bush als Verteilzentrum errichten. In seiner wirtschaftlichen Blütezeit vermietete der Unternehmer 18 Piers an über 25 verschiedene Dampfschifffahrtgesellschaften. Jedes Jahr schlug er 50 000 Eisenbahnwagons um und beschäftigte rund 25 000 Arbeiter. Heute wird im Bush Terminal überwiegend produziert. Die Mieter stellen Kleider und Accessoires, Drucksachen, Nahrungsmittel, Elektronik und Gegenstände aus Kunststoff her.

ERASMUS HALL MUSEUM *L*

911 FLATBUSH AVENUE
ZWISCHEN CHURCH AVENUE UND SNYDER AVENUE

1786

Dieses Gebäude im Hof der Erasmus Hall High School beherbergte einst die Erasmus Academy, eine Privatschule für Jungen. Sie war die erste eingetragene weiterführende Schule im Staat New York. Der hohe Schulkomplex, der sie umgibt, ist eine öffentliche High School – die berühmteste in Flatbush und eine der besten Schulen in ganz Brooklyn. Sie wurde im Jahr 1903 von B. J. Snyder gestaltet.

942

SUNSET PARK SCHOOL OF MUSIC *L*

4302 FOURTH AVENUE BEI DER 43RD STREET

1892, GEORGE INGRAHAM

Diese mittelalterliche Festung wurde als Polizeiwache gebaut. Das Hauptgebäude und die Stallung wandelte man später in eine Musikschule um. Das Viertel Sunset Park erhielt in den 60er-Jahren des 20. Jahrhunderts seinen Namen nach einen Park, der schon in den 90er-Jahren des 19. Jahrhunderts gestaltet worden war. Die Polizeiwache hier war für Gowanus im Norden und Bay Ridge im Süden zuständig.

943

944

The Funny Place

Etwa auf halbem Weg zwischen dem Wonder Wheel von Coney Island und dem neuen Stadion für die Brooklyn Cyclones befindet sich der mächtige Stahlturm, der früher Life Savers Parachute Jump hieß. Nach der Weltausstellung 1939 in Queens brachte man ihn hierher an die Küste von Brooklyn. Der Turm gehörte zum Steeplechase Park von Coney Island, der 1965 schloss, obwohl er die Weltwirtschaftskrise, den Zweiten Weltkrieg und sogar die Ausbreitung des Fernsehens überdauert hatte.

Dieser Park, auch »The Funny Place« genannt, wurde 1897 im Auftrag von George C. Tillyou gebaut. Ein Beweis für seine Fähigkeiten als Showman waren die riesigen Menschenmengen, die im Jahr 1907 nach dem Brand seines Parks erschienen und bereitwillig zehn Cent bezahlten, um die Ruinen anschauen zu dürfen. Dafür durften sie auch einen Blick auf den neuen Park werfen, den Tillyou dort gerade baute. Dazu gehörte ein großer Pavillon aus Glas und Eisen, den er »Pavilion of Fun« nannte. Er stand auf einem sechs Hektar großen Holzboden und überdachte nahezu alle

seine Fahrgeschäfte, die den Park an Regentagen fast ebenso interessant machten wie bei Sonnenschein. Die Hauptattraktion unter dem Glaspavillon hieß »The Gravity Steeplechase Race Course« – die Simulation eines Pferderennens auf acht parallelen Bahnen. Tillyou behauptete, ein Ritt würde »Falten und krause Stirnen wieder glätten«.

Aber hier gab es noch weitere Attraktionen. Viele waren schon im Eintrittspreis von 25 Cent inbegriffen. Dazu zählten Gebläse, die den Frauen die Röcke blähten, sowie eine Treppe, die sich ohne Vorwarnung in eine Rutschbahn verwandelte, das »Human Roulette Wheel« – eine polierte rotierende Scheibe, auf der niemand lange Zeit stehen konnte – und das »Barrel of Love«, das die Menschen durcheinander wirbelte. Das Karussell besaß drei Ebenen, von denen jede sich mit einer unterschiedlichen Geschwindigkeit drehte. Die Trump Corporation von Donald Trumps Vater brach nach der Saison 1964 den großen Park ab für eine Überbauung, die nie zustande kam. Die Stadt kaufte dann die letzten Müllberge.

945

CYCLONE ℒ

CONEY ISLAND BOARDWALK BEI DER WEST 10TH STREET

1927, HARRY C. BAKER
ERFINDER: INGENIEUR VERNON KEENAN

Obwohl fast jeder Freizeitpark im ganzen Land seine Achterbahn als die beste anpreist, wissen die Kenner, dass es diese hier zu schlagen gibt und dass dies bisher noch niemandem gelungen ist. Ein Kettenantrieb hievt jeden Zug, der aus drei Wagen besteht, zum höchsten Punkt der Holzstruktur. Dann übernimmt die Schwerkraft. Die Wagen stürzen mit einer Geschwindigkeit von fast 110 Stundenkilometer durch neun jähe Abstürze und sechs scharfe Kurven zum Ausgangspunkt zurück.

WONDER WHEEL ℒ

CONEY ISLAND BOARDWALK BEI DER WEST 12TH STREET

1920, CHARLES HERMAN

Das hier ist kein gemütliches Riesenrad. Nur acht Wagen sind stationär, während die übrigen sechzehn heftig in einer gewundenen Bahn von der höchsten Stelle des Stahlrades in 45 Meter Höhe nach unten schwingen. Das Rad baute eine Firma, die sich selbst Eccentric Ferris Wheel Amusement Company nannte.

St. John's Episcopal Church

9818 Fort Hamilton Parkway bei der 99th Street

1890

Hier findet man den ganzen Charme einer ländlichen Kirche – im Schatten der Verrazano Bridge. Die Beziehung zwischen St. John's und dem benachbarten Fort Hamilton trug der Kirche den Spitznamen »Kirche der Generäle« ein. Zu den Gemeindemitgliedern zählte zum Beispiel auch NATO-Kommandant Matthew B. Ridgeway. Robert E. Lee diente hier als Sakristan, und Stonewall Jackson wurde im Alter von 30 Jahren in dieser Kirche getauft.

Howard Jones House 𝓛

8220 Narrows Avenue bei der 83rd Street

1917, J. Sarsfield Kennedy

Dieses Herrenhaus ist das seltene Beispiel eines Architekturstils mit der Bezeichnung Arts and Crafts. Es wurde für einen Reedereikaufmann gebaut, der von seinem Garten hier in Bay Ridge aus das Kommen und Gehen der Schiffe in der Meerenge beobachten konnte. Das Viertel wurde in den Jahren nach dem Bürgerkrieg bebaut. Damals füllte sich die Steilküste an den Narrows mit herrschaftlichen Häusern, die den Superreichen als Rückzugsgebiete dienten.

Ansonia Court

420 12th Street
zwischen Seventh Avenue und Eighth Avenue

1881

Dieses Apartmentgebäude mit seinem landschaftsarchitektonisch gestalteten Innenhof war genau 100 Jahre lang die größte Uhrenfabrik der Welt, bevor man es umbaute. In ihrer Blütezeit beschäftigte die Ansonia Clock Company in diesem Komplex mehr als 1500 Arbeiter.

James F. Farrell House

119 95th Street
zwischen Marine Avenue und Shore Road

1849

In Bay Ridge standen einst viele imponierende Häuser. Doch im Lauf der Jahre ersetzte man die meisten durch verhältnismäßig einfache Einfamilienhäuser und uninteressante Apartmentblöcke aus rotem Backstein. Nur wenige Gebäude erinnern wie dieses an die besseren Tage des Viertels. Es ist zwar nicht gerade ein Herrenhaus – eine »Mansion«, wie die Amerikaner sagen –, doch die Säulenveranda und der gute Zustand würden jedes Viertel zieren.

Wyckoff-Bennett House 𝓛

1669 East 22nd Street beim Kings Highway

1652

Dies ist eines der ältesten Häuser im Staat New York und auch das erste in der Stadt, das nach der Schaffung der Landmarks Commission im Jahr 1965 den Status einer offiziell ausgewiesenen Sehenswürdigkeit erhielt. Ursprünglich war es ein Gutshaus, das Pieter Claesen Wyckoff erbauen ließ. Während des Revolutionskrieges wohnten hier britische Soldaten. Bis 1901 blieb es im Besitz der Wyckoff-Familie. Später kaufte sie es zurück und schenkte es 1970 der Stadt als Museum.

Van Brunt's Stores

480 Van Brunt Street, auf dem Erie Basin

1869

Nachdem der Erie Canal New York mit dem Landesinneren verband, wurde hier in Red Hook ein großer künstlicher Hafen für die Hunderte von Frachtkähnen gebaut, die jeden Tag eintrafen. Solche Gebäude kamen hinzu, um die Waren zu lagern und weiter zu verschiffen, die von Buffalo herantransportiert wurden. Der Kanal wurde in den 1990er-Jahren geschlossen. Teile dieses Gebäudes dienen heute als Galerieraum für Künstler, die das Viertel vor kurzem entdeckt haben.

946

947

948

949

950

951

952

F.W.I.L. LUNDY BROTHERS RESTAURANT $\mathcal{L}$

952

1901–1929 EMMONS AVENUE
BEI DER EAST 19TH STREET

1934, BLOCH & HESSE

Dieses denkmalgeschützte Restaurant in der Sheepshead Bay blieb fast 20 Jahre lang geschlossen, ehe es wieder eröffnet wurde. Es verlor nichts von seiner Geschäftigkeit, und die Besucher lauern darauf, dass sie die Sitzplätze von Kunden übernehmen dürfen, die selbst noch am Essen sind. Lundy's galt als eines der besten hiesigen Seafoodrestaurants. Auf dem Höhepunkt seiner Beliebtheit in den 50er-Jahren servierte es jeden Tag über 15 000 Mahlzeiten. Im Jahr 1920 von Frederick William Irving Lundy und seinen Brüdern gegründet, nutzte es den Fisch- und Muschelreichtum der Sheepshead Bay jenseits der Straße. Bevor es 1979 wegen Erkrankung schloss, schienen hier 220 Kellner nie mit dem Laufen und Rennen aufzuhören. Millionen Menschen in Brooklyn und Long Island trauerten, als sie ihr beliebtestes Sonntagsvergnügen verloren – bis das Restaurant endlich wieder aufmachte.

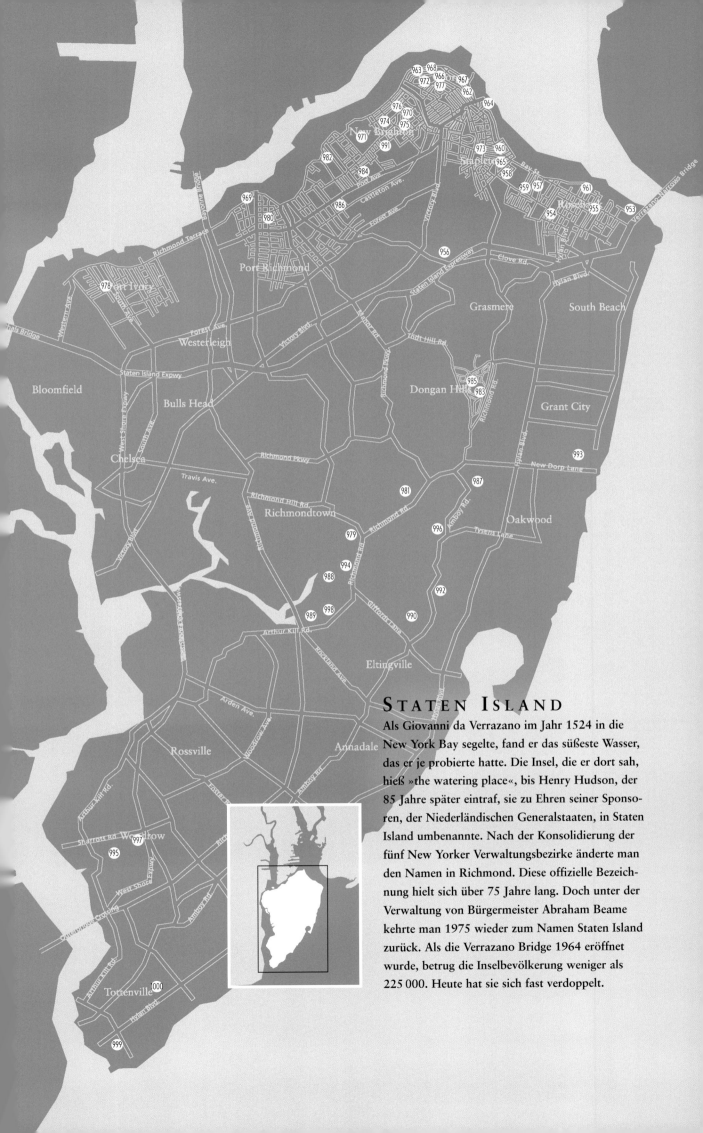

STATEN ISLAND

Als Giovanni da Verrazano im Jahr 1524 in die New York Bay segelte, fand er das süßeste Wasser, das er je probierte hatte. Die Insel, die er dort sah, hieß »the watering place«, bis Henry Hudson, der 85 Jahre später eintraf, sie zu Ehren seiner Sponsoren, der Niederländischen Generalstaaten, in Staten Island umbenannte. Nach der Konsolidierung der fünf New Yorker Verwaltungsbezirke änderte man den Namen in Richmond. Diese offizielle Bezeichnung hielt sich über 75 Jahre lang. Doch unter der Verwaltung von Bürgermeister Abraham Beame kehrte man 1975 wieder zum Namen Staten Island zurück. Als die Verrazano Bridge 1964 eröffnet wurde, betrug die Inselbevölkerung weniger als 225 000. Heute hat sie sich fast verdoppelt.

953

954

FORT WADSWORTH MILITARY RESERVATION 𝓛

AM ENDE DER BAY STREET

1861, JOSEPH G. TOTTEN

Hier handelt es sich um den ältesten ununterbrochen betriebenen Militärposten des Landes.
Das Fort heißt auch Battery Weed, zu Ehren
von General Stephen Weed, der im Bürgerkrieg
bei der Schlacht von Gettysburg ums Leben
kam. Der Komplex besteht aus einer trapezför-
migen Festung aus Granit sowie aus einer kleineren Anlage oberhalb, wobei die Standorte
für die Kanonen in den Hang des Hügels gegra-
ben wurden. Teile dieser Anlage gehören zur
Gateway National Recreation Area, in deren
Besucherzentrum all die vielen militärischen In-
stallationen der Stadt beschrieben sind.

GARIBALDI-MEUCCI MEMORIAL MUSEUM 𝓛

420 TOMPKINS AVENUE BEI DER CHESTNUT AVENUE

UM 1845

Der italienische Volksheld Giuseppe Garibaldi
besuchte hier seinen Freund, den Erfinder An-
tonio Meucci, nachdem er im Jahr 1849 ohne
Erfolg für die Unabhängigkeit Italien gekämpft
hatte. Meucci, der hier begraben liegt, behauptete, er habe das Telefon schon im Jahr 1841
erfunden, also 35 Jahre vor Alexander Graham
Bell. Meucccis Frau hatte allerdings alle Belege
dafür weggeworfen, sodass er vor Gericht den
Nachweis für seine Leistung nicht erbringen
konnte.

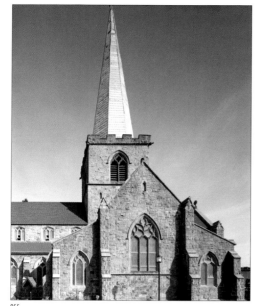

955

ST. JOHN'S EPISCOPAL CHURCH *L*

1331 BAY STREET BEI DER NEW LANE

1871, ARTHUR D. GILMAN

Den Turm dieser großen neugotischen Kirche bezeichnen die Seeleute als Landmarke. Er ist tagsüber unverwechselbar gut zu erkennen und kann sozur Bestimmung des Schiffsorts verwendet werden. Der Grundriss der Kirche folgt dem mittelalterlicher englischer Landkirchen.

956

956

WAGNER COLLEGE

HOWARD AVENUE
ZWISCHEN CAMPUS ROAD UND STRATFORD ROAD

Dieses geisteswissenschaftliche College wurde einst als the Lutheran Pro-Seminary gegründet. Im Jahr 1918 zog es hierher: Das 34 Hektar große Landgut gehörte mal einem Zweig der Reedereifamilie Cunard. Später benannte man es nach einem bedeutenden Sponsor um, George Wagner. Bis in die frühen 1990er-Jahre blieb die Schule der Lutherischen Kirche angegliedert. Das College liegt auf dem Grymes Hill, 110 Meter über dem Meer, nördlich des Clove-Tals mit dem Staten Island Expressway.

957

957

BAYLEY-SETON HOSPITAL *L*
(RÖMISCH-KATHOLISCH)

732–738 BAY STREET BEI DER VANDERBILT AVENUE

1837, ABRAHAM P. MAYBIE

Dieser Gebäudekomplex diente zuerst als Siedlung für pensionierte Seeleute der Handelsmarine. Später wurde daraus das U.S. Marine Hospital und bis zum Jahr 1981 ein Krankenhaus, das der U.S. Public Health Service betrieb. Die medizinische Forschung im Rahmen dieser Institution führte schließlich zur Gründung des National Institute of Health. Das heute private Krankenhaus ist nach Dr. Richard Bayley und seiner Tochter benannt, der späteren Heiligen Elizabeth Ann Seton.

53 HARRISON STREET

ZWISCHEN QUINN STREET UND BROWNELL STREET

1895, CHARLES SCHMEISER

Dieses mächtige herrschaftliche Haus, das den ganzen Block dominiert, wurde für die Rubsam & Hohrmann's Atlantic Brewery errichtet. Diese letzte eines Dutzends sehr erfolgreicher Brauereien auf Staten Island wurde im Jahr 1954 an die Firma Piel Brothers verkauft. Als Piel im Jahr 1963 seinerseits verkauft wurde, schloss die alte Brauerei ihre Tore, und eine alte Tradition verschwand.

958

110–144 VANDERBILT AVENUE

ZWISCHEN TALBOT PLACE UND TOMPKINS AVENUE

1900, CARRÈRE & HASTINGS

Dieses Haus gehört zu einer Reihe von acht Tudor-Häusern, die George W. Vanderbilt als Spekulationsobjekte in Auftrag gab. Der jüngste Sohn von William H. und Enkel von Cornelius Vanderbilt kam in der Familienvilla in New Dorp auf die Welt. Am gesellschaftlichen Leben der Familie in Manhattan war er nicht interessiert, sondern zog nach Asheville, N.C., wo er nach Plänen von Richard Morris Hunt das berühmte »Biltmore Estate« bauen ließ.

959

PARAMOUNT THEATER

560 BAY STREET
ZWISCHEN PROSPECT STREET UND UNION PLACE

1935, RAPP & RAPP

Nein, dies ist nicht der Times Square und auch nicht Stapleton, doch dieses Paramount Theater gestalteten dieselben Architekten. Auch dieses Art-déco-Gebäude ist kein Kino mehr. Mehrere Jahre lang enthielt es einen Nachtclub, der die gesamte gloriose Einrichtung aus den 1930er-Jahren beibehielt. Doch auch das ist Geschichte: Heute steht das Gebäude leer und wartet darauf, dass ein unternehmerischer Geist mit sehr viel Fantasie kommt.

960

961

962

963

964

965

966

Alice Austen House 𝓛

2 Hylan Boulevard
zwischen Bay Street und Edgewater Street

1750

Dieses pittoreske Gutshaus über der New York Bay baute sich ein niederländischer Kaufmann und trat es 1844 an einen reichen New Yorker ab, John Austin. Dieser baute es um und nannte es »Clear Comfort«. Seine Enkelin Alice wohnte hier von ihrem zweiten Lebensjahr an. Sie war eine Pionierin der Fotografie; im ihr gewidmeten Museum des Hauses werden über 7000 ihrer Bilder von New York aufbewahrt, die sie zwischen 1880 und 1930 aufnahm.

Staten Island Borough Hall

12–24 Richmond Terrace, St. George

1906, Carrère & Hastings

Jeden Tag nehmen Tausende von Menschen das Fährschiff nach Staten Island nur für diese Fahrt und steigen gar nicht in St. George aus. Sie verpassen dabei den Blick auf Manhattan und die Hügel, die direkt vom Strand hochsteigen und einem das Gefühl geben, man sei gar nicht in New York, sondern in San Francisco. Sie verpassen dabei auch die Besichtigung der Borough Hall direkt gegenüber dem Ferry Terminal. Ist das hier schon Paris, oder nur ein Distrikt weiter draußen?

Frederick I. Rodewald House

103 St. Mark's Place
zwischen Nicholas Street und Westervelt Avenue

1890, Edward A. Sargent

Dieses monumentale Haus im Shingle Style hat an der Rückseite Veranden auf drei Ebenen. Sie fangen nicht nur die Brisen ein, die von der Bucht her wehen, sondern erlauben auch einen prächtigen Ausblick auf den Hafen und die sagenhaft schöne Skyline von Manhattan.

Administration Building U.S. Coast Guard 𝓛

One Bay Street beim St. George Terminal

1865, Alfred B. Mullett

Dieses kleine, doch imponierende Gebäude im Stil des französischen Second Empire gehörte ursprünglich zum Staten Island Lighthouse Service als Depot. Darin bewahrte man Ausrüstungsgegenstände für die Leuchttürme an der Ostküste auf. Gleichzeitig diente es als Testzentrum für Verbesserungen an den Leuchttürmen. Leider steht das Gebäude seit Jahrzehnten leer, doch winkt ihm heute eine strahlende Zukunft als Leuchtturmmuseum.

Edgewater Village Hall 𝓛

111 Canal Street im Tappen Park

1889, Paul Kuhne

Dieses viktorianische Backsteinhaus liegt inmitten von Bäumen im Tappen Park. Das Dorf Edgewater, zu dem es einmal gehörte, wurde später von Stapleton eingemeindet. Der Park gehört zu der Farm, auf der der junge Cornelius Vanderbilt aufwuchs. Als Teenager rodete und pflügte er hier ein 3,2 Hektar großes Landstück, um von seiner Mutter ein Darlehen in Höhe von 100 US-Dollar zu bekommen. Damit kaufte er dann ein kielloses Boot – die erste Staten Island Ferry.

S.R. Smith Infirmary

Castleton Avenue bei der Cebra Avenue

1889, Alfred E. Barlow

Irgendwelche Pläne für Halloween? Es gibt kaum einen besseren Ort dafür als diese spukhafte Reliquie. Eine Zeit lang diente sie als Staten Island Hospital, bis in der Nähe ein weit größerer Bau errichtet wurde. Später zog sie nach South Beach um, wo es zum Staten Island University Hospital wurde. Das war vor über 30 Jahren; seither verkam das alte Krankenhaus immer mehr. Es wurden unterschiedliche neue Verwendungszwecke vorgeschlagen, doch bisher ließ sich keiner davon realisieren.

967

Das Casino von Staten Island

Nach dem Bürgerkrieg wuchsen die Ort-
schaften auf Staten Island nur noch sehr langsam. Das Gebiet war mückenverseucht; die
Fährschiffe hatte man so weit vernachlässigt,
dass immer mal wieder eines explodierte. Das
Problem mit den Mücken erledigte sich, als
man die Sümpfe trockenlegte. Für das Trans-
portproblem brauchte man etwas mehr Fantasie, und Erastus Weiman hatte genug davon:
Er begann mit dem Bau der Staten Island
Transit Line und verband sie mit einer modernen Fährverbindung von Manhattan zu einem
Terminal, den er in St. George errichtete. Zuvor hatte es hier noch keine Stadt gegeben, also
baute Weiman eine. Gegenüber der Anlegestelle des Fährschiffs ließ er ein dreistöckiges Casino für Tanzveranstaltungen errichten. Von der
einen Seite blickte man über den Hafen, von
der anderen über einen Park mit großen, beleuchteten Fontänen. Im Park organisierte er

Konzerte und Baseballspiele; Hauptattraktion
blieben die Fontänen. Noch nie hatten die New
Yorker farbiges elektrisch beleuchtetes Wasser
gesehen, und sie kamen zu Tausenden, um es
zu bestaunen. Aber auch diese Attraktion verlor allmählich ihren Reiz. Im Sommer 1886
stand Erastus Weiman vor einem leeren Lokal
und, was noch schlimmer war, vor leeren Fähr-
schiffen. Aber er gab nicht auf. Er verkaufte
seinen Generator an die Edison Company und
ersetzte die Fontänen durch ein Freilufttheater,
in dem weibliche Schönheiten auftraten. Um
auch Familien anzulocken, baute er längs der
Eisenbahn einen Vergnügungspark für 12 000
Besucher. Während der ersten Saison füllte
Buffalo Bill mit seiner Wild West Show den
Park jeden Nachmittag. Die meisten Kunden
kamen mit Weimans Fährschiff aus Manhattan, und alle stiegen hier in die Eisenbahn
um, um weiter aufs Land hinauszufahren.

968

RICHMOND COUNTY COURTHOUSE

12–24 RICHMOND TERRACE BEIM SCHUYLER PLACE

1913, CARRÈRE & HASTINGS

Zusammen mit seinem Nachbarn, der Borough Hall, schneidet dieses neoklassizistische Gebäude im Vergleich mit der New York Public Library an der Fifth Avenue in Manhattan, die vom selben Architekten stammt, günstig ab. Das Courthouse gehörte zu einem geplanten Civic Center auf Staten Island, aber mehr als diese beiden Gebäude wurde nie gebaut. Vom Gerichtsgebäude blickt man über den Hafen und ist nur eine kurze Wegstelle von der Anlegestelle der Fährschiffe entfernt. Der neueste Nachbar ist das Stadium der Staten Island Yankees am Ufer. Das Minorleagueteam hat vom Platz aus einen Blick wie in der Oberleague.

HENRY H. CAMMANN HOUSE

125 NICHOLAS STREET UND WESTERVELT AVENUE

1895, EDWARD A. SARGENT

Dieses bescheidene Haus im Shingle Style gehört zu New Brighton. Die Bebauung geht auf Thomas F. Davis zurück, einen Einwanderer aus England. Ihm schwebte ein Resort im Stil der englischen Küste vor. Der Architekt Edward Sargent stammte von hier und gestaltete auch die besten Häuser in diesem Bezirk.

ST. JAMES HOTEL

11–15 PORT RICHMOND AVENUE
BEI DER RICHMOND TERRACE

1844, RESTAURIERT: 1990

In den 80er-Jahren des 19. Jahrhunderts kamen jeden Sommer reiche Familien aus dem tiefen Süden hierher, um die Meeresbrise und die anderen Annehmlichkeiten zu genießen. Dieses Hotel war als eines der Ersten in jeder Saison belegt. Zu den Gästen zählte der frühere Vizepräsident Aaron Burr, der die letzten Wochen seines Lebens im einstigen Winant's Inn verbrachte. Vor seiner Umwandlung in eine Privatklinik war es das Port Richmond Hotel.

PRITCHARD HOUSE *L*

66 HARVARD AVENUE BEIM PARK PLACE

1853

Dieses im italienischen Stil verputzte Haus gehörte zu den ursprünglichen Gebäuden im Hamilton Park. Dies war eine der ersten Überbauungen in den Vereinigten Staaten mit beschränktem Zugang. Heute sprechen die US-Amerikaner von »gated communities«.

SNUG HARBOR CULTURAL CENTER *L*

914–1000 RICHMOND TERRACE

1831–80

Dieses frühere Heim für pensionierte Seeleute wird heute für kulturelle Aktivitäten genutzt. Die fünf griechischen Tempel sowie weitere Bauten auf dem 24 Hektar großen landschaftsarchitektonisch gestalteten Gelände sind denkmalgeschützt, die meisten innen wie außen. Die Institution wurde auf Grund eines Vermächtnisses von Robert Richard Randall gegründet, um für »bejahrte, unfähige und verbrauchte Seeleute« zu sorgen. 1975 hatte sie 150 Insassen, dann zog sie nach North Carolina um.

969

970

971

972

II PHELPS PLACE

BEI DER HAMILTON AVENUE

1880

Diese kurze, aber liebliche Straße mit ihren drei Cottages im Shingle Style wurde nach der Familie von Anson Phelps Stokes benannt. Sein beeindruckendes herrschaftliches Haus am gegenüberliegenden Ende musste den St. George Garden Apartments weichen, in denen sich heute Sozialwohnungen befinden. Stokes trat wie sein Vater und sein Bruder vehement dafür ein, dass die Armen bessere Wohnungen bekamen. Die Mutter hieß zufälligerweise Phelps, und das mag erklären, warum die Adresse nicht »Stokes Place« lautet.

364 VAN DUZER STREET ℒ

ZWISCHEN WRIGHT STREET UND BEACH STREET

1835, ROBERT HAZARD

Dieses Gebäude im Stil eines niederländischen Gutshauses mit einem Portikus im Greek Revival Style soll einmal das Haus von Richard G. Smith gewesen. Seine Frau Susannah war die Tochter von Gouverneur Daniel Tompkins, der unter James Monroe Vizepräsident der Vereinigten Staaten von Amerika wurde. Tompkins schuf die Siedlung Tompkinsville auf Staten Island und baute auch den Richmond Turnpike, heute Victory Boulevard, um die Fährlinien an beiden Enden von Staten Island zu verbinden und die Kutschenfahrt von New York nach Philadelphia zu verkürzen.

973

Noch ein Bier?

Während der Weltausstellung in Philadelphia im Jahr 1876
wurden die elf besten amerikanischen Biere mit Goldme-
daillen ausgezeichnet. Drei davon gingen an Brauereien auf
Staten Island. Die Kunst der Bierherstellung brachten deut-
sche Einwanderer, den politischen Wirren von 1848 entflo-
hen, nach Staten Island. Viele siedelten sich im brandneuen
Dorf Stapleton an. Dort fanden sie in den benachbarten
Hügeln kühle Höhlen, die bestens für den Gärprozess
geeignet waren. Und Bier gab es mit dem besten Quell-
wasser an der gesamten Ostküste.

Schon in den 70er-Jahren des 19. Jahrhunderts kannte
man hier ein halbes Dutzend Brauereien. Ihr Bier galt als
das beste im Bereich von New York. Als die Prohibition
den Alkoholausschank untersagte, gingen sie zur Produk-
tion von Softdrinks über, doch in der Wirtschaftskrise
mussten die meisten schließlich ganz aufgeben.

New Brighton Village Hall ℒ

66 Lafayette Avenue bei der Fillmore Street

1871, James Whitford, Sr.

Dieses Haus mit seinem Mansarddach steht seit den 1960er-Jahren leer und ist von einem Maschendrahtzaun umgeben. Es gehört zu den bedrohten, denkmalgeschützten Gebäuden, für das man schon bei verschiedenen Anläufen einen neuen Verwendungszweck finden wollte; bisher ohne Erfolg. Es entstand einige Jahre, nachdem New Brighton im Nordosten von Staten Island entstanden war. Diese Ortschaft trug früher mehrere verschiedene Namen, darunter auch Goosepatch, doch keiner konnte sich durchsetzten.

W. S. Pendleton House ℒ

22 Pendleton Place
zwischen Franklin Avenue und Prospect Avenue

1855, Charles Duggin

William Pendleton baute in diesem Teil von New Brighton mehrere Häuser und reservierte dieses für sich selbst. Er hatte ein besonderes Interesse an der baulichen Erschließung von Staten Island, da er auch einen Fährschiffbetrieb besaß.

Ambassador Apartments

30 Daniel Low Terrace
zwischen Crescent Avenue und Fort Hill Circle

1932, Lucian Pisciatta

Allein der Eingang zu diesem Art-déco-Juwel ist schon eine eigene Reise nach Staten Island wert. Ursprünglich befand sich hier das Landgut des Geschäftsmanns Daniel Low. In dem benachbarten Fort Hill lag eine befestigte Erdschanze, die die Briten während des Revolutionskriegs errichtet hatten.

Hamilton Park Cottage

105 Franklin Avenue
zwischen East Buchanan Street und Cassidy Place

1864, Carl Pfeiffer

Dieses kaum der allgemeinen Vorstellung von einem »Cottage« entsprechende Haus wurde zu der Zeit erbaut, als der Hamilton Park Gestalt annehmen sollte. Das war ein Jahrzehnt nach dem Bau der ersten drei Häuser. Wie der Name verrät, war der Architekt Carl Pfeiffer deutschstämmig. Er gestaltete ein Dutzend Häuser in einem dekorativ weniger aufwändigen Stil im Vergleich zur ersten Häuserreihe an der Harvard Avenue. Dieses Haus hier war sein erster Auftrag in Amerika.

974

975

976

977

978

109 South Avenue

ZWISCHEN RICHMOND TERRACE
UND ARLINGTON TERRACE

1885

Dieses Haus gehört zu einer prächtigen Reihe viktorianischer Häuser auf beiden Seiten der Avenue. Alle wurde ungefähr zur selben Zeit errichtet und gehörten zu einer Bauerschließung, die den größten Teil von Mariner's Harbor umfasste. Im Norden liegt der Kill Van Kull, durch den das Gebiet ein Zentrum des Fischfangs und des Schiffsbaus wurde. Berühmt war es für die Qualität seiner Austern, doch die Zucht musste auf Grund der Gewässerverschmutzung aufgegeben werden. Während des Zweiten Weltkriegs dominierte die Bethlehem Steel Shipyard in Mariner's Harbor. Danach wurde es hier aber wieder ruhiger.

979

Third County Courthouse ℒ

RICHMONDTOWN RESTORATION
411 CLARKE AVENUE NAHE DER ARTHUR KILL ROAD

1837

In seiner ursprünglichen Bestimmung diente dieses bis zum Jahr 1919 als Gerichtsgebäude. Heute befindet sich darin das Visitors' Center der Richmondtown Restoration, eines Projekts der Staten Island Historical Society. Das insgesamt 38 Hektar große Gelände beherbergt ein Freiluftmuseum mit über 30 ländlichen Gebäuden aus dem 17. bis zum 19. Jahrhundert. Die Geschichte von Richmondtown selbst reicht bis ins Jahr 1685 zurück.

Northfield Township School *L*

980

160 Heberton Avenue bei der New Street

1891

Dieses Gebäude im Romanesque-Revival-Stil wurde im Jahr 1994 in ein Heim für weniger begüterte Senioren umgewandelt. Ursprünglich war es in zwei Abschnitten errichtet worden, die sieben Jahre auseinander lagen, und jeder Teil hat seinen eigenen, reich dekorierten Turm. Northfield gehörte zu den vier Verwaltungsdistrikten, die nach dem Revolutionskrieg auf Staten Island eingerichtet wurden. Nach der Konsolidierung der fünf New Yorker Verwaltungsbezirke gab man das so genannte Township-System wieder auf. Das war allerdings erst nach dem Bau dieses Gebäudes, das eines der aufwändigsten Schulhäuser auf der Insel darstellt.

980

Jacques Marchais Center of Tibetan Art

981

338 Light House Road nahe der Windsor Avenue

1947, Jacques Marchais

Diese beiden Steinhäuser mit dem terrassierten Garten sollen an ein tibetisches Kloster erinnern. Es beherbergt eine der größten Sammlungen tibetischer Kunst außerhalb von Tibet. Sie geht auf Mrs. Harry Klauber zurück, die mit asiatischer Kunst handelte und sich für ihre Tätigkeit den Namen Jacques Marchais zulegte. Den Ausgangspunkt ihrer Sammlung bildeten zwölf Bronzefiguren, die ihr Großvater, ein Kapitän der Handelsmarine, aus dem Orient nach Hause zurückgebracht hatte.

981

982

983

984

985

986

987

CORNELIUS CRUSER HOUSE 𝓛

1262 RICHMOND TERRACE BEIM PELTON PLACE

1722

Dieses im niederländischen Kolonialstil gehaltene Haus heißt auch Kreuzer-Pelton House. Es hatte nur einen Raum. Man erkennt noch gut, wo jeweils angebaut wurde. Hier wohnte Cornelius Van Santvoord, Pfarrer der örtlichen niederländisch reformierten Kirche. Den zentralen Flügel mit seinem hohen Dach fügte im Jahr 1770 der nächste Besitzer, Cornelius Cruser, hinzu. Den Ziegelanbau im Federal Style errichtete 1836 Daniel Pelton, der dritte Besitzer in etwas mehr als einem Jahrhundert.

BOWCOTT 𝓛

9594 WEST ENTRY ROAD BEIM FLAGG PLACE

1918, ERNEST FLAGG

Dies ist das Erste von mehreren Cottages, von denen jedes seine eigene Persönlichkeit zeigt, obwohl alle aus dem örtlich vorhandenen Stein errichtet wurden. Flagg baute diese Häuser neben seinem eigenen Landgut sozusagen als Experiment: Es ging um preiswerte Behausungen in der Vorstadt für Familien mit mittlerem Einkommen. Drei der Häuser stehen unter Denkmalschutz.

HENDERSON ESTATE COMPANY HOUSES

33 AND 34 ST. AUSTIN'S PLACE

1893, MCKIM, MEAD & WHITE

Diese imponierenden herrschaftlichen Häuser stehen einander gegenüber und bilden über die Straße hinweg ein Paar. Die Architekturfirma McKim, Mead & White war damals noch berühmt für ihre Sommerhäuser im Shingle Style, den sie vom nördlichen New York über Boston bis nach Newport bekannt machte. Charles F. McKim schuf auch den Stil, den wir heute Colonial Revival nennen, und diese Häuser gehören ebenso dazu wie die berühmten Sommerhäuser dieser Firma.

ERNEST FLAGG ESTATE 𝓛

COVENTRY ROAD

1898–1917, ERNEST FLAGG

Ursprünglich hieß dieses Haus »Stone Court«. Heute hat hier das St. Charles Roman Catholic Seminary seinen Sitz. Der berühmte Architekt baute dieses und benachbarte Häuser auf dem Todt Hill, dem zweithöchsten Punkt in der Osthälfte von Staten Island. Ein großer Teil von Flaggs früherem Landgut ist heute mit neuen Häusern überbaut, die in den 1980er-Jahren Robert A. M. Stern gestaltete.

OUR LADY OF MT. CARMEL CHURCH-ST. BENEDICTA CHURCH (RÖMISCH-KATHOLISCH)

1265 CASTLETON AVENUE BEI DER BODINE STREET

1969, GENOVESE & MADDALENE

Die Kirche sieht so gut aus, wie dies bei der Architektur der 1960er-Jahre möglich war. Im Inneren dringt Licht durch bunte Glasfenster, der Hauptaltar wird durch ein Oberlicht hervorgehoben. Von den traditionellen gotischen Kirchen bis hierher ist es ein weiter Weg. Doch das Gefühl von Frieden und Heiterkeit entschädigt den Besucher für den Bruch mit der Tradition. Auch das Äußere ist eine willkommene Unterbrechung in einer sonst monotonen Siedlung voller Stripteaselokale.

BILLIOU-STILLWELL-PERINE HOUSE 𝓛

1476 RICHMOND ROAD
ZWISCHEN DELAWARE AVENUE UND CROMWELL AVENUE

1660ER-JAHRE

Dies ist das älteste Haus auf Staten Island. Den ursprünglichen Kern baute Pierre Billiou in der damaligen Siedlung Olde Dorp. Thomas Stillwell, Billious Schwiegersohn, erweiterte das Gebäude mit dem Ersten von zahlreichen späteren Anbauten. Die Familie Perine kaufte das Haus im Jahr 1764 und baute weiter an. Hundertfünfzig Jahre lang blieb es im Besitz der Perines. Heute ist es ein Kolonialmuseum.

Staten Island Lighthouse 𝓛

EDINBORO ROAD
ZWISCHEN WINDSOR UND RIGBY AVENUE

1912

Dieser von Häusern umgebene Leuchtturm entspricht nicht ganz der üblichen Vorstellung, doch anders als viele andere ist er noch in Betrieb. Das Leuchtfeuer mit einer Stärke von 350 000 Candelar wird in rund 70 Meter Höhe abgestrahlt und dient zusammen mit der Ambrose Light Station als Hilfe für die Einfahrt in den New York Harbor. Er funktioniert ganz automatisch; es gibt keinen Leuchtturmwächter mehr, der hier lebt.

St. Andrew's Church 𝓛
(Episkopalkirche)

4 ARTHUR KILL ROAD BEI DER OLD MILL ROAD

1872

Diese ländliche Kirche ist im Stil englischer Gemeindekirchen des 12. Jahrhunderts gebaut. Die Umgebung am Rand der Feuchtgebiete des LaTourette Park verstärkt diesen Eindruck noch. Im Park befindet sich ein Golfplatz, der wie zwölf weitere der Stadt gehört. Mit einer Vorgabe (Par) von 72 Schlägen gilt er als einer der schwierigsten im Gebiet von New York.

Son-Rise Charismatic Interfaith Church 𝓛

1970 RICHMOND AVENUE
ZWISCHEN RIVINGTON AVENUE UND AMSTERDAM PLACE

1849, UMGEBAUT: 1878

Dies war ursprünglich die Asbury Methodist Church. Sie trug den Namen von Francis Asbury, den der Kirchengründer John Wesley nach Amerika gesandt hatte. Er wurde der erste Bischof der American Methodist Church. Über 45 Jahre lang predigte er hier auf Staten Island.

Convent of St. Vincent's Medical Center

710 CASTLETONE AVENUE BEI DER HOYT AVENUE

UM 1850

Dieses imponierende viktorianische Herrenhaus wurde im Auftrag des prominenten Großhändlers T. F. McCurdy gebaut. Zu diesem Haus gibt es eine örtliche Legende: Als Ulysses S. Grant das Präsidentenamt aufgab und nach New York zog, besuchte er Staten Island und schaute sich auch dieses Haus an. Doch seine Frau wollte nicht einziehen, weil ihr hier zu viele Mücken flogen.

Gatehouse

OCEAN VIEW MEMORIAL PARK
AMBOY ROAD BEI DER HOPKINS AVENUE

1925

Dieser neugotische Bau mit seinem Turm hält Wache am Eingang des Friedhofs beim Nordende von Great Kills, der einst als Valhalla Burial Park bekannt war. Er zählt zu einer Reihe von Friedhöfen, die auch den Frederick Douglass Memorial Park und den United Hebrew Cemetery umfasst. Von diesem Teil im zentralen Staten Island aus hat man einen Blick auf das Meer.

World War II Bunker

AM UFER BEI DER GATEWAY NATIONAL RECREATION AREA
NORDÖSTLICHES ENDE DER NEW DORP LANE

UM 1942

Dieser Stahlbetonturm ist einer der letzten von vielen hundert Bunkern, die man während des Zweiten Weltkriegs an der Ostküste errichtete. Obwohl aus den Schießscharten nahe der Spitze kein einziger Schuss abgefeuert wurde, waren diese Befestigungsanlagen doch nicht unnütz. Damals bestand nämlich ständig die Gefahr eines Angriffs durch deutsche Unterseeboote, und tatsächlich wurden auch mehrere von diesen Bunkeranlagen aus gesichtet.

988

989

990

991

992

993

994

995

996

997

998

999

Guyon-Lake-Tyson House 𝒧

RICHMONDTOWN RESTORATION

UM 1740

Viele Gebäude in Richmondtown wurden von anderen Orten auf Staten Island hierher transferiert. Dieses Kleinod im niederländischen Kolonialstil baute sich der hugenottische Siedler Joseph Guyon in New Dorp, das damals aber schon eine britische Kolonie war. Zuerst sollte es abgebrochen werden, doch dann brachte man es im Jahr 1962 hierher.

Charles C. Kreischer House

4500 Arthur Kill Road bei der Kreischer Street

1888, Palliser & Palliser zugeschrieben

Dieser Teil von Charlestown hieß einst Kreischerville, weil hier die Firma B. Kreischer & Sons große Ziegeleien besaß. Als die Söhne ihre eigenen Häuser bauten, wählten sie als Werkstoff Holz statt Ziegel – ihr Vater hatte ihnen offensichtlich nie die Geschichte von den drei Schweinchen erzählt. Ursprünglich standen hier zwei gleiche Häuser, doch eines verschwand. Das wäre möglicherweise nicht so gekommen, wenn die Brüder ihr Familienprodukt verwendet hätten.

Monsignor Farrell High School
(RÖMISCH-KATHOLISCH)

2900 Amboy Road bei der Tysen's Lane

1962, Charles Luckman Associates

Dieses Gebäude stammt von demselben Architekten, der auch das sechs Jahre ältere Madison Square Garden Center baute. Es erinnert an die Zeit, als katholische Schulen in den USA aufblühten. Der Höhepunkt kam im Jahr 1965. Damals gab es in der Erzdiözese New York 183 solche Schulen. Begonnen hatte die Tradition im Jahr 1800, als die St. Peter's Church in Lower Manhattan eine Schule eröffnete, die über 15 Jahre lang in New York die einzige katholische bleiben sollte.

Society of St. Paul Seminary
(RÖMISCH-KATHOLISCH)

2187 Victory Blvd. bei der Ingram Avenue

1969, Silverman & Cika

Dies ist eines der merkwürdigsten Gebäude der ganzen Stadt, und es ist immerhin so groß, dass es meilenweit dominiert. Es beherbergt einen katholischen Verlag, die Society of St. Paul. Diese betreibt hier auch eine Montessori-Schule, doch Architektur steht wahrscheinlich nicht auf ihrem Lehrplan. Die Siedlung Westerleigh gründeten in den 1880er-Jahren Prohibitionisten. Wer Alkohol trank, und sei es aus medizinischen Gründen, war hier nicht willkommen.

Voorlezer's House 𝒧

RICHMONDTOWN RESTORATION

UM 1695

Dieses kleine Holzhaus baute sich ein »Voorleezer« – ein Laienprediger der niederländisch reformierten Kirche, der auch die Gottesdienste leitete. Er unterrichtete hier auch Kinder, und deswegen ist dieses Haus die älteste Schule, die noch in Amerika steht.

The Conference House

HYLAN BOULEVARD

UM 1675

Nachdem Admiral Lord Howe die Amerikaner im Jahr 1776 in der Schlacht von Long Island besiegt hatte, lud er Benjamin Franklin und John Adams in dieses Haus des britischen Schiffsoffiziers und Erbauers Christopher Billop zu einer Friedenskonferenz ein. Als sie ihm sagten, dass sie nicht die Absicht hätten, auf ihre Unabhängigkeit zu verzichten, antwortete seine Lordschaft: »Es tut mir Leid, Gentlemen, dass Sie sich die Mühe machten, so weit für so ein geringes Vorhaben zu reisen.«

1000

CHURCH OF ST. JOACHIM AND ST. ANNE

HYLAN BLVD.,
ZWISCHEN SHARROTT UND RICHARD AVENUE

1891, NEU ERRICHTET: 1974

Diese große Kirche des Gothic-Revival-Stils auf dem Grundstück des Mount Loretto Home for Children wurde bei einem katastrophalen Brand im Jahr 1973 fast vollständig zerstört. Anschließend baute man sie als einfache A-förmige Struktur wieder auf, wobei man die ursprüngliche Hauptfassade restaurierte. So entstand ein ungewöhnlicher Stilmix, der aber gut aussieht. Ein Jahr vor dem Brand diente die Kirche als Hintergrund für die Eröffnungsszene in Francis Ford Coppolas Film »The Godfather« (»Der Pate«, 1972).

Art déco	Bezeichnung für einen Stil der 1920er- und 1930er-Jahre. Der Begriff entstand im Jahr 1925 anlässlich einer Kunstausstellung in Paris mit dem Titel »Exposition des Arts Décoratifs et Industriels Modernes«. Typisch sind geometrische Formen und oft eine Stromlinienform. Das Dekor wirkt üppig, wobei die Künstler oft glatte, kostbare Oberflächen einsetzen, zum Beispiel aus Marmor, Stahl oder Bakelit, und kühne Farbkombinationen lieben. Der Stil wurde in den 60er-Jahren wiederentdeckt. Ein klassisches Beispiel für das Art déco ist das Chrysler Building. In Amerika verwendeten die Künstler oft Motive aus der Indianerkunst.
Art Nouveau	Im französischen und englischen Sprachraum verbreitete Bezeichnung für: Jugendstil
Arts and Crafts	Eine englische Bewegung, gegründet 1861, zur Reform des Kunsthandwerks angesichts der immer weiter um sich greifenden industriellen Massenproduktion. Die Arts-and-Crafts-Bewegung war eine Vorläuferin des Jugendstils.
Beaux Arts Style	Dieser Architekturstil heißt nach der Ecole des Beaux-Arts in Paris. Dort studierten auch viele Amerikaner und brachten diesen Stil um 1900 zurück in ihre Heimat. Die Gebäude dieses Stils wirken wuchtig, oft sehr kunstvoll und damit oft an der Grenze zum Protzigen. Die Architekten verbanden gerne Elemente verschiedener historischer Stilrichtungen. Insofern ist der Beaux Arts Style eine Form des Eklektizismus.
Bungalow	Ein leichtes Haus mit nur einem Geschoss und einem flachen Dach. Der Begriff stammt aus dem Hindi und gelangte durch Vermittlung der Engländer nach Europa.
Chippendale	Bezeichnung für einen englischen Möbelstil, geschaffen von Thomas Chippendale (1718–1779). Durch sein Vorlagenwerk von 1745 gewann er großen Einfluss, der sich außerhalb der Möbeltischlerei auch auf andere Bereiche der Kunst erstreckte.
Colonial	Eine besondere Ausprägung der Architektur und der Inneneinrichtung in den britischen Kolonien des 17. und 18. Jahrhunderts, auf deutsch auch Kolonialstil. Dabei bestand in diesen zwei Jahrhunderten eine enge Anlehnung an den gerade herrschenden Stil des Mutterlandes. Dieser wurde aber an die Gegebenheiten der neuen Heimat angepasst, und vor allem verwendete man lokal erhältliche Werkstoffe.
Colonial Revival	Eine historistische Stilrichtung, die Wiederaufnahme des Colonial Style oder Kolonialstils der englischen und auch niederländischen Kolonisatoren.
Cottage	Allgemeine englische Bezeichnung für ein Landhaus oder ein Häuschen, das oft aus Bruchsteinen oder aus Fachwerk gebaut wurde. Später oft auch übertrieben bescheidene Bezeichnung für herrschaftliche Villen in eher ländlichen Gebieten.
Eklektizismus	Eine Tendenz in der Architektur und auch in anderen Bereichen der Kunst, die besten Elemente verschiedener vergangener Stile miteinander zu vermischen. Welche Elemente das sind, hängt vom einzelnen Künstler, von kulturellen Gegebenheiten und lokalen Traditionen ab. Der Beaux Arts Style beispielsweise ist ein Eklektizismus, und das gilt auch für große Bereiche des Historismus.
Federal Style	Bezeichnung für die einen amerikanischen Baustil in der Zeit von 1775–1820. Der Federal Style ist die amerikanische Form des europäischen Klassizismus.
georgianisch	Bezeichnung für eine angelsächsische Sonderform des Klassizismus. Die Bezeichnung stammt von den englischen Königen George I. und II. Die georgianische Architektur griff auf die Formensprache Andrea Palladios zurück und schuf gerne sparsam gegliederte Ziegelfassaden. Der georgianische Stil dominierte in Amerika während fast des ganzen 18. Jahrhunderts.
Georgian Revival	Das Wiederaufleben des georgianischen Stils, eine Art Neoklassizismus in Amerika.
Gothic Revival	Die englische und amerikanische Form der Neugotik und damit die Wiederaufnahme des gotischen Stils in der Architektur und Inneneinrichtung. Die ersten neugotischen Gebäude gab es in England schon zu Beginn des 18. Jahrhunderts. Die Hauptzeit des Gothic Revival in Amerika liegt aber im 19. Jahrhundert.
Greek Revival	Die Wiederaufnahme des Baustils der alten Griechen in Amerika für repräsentative Gebäude, vor allem für Banken von den 1830er-Jahren an. Man kann das Greek Revival als Klassizismus oder Neoklassizismus bezeichnen.
Historismus	Allgemeine Bezeichnung für den Rückgriff auf vergangene, historische Kunststile. Deren Elemente werden dabei oft nebeneinander verwendet, wobei sich ein Eklektizismus ergibt. In Kontinentaleuropa sind Neuromanik und Neugotik die verbreitetsten historistischen Stile. Typisch für die historisch geprägten Stile in Amerika ist die Bezeichnung Revival, zum Beispiel in Gothic Revival oder Romanesque Revival.
Internationaler Stil	Eine Richtung der modernen Architektur ab 1920, die durch Schmucklosigkeit und Funktionalismus gekennzeichnet ist. Es dominieren rechte Winkel, gerade Linien und große weiße Flächen, viel Glas, einfache geometrische Formen (oft nebeneinander).
italianisierend	An italienische Stilformen erinnernd. In der zweiten Hälfte des 19. Jahrhunderts liebte man vor allem in Amerika einen solchen, gerne der Renaissance entlehnten Stil.

Klassizismus	Ganz allgemein die Wiederaufnahme klassischer, aus der griechischen und römischen Antike stammender Stilelemente. Im Besonderen meint man die Stilepoche ungefähr von 1750 bis 1830. Damals erforschte man vor allem die griechische Kunst und nahm sie sich gleichzeitig als Vorbild. Eine späteren Rückgriff auf den Klassizismus vor allem gegen Ende des 19. Jahrhunderts nennen wir auch Neoklassizismus. Klassizistische Tendenzen gab es aber auch noch später, vor allem bei repräsentativen Gebäuden wie Banken.
Landmark	Offiziell ausgewiesene Sehenswürdigkeit. Für diese Form des amerikanischen Denkmalschutzes kommen Objekte in Frage, die älter sind als 30 Jahre und die einen speziellen Charakter oder einen besonderen ästhetischen oder historischen Wert besitzen und damit repräsentativ sind für die Kultur einer Stadt, eines Staates oder der ganzen Nation. Diesen Titel bekommen nach einem längeren Verfahren einzelne Gebäude, Inneneinrichtungen, Parks und ganze historische Distrikte.
Mansarddach	Ein geknicktes Dach mit steilerer Neigung im unteren Teil, benannt nach dem französischen Architekten François Mansart (1598–1666). Es ermöglicht den Ausbau einer Dachwohnung, der Mansarde – allerdings muss nicht jede Mansarde unter einem Mansarddach liegen. Im steilen Teil des Daches befinden sich oft Mansardenfenster.
Neugotik	Die Wiederaufnahme gotischer Formen vor allem in der Architektur, eine Form des Historismus. Die amerikanische Form der Neugotik heißt Gothic Revival.
Neuromanik	Die Wiederaufnahme romanischer Formen vor allem in der Architektur, eine Form des Historismus. Die Neuromanik heißt in Amerika Romanesque Revival und war eine Zeit lang sehr beliebt. Diese Stilrichtung mit oft übertrieben asymmetrischen Gebäuden entwickelte Henry Robson Richardson. Auch: Richardsonian Romanesque.
Palladio, Andrea	Norditalienischer Baumeister (1508–1580), Vertreter eines frühen Klassizismus. Sein Baustil, auch Palladianismus genannt, hatte großen Erfolg in Frankreich und besonders England. Sein wichtigster Schüler dort war Christopher Wren (1632–1723). Namen gebend war Palladio auch bei einer dreiteiligen Wandöffnung mit Rundbogen über der Mitte und waagrechten Stürzen über den Seiten.
Queen Anne	Ein nach Königin Anne (gestorben 1714) benannter Architekturstil im frühen 18. Jahrhundert. Er wurde im späten 19. Jahrhundert vor allem in Amerika wieder aufgenommen. Dort war der üppige Stil weit verbreitet. Die unteren Stockwerke herrschaftlicher Häuser sind dabei oft aus Ziegeln, währen die oberen Verputz zeigen.
Renaissance Revival	Die englische und amerikanische Form der Neurenaissance und damit die Wiederaufnahme des Renaissancestils in der Architektur und Inneneinrichtung.
Revival	Wörtlich »Wiederaufleben«, die Wiederaufnahme eines Architekturstils mit den technischen Mitteln der späteren Zeit. Die verschiedenen Revival-Stile wie Gothic Revival oder Romanesque Revival sind dem Historismus zuzuordnen. In Amerika wurden gegen Ende des 19. Jahrhunderts viele entsprechende Stilelemente aus gusseisernen Teilen hergestellt, sie konnten auch beliebig kombiniert werden – ideal für den Eklektizismus.
Romanesque Revival	Die englische und amerikanische Form der Neuromanik und damit die Wiederaufnahme des romanischen Stils in der Architektur und Inneneinrichtung. Das Romanesque Revival und war eine Zeit lang sehr beliebt. Diese Stilrichtung mit oft übertrieben asymmetrischen Gebäuden entwickelte Henry Hobson Richardson. Teilweise heißt sie nach ihm Richardsonian Romanesque. Der Stil verschwand aber ziemlich schnell wieder, weil die dicken Mauern und das bossierte Mauerwerk einfach nicht mehr in die Zeit der immer schnelleren Industrialisierung passten.
Second Empire	Wörtlich aus dem Französischen übersetzt »zweites Kaiserreich«. Man bezeichnet so vor allem in Amerika den Architekturstil unter dem französischen Kaiser Napoleon III. während der zweiten Hälfte des 19. Jahrhunderts. Ein Kennzeichen dieses repräsentativen Stils war das Mansarddach.
Shingle Style	Ein amerikanischer Baustil für Wohnhäuser in der zweiten Hälfte des 19. Jahrhunderts. Es handelt sich dabei um Holzhäuser mit hölzernem Rahmenwerk. Als Außenverkleidung verwendete man oft Schindeln – daher der Name.
Tudor	Ursprünglich ist der Tudorstil eine Spätform der englischen Gotik in der zweiten Hälfte des 16. Jahrhunderts. Namen gebend war die Königsdynastie der Tudor (1485–1603). Ein wichtiges Element dieses Stils war der breite Tudorbogen. Wenn die Amerikaner von Tudorstil sprechen, meinen sie damit die Wiederaufnahme von Tudorelementen, etwa im Gothic Revival.
viktorianisch	Bezeichnung für die verschiedenen, meist schnell wechselnden Kunststile und -strömungen während der Regierungszeit von Königin Viktoria (1837–1901). Die viktorianische Kunst war im Wesentlichen historistisch und eklektizistisch. Sie nahm sehr viele historische Anleihen, was sich in der amerikanischen Bezeichnung »Revival« der verschiedenen Stile äußert.